抗日战争档案汇编

成都市档案馆藏
抗日阵亡将士档案汇编

3

成都市档案馆 编

清华大学出版社

本册目录

二十一、黄万钧

二十二、黄永明

二十四、黄学涵

二十九、谭太平

三十、缪昌富

三十一、魏少云

二十一、黄万钧

黄曾树钧关于处理黄万钧丧葬事宜致曾泽林的信（一九四〇年一月十三日）

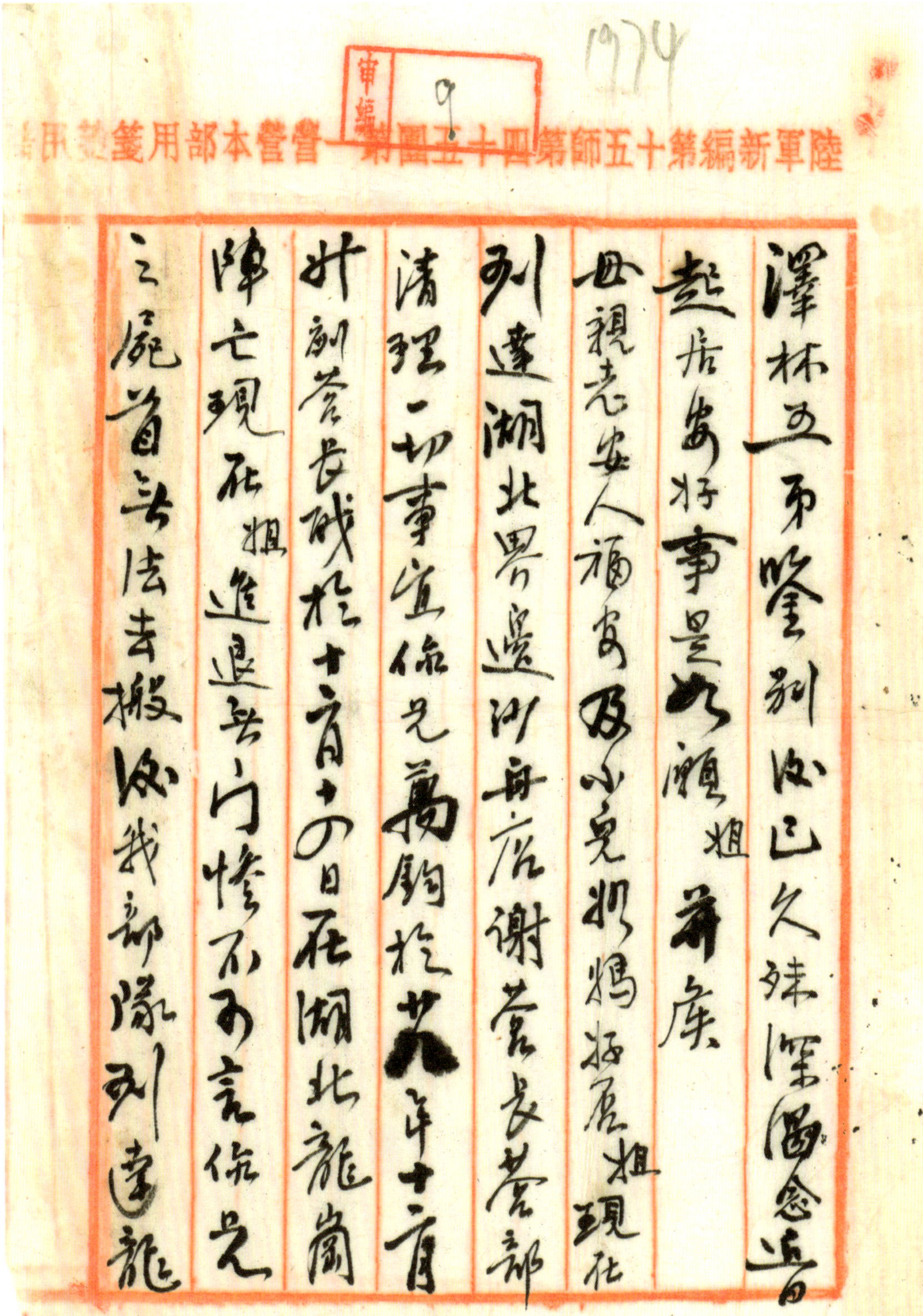
陸軍新編第十五師第四十五團第一營營本部用箋

审编

1974

9

澤林五弟鑒：别後已久，殊深懸念。遥想

起居安好，事業如願，并祝

母親老安人福安及小兒將媽好否？祖現在

到達湖北界邊河再后謝營長營部

清理一切事宜。你兄萬鈞於廿八年十二月

升副營長，戰於十二月十四日在湖北龍崗

陣亡。現在祖進退無門，慘不可言。你兄

之屍首無法去搬。除我部隊到達龍

1934

審編 .10

陸軍新編第十五師第四十五團第一營營本部用箋

當時又不可能收屍（該地現係敵人區域）如能收屍 祖 決定設
法將你兄之屍搬運返川 祖 前十二月曾
在河西修水山口見面 洋叁拾伍元 你 祖 於
手見的又先年一月十號之前與你兄將交
李營務長海雲手洋壹佰伍拾元存修水
郵局兑匯請五甲查收將之保管以為數
作小兒之生活費 祖 現在前方距敵人卅餘
里之遥 故 祖 現不能去取你兄之屍 祖 在最

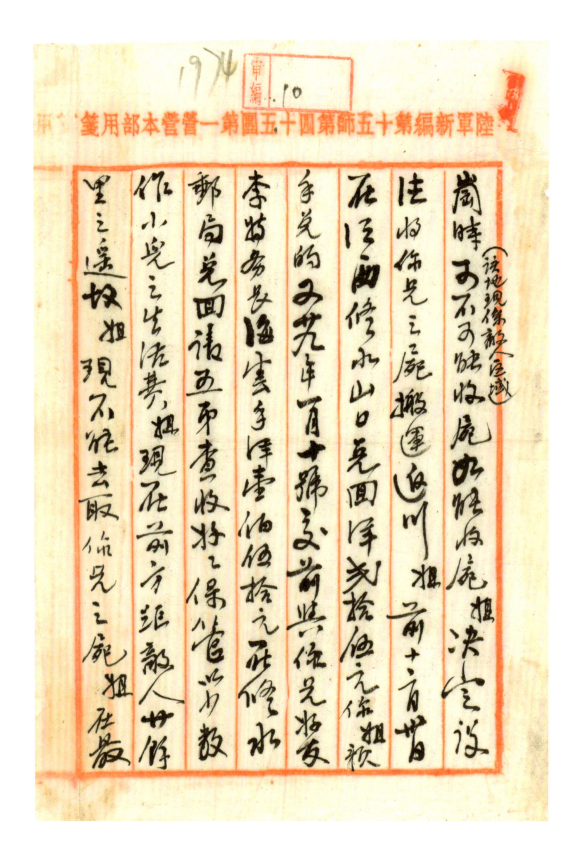

陸軍新編第□第五師第四團第十五營營部用箋

近到師軍團、各部請作兄之撫卹金收的

各事務亦好，很印近川，祖的事務亦將到

修水山口卅集團軍總司令部說處長太太

處去住藥，祖之衣物皆均寄存說處長太太處

請見信後火速回信交江西修水山口卅集團

軍總司令部說參謀長處說太太轉交我可收到（交航空機械學校為要）

該師回信務將家內一切情形詳細告我，以免

遠念，將來來信收日再達。順詢

近安

祖 黃樹鈞 手

十一月十三日

外孫祖 內作兄之撫卹金一切事宜亦將收到，的卹金領到時祖很印設法先匯給。途匪風甚多，故祖不能攜帶。

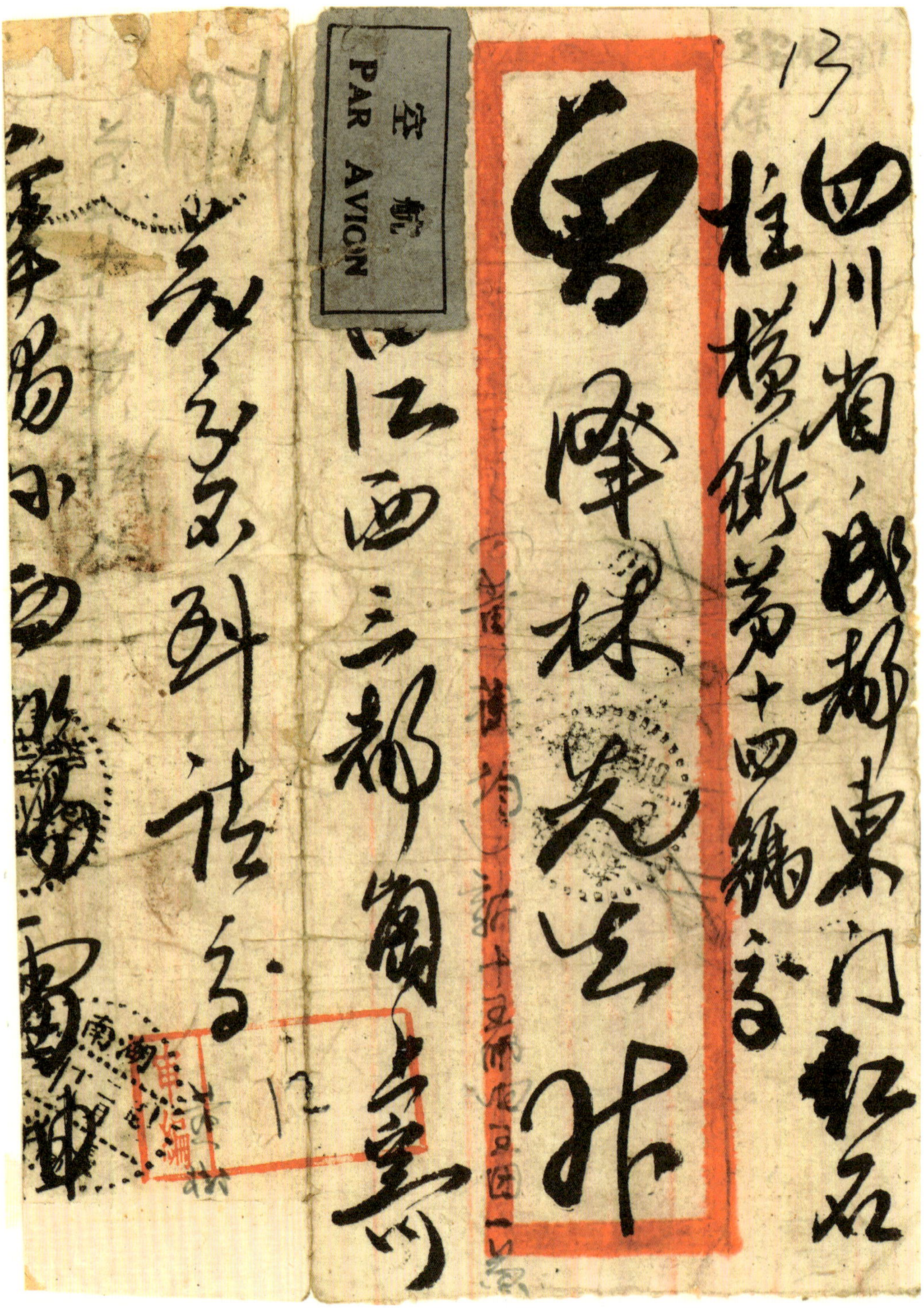
航空
PAR AVION

12
中華民國郵政
中華民國郵政
1974

故员黄万钧的陆军战时死亡官佐乙种调查表（一九四〇年三月）

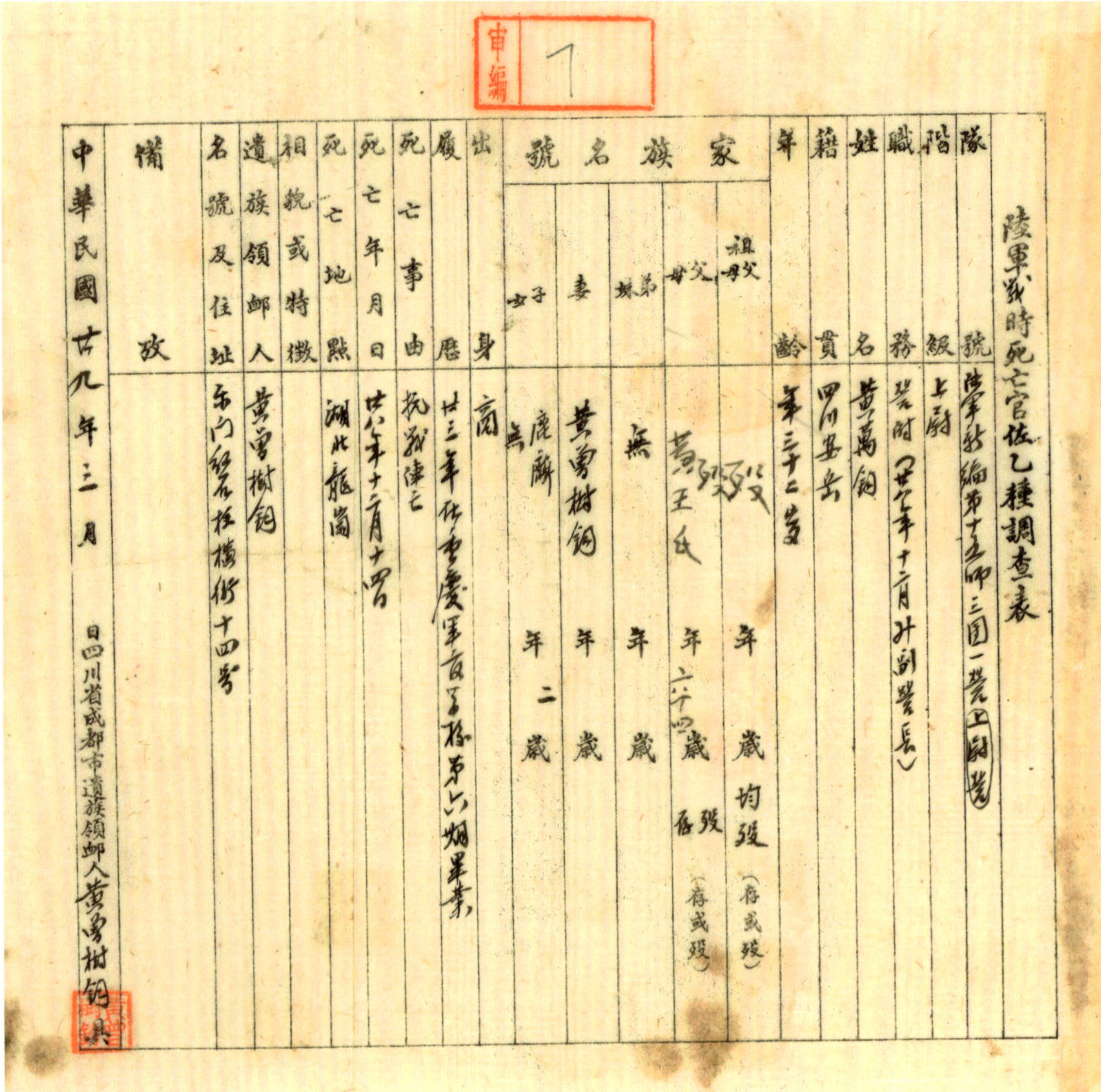

審編 7

陸軍戰時死亡官佐乙種調查表

隊號	陸軍新編第十五師三團一營（上尉營）
階級	上尉
職務	營附（廿六年十二月升副營長）
姓名	黃萬鈞
籍貫	四川安岳
年齡	年三十二歲
家族名號 祖父母	年 歲 均殁（存或殁）
家族名號 父母	黃[illegible]殁 王氏 年六十四歲 存 殁（存或殁）
家族名號 弟妹	無 年 歲
家族名號 妻	黃曾樹鈞 年 歲
家族名號 子女	鹿麟 年二歲 無
出身	商
履歷	廿三年在重慶軍官學校第六期畢業
死亡事由	抗戰陣亡
死亡年月日	廿六年十二月十四日
死亡地點	湖北龍崗
相貌或特徵	
遺族領卹人	黃曾樹鈞
名號及住址	東門紅石柱橫街十四號
備考	

中華民國廿九年三月 日 四川省成都市遺族領卹人黃曾樹鈞具

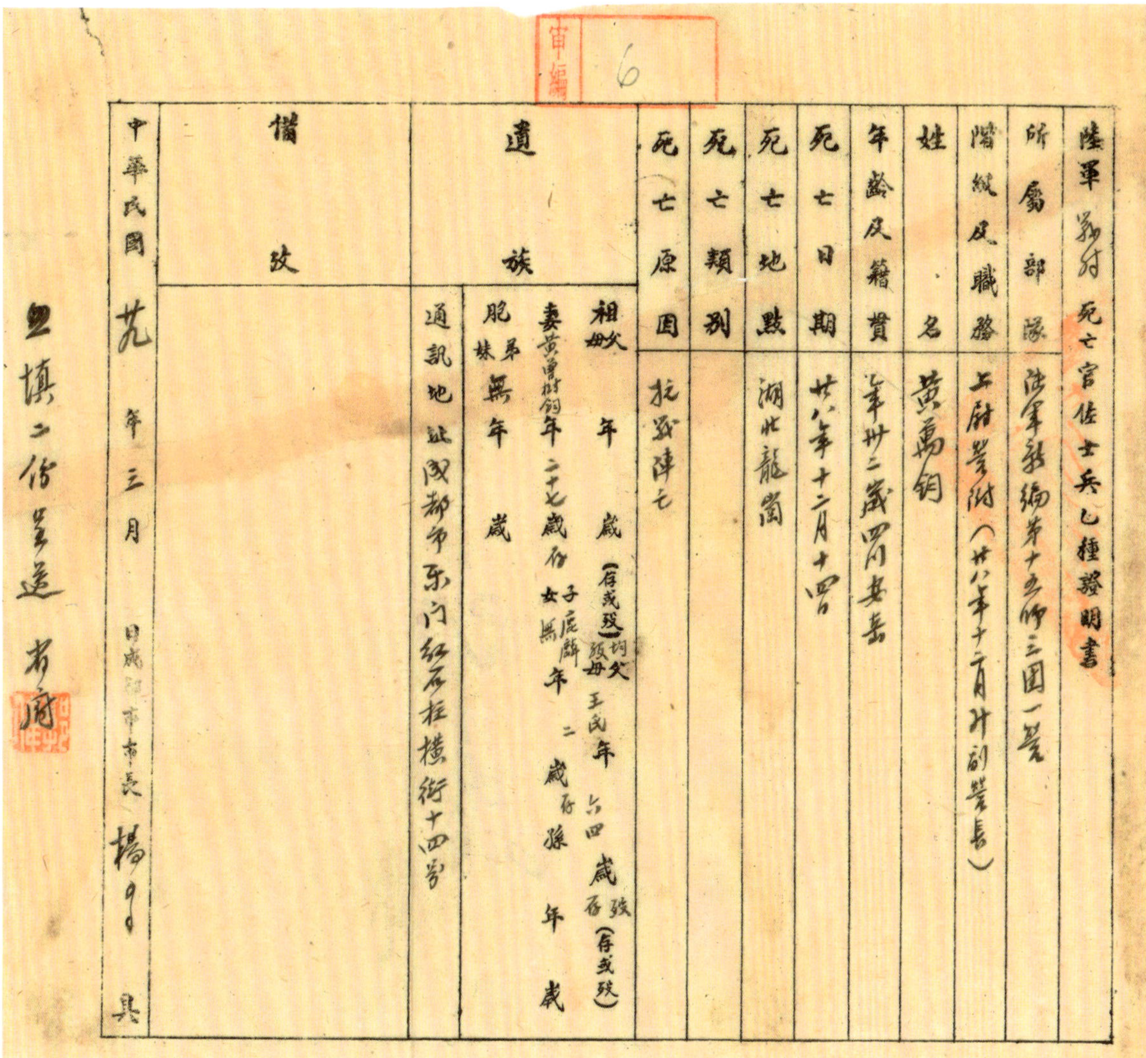
陸軍戰時死亡官佐士兵乙種證明書

所屬部隊	陆軍新編第十五師三團一營
階級及職務	上尉營附（廿八年十二月升副營長）
姓名	黃萬鈞
年齡及籍貫	年卅二歲四川安岳
死亡日期	廿八年十二月十四日
死亡地點	湖北龍當
死亡類別	
死亡原因	抗戰陣亡
遺族	祖父母 年 歲（存或歿）均歿；父母 王氏 年 六四 歲（存或歿）父歿母存；妻黃曾樹鈞 年 二十七 歲 存；子應麟 女無 年 二 歲 存；孫 年 歲；胞弟妹 無 年 歲；通訊地址 成都市東門紅石柱橫街十四號
備攷	

中華民國廿九年三月
日成都市市長 楊□□ 具
照填二份呈送

故员黄万钧的陆军战时死亡官佐士兵乙种证明书（一九四〇年三月）

成都市第一区第一保保长、第九六甲甲长关于故员黄万钧遗族情况的保结（一九四〇年三月）

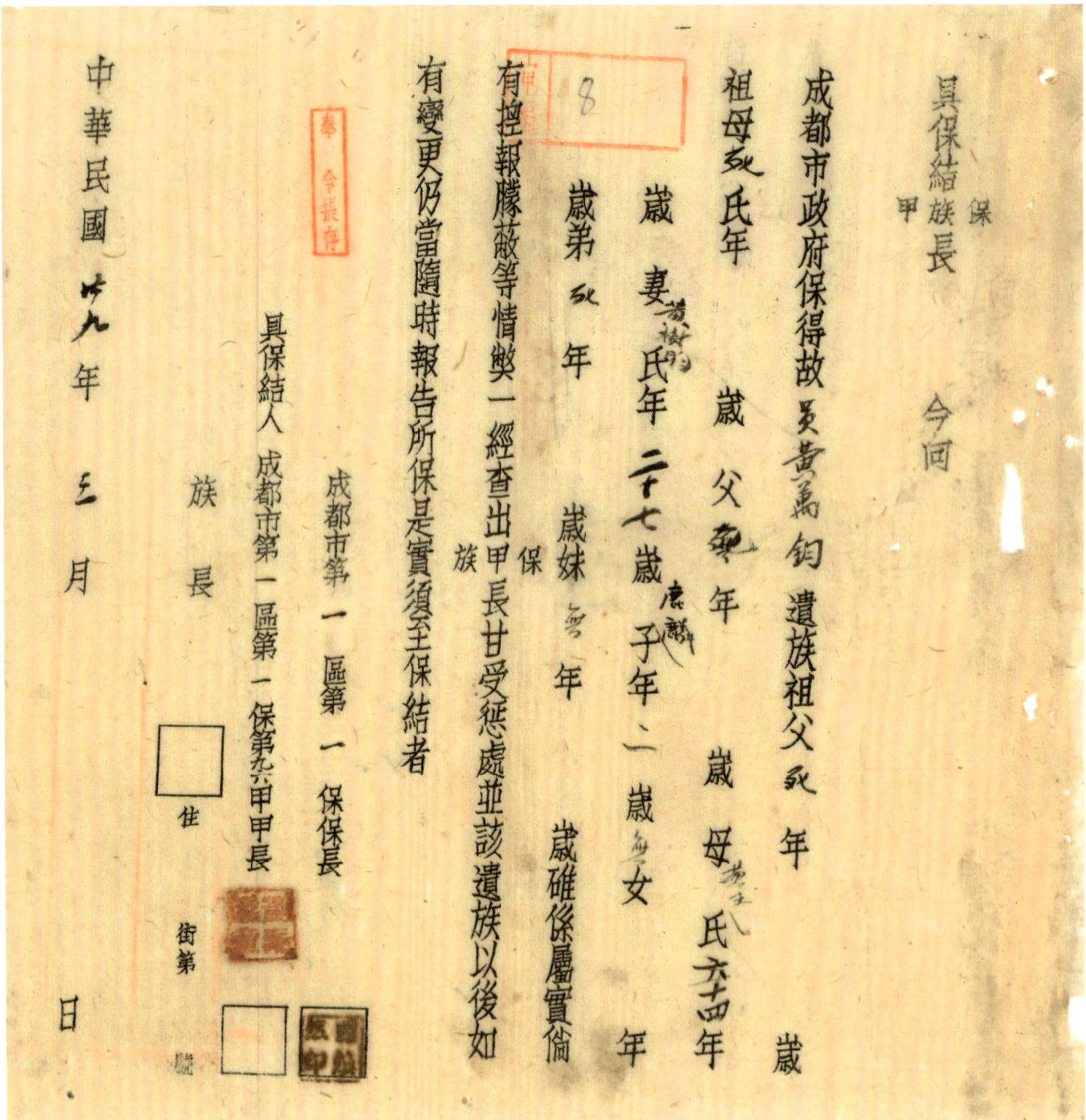
具保結 保 甲 族長 今因
成都市政府保得故員黃萬鈞遺族祖父殁年歲
祖母殁氏年歲 父殁年歲 母黃王氏六十四年
歲 妻黃楊氏氏年二十七歲 子黃康麟年二歲 女無年
歲 弟殁年歲 妹無年歲 確係屬實倘
有捏報朦蔽等情弊一經查出甲長（保 族）甘受懲處並該遺族以後如
有變更仍當隨時報告所保是實須至保結者
成都市第一區第一保保長
具保結人 成都市第一區第一保第九六甲甲長
族長 住 街第 號
中華民國廿九年三月 日
奉令提存
8

成都市政府关于检送故员黄万钧等请恤书表致四川省政府的呈（一九四〇年四月三日）

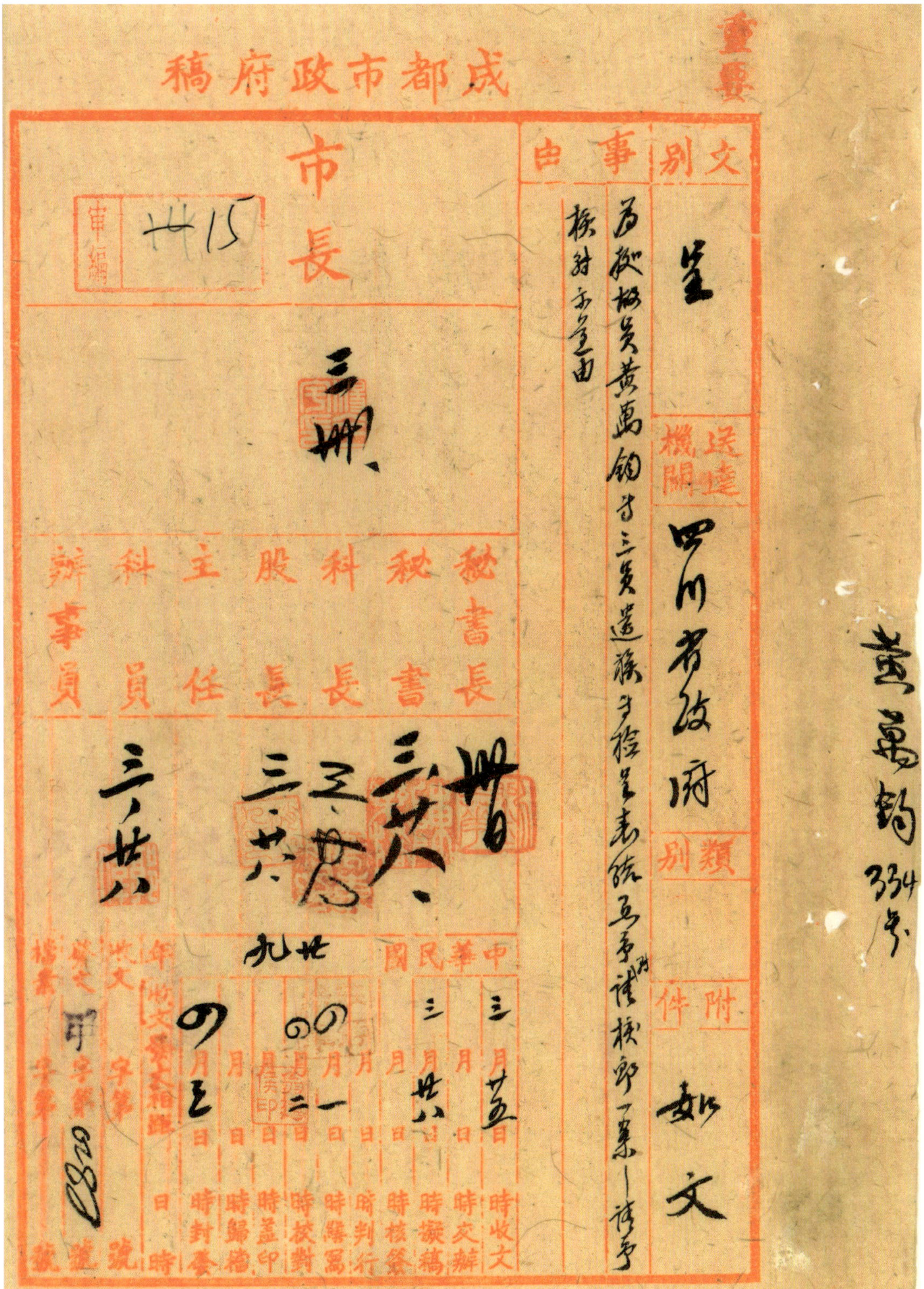

案據故員黃萬鈞、鄧紹欽、張澤等三員遺族黃若樹鈞、鄧黃宗英及張隆治等檢呈乙種調查表及保結，請予核轉等情前來，查核尚無不合，再據黃並錄除簽呈並

鈞府廿九年民字第零零二七號訓令，將該遺族等所具保結提存外，理合檢同故員黃萬鈞等三員乙種表連同本府加具各該故員等證明書各二份，隨文賚呈

鈞府，俯賜核轉，指令祇遵！

謹呈

審編 4516

四川省政府

計呈教員黃萬鈞、鄧紹欽、張澤等三員乙種證明書

調查表各二份（共拾貳份）

銜名

中華民國廿九年三月　日

四川省政府关于核转故员黄万钧等请恤书表致成都市政府的指令（一九四〇年四月三十日）

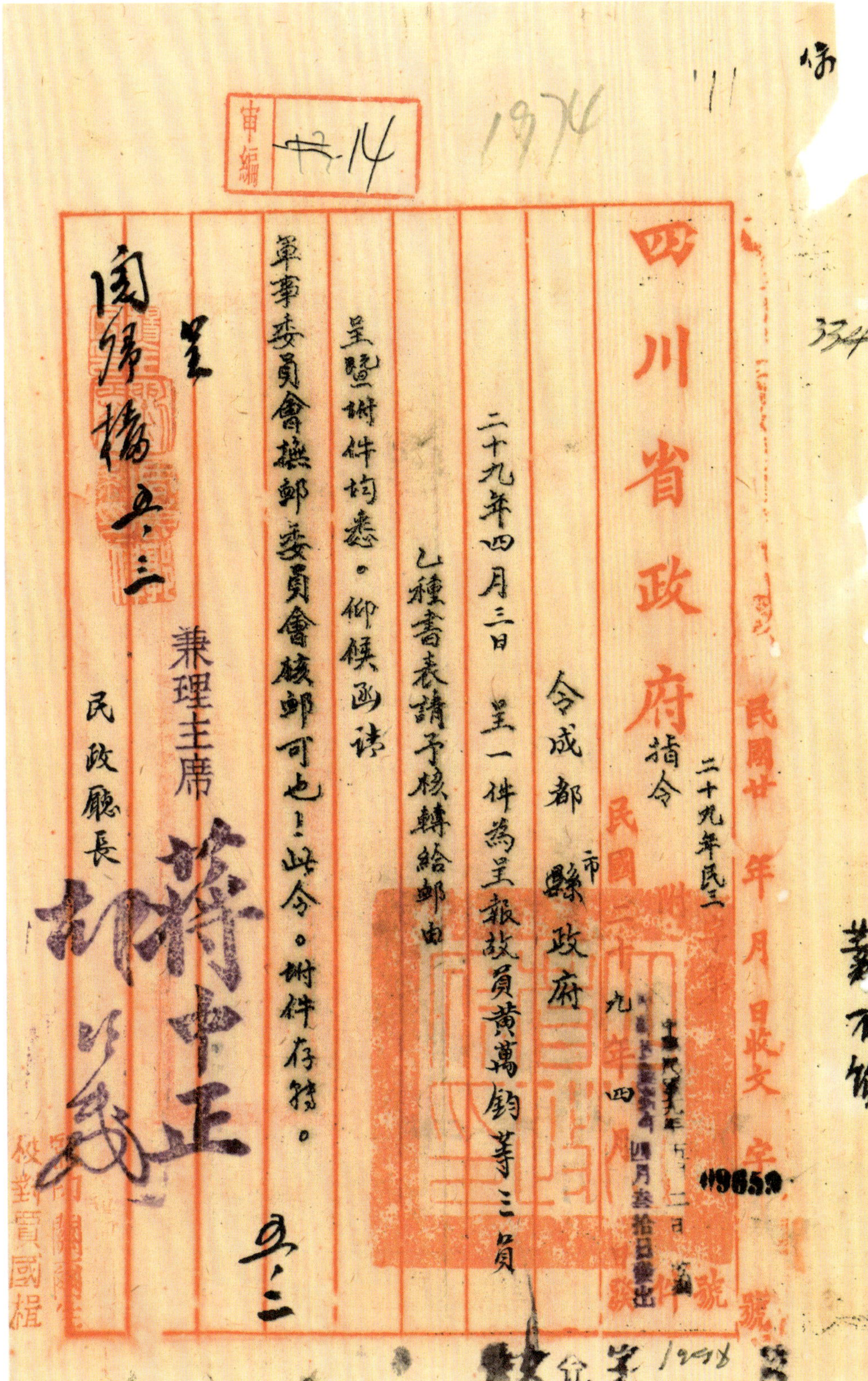

四川省政府指令

二十九年民三

令成都市政府

二十九年四月三日呈一件為呈報故員黄萬鈞等三員乙種書表請予核轉給郵由

呈暨附件均悉。仰候函請軍事委員會撫卹委員會核卹可也！此令。附件存轉。

兼理主席 蔣中正

民政廳長 胡次威

黄曾树钧关于申领故员黄万钧第二年年恤金的领恤申请书（一九四二年四月七日）

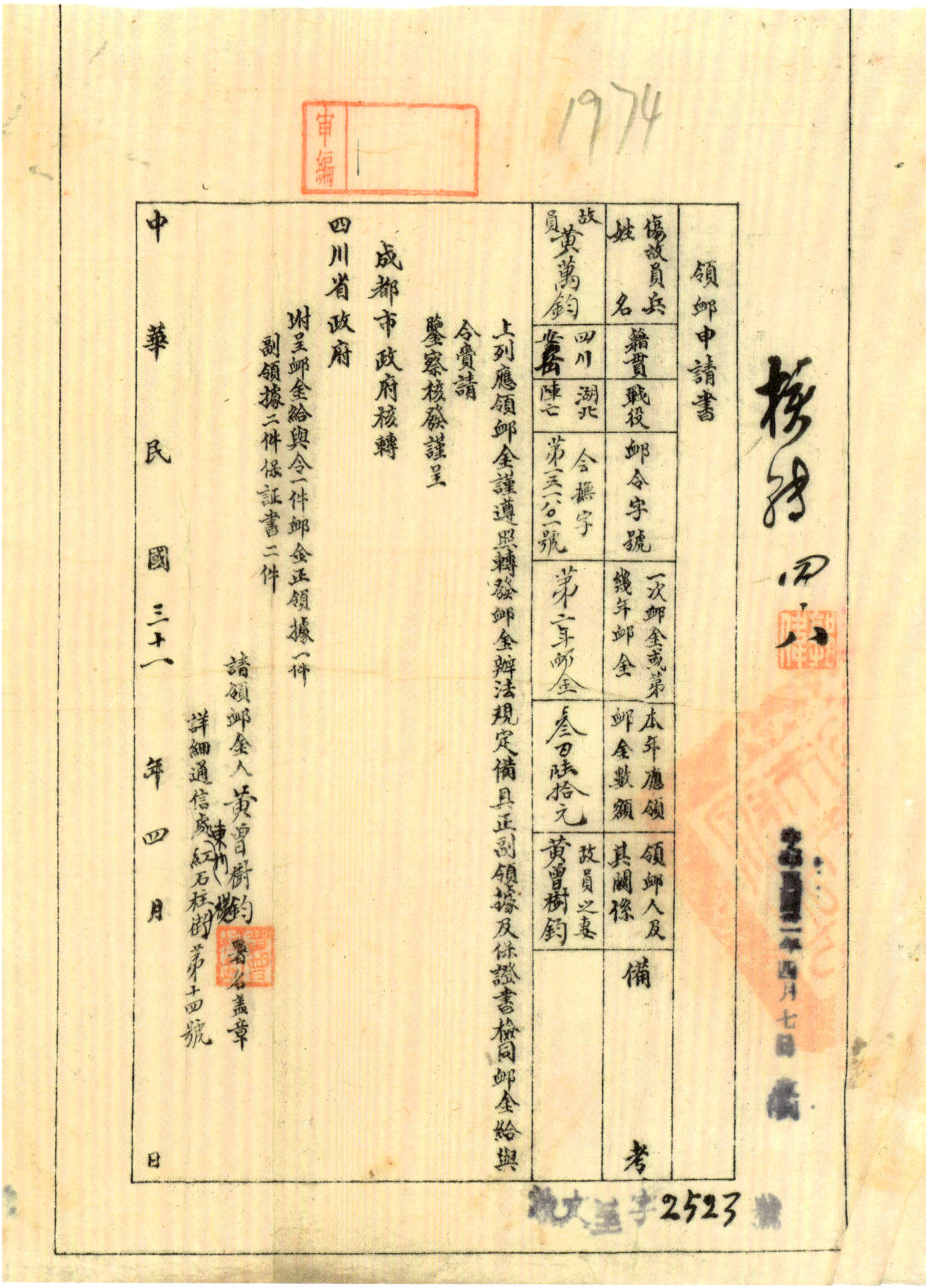

領卹申請書

傷故員兵姓名	籍貫	戰役	卹令字號	一次卹金或第幾年卹金	本年應領卹金數額	領卹人及其關係	備考
故員黃萬鈞	四川安岳	湖北陣亡	令撫字第一五一八〇一號	第二年卹金	叁百陸拾元	黃曾樹鈞 故員之妻	

上列應領卹金謹遵照轉發卹金辦法規定備具正副領據及保證書檢同卹金給與令賫請

鑒察核發謹呈

成都市政府核轉

四川省政府

附呈卹金給與令一件卹金正領據一件副領據二件保證書二件

請領卹金人黃曾樹鈞 署名蓋章

詳細通信處東川紅石柱街第十四號

中華民國三十一年四月 日

附：抚恤金领据、具领恤金保证书

此聯撫卹委員會第三處存查

撫卹金副領據

茲領到

部隊機關番號	階級	職務	姓名	卹金種類
新十五師四五団一営	上尉	营附	黃萬鈞	第二年卹金

國幣叁百陸拾元

右欵業已照數領訖此據

軍事委員會撫卹委員會第三處查照

領卹人黃曾樹鈞 （印：黃曾樹鈞）

中華民國三十一年四月　日

字第　　號

此聯轉報軍政部核轉

撫卹金正領據

茲領到

部隊機關番號	階級	職務	姓名	卹金種類
新十五師四五団一営	上尉	营附	黃萬鈞	第二年卹金

國幣叁百陸拾元

右欵業已照數領訖此據

軍事委員會撫卹委員會第三處查照

領卹人黃曾樹鈞 （印：黃曾樹鈞）

中華民國三十一年四月　日

（印：审编）2

具領郵金保證書

保證人 陳德輝 今保證領郵人 黃曾樹鈞 確係已故

部隊機關番號 新十五師四五團一營 階級 上尉 職務 芯附 姓名 黃萬鈞

之遺族茲遵照

國民政府軍事委員會撫卹委員會撫字第五六〇一號郵金給與令核准給與該

故員年 郵金國幣叁万陆拾 元整今由該遗族 向

鈞會第三處如數領訖具領後如有發生爭議保証人願照

鈞會請領郵金須知第六條之規定負法律上一切責任此證

謹呈

國民政府軍事委員會撫郵委員會

保証人姓名 陳德輝 蓋章 籍貫 成都 住址 大科甲巷七十六號 職務或職業 電工業

（店鋪書柬） （店鋪營業資本金額） 叁仟元

領郵人姓名 黃曾樹鈞 蓋章 籍貫 紅石柱橫街 住址 第十四號 與故員之關係 夫妻

其他遺族姓名及關係

中華民國三十八年四月日

成都市市長 余中英

成都市政府关于核发故员黄万钧第二年年恤金致黄曾树钧的批示及致四川省政府的呈文
（一九四二年四月二十日）

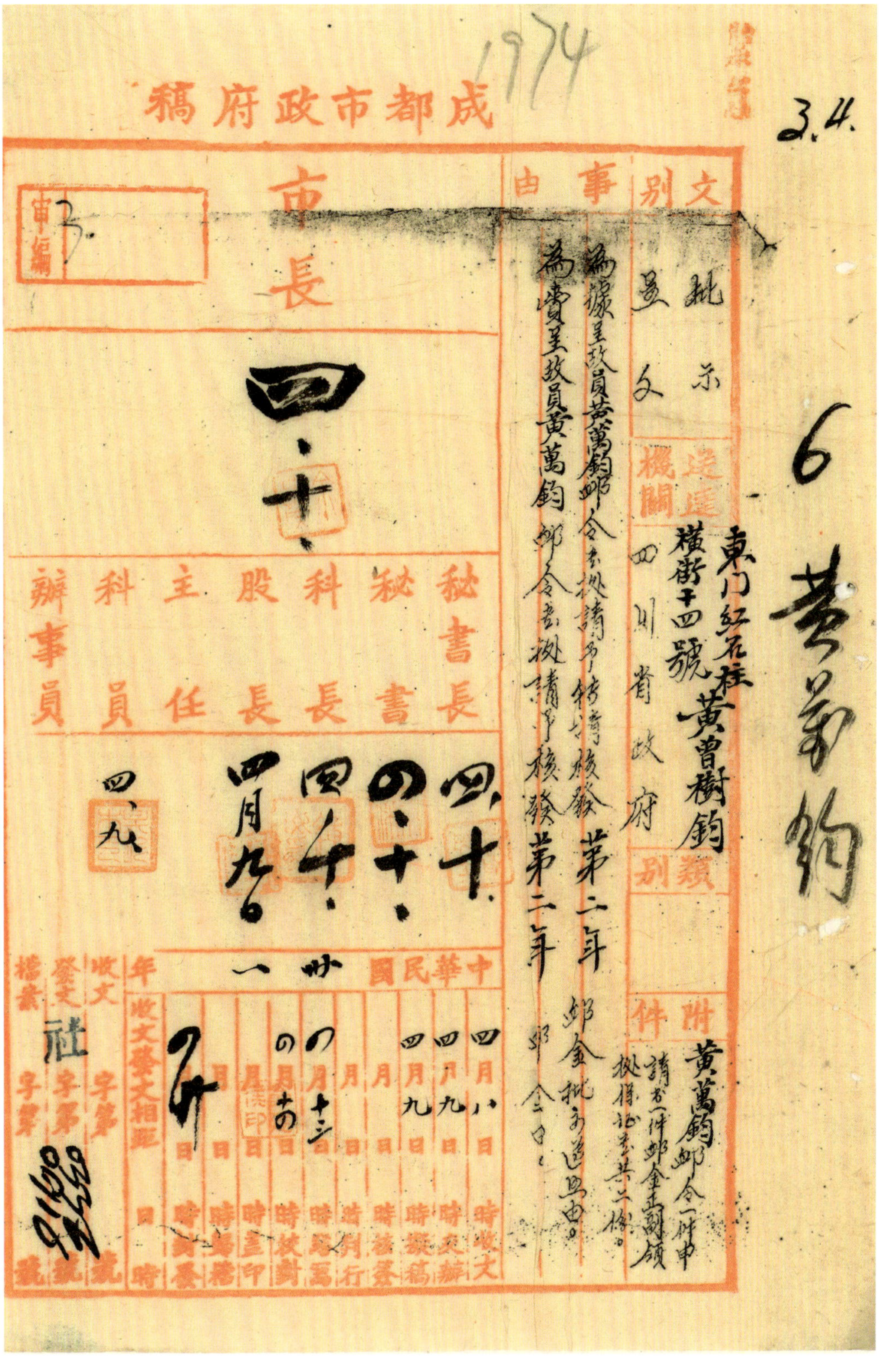

成都市政府稿
文別
批示
呈文
事由
為據呈故員黃萬鈞卹令並擬請予轉請核發第二年卹金
為賫呈故員黃萬鈞卹令並擬請予核發第二年卹金
送達機關
東门紅石柱橫街十四號黃曾樹鈞
四川省政府
類別
附件
黃萬鈞卹令一件
市長
秘書長
秘書
科長
股長
主任
科員
辦事員
中華民國
年
收文
發文
檔案
字第
號

令

衔批示　社字第　號

具申請書人黄曾樹鈞

卅一年四月九日申請書一件為檢呈故員黄曾樹鈞卹令書懇請

予核發第二年卹金由。

申請書暨附件均悉。仰候寄案呈請

四川省政府核發給領可也！附件分别存轉。

此批。

中華民國卅一年四月　日

市長余

並文稿

审编 4

案據本市故員黃萬鈞遺族黃曾樹鈞檢呈卹令
及申請書正副領款保證書等件懇予轉請核發第二年
卹金等情前來查核尚無不合除批示外理合遵照
飭存請領卹金各項辦法之規定檢同故員黃萬鈞
卹令一件申請書一件卹金正副領款保證書共二聯
一併隨文賫呈
鈞府俯賜核發給領指令祇遵！！
謹呈
四川省政府
計呈故員黃萬鈞卹令一件申請書一件卹金正副領

据保證書共二聯。

銜名

中華民國卅一年四月　日

黄曾树钧关于催发故员黄万钧第二年年恤金致成都市政府的呈（一九四二年五月二十七日）

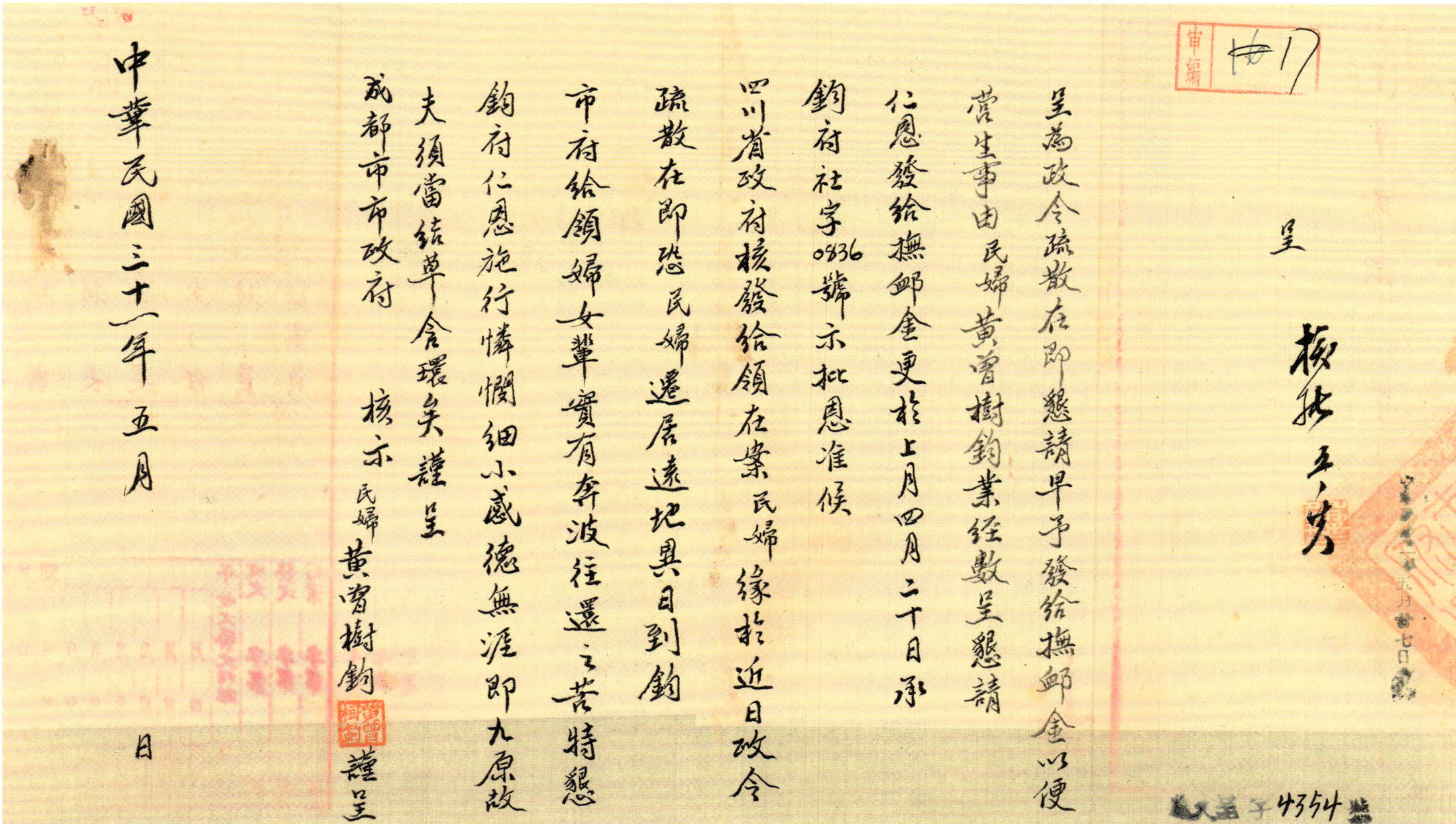

呈

核批

呈為政令疏散在即懇請早予發給撫卹金以便
營生事由民婦黃曾樹鈞業經數呈懇請
仁恩發給撫卹金更於上月四月二十日承
鈞府社字0836號示批恩准俟
四川省政府核發給領在案民婦緣於近日政令
疏散在即恐民婦遷居遠地異日到鈞
市府給領婦女輩實有奔波往還之苦特懇
鈞府仁恩施行憐憫細小感德無涯即九原故
夫須當結草含環矣謹呈
成都市市政府

核示

民婦黃曾樹鈞謹呈

中華民國三十一年五月 日

字4354號

成都市政府关于核发故员黄万钧第二年年恤金致黄曾树钧的批示（一九四二年六月六日）

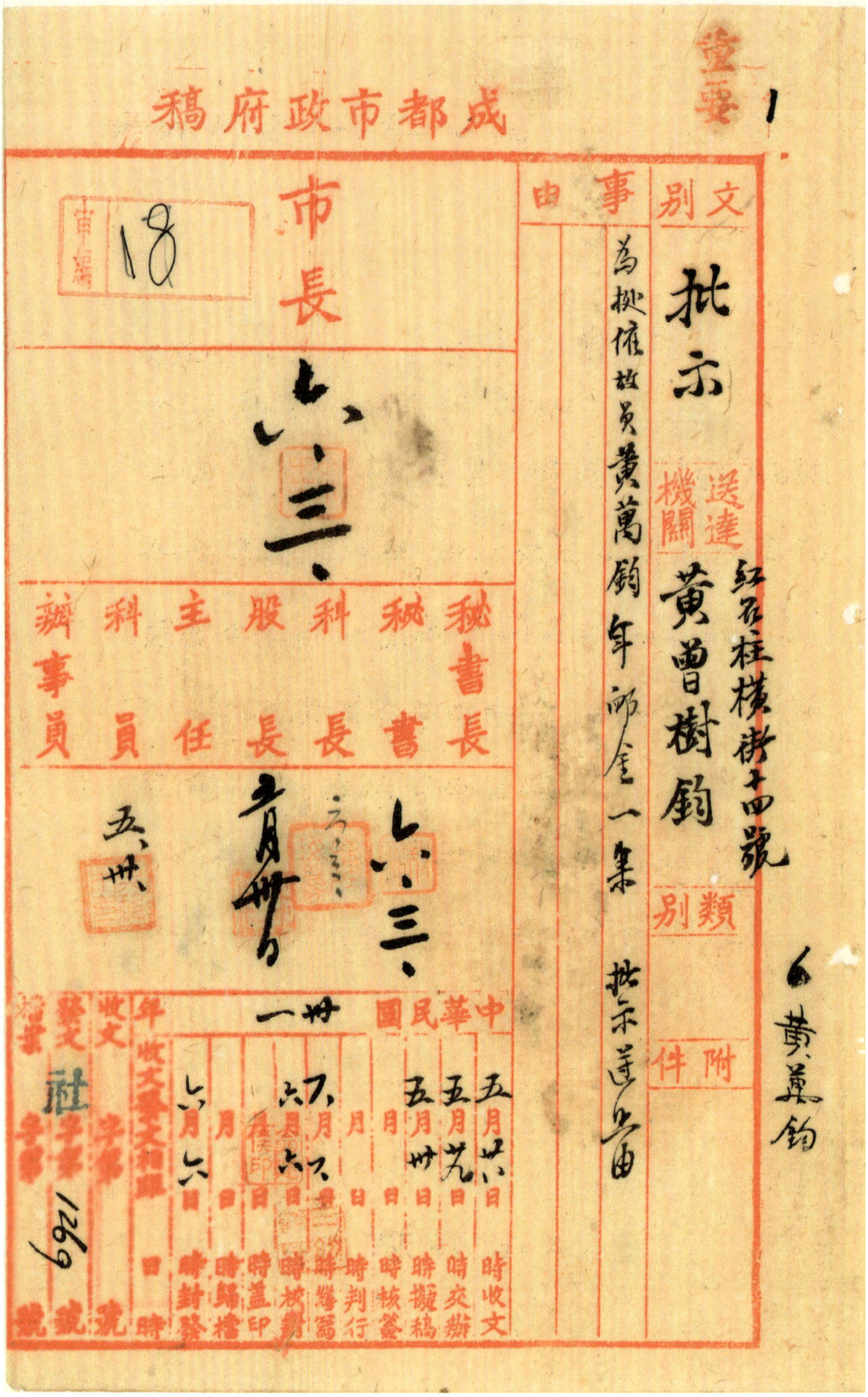

全銜批示　社字第　　号

具呈人黃曾樹鈞

卅一年五月卅日呈一件為懇請早日核發故員黃萬鈞年邺金一案

呈悉仰（仍）靜候

四川省政府核發匯寄承領可也

此批

中華民國卅一年五月　　日

市長余

四川省政府关于核发故员黄万钧第二年年恤金致成都市政府的指令（一九四二年六月九日）

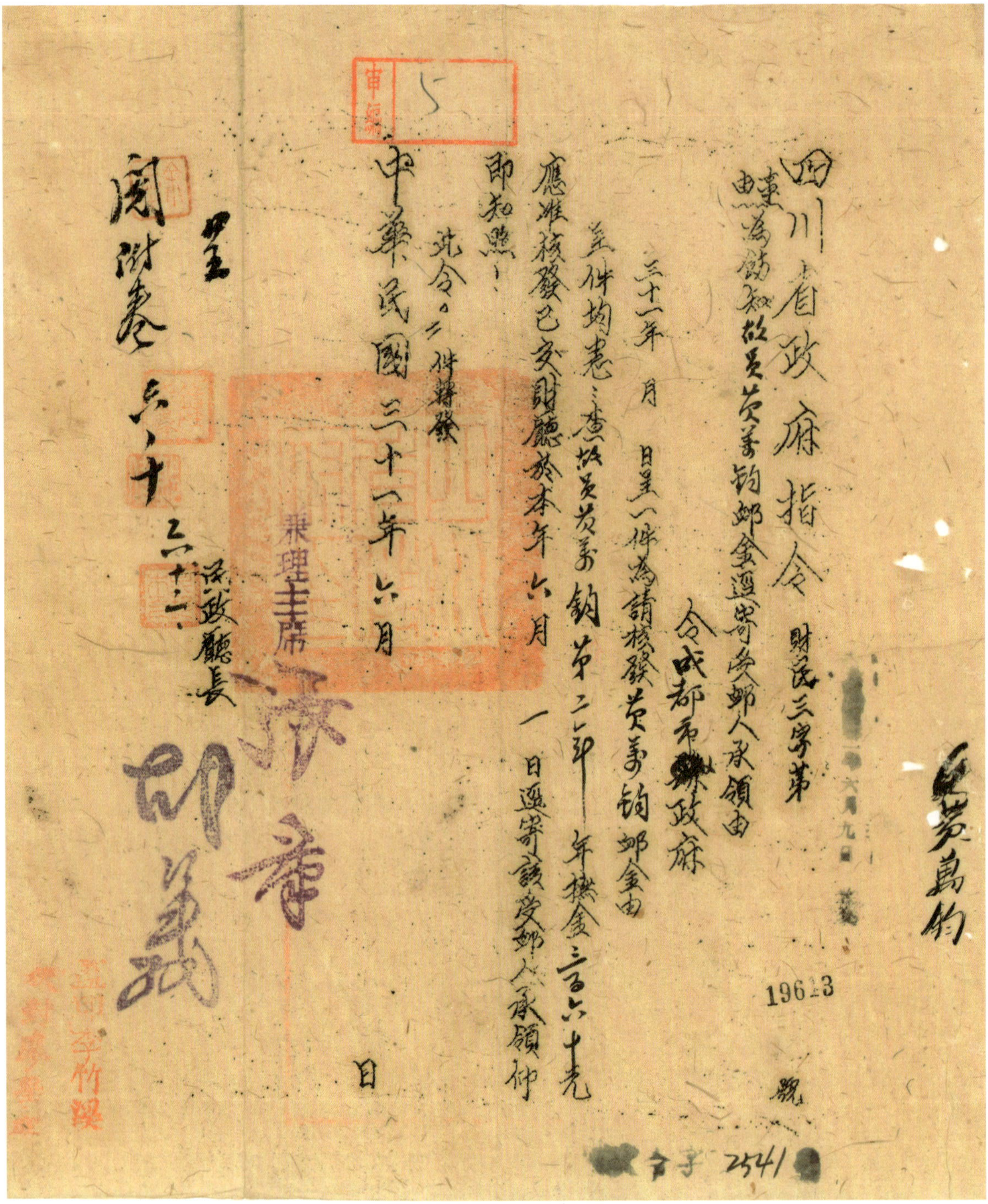
四川省政府指令　財民三字第19613號

黃萬鈞

由：據為飭知故員黃萬鈞卹金逕寄受卹人承領由

令成都市政府

三十一年　月　日呈一件為請核發黃萬鈞第二年撫金由

呈件均悉。查故員黃萬鈞第二年撫金三百六十元，應准核發，已交財廳於本年六月一日逕寄該受卹人承領，仰即知照。

此令。二件轉發。

中華民國三十一年六月　日

兼理主席 張群

財政廳長

黄曾树钧关于申领故员黄万钧第二年加倍恤金、第三年年恤金及加倍恤金的领恤申请书（一九四三年三月十日）

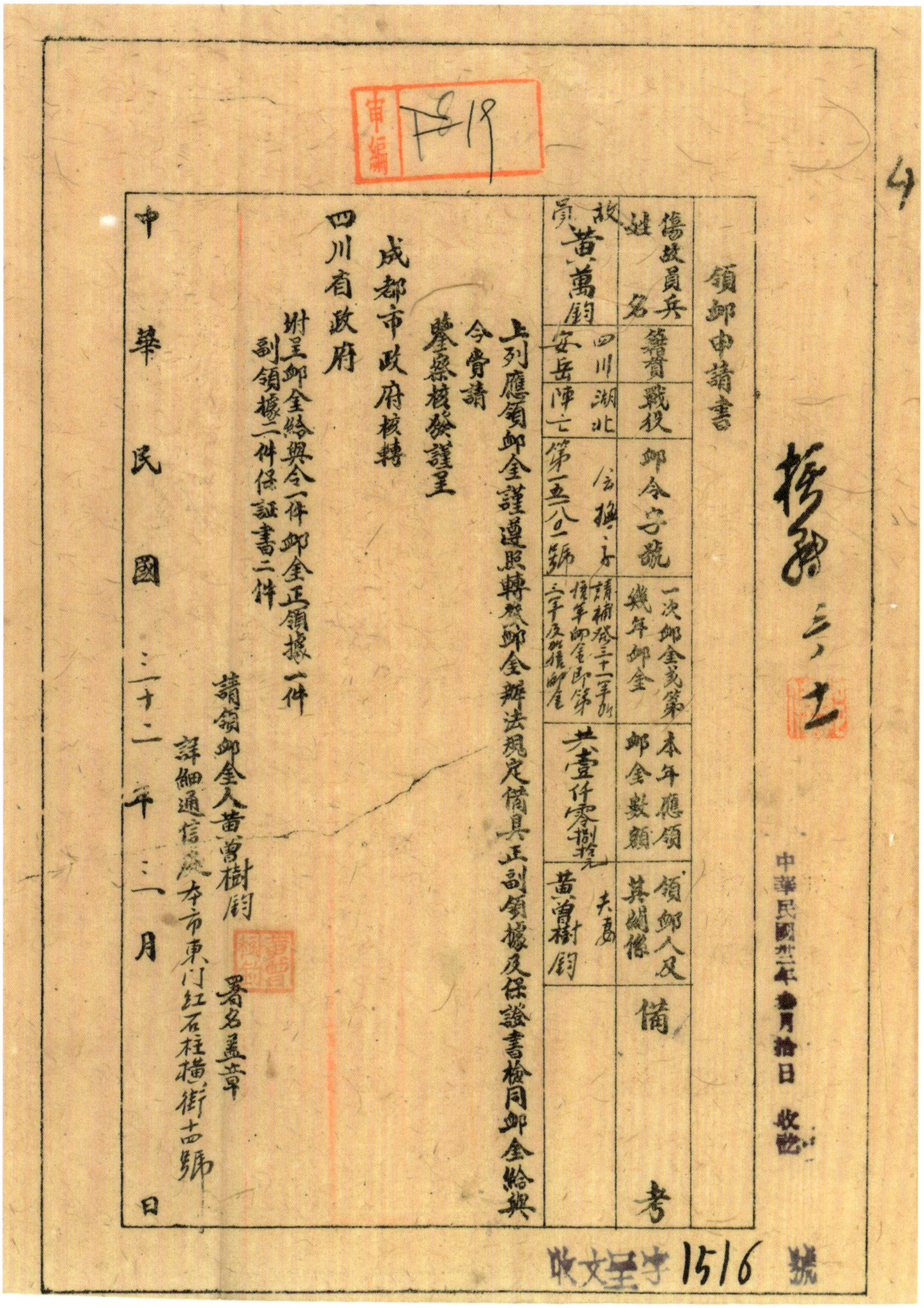

领卹申請書

傷故員兵姓名	籍貫	戰役	卹令字號	一次卹金或第幾年卹金	本年應領卹金數額	領卹人及其關係	備考
故員黄萬鈞	四川安岳	湖北陣亡	仝換字第一五八〇一號	請補發三十一年加倍年卹金及第三年及加倍卹金	共壹仟零捌拾元	黄曾樹鈞 夫妻	

上列應領卹金謹遵照轉發卹金辦法規定備具正副領據及保證書檢同卹金給與令賫請鑒察核發謹呈

成都市政府核轉

四川省政府

附呈卹金給與令一件卹金正領據一件副領據一件保證書二件

請領卹金人黄曾樹鈞 署名蓋章

詳細通信處本市東门红石柱横街十四號

中華民國三十二年三月 日

中華民國卅二年叁月拾日收訖

收文字1516號

附：抚恤金领据、具领恤金保证书

撫卹委員會第三處存根

撫卹金副領據

茲領到

部隊機關番號 新十五师四十五团一营

階級 上尉

職務 营附

姓名 黄万钧

卹金種類 請補發三十年加倍年卹金

國幣叁百陸拾元

右款業已照數領訖此據

軍事委員會撫卹委員會第三處查照

領卹人黃曾樹鈞（印：黃曾樹鈞）

中華民國三十二年三月 日

字第 號

此聯轉報軍政部核銷

撫卹金正領據

茲領到

部隊機關番號 新十五师四十五团一营

階級 上尉

職務 营附

姓名 黄万钧

卹金種類 請補發三十年加倍年卹金

國幣叁百陸拾元

右款業已照數領訖此據

軍事委員會撫卹委員會第三處查照

領卹人黃曾樹鈞（印：黃曾樹鈞）

中華民國三十二年三月 日

具領卹金保證書

保證人黃士華　今保證領卹人黃高樹　確係已故

部隊機關番號　新十師四十五團一營　階級　上尉　職務　營附　姓名　黃萬鈞

之遺族遵照

國民政府軍事委員會　補卹三十一年　撫字第一三八〇一號卹令給與卹金給與令於准給遺族

加給年撫卹金國幣　壹仟捌百陸　元整今由該遺族向

該會第三處如數領訖具領後如有發生爭議保證人願依

該會請領卹金須知第十六條之規定負法律上一切責任此證

謹呈

國民政府軍事委員會撫卹委員會

保證人姓名　黃士華　蓋章

（店鋪商號）永興隆

籍貫　成都　職務　[illegible]

住址　[illegible]

（店鋪營業資本金額）叁仟佰元

領卹人姓名　黃高樹　蓋章

籍貫　安岳

住址　[illegible]　與已故人關係　[illegible]

其他遺族姓名及關係

成都市市長　余中英

中華民國三十三年三月　日

2824

撫卹金副領據

撫卹委員會第三處存根

茲領到

部隊機關番號 新十五師四五團一營

階級 上尉

職務 營附

姓名 黃萬鈞

卹金種類 第三年卹金 及加倍

國幣 共柒百弍拾元

右欵業已照數領訖此據

軍事委員會撫卹委員會第三處查照

領卹人 黃曾樹鈞

中華民國 三十二 年 三 月 日

字第　　號

此聯轉報軍政部核轉

撫卹金正領據

茲領到

部隊機關番號 新十五師四五團一營

階級 上尉

職務 營附

姓名 黃萬鈞

卹金種類 第三年卹金 及加倍

國幣 共柒百弍拾元

右欵業已照數領訖此據

軍事委員會撫卹委員會第三處查照

領卹人 黃曾樹鈞

中華民國 三十二 年 三 月 日

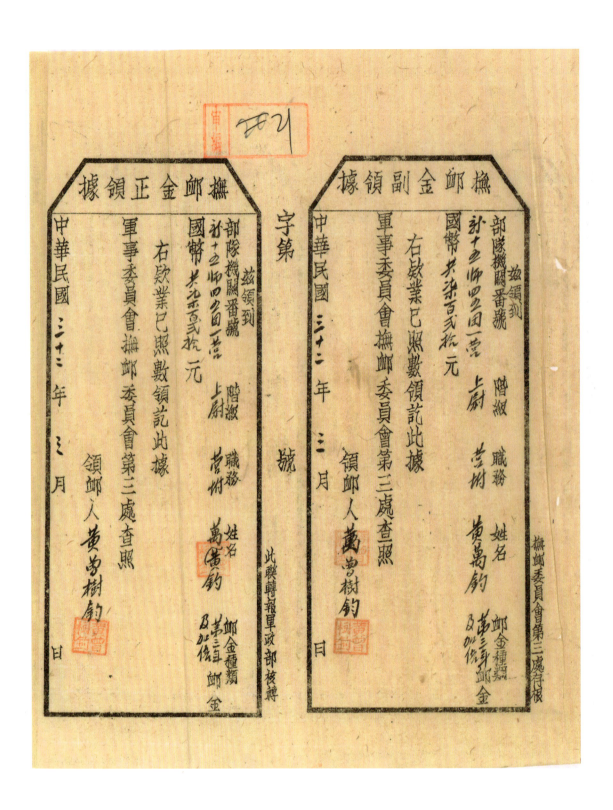

具領卹金保證書

保證人 [illegible] 十 年 令保證領卹人 康萬樹 確係已故

部隊機關番號 新十三師四四團一營 階級 上尉 職務 營附 姓名 康萬鈞

之[illegible]遺族

國民政府軍事委員會 會卹字第一四二六〇一號卹金給與令核准給與遺族

[illegible]卹金國幣 [illegible] 元整今由該遺族向

鈞會呈第二次如數領訖具領後如有發生爭議保證人願照

鈞會請領卹金須知第六條之規定負法律上一切責任此證

謹呈

國民政府軍事委員會撫卹委員會

保證人姓名 [illegible] 十 年 蓋章

（店鋪）（書號） 永興隆

籍貫 住址 成都 [illegible] 職業 [illegible]

（店鋪營業）（資本金額） 叁仟伍佰元

領卹人姓名 康萬樹 蓋章

籍貫 住址 四川 [illegible]

與故者之關係 [illegible]

其他遺族姓名及關係

成都市市長 余中英

中華民國三十二年三月 日

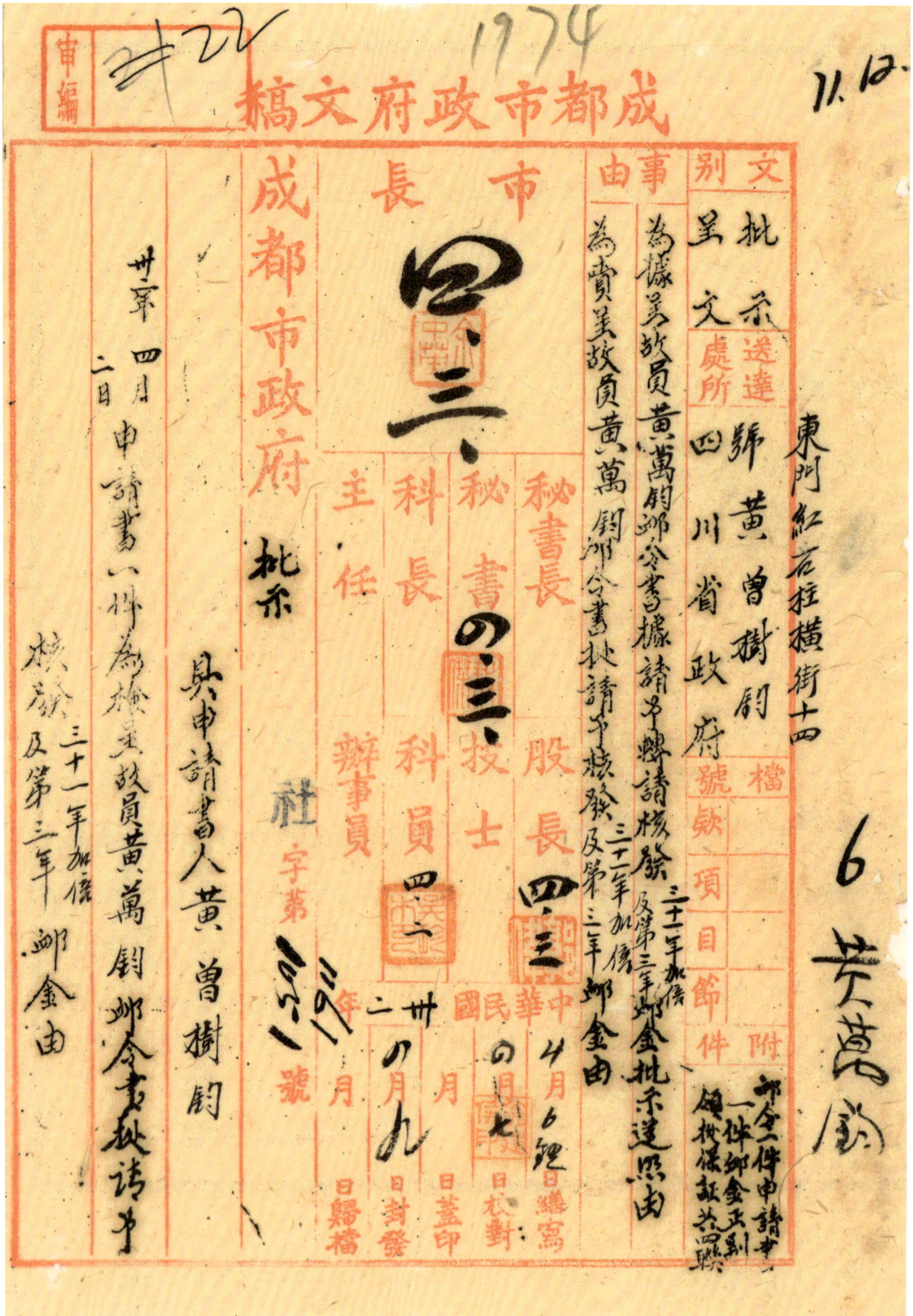
成都市政府文稿

市長 呈三

秘書長 秘書 の三 科長 四二 股長 四三

文別：批示 呈文

送達處所：郫 黄曾樹鈞 四川省政府

事由：為據呈故員黄萬鈞卹令書據請予轉請核發三十一年加倍及第三年卹金批示遵照由
為賫呈故員黄萬鈞卹令書據請予核發三十一年加倍及第三年卹金由

附件：卹令一件申請書一件卹金存摺領据保証共四聯

東門紅石柱橫街十四

黄萬鈞

中華民國卅二年四月六日繕寫 四月七日校對 四月 日蓋印 四月九日封發 年 月 日歸檔

社字第 號

成都市政府批示
具申請書人黄曾樹鈞
卅二年四月二日申請書一件為檢呈故員黄萬鈞卹令書據請予核發三十一年加倍及第三年卹金由

成都市档案馆藏抗日阵亡将士档案汇编 3

成都市政府关于核发故员黄万钧第二年加倍恤金、第三年年恤金及加倍恤金致黄曾树钧的批示及致四川省政府的呈文（一九四三年四月九日）

申請書暨附件均悉。仰候分案呈請

四川省政府核發給領可也！附件分別存轉

此批

中華民國三十二年四月　日

市長　余

吳文翰

案據本市故員黃萬鈞遺族黃曾樹鈞檢呈卹令及申

請書正副領據保證書等懇予轉請核發三十一年加給及第三年

卹金等情前來查核尚無不合除批示外理合送呈

鈞府請領卹金各項辦法之規定檢同故員黃萬鈞

卹令一件申請書一件卹金正副領扺保証書共四聯一併隨文

賫呈

鈞府俯賜核發給領指令祗遵。

謹呈

四川省政府

計呈故員黃萬尉卹令一件申請書一件卹金正副領扺

保証書共四聯

銜名

黄曾树钧关于催发故员黄万钧第二年加倍恤金、第三年年恤金及加倍恤金致成都市政府的呈
（一九四三年七月十二日）

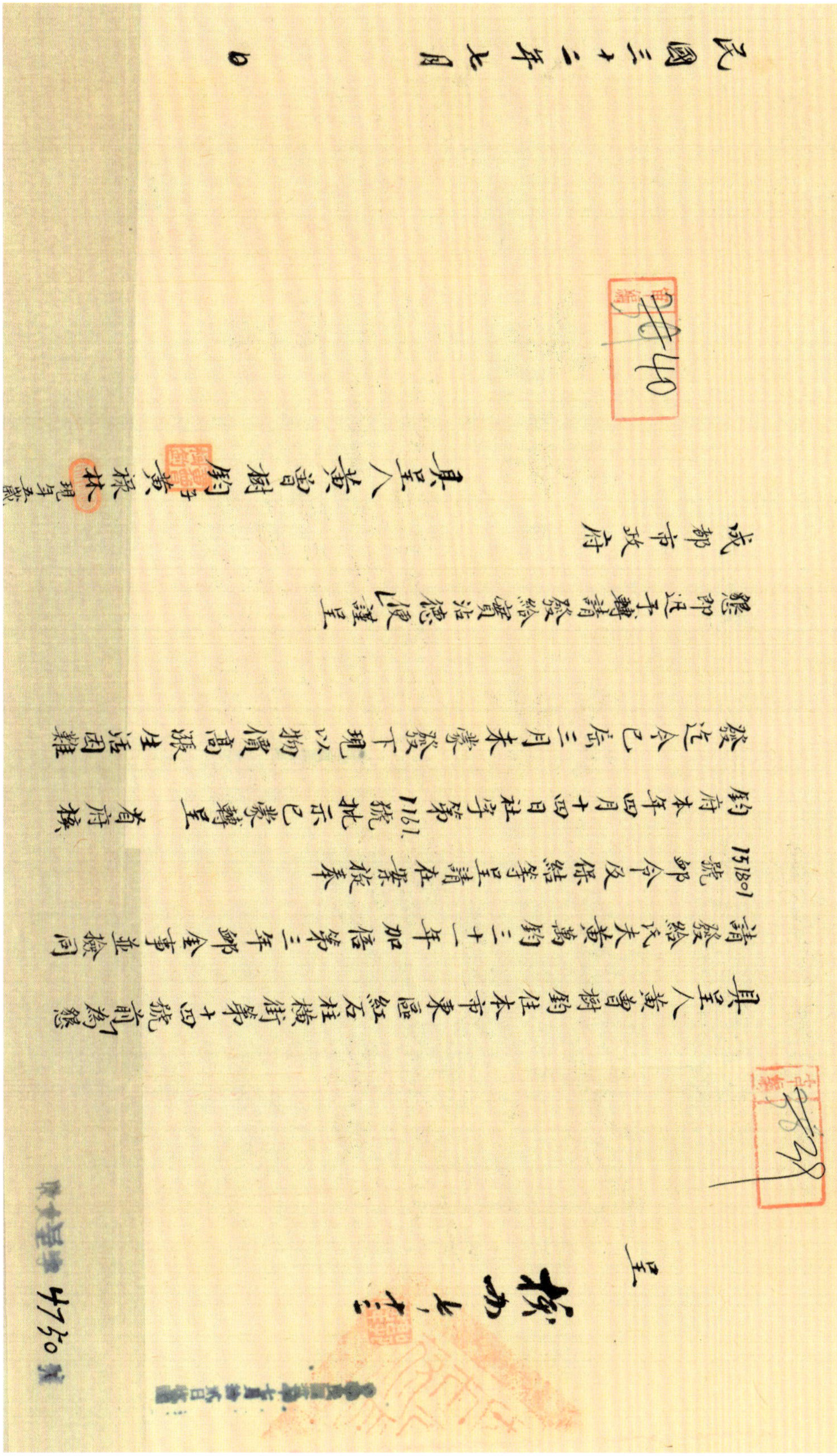
呈
核办 七、十三

具呈人黃曾樹鈞住本市東區紅石柱橫街第十四號前為懇
請發給氏夫黃萬鈞三十一年加倍第三年卹金事並檢同
151801號卹令及保結等呈請在案旋奉
鈞府本年四月十四日社字第1161號批示已蒙轉呈　省府核
發迄今已届三月未蒙發下現以物價高漲生活困難
懇即迅予轉請發給實沾德便謹呈
成都市政府
具呈人黃曾樹鈞 子黃祿林 現年五歲
民國三十二年七月　日

4750

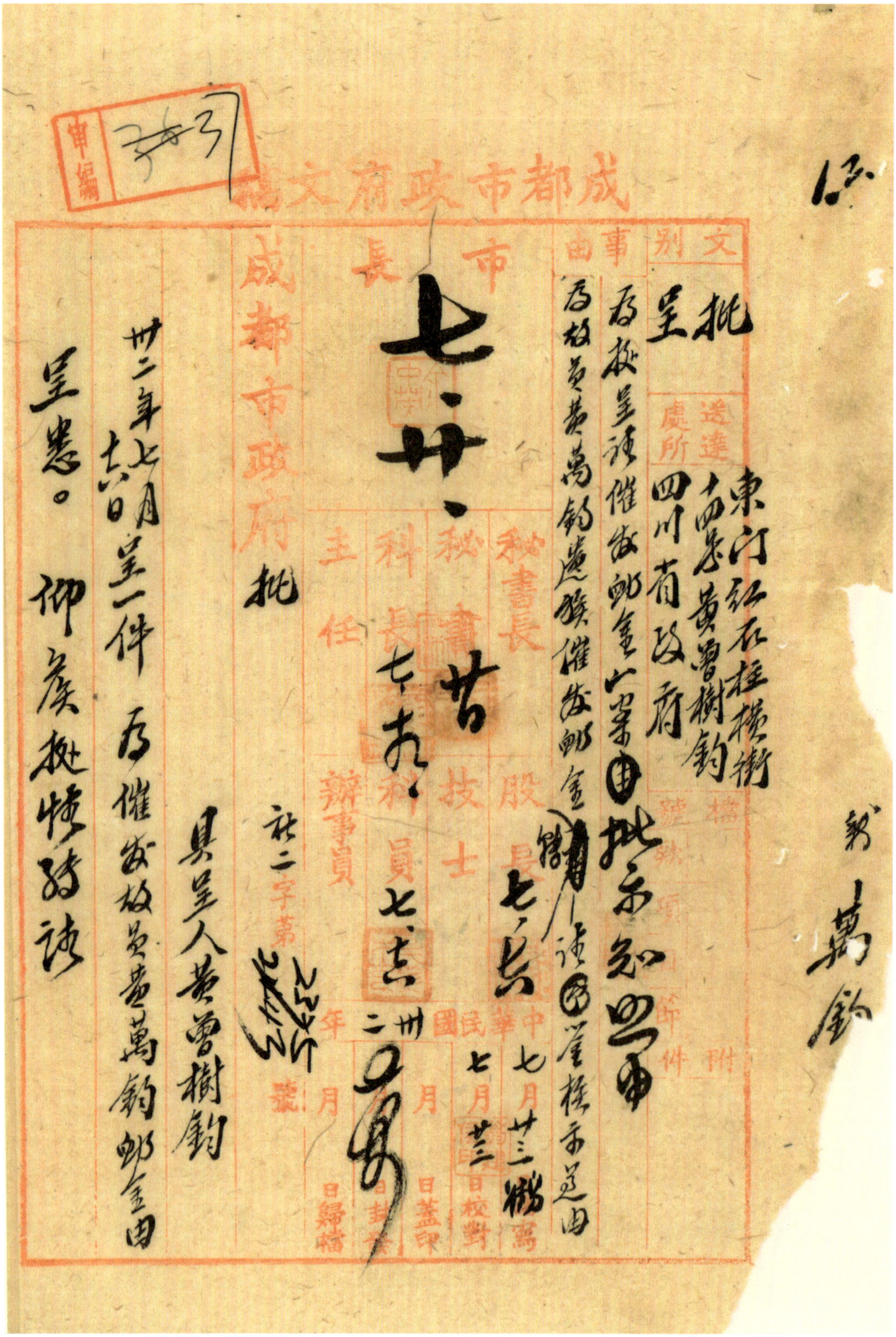
成都市政府文稿

文别：批 呈

事由：为据呈请催发邮金一案由 批示知照由

送达处所：東门红石柱横街 黄曾树钧；四川省政府

市长 七廿、

秘书长

科长 七廿

股长 七、廿六

中华民国卅二年七月廿三日

成都市政府批

具呈人黄曾树钧

卅二年七月廿六日呈一件 为催发故兵黄万钧邮金由

呈悉。仰候据情转请

成都市政府关于核发故兵黄万钧第二年加倍恤金、第三年年恤金及加倍恤金致黄曾树钧的批及致四川省政府的呈（一九四三年七月二十四日）

四川省政府查核發給可也！

此批。

中華民國卅二年七月　日

市長余

呈稿

案據本市故員黃萬鈞遺族黃曾樹鈞呈稱：「為懇請……」云云。案該遺族等情前來，查該故員卹金，早經本府於卅二年四月九日以社字第一〇五一號呈請

省府請予核發在案。該遺族所稱各節，即係實情。

实惟拟请早予核发给领实为公便！

领卹 谨呈。

四川省政府

衔名

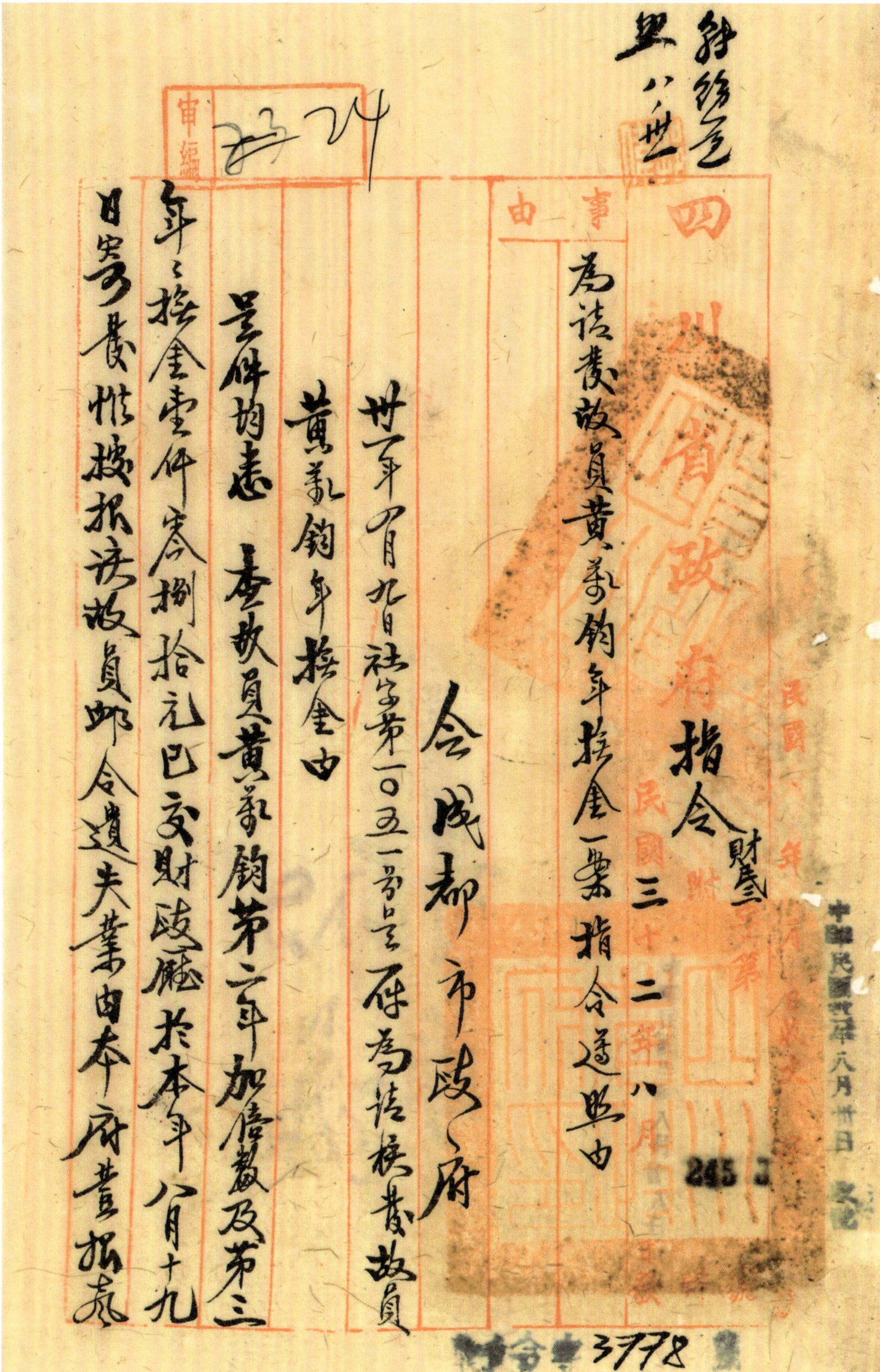
四川省政府指令 財叁字第　號
民國三十二年八月　日
事由：為請發故員黃萬鈞年撫金一案指令遵照由
令成都市政府
卅二年八月九日社字第一〇五一號呈一件為請核發故員黃萬鈞年撫金由
呈件均悉。查故員黃萬鈞第二年加倍數及第三年年撫金壹仟叁佰捌拾元已交財政廳於本年八月十九日寄發。惟據該故員卹令遺失，業由本府查據

四川省政府关于核发故员黄万钧恤金并补填军人户籍调查表致成都市政府的指令（一九四三年八月三十日）

照作廢仰即補填軍人户籍調查表二份來府以憑轉
請頒發撫卹令為要
此令 附件發

兼理主席 張群
民政廳長 胡次威

監印 李符
校對 廖學政

成都市政府关于补办故员黄万钧军人户籍调查表致黄曾树钧的通知（一九四三年九月六日）

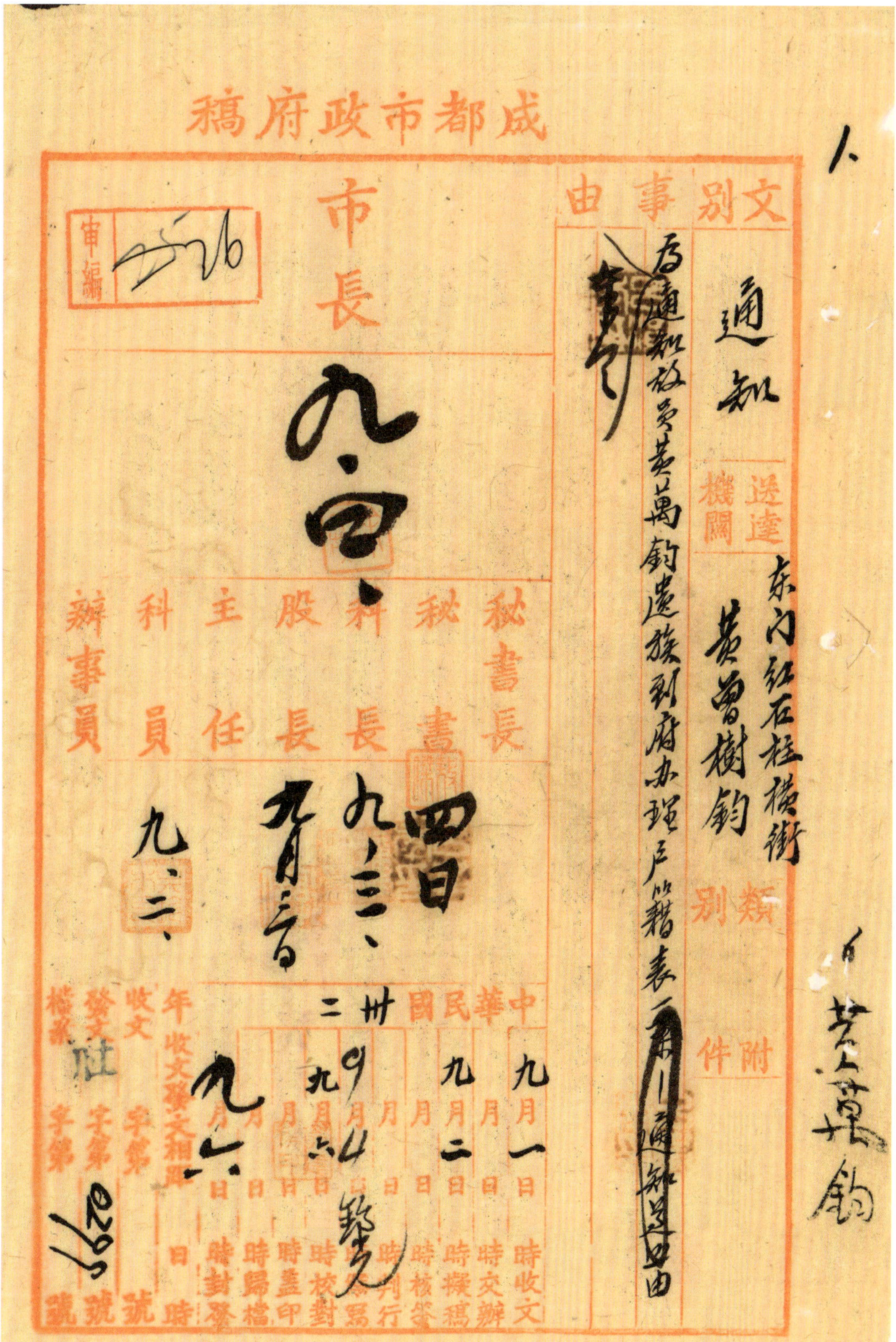
成都市政府稿

文别：通知

事由：為通知故員黃萬鈞遺族到府办理户籍表……

送達機關：东门红石柱横街 黃曾樹鈞

類別

附件

審編 2526

市長 九、四

秘書長

秘書

科長

股長

主任

科員

辦事員

中華民國卅二年 九月一日收文 九月二日交辦 九月 日擬稿 九月 日核簽 九月 日判行 九月 日繕寫 九月六日校對 九月 日蓋印 九月 日歸檔 九月六日封發

年收文發文相距 日 時

收文 字第 號

發文 字第 號

檔案 字第 號

令

衔 通知 社二字第 号

案奉

四川省政府卅二年八月 日财民三字第二四五八三号指令为故员黄万钧卹令遗失业由本府登报声明作废仰即补填军人户籍表以凭请发新卹令等因奉此。合行通知仰该遗族即便遵照，速赴望江楼本府临时办公处抚卹室办理户籍表以凭核转为要！为要！

右通知故员黄万钧遗族黄曾树钧准此

市长余

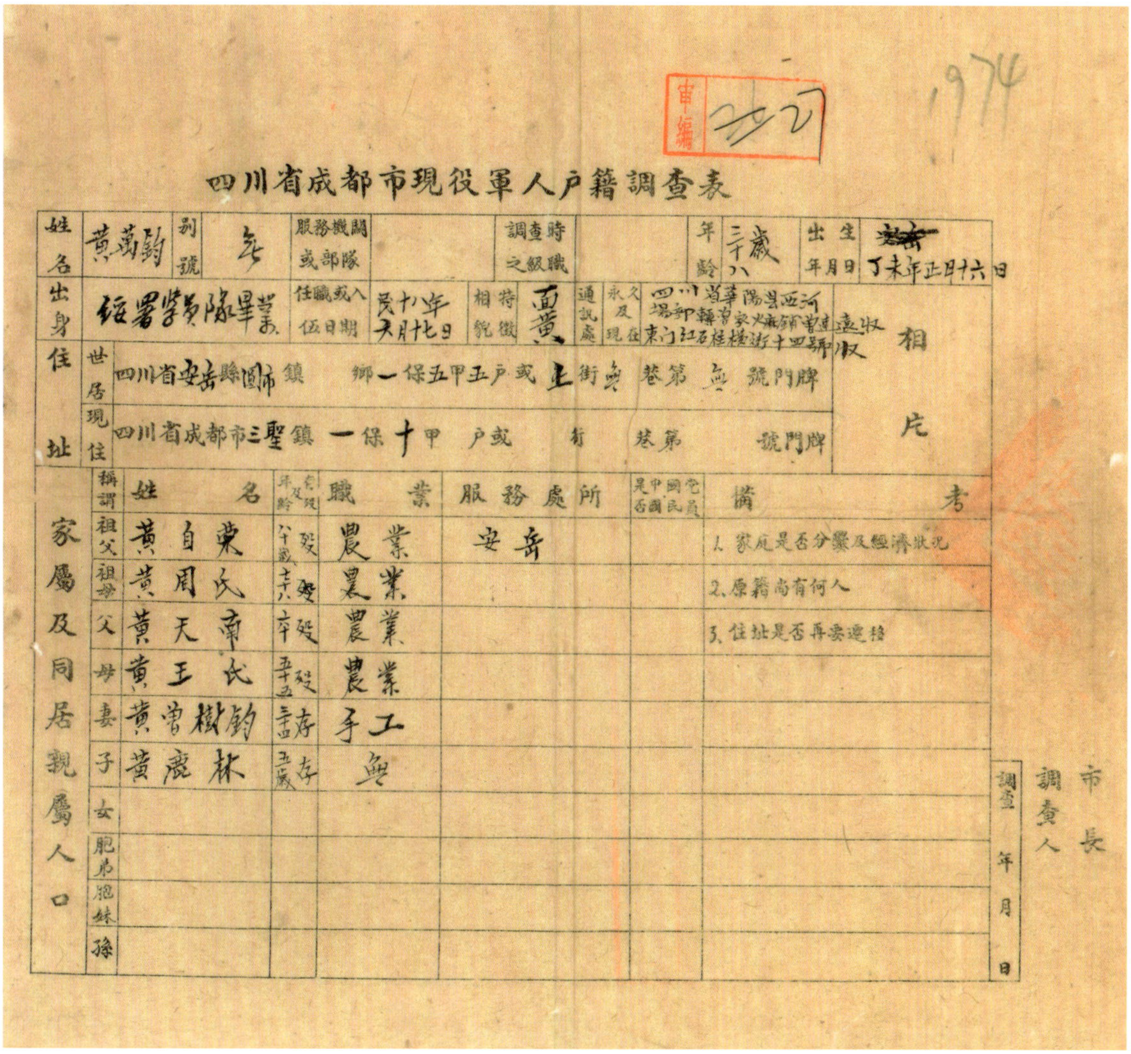

四川省成都市現役軍人户籍調查表

姓名	黄萬鈞	别號	[illegible]	服務機關或部隊		調查時之級職		年齡	三十八歲
出生年月日	丁未年正月十六日								
出身	經署學員隊畢業	任職或入伍日期	民十八年六月十七日	相貌特徵	面黄	通訊處永久及現在	四川省華陽县西河場郭鎮曾家火箭舖曾建東门江石橋横街十四號 [illegible]	相片	
住址 世居	四川省安岳縣圓師鎮　鄉一保五甲五户或正街無巷第無號門牌								
住址 現住	四川省成都市三聖鎮一保十甲　户或　街　巷第　號門牌								

家屬及同居親屬人口

稱謂	姓名	年齡及存殁	職業	服務處所	是否中國國民黨員	備考
祖父	黄自榮	八十歲 殁	農業	安岳		1. 家庭是否分爨及經濟狀況
祖母	黄周氏	七十六 殁	農業			2. 原籍尚有何人
父	黄天帝	六十 殁	農業			3. 住址是否再要遷移
母	黄王氏	五十五 殁	農業			
妻	黄曾樹鈞	三十四 存	手工			
子	黄鹿林	五歲 存	無			
女						
胞弟						
胞妹						
孫						

調查　年　月　日

調查人

市長

故员黄万钧的现役军人户籍调查表（一九四三年九月九日）

故兵黄万钧的死亡官兵现役军人户籍调查表清册（一九四三年九月九日）

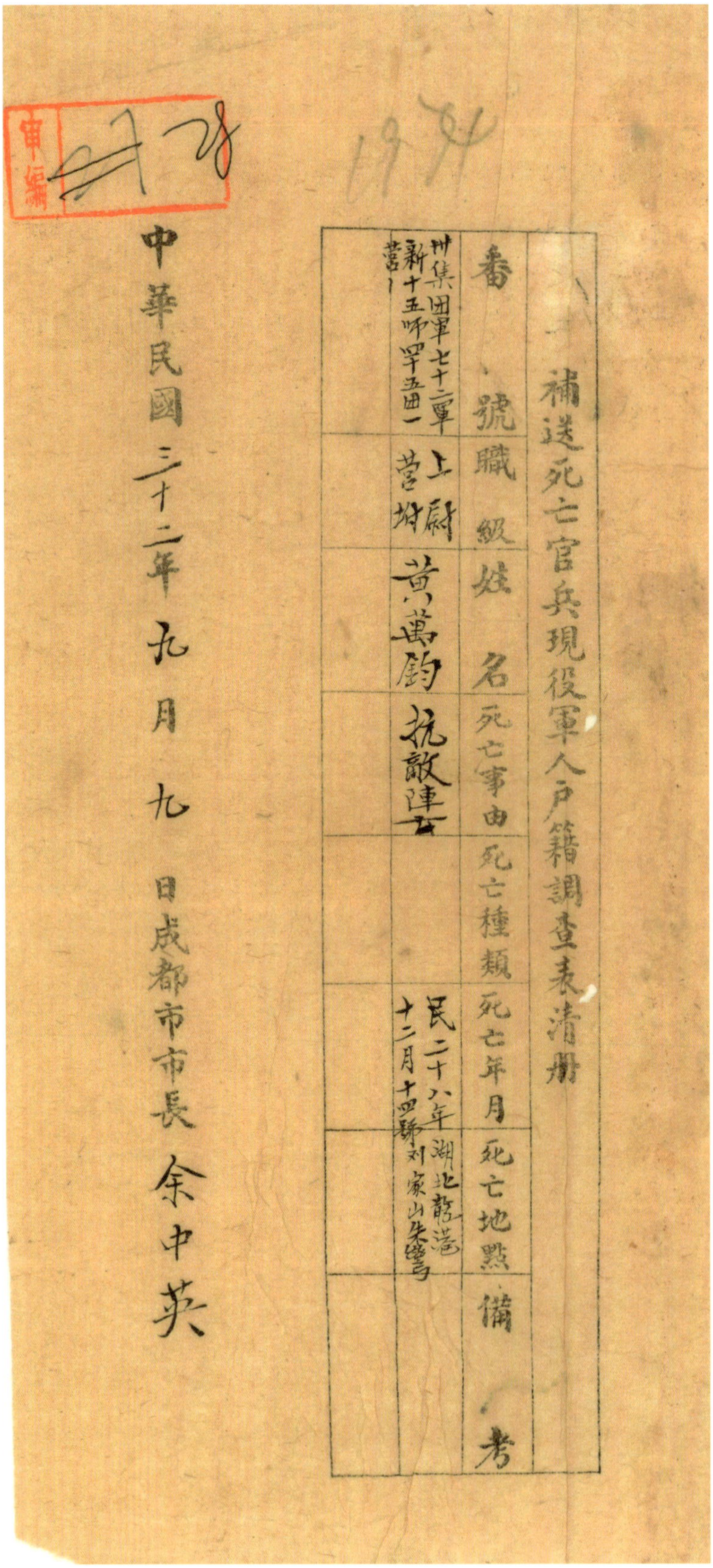

補送死亡官兵現役軍人户籍調查表清册

番號	職級	姓名	死亡事由	死亡種類	死亡年月	死亡地點	備考
卅集团軍七十二軍新十五师四五四团一營	上尉營附	黄萬鈞	抗敵陣亡		民二十八年十二月十四號	湖北龍港刘家山朱家湾	

中華民國三十二年九月九日成都市市長余中英

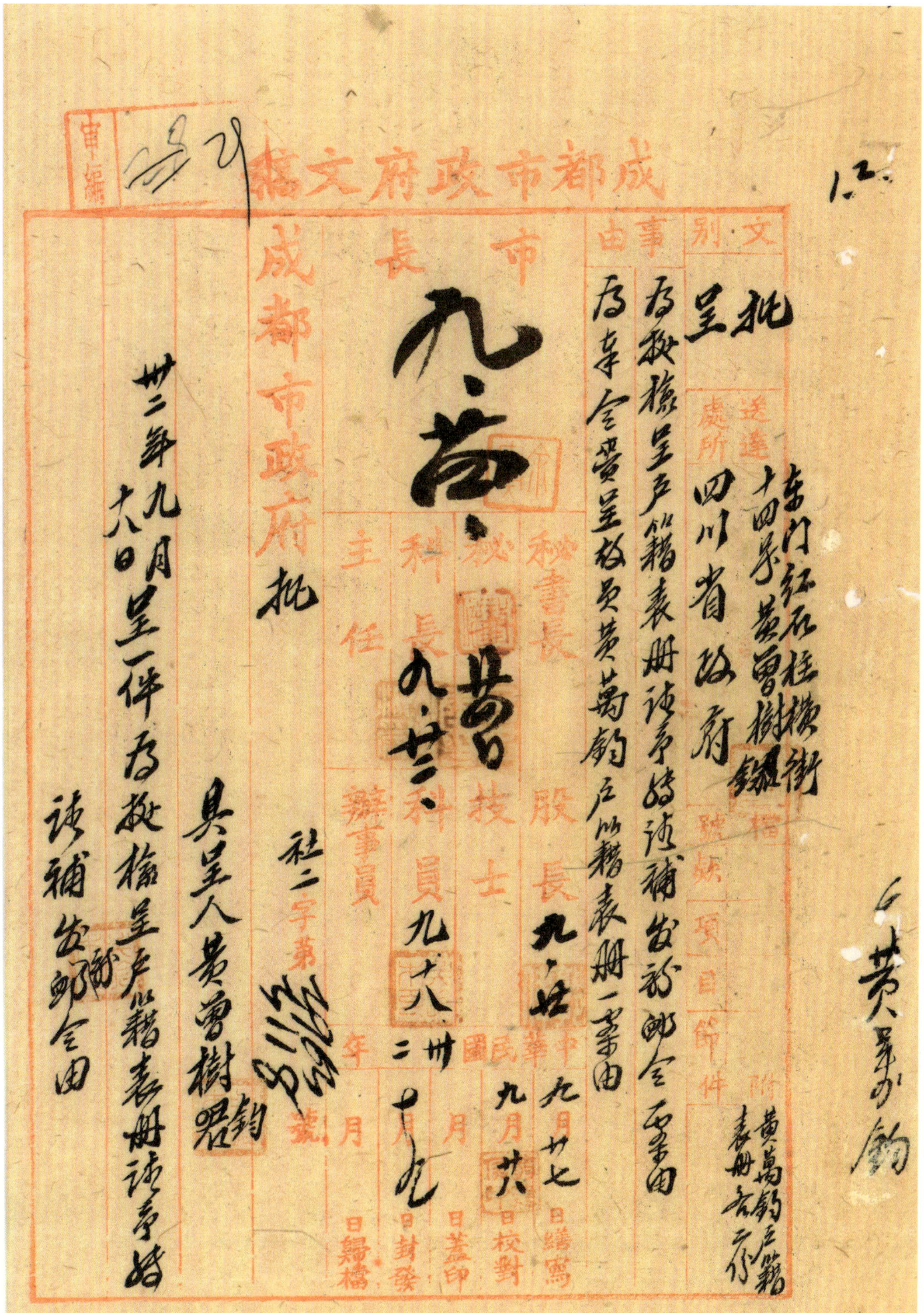

成都市政府文稿

文別	批 呈
事由	為據檢呈戶籍表冊請予咨請補發卹令由 為准令送呈故員黃萬鈞戶籍表冊一案由
送達處所	東門紅石柱橫街十四號黃曾樹鈞 四川省政府
附件	黃萬鈞戶籍表冊一份
市長	九、萬
秘書長	
秘書	
科長	九、廿三
主任	
股長	九、廿
技士	
科員	九、十八
辦事員	

成都市政府　批

卅二年九月十八日呈一件　為據檢呈戶籍表冊請予咨請補發卹令由

具呈人黃曾樹鈞

社二字第　號

中華民國　九月廿七日繕寫　九月廿八日校對　十月　日蓋印　十月九日封發　年　月　日歸檔

成都市政府关于检送故员黄万钧户籍表册以便补发恤令致黄曾树钧的批及致四川省政府的呈（一九四三年十月九日）

原令附前批稿內

呈件均悉。仰候據情轉請
四川省政府補發新卹令可也！ 件存
此批
中華民國卅二年九月 一日
市長余

呈文稿

案奉
鈞府卅二年八月日財民三字第二四五八三號指令
為故員黃萬鈞卹令遺失業由本府登報聲明
作廢仰即補填戶籍調查表二份來府以憑轉

审编 2-9-30

1974

请颁发部令前来等因；奉此，遵即函知该故员遗族遵办去后，兹据该遗族黄曾树钧检呈户籍表册请予核转前来，查核尚无不合，除将表册加盖印信官章盖抵存外，理合检同故员黄万钧现役军人户籍表二份及请册二份一并随文赍呈

钧府鉴核存转，指令祗遵！

谨呈

四川省政府

计呈故员黄万钧现役军人户籍表二

付清冊二份

銜名

四川省政府关于收到故员黄万钧户籍调查表并补发恤令致成都市政府的指令（一九四三年十月十八日）

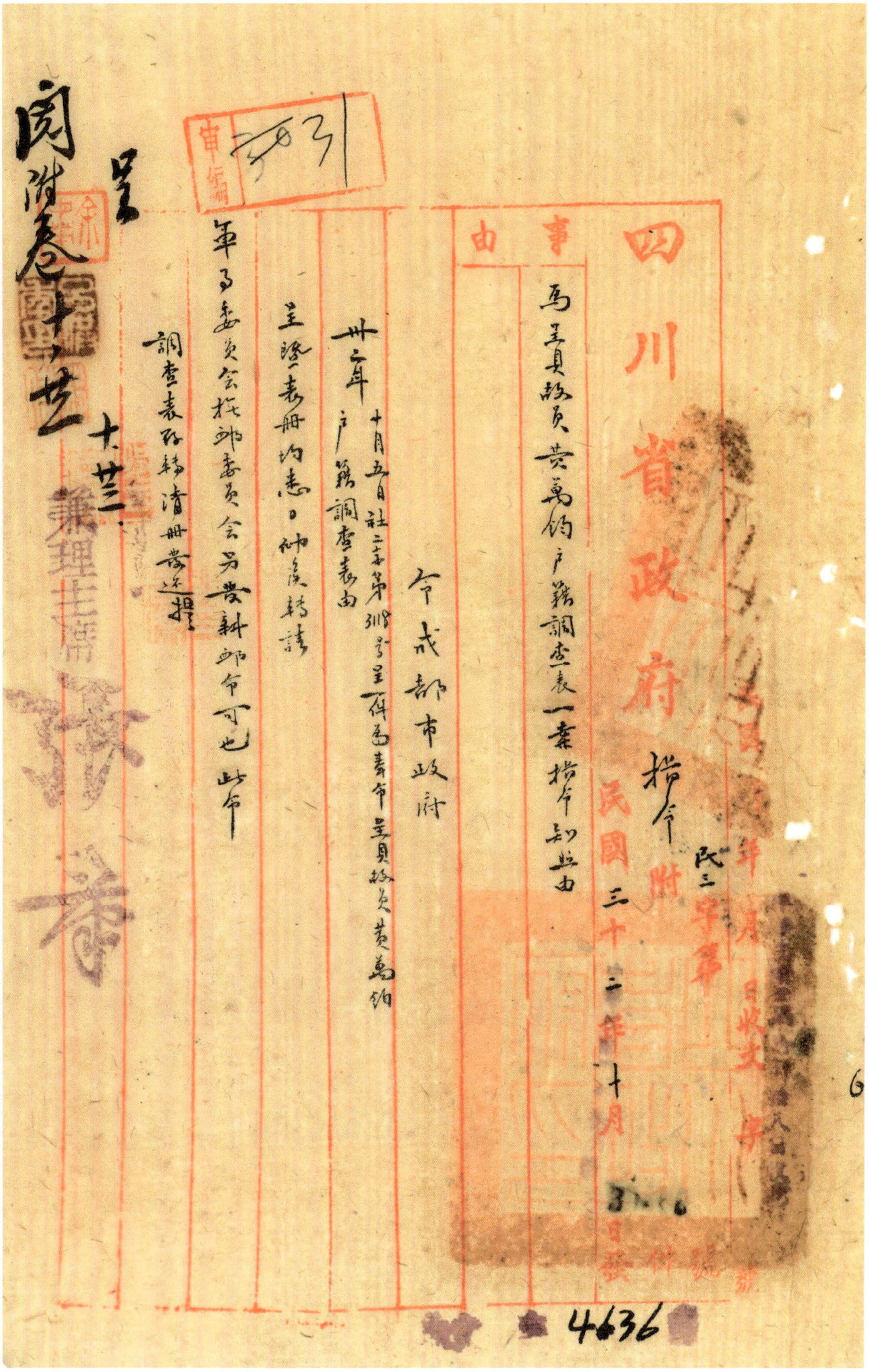

民政廳長 胡次威

国民政府军委会抚恤委员会关于补发故员黄万钧恤令致成都市政府的代电（一九四三年十二月三十一日）

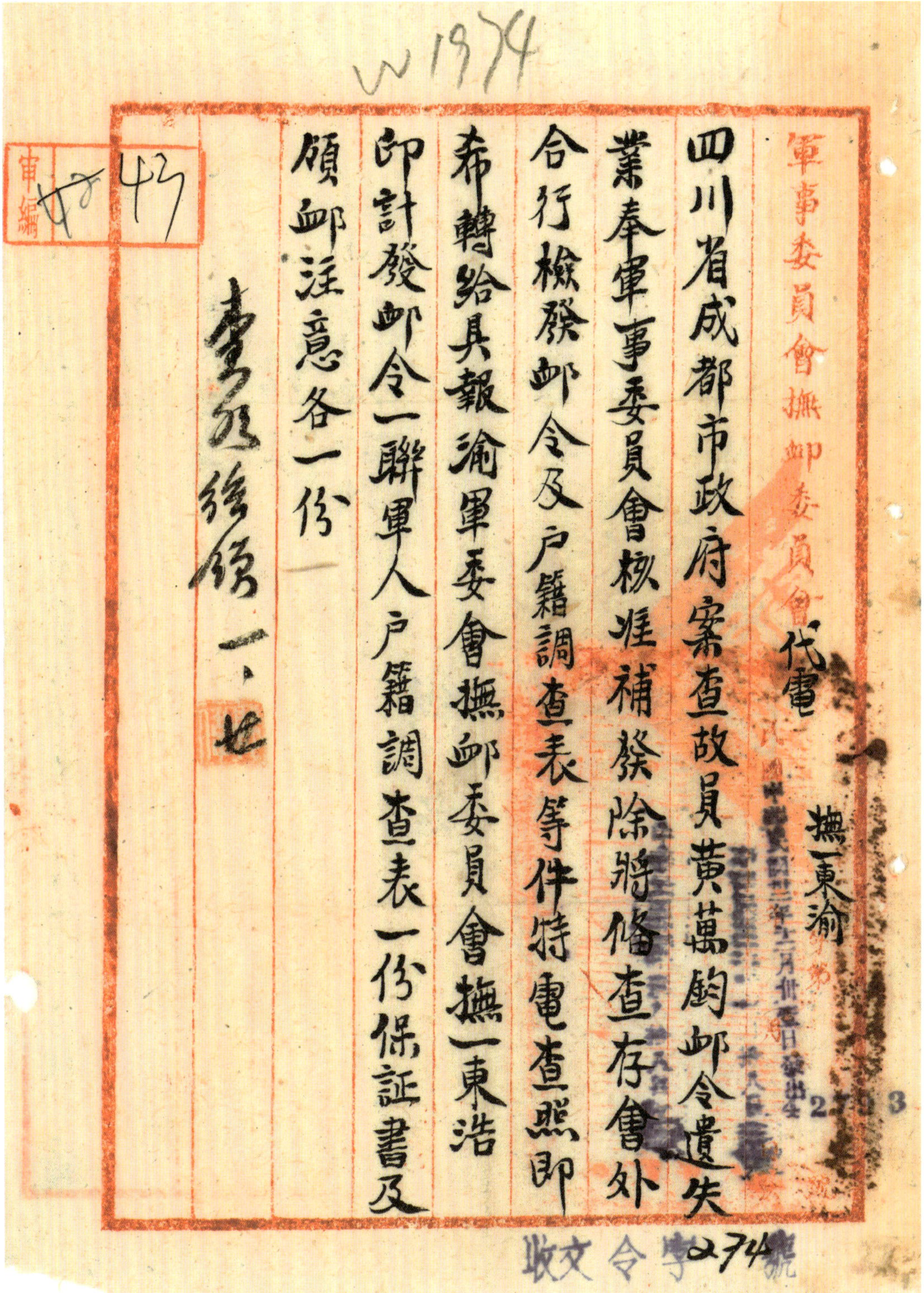

軍事委員會撫卹委員會代電　撫一東渝

四川省成都市政府案查故員黃萬鈞卹令遺失業奉軍事委員會核准補發除將備查存會外合行檢發卹令及户籍調查表等件特電查照即希轉給具報渝軍委會撫卹委員會撫一東浩印計發卹令一聯軍人户籍調查表一份保証書及領卹注意各一份

收文令字2374號

成都市政府关于补发故员黄万钧恤令致黄曾树钧的通知（一九四四年二月二十九日）

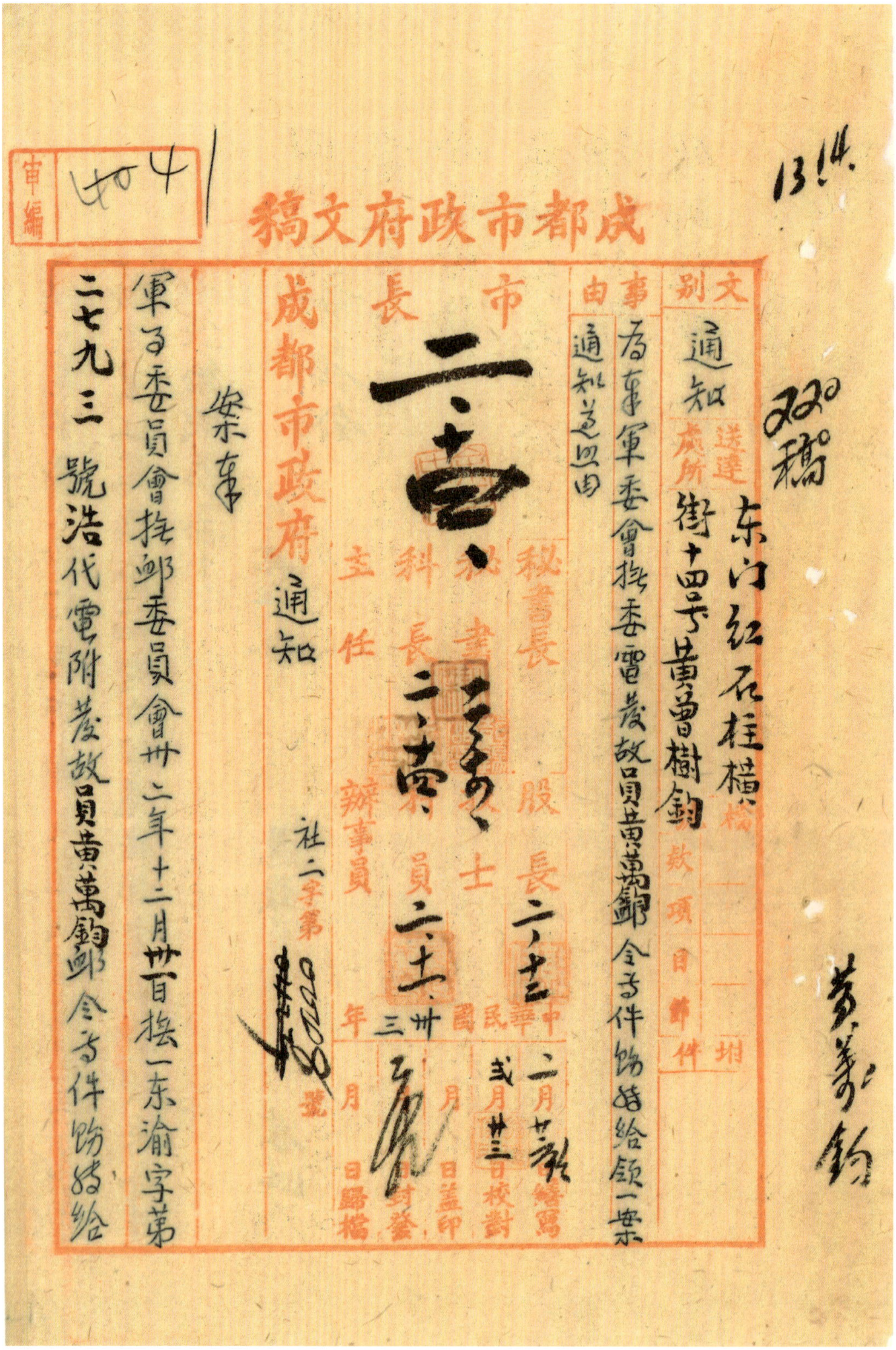
成都市政府文稿

文别：通知

送達處所：东门红石柱横街十四号黄曾樹鈞

事由：為軍委會撫委會補發故員黃萬鈞卹令予件飭給領一案通知遵照由

市長

秘書長　秘書　主任　科長　股長　辦事員

成都市政府通知　社二字第　號

案准

軍事委員會撫卹委員會卅三年十二月卅日撫一东渝字第二七九三號浩代電附發故員黃萬鈞卹令予件飭給

中華民國卅三年　二月　繕寫　校對　蓋印　封發　歸檔

領一案下府，合行通知，仰該遺族即便遵照，尅日到外東望江樓本府臨時辦公處按卹實填具領保各結以憑給領為要！

右通知故員黃萬鈞遺族黃曾樹鈞准此

市長余

成都市政府关于补发故员黄万钧恤令并给领恤金致国民政府军委会抚恤委员会的呈（一九四四年三月二日）

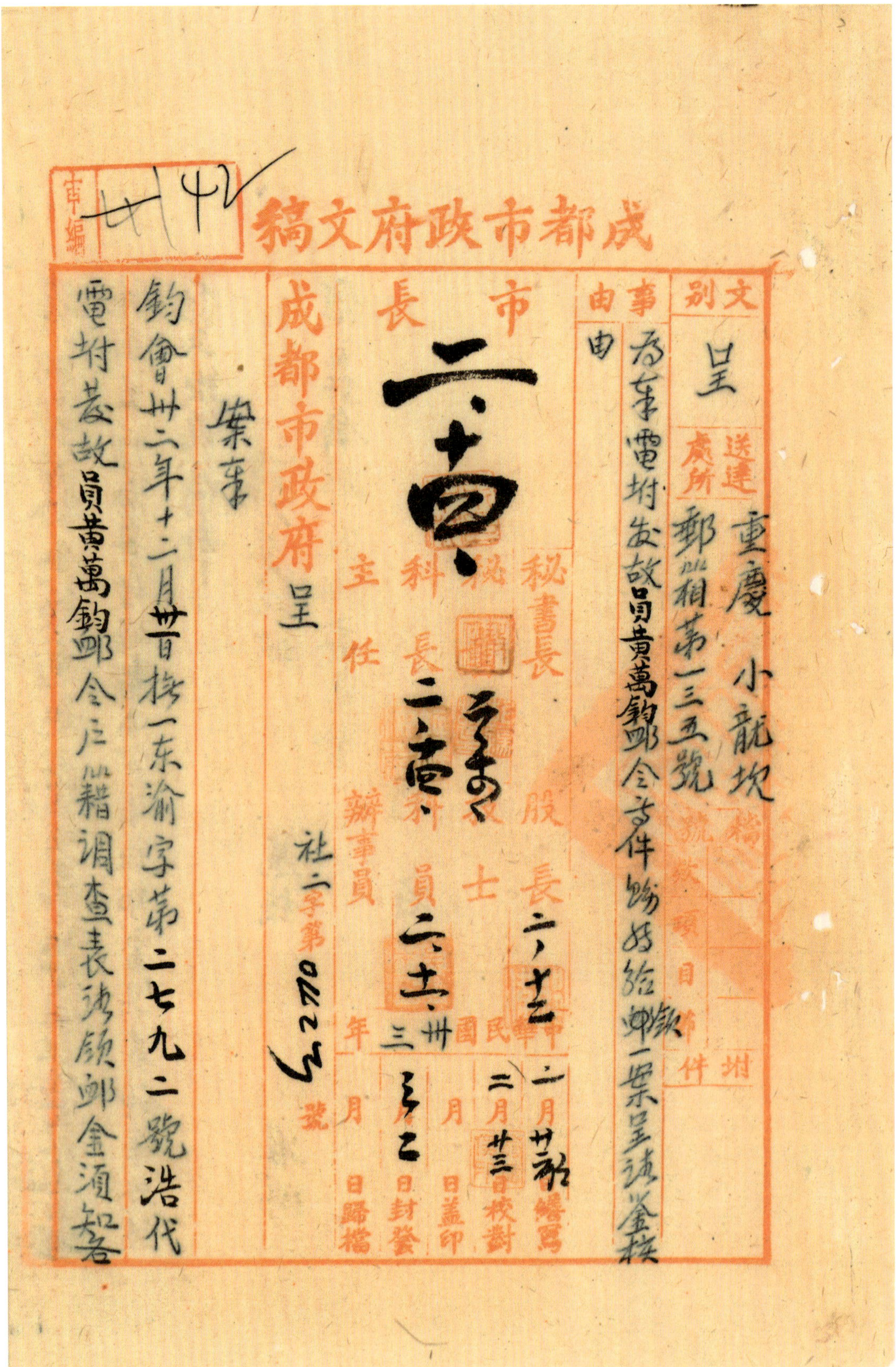

一件，賜即妥給具領見復等因奉此，除通知該故員遺族承領外，理合具文呈請

鈞會鑒核備查！

謹呈

軍事委員會撫卹委員會

銜名

四川省政府关于核准补发故员黄万钧恤令致成都市政府的训令（一九四四年二月二十一日）

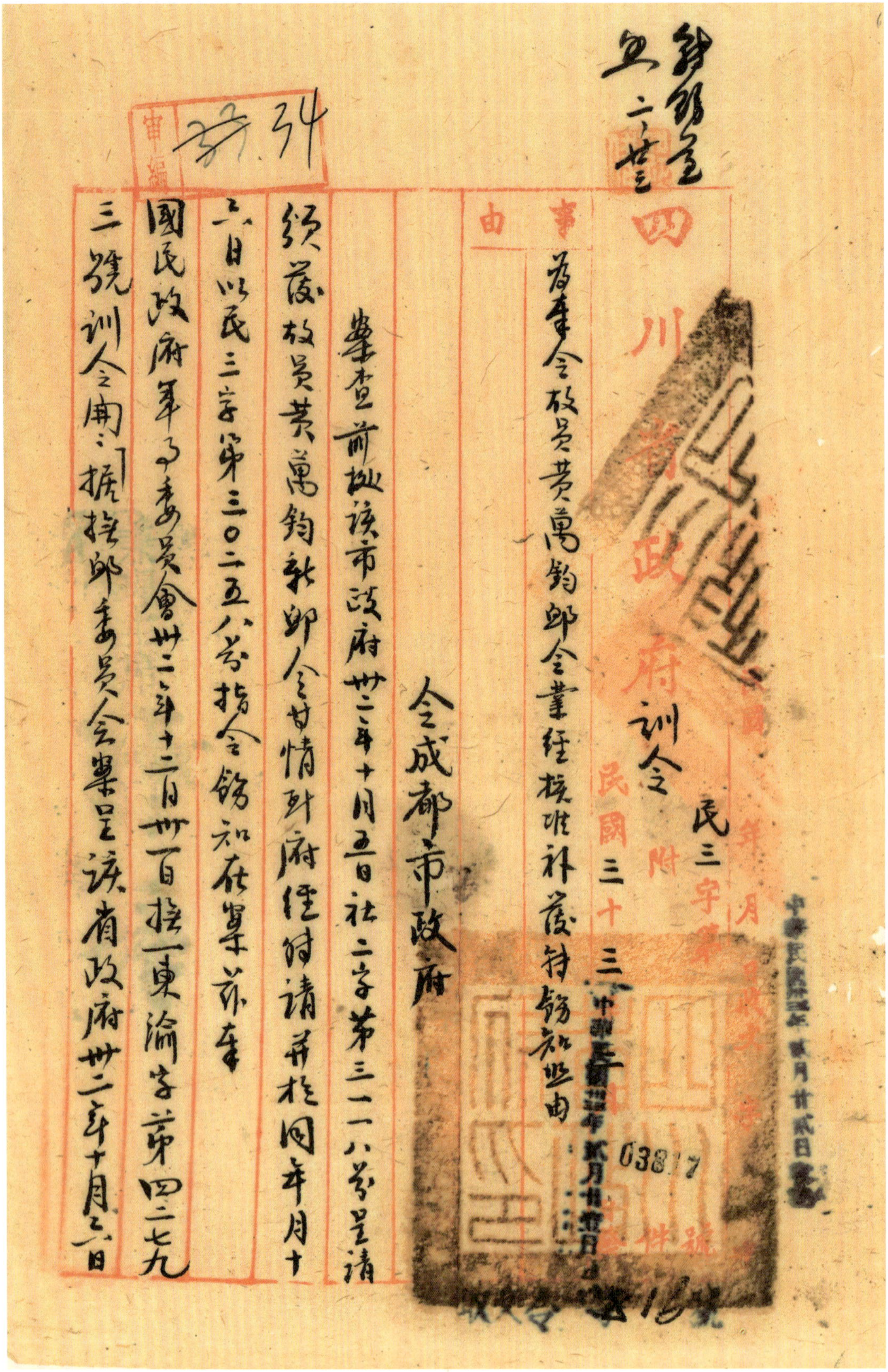
四川省政府训令

民三字第　　号

民国三十三年　月　日　附件

事由：为奉令故员黄万钧卹令业经核准补发转饬知照由

令成都市政府

案查前据该市政府卅二年十月五日社二字第三一一八号呈请颁发故员黄万钧卹令等情到府经转请并于同年月十六日以民三字第三〇二五八号指令饬知在案兹奉国民政府军事委员会卅二年十二月卅日按一东渝字第四二七九三号训令开：据抚卹委员会案呈该省政府卅二年十月二日

审编 5635

1974

民三字第三〇二五九號呈為故員黃萬鈞卹令遺失檢同備查及撫卹金甘結請補發一案核無不合准予補發除將舊備查註銷并飭發新卹令及備查外合行令仰知照此件副份九發現前項令據字第一五一六〇二號卹令時應即扣繳呈會註銷此令』甘因奉此合行令仰該市政府轉飭該遺族黃曾樹君知照再如發現令據字第一五一六〇二號原卹令時仍仰遵照扣繳呈請註銷為要！

此令。

兼理主席 張群

审编 36

1974

民政廳長

鄧漢祥

成都市政府关于如发现原遗失恤令须呈缴来府以便注销致黄曾树钧的通知（一九四四年三月四日）

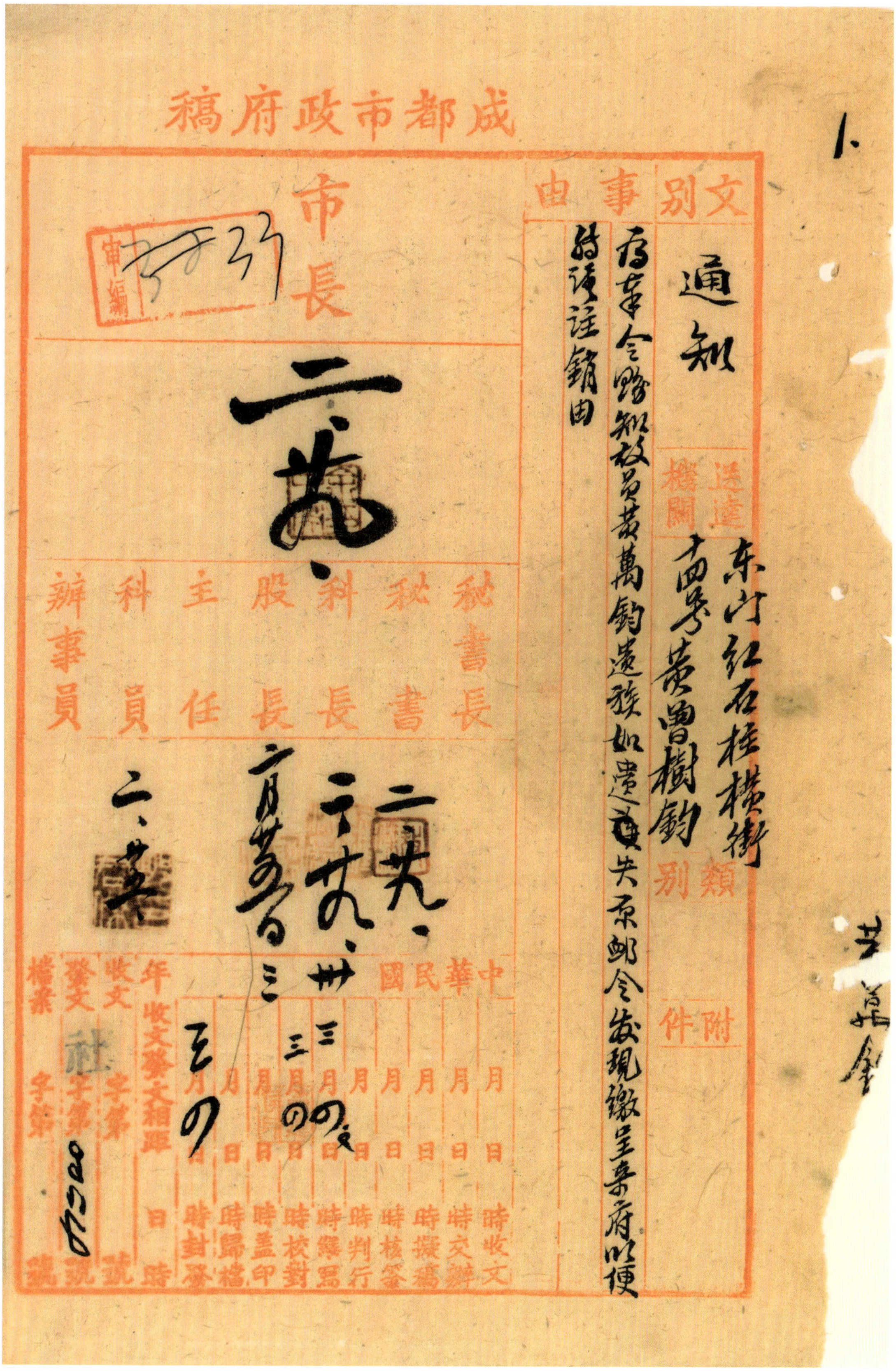

全衔 通知 社二字第 號

案奉

四川省政府卅三年二月廿日民三字第〇三八一七號训令開

「案查前據該市政府云云呈請注銷為要」等因奉此

合行令仰該故員遺族黃曾樹君即便遵照毋如以

後原部令發現繳附印鑑呈來府以便轉請注銷為要！

右通知故員黃萬鈞遺族黃曾樹君准此

市長余

二十二、黄永明

故兵黄永明的陆军死亡官佐士兵乙种请恤调查表（一九四二年十二月）

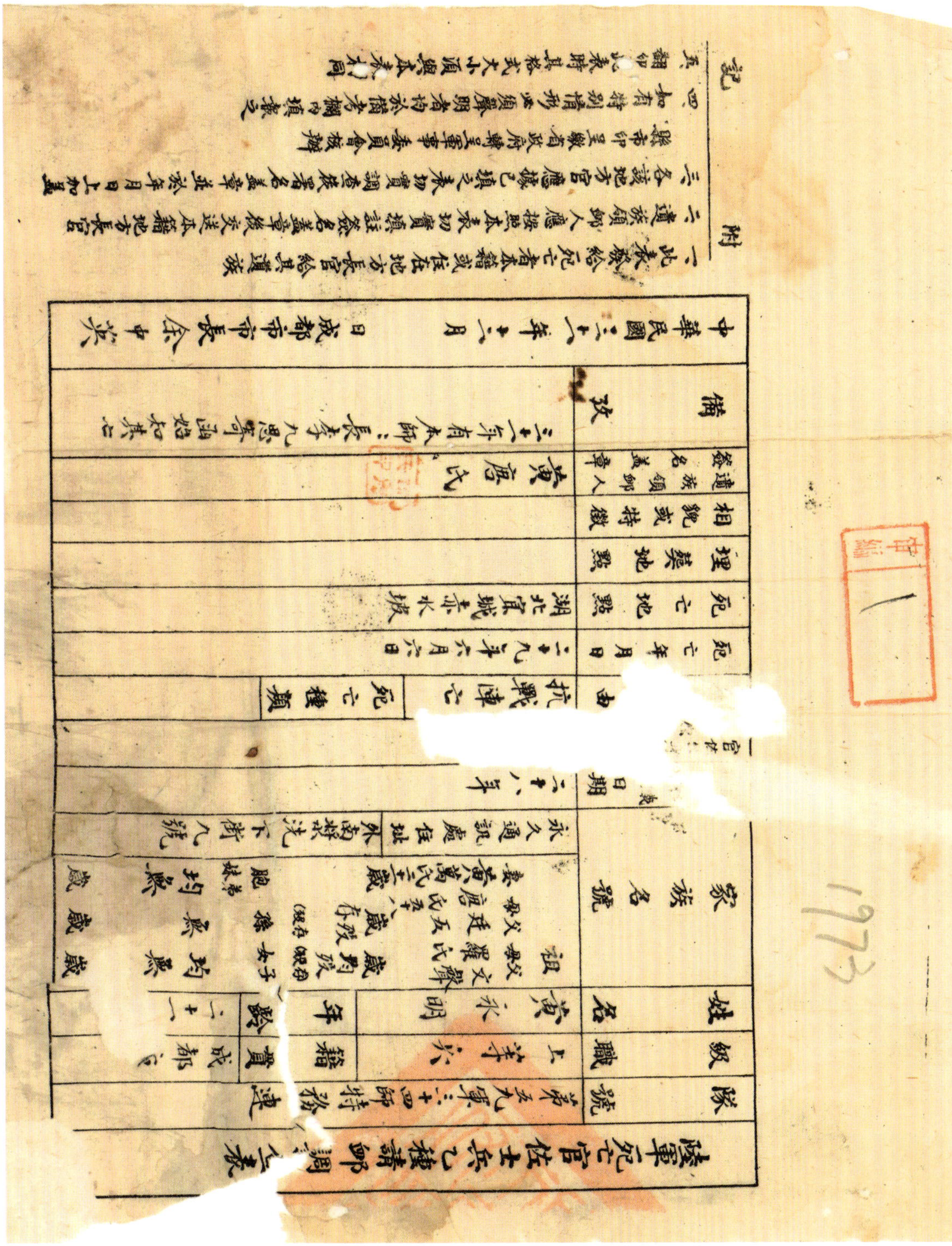
陸軍死亡官佐士兵乙種請卹調查表

隊號	第五九軍三十四師特務連
級職	上等兵
姓名	黃永明
籍貫	成都市
年齡	二十一
家族名號	祖父文聲 歲 殁；祖母羅氏 歲 殁；父廷五 歲 存；母唐氏五十八歲 存；妻黃萬氏二十三歲；子女 均無；孫 無；胞弟妹 均無
永久通訊處住址	外南漿洗下街九號
官佐入伍日期	二十八年
死亡種類	抗戰陣亡
死亡年月日	二十九年六月六日
死亡地點	湖北宜城赤水坡
埋葬地點	
相貌或特徵	
遺族領卹人簽名蓋章	黃唐氏
備考	三十一年有本師二長李九思寄函始知其亡

中華民國三十一年十二月　日

成都市市長余中英

附記

一、此表發給死亡者本籍或住在地方長官給其遺族

二、遺族領卹人應按照本表切實填註簽名蓋章後交送本籍地方長官

三、各該地方官應據已填之表切實調查後署名蓋章並於年月日上加蓋縣市印呈繳省政府轉呈軍事委員會核辦

四、如有特別情形必須聲明者均於備考欄內填報之

五、翻印此表時其格式大小須與本表相同

審編 1

1973

成都市第六区第四保保长、第一甲甲长关于故兵黄永明遗族情况的保结（一九四二年十二月）

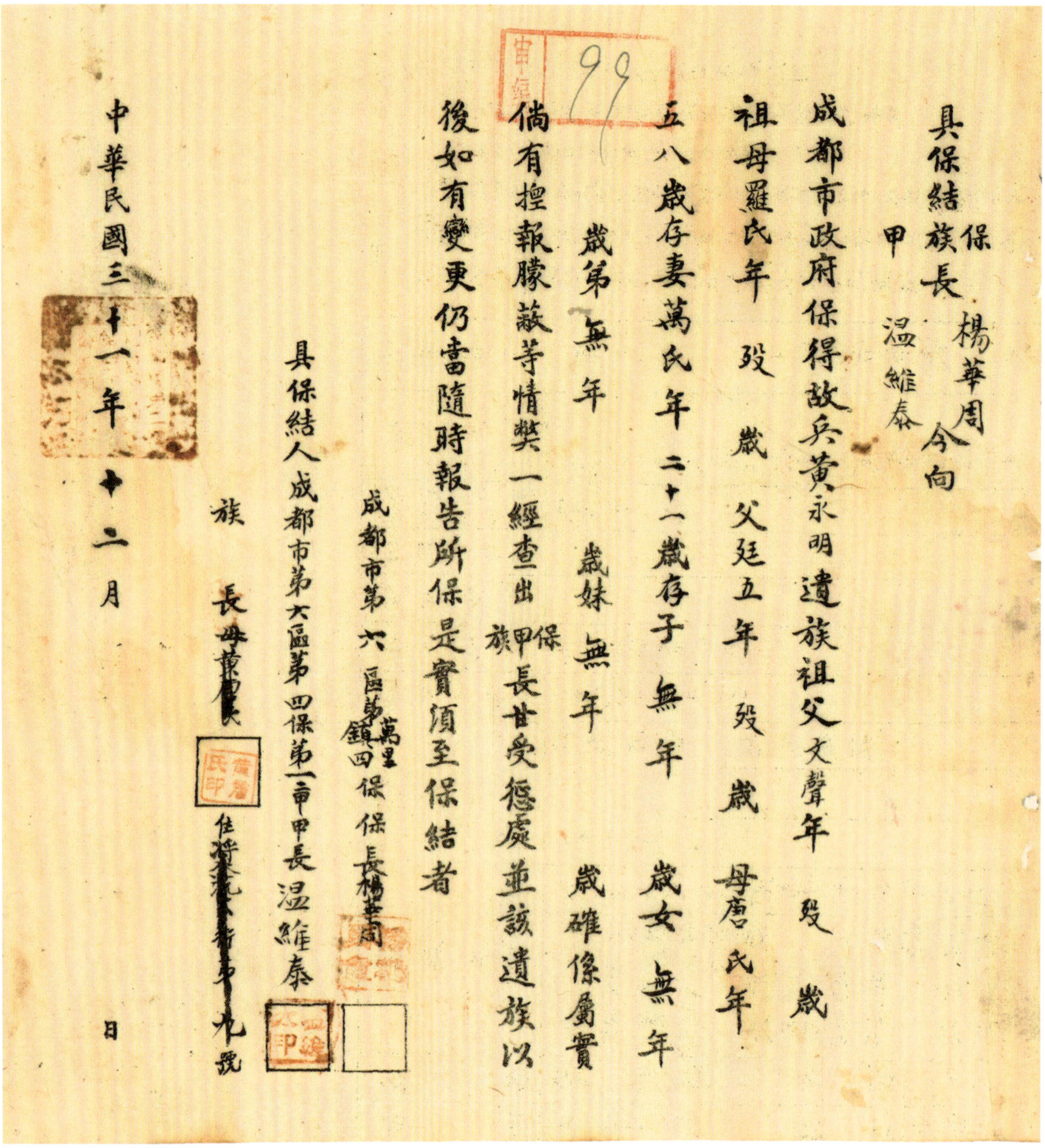

具保結保甲長楊華周温維泰今向

成都市政府保得故兵黃永明遺族祖父文聲年 歿 歲

祖母羅氏年 歿 歲 父廷五年 歿 歲 母唐氏年

五八歲存妻萬氏年二十一歲存子無年 歲女無年

歲弟無年 歲妹無年 歲確係屬實

倘有揑報朦蔽等情弊一經查出保甲族長甘受懲處並該遺族以

後如有變更仍當隨時報告所保是實須至保結者

成都市第六區萬里鎮第四保保長楊華周

具保結人成都市第六區第四保第一甲甲長温維泰

族長母黃唐氏 住將軍衙第九號

中華民國三十一年十二月 日

成都市政府关于转送故兵黄永明乙种请恤书表致四川省政府的呈（一九四二年十二月二十六日）

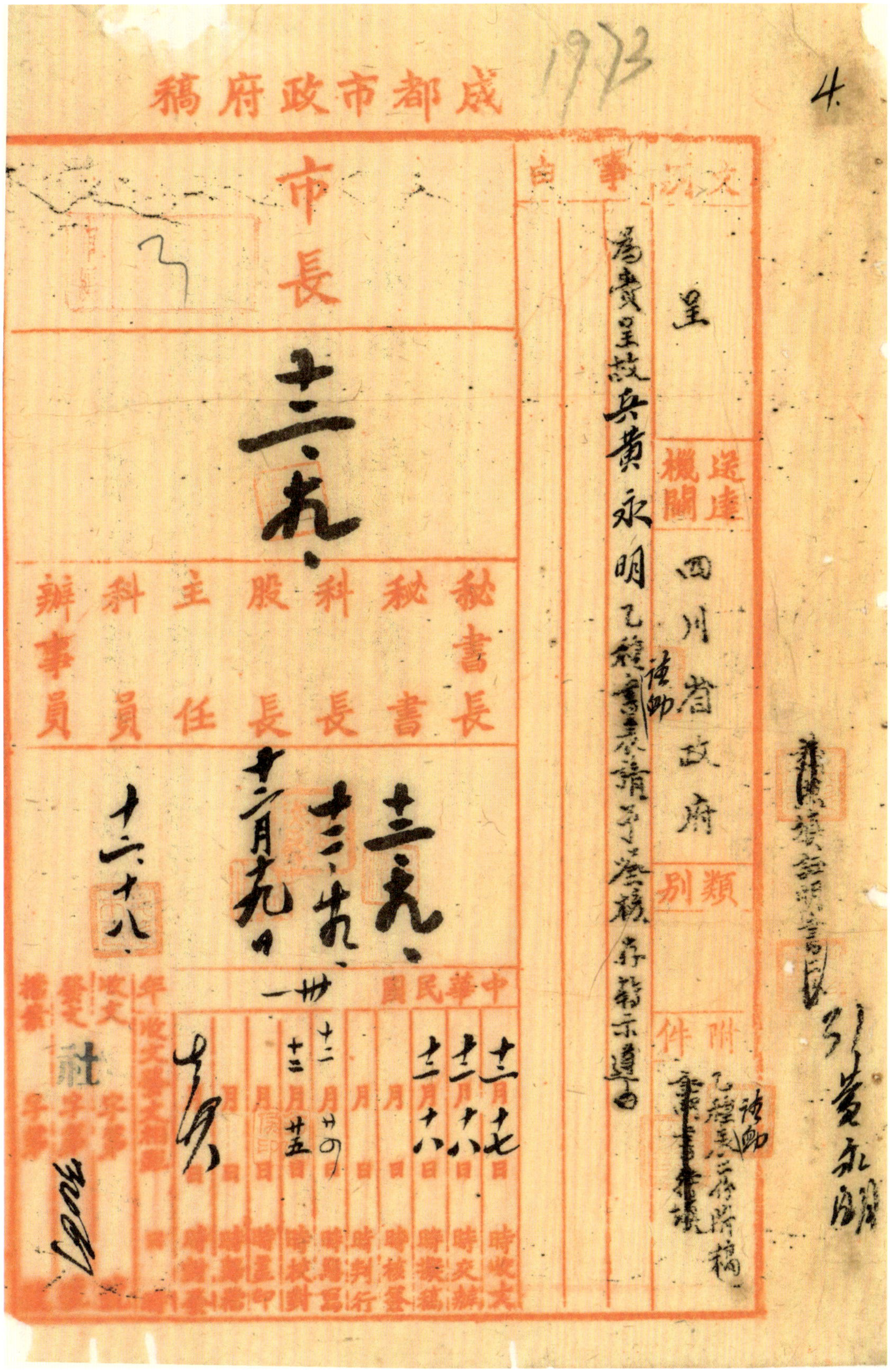
成都市政府稿

市長

秘書長　秘書科長　股長　主任　科員　辦事員

文別：呈

事由：為賫呈故兵黄永明乙種請恤書表請予查核存轉示遵由

送達機關：四川省政府

類別

附件：乙種請恤書表

中華民國　年　月　日　時　收文　交辦　擬稿　核簽　判行　繕寫　校對　蓋印　封發　歸檔

案據第五九軍三十四師特務連上等兵黃永明遺族黃唐氏檢具請卹表結，懇予轉請核卹等情，前來。查核尚無不合，除遵令將該遺族所具保甲切結抽存備案外，理合檢同該兵黃永明乙種請卹調查表，暨同本府加具證明書各一份，隨文賫呈鈞府，俯賜鑒核存轉，指令祇遵。

謹呈

四川省政府

計呈賫兵黃永明乙種請卹書表各一份

四川省政府关于核发故兵黄永明恤金致成都市政府的指令（一九四三年一月十五日）

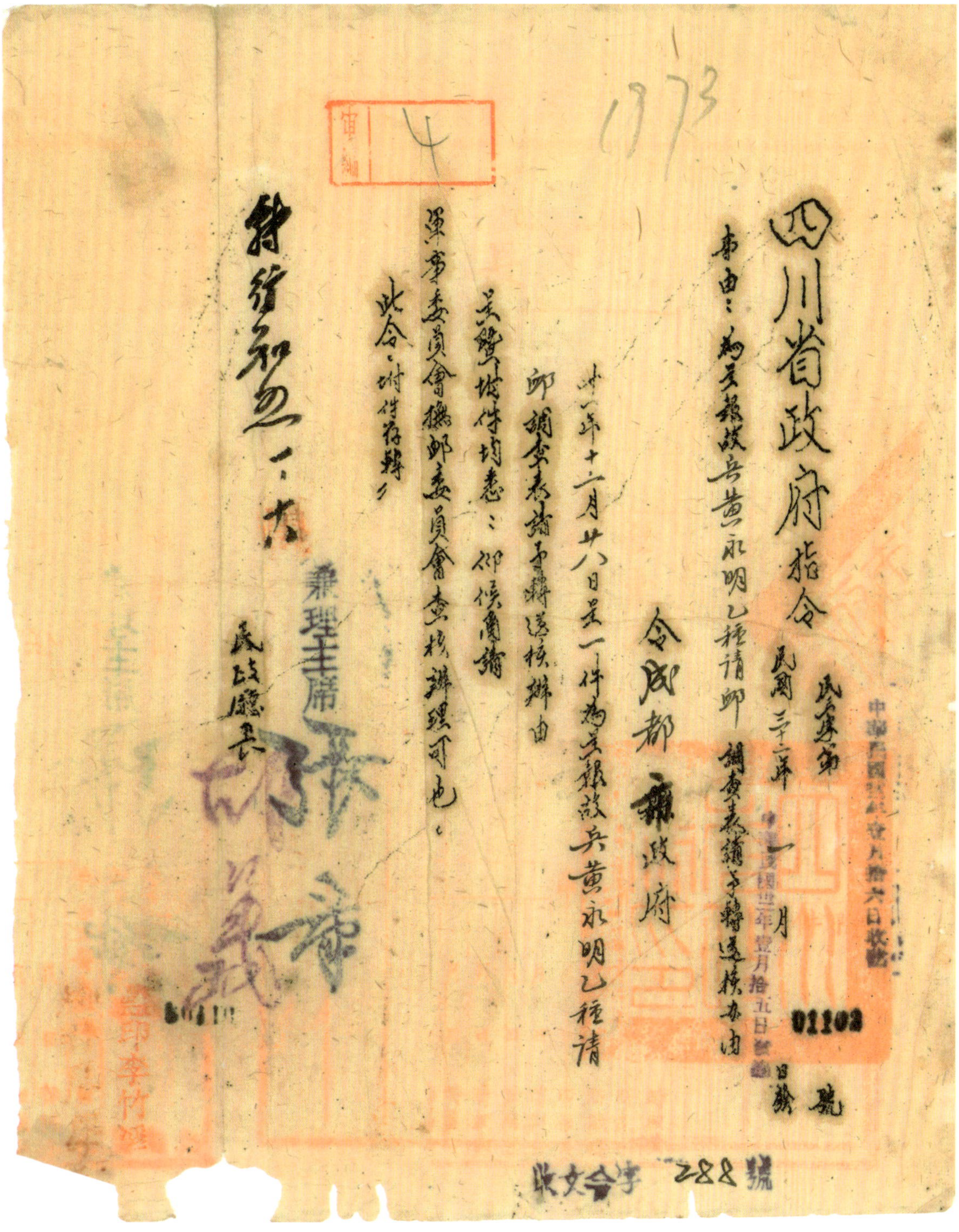

四川省政府指令　民字第　號

民國三十二年一月　日發

令成都市政府

事由：為呈報故兵黃永明乙種請卹調查表請予轉送核辦由

卅一年十二月廿八日呈一件，為呈報故兵黃永明乙種請卹調查表請予轉送核辦由

呈暨附件均悉。仰候彙請軍事委員會撫卹委員會查核辦理可也。

此令。附件存轉。

兼理主席　張群

民政廳長　胡次威

成都市政府关于核发故兵黄永明恤金致黄唐氏的通知（一九四三年一月三十日）

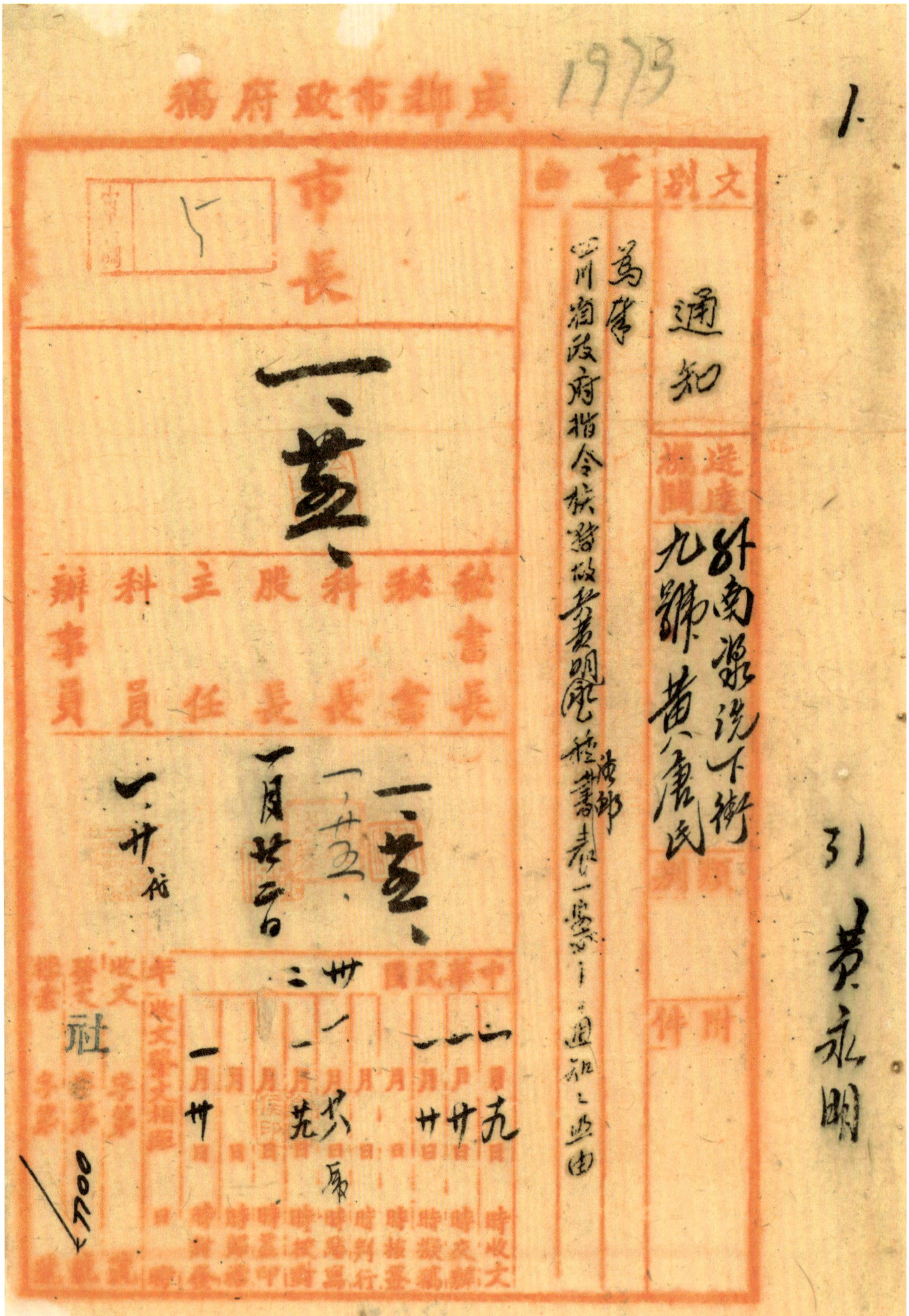

令　　銜通知　社字第　　號

案查前據該遺族檢呈故兵董永明之檢調查表及證書，族長保結各乙份，請核卹等情前來，當經批示并抄件函該四川省政府核辦去訖。茲奉民三字第〇二〇二六號指令內開：仰候函請軍事委員會撫卹委員會查核辦理可也。等因。合行通知仰該遺族即便知照為要！

右通知故兵董永明遺族黃庚氏准此

中華民國卅一年一月　　日

市長余

国民政府军委会抚恤委员会关于核准给发故兵黄永明恤金致成都市政府的代电（一九四三年一月十九日）

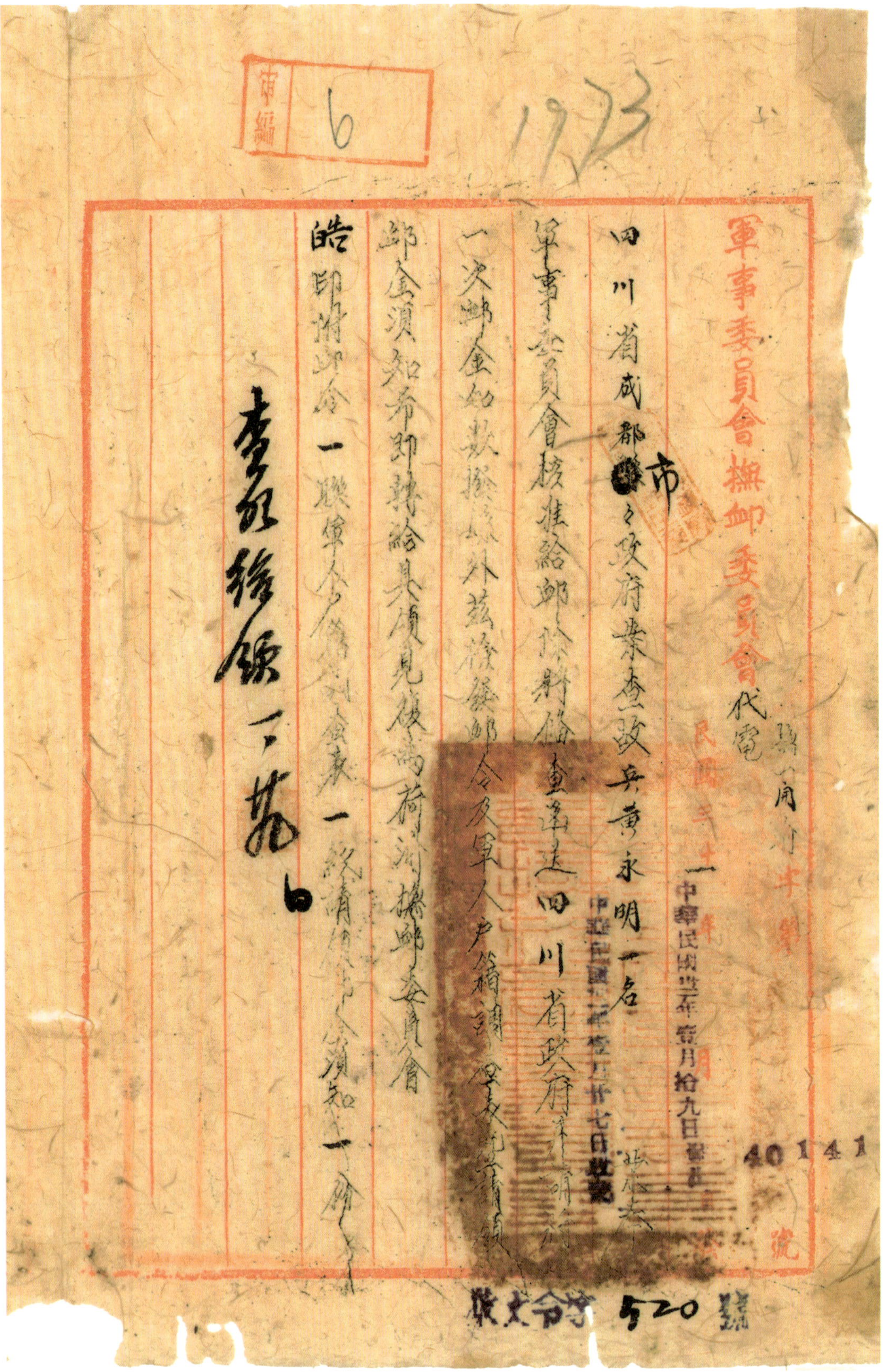
軍事委員會撫卹委員會代電

四川省成都市政府：案查故兵黃永明一名

軍事委員會核准給卹，除將卹令遞送四川省政府轉飭

一次卹金如數撥發外，茲隨發卹令及軍人戶籍謄本

卹金須知希即轉給具領見復為荷。撫卹委員會

皓 印附卹令一聯 卹金表一紙 須知一份

中華民國卅二年壹月拾九日發出

中華民國卅二年壹月廿七日收文

40141

收文合字520號

成都市政府关于检发故兵黄永明恤金致黄唐氏的通知（一九四三年三月一日）

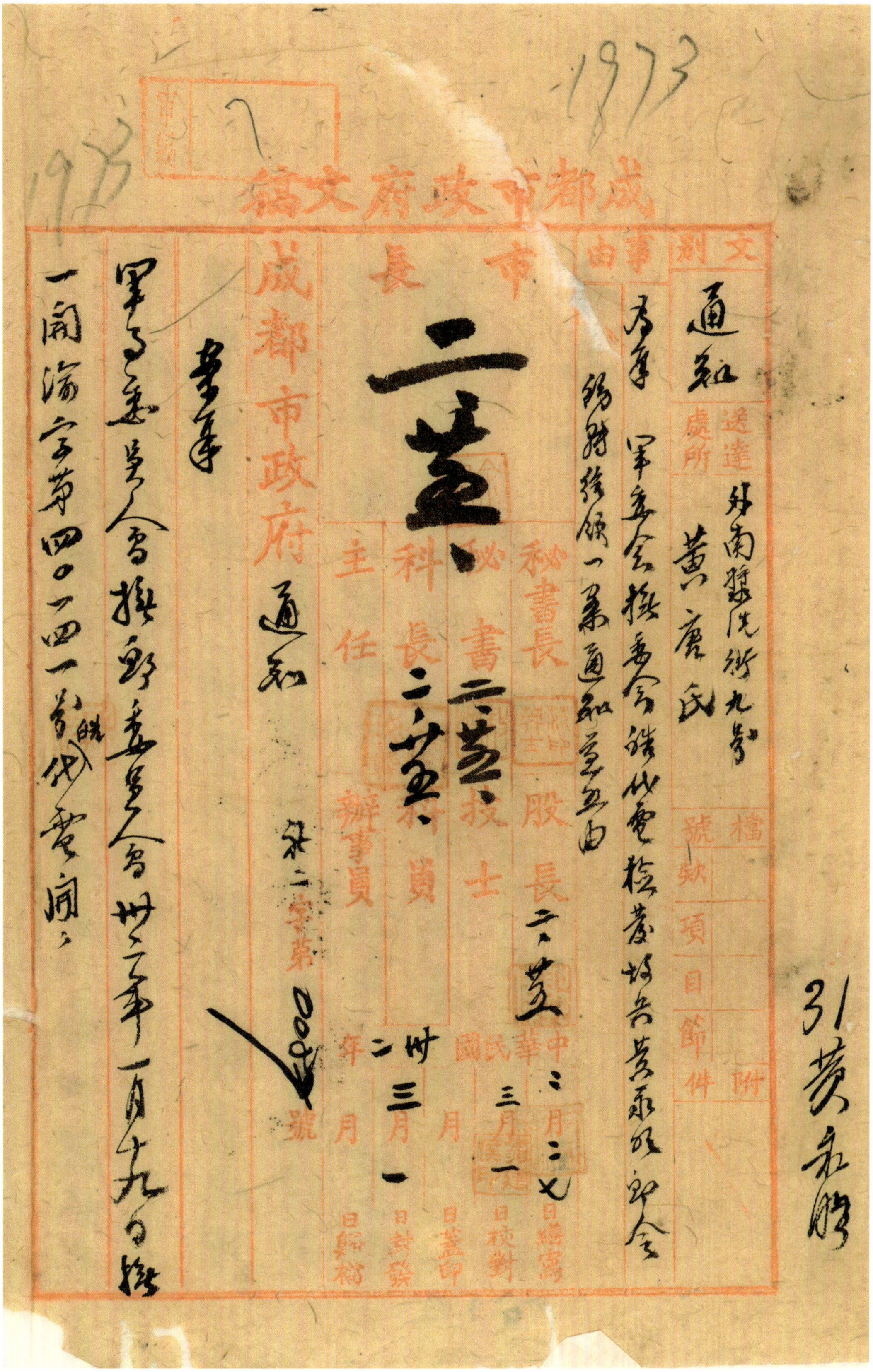

「兹查故兵黄秉刚一名，系本市郊区给共

优免实施，

洋圆，计发部令阵亡军人户籍表一纸，请领部

重颁须知一份，等由。合行通知，仰该遗族即

便查照，对口起，如需要证据者，本府随时为其

到部办理领取手续为要！」

右通知故兵黄秉刚遗族黄广氏准此

市长余

黄唐氏关于申领故兵黄永明一次恤金、第一年年恤金及加倍恤金、第二年年恤金及加倍恤金的领恤申请书（一九四三年三月十五日）

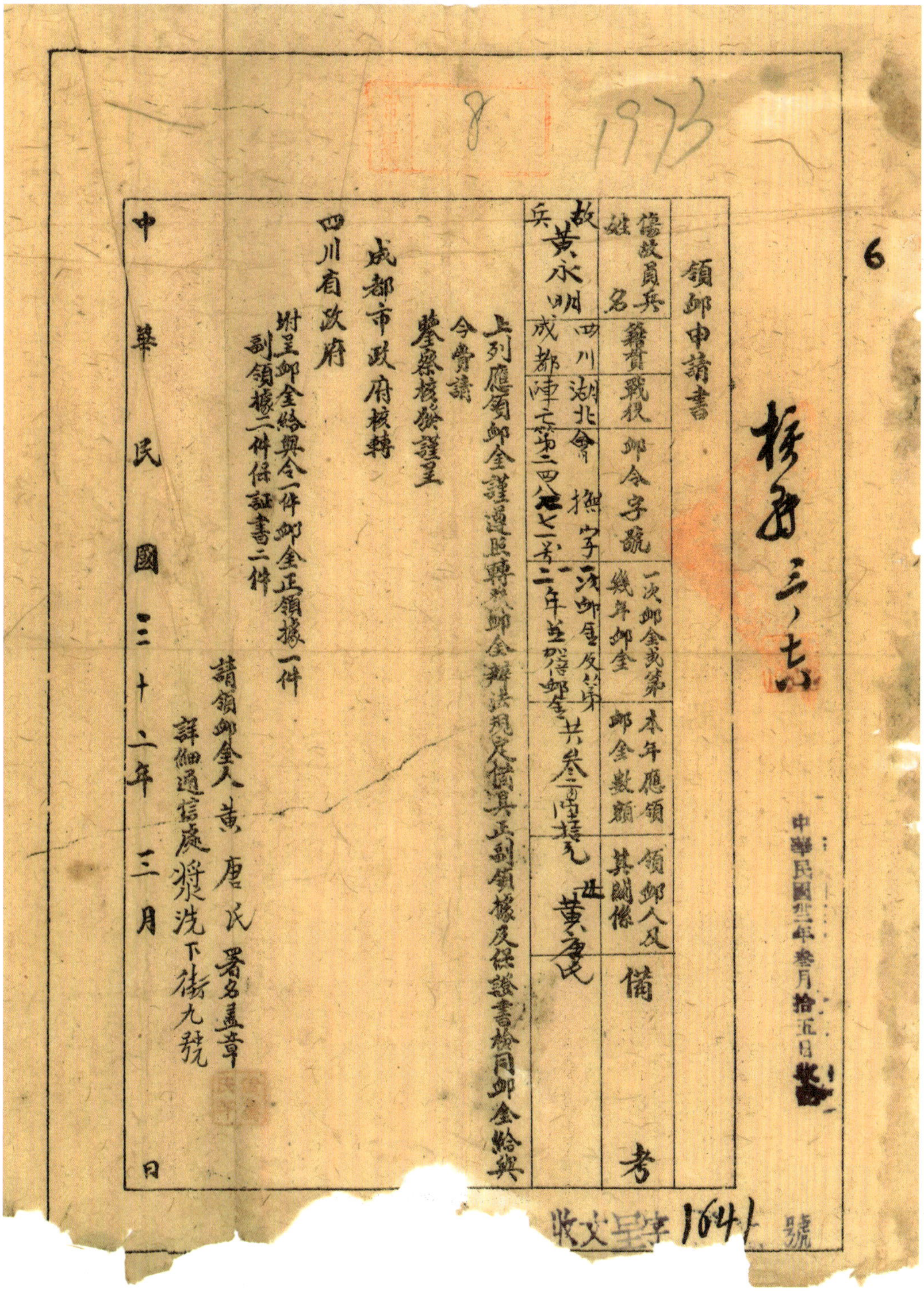

領卹申請書

傷故員兵姓名	籍貫	戰役	卹令字號	一次卹金或第幾年卹金	本年應領卹金數額	領卹人及其關係	備考
故兵黃永明	四川成都	湖北會戰	撫字陣亡第二四八九七一號	一次卹金及第一、二年並加倍卹金	共叁[illegible]元	母 黃唐氏	

上列應領卹金謹遵照軍人卹金辦法規定備具正副領據及保證書檢同卹金給與令暨請

鑒察核發謹呈

成都市政府核轉

四川省政府

附呈卹金給與令一件卹金正領據一件副領據二件保證書二件

請領卹金人 黃唐氏 署名蓋章

詳細通信處 漿洗下街九號

中華民國三十二年三月 日

中華民國卅二年叁月拾五日

收文呈字1641號

附：抚恤金领据、具领恤金保证书

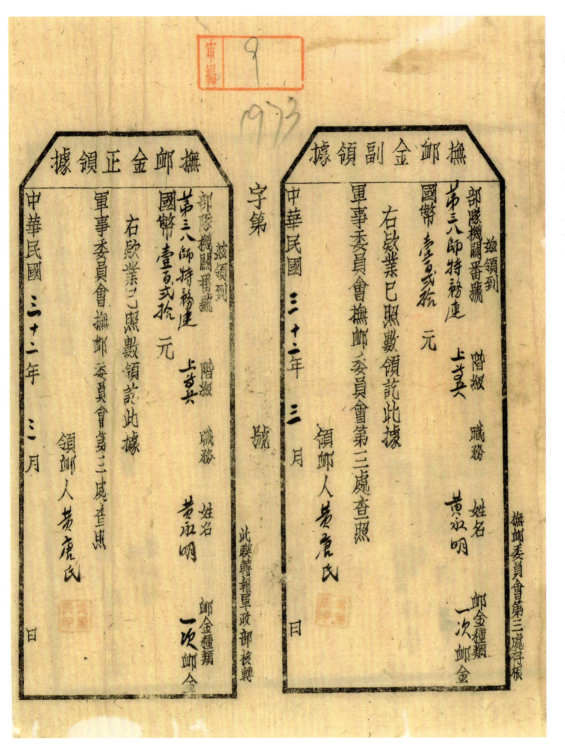

撫卹委員會第三處存根

撫卹金副領據

部隊機關番號 第三八師特務連　階級 上等兵　職務　姓名 黄永明　卹金種類 一次卹金

茲領到

國幣壹百式拾元

右款業已照數領訖此據

軍事委員會撫卹委員會第三處查照

領卹人 黄唐氏

中華民國三十二年三月　日

字第　號

此聯轉報軍政部核轉

撫卹金正領據

部隊機關番號 第三八師特務連　階級 上等兵　職務　姓名 黄永明　卹金種類 一次卹金

茲領到

國幣壹百式拾元

右款業已照數領訖此據

軍事委員會撫卹委員會第三處查照

領卹人 黄唐氏

中華民國三十二年三月　日

具領卹金保證書

保證人 黃金山 今保證領卹人 黃唐氏 確係已故

部隊機關番號 第三八師特務連 階級 上等兵 職務 姓名 黃永明

之遺族茲遵照

國民政府軍事委員會撫字第六〇八七一號卹金給與令核准給與該

故兵一次卹金國幣 壹百貳拾 元整今由該遺族向

鈞會第三處如數領訖具領後如有發生爭議保證人願照

鈞會請領卹金須知第六條之規定負法律上一切責任此證

謹呈

國民政府軍事委員會撫卹委員會

保証人姓名 黃金山 蓋章 籍貫 成都 住址 將沆中街12 職務或職業 理髮

（店鋪書號） 金山理髮店 （店鋪營業資本金額） 伍万元

領卹人姓名 黃唐氏 蓋章 籍貫 四川成都 住址 汁南縣沆下街九号 與故兵之關係 母子

其他遺族姓名及關係 妻黃萬金鳳

成都市市長 余中英

中華民國三十二年三月　日

1973

撫卹委員會第三處存根

撫卹金副領據

茲領到

部隊機關番號 第三八師特務連

階級 上等兵

職務

姓名 黃永明

卹金種類 第一年卹金及加倍

國幣 共壹百弍拾元

右款業已照數領訖此據

軍事委員會撫卹委員會第三處查照

中華民國 三十二 年 三 月 日

領卹人 黃唐氏

字第 號

此聯轉報軍政部核轉

中編 10

撫卹金正領據

茲領到

部隊機關番號 第三八師特務連

階級 上等兵

職務

姓名 黃永明

卹金種類 第一年卹金及加倍

國幣 共壹百弍拾元

右款業已照數領訖此據

軍事委員會撫卹委員會第三處查照

中華民國 三十二 年 三 月 日

領卹人 黃唐氏

具領卹金保證書

保證人 黄金山 今保證領卹人 黄唐氏 確係已故

部隊機關番號 第三八師特務連 階級 上等兵 職務 姓名 黄永明

之遺族茲遵照

國民政府軍事委員會會撫字第一〇八七一號卹金給與令核准給與該

故兵黄一等加俸 卹金國幣 共壹百貳拾 元整令由該遺族向

鈞會第三處如數領訖具領後如有發生爭議保証人願照

鈞會請領卹金須知第六條之規定負法律上一切責任此證

謹呈

國民政府軍事委員會撫卹委員會

保証人 姓名 黄金山 蓋章 籍貫 成都 住址 [illegible]中街16 職務或職業 理髮

（店鋪書東） （店鋪營業資本金額） 伍[illegible]元

領卹人 姓名 黄唐氏 蓋章 籍貫 四川成都 住址 [illegible]九號 與故兵之關係 母子

其他遺族姓名及關係

妻黄萬金鳳

成都市市長 余中英

中華民國三十二年二月 日

11

1973

撫卹委員會第三處存根

撫卹金副領據

茲領到

部隊機關番號 第三八师特務連

階級 上等兵

職務

姓名 黄永明

卹金種類 第三年卹金及加倍

國幣共壹百弍拾元

右款業已照數領訖此據

軍事委員會撫卹委員會第三處查照

中華民國三十二年三月 日

領卹人 黄唐氏

字第 號

此聯轉報軍政部核轉

撫卹金正領據

茲領到

部隊機關番號 第三八师特務連

階級 上等兵

職務

姓名 黄永明

卹金種類 第三年卹金及加倍

國幣共壹百弍拾元

右款業已照數領訖此據

軍事委員會撫卹委員會第三處查照

中華民國三十二年三月 日

領卹人 黄唐氏

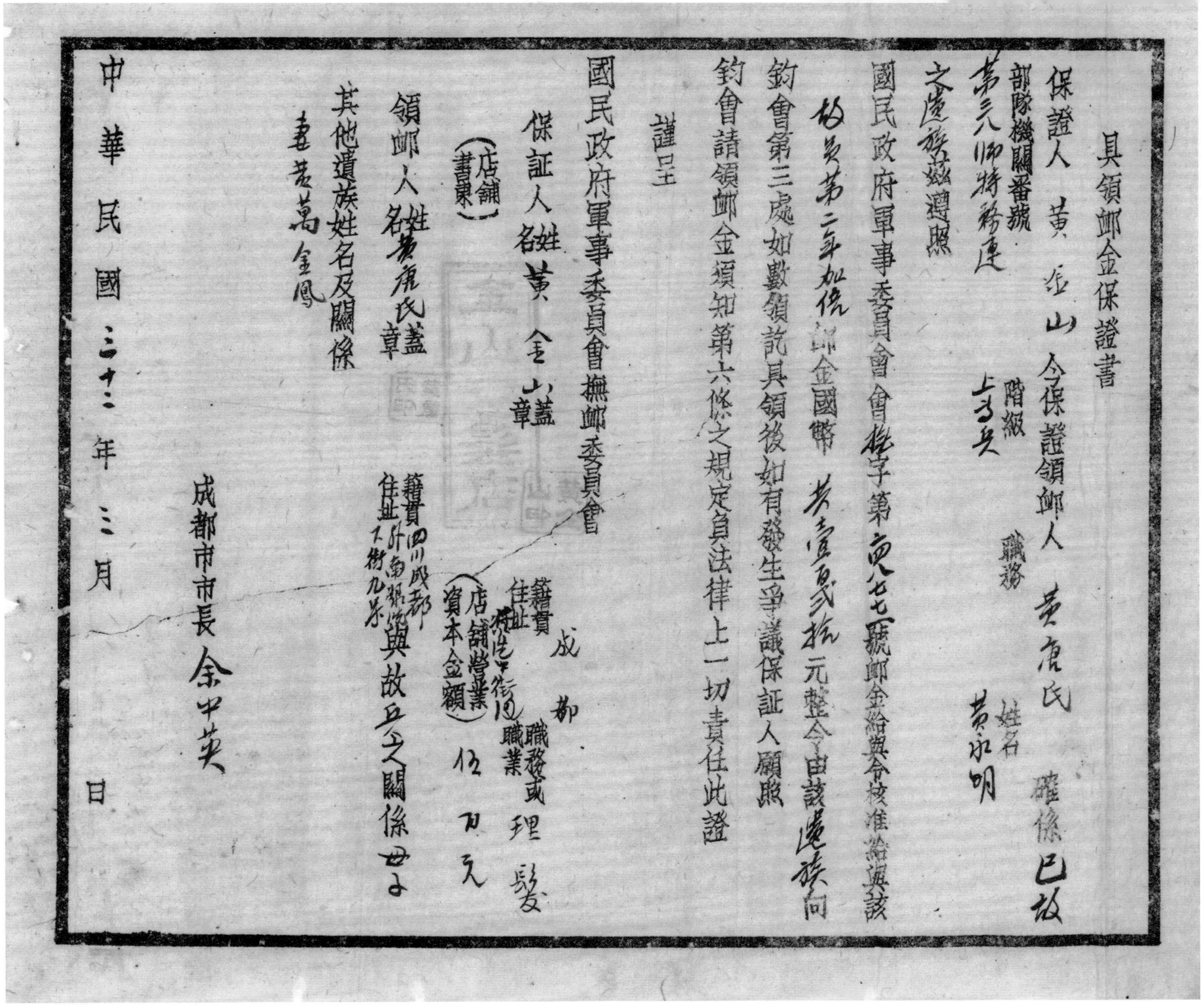
具領卹金保證書

保證人 黃丕山 今保證領卹人 黃唐氏 確係已故

部隊機關番號 第三八師特務連 階級 上等兵 職務 姓名 黃永明

之遺族茲遵照

國民政府軍事委員會會撫字第更八七七號卹金給與令核准給與該

故兵第二年加倍卹金國幣 共壹百貳拾元整今由該遺族向

鈞會第三處如數領訖具領後如有發生爭議保証人願負

鈞會請領卹金須知第六條之規定負法律上一切責任此證

謹呈

國民政府軍事委員會撫卹委員會

保証人姓名 黃丕山 蓋章 籍貫 成都 職務或職業 理髮

（店舖書柬） 住址 總府中街四〇 （店鋪營業資本金額） 伍百元

領卹人姓名 黃唐氏 蓋章 籍貫 四川成都 住址 外南猫貓巷街九號 與故兵之關係 母子

其他遺族姓名及關係 妻 黃萬金鳳

中華民國三十二年三月 日

成都市市長 余中英

黄唐氏关于承领成都市政府发下的故兵黄永明抚恤令的收据（一九四三年三月十二日）

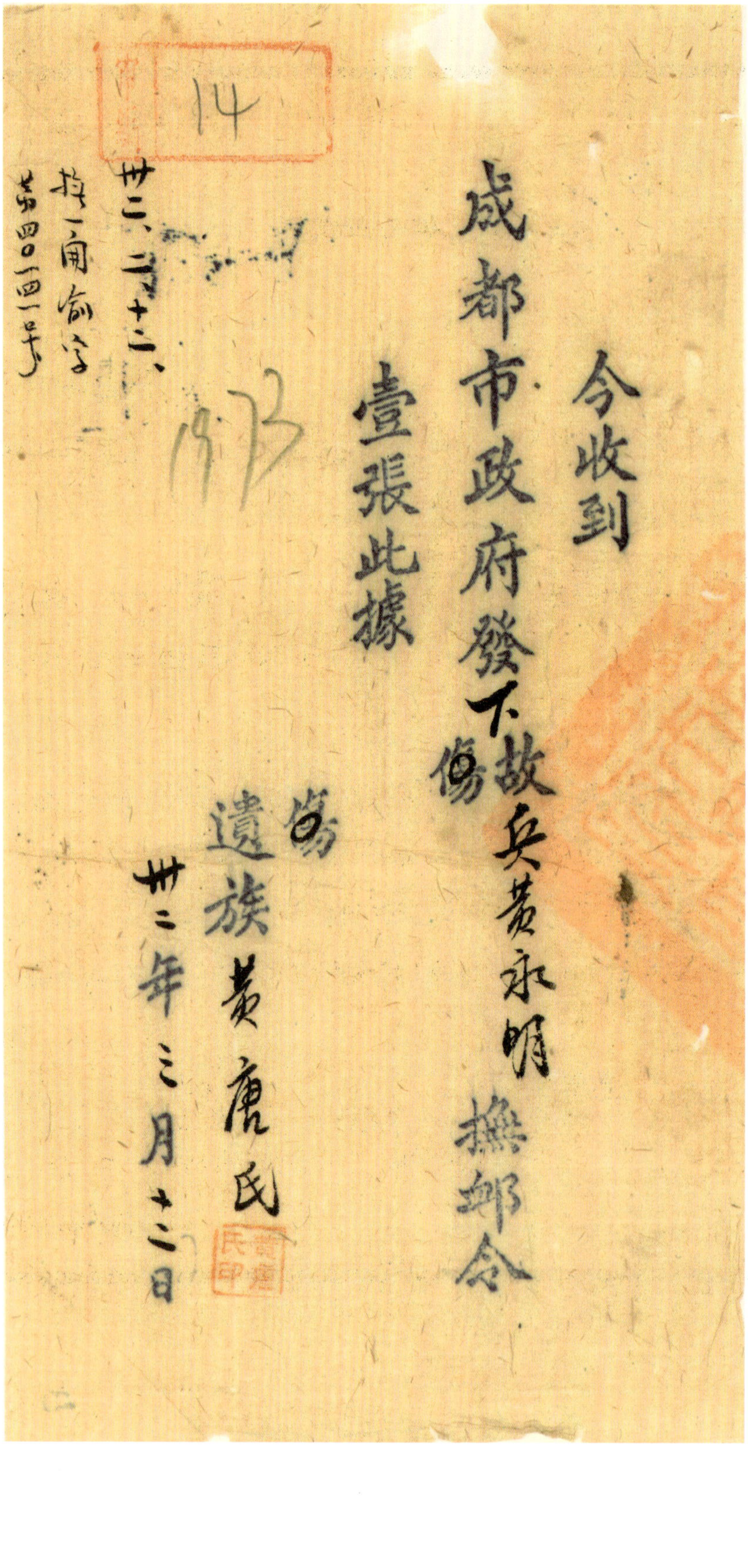

14

卅二、三、十二、

接一角俞字第四一四一号

今收到

成都市政府發下傷故兵黄永明撫卹令

壹張此據

傷遺族黄唐氏（印）

卅二年三月十二日

黄唐氏关于黄永明抚恤令的领结书（一九四三年三月）

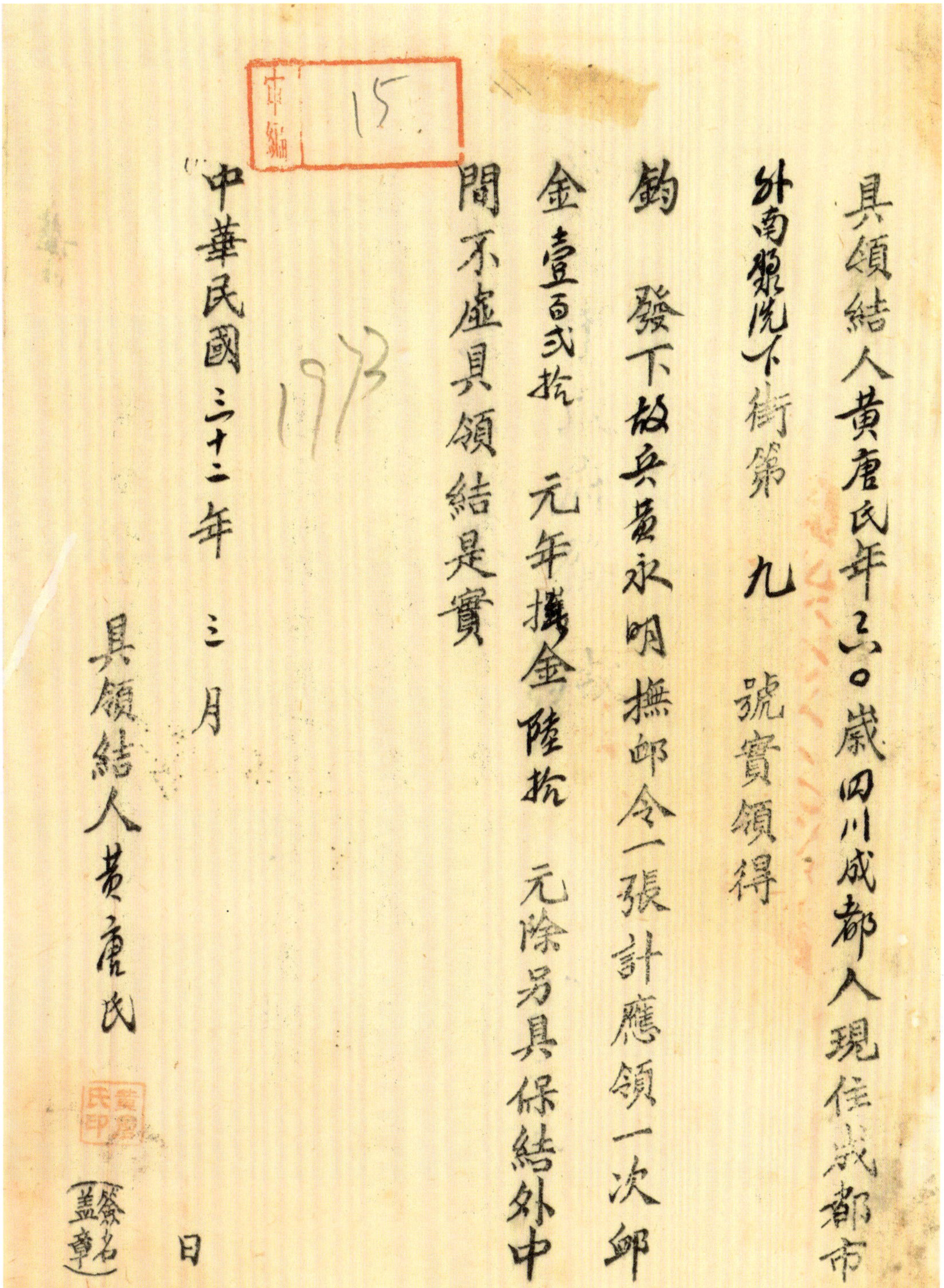

具領結人黃唐氏年六〇歲四川成都人現住成都市
外南縣院下街第 九 號實領得
鈞 發下故兵黃永明撫卹令一張計應領一次卹
金壹百弍拾 元年撫金陸拾 元除另具保結外中
間不虛具領結是實
中華民國三十二年 三 月 日
具領結人黃唐氏 黃唐氏印 （簽名蓋章）

黄金山等关于黄唐氏承领恤金的保结（一九四三年三月）

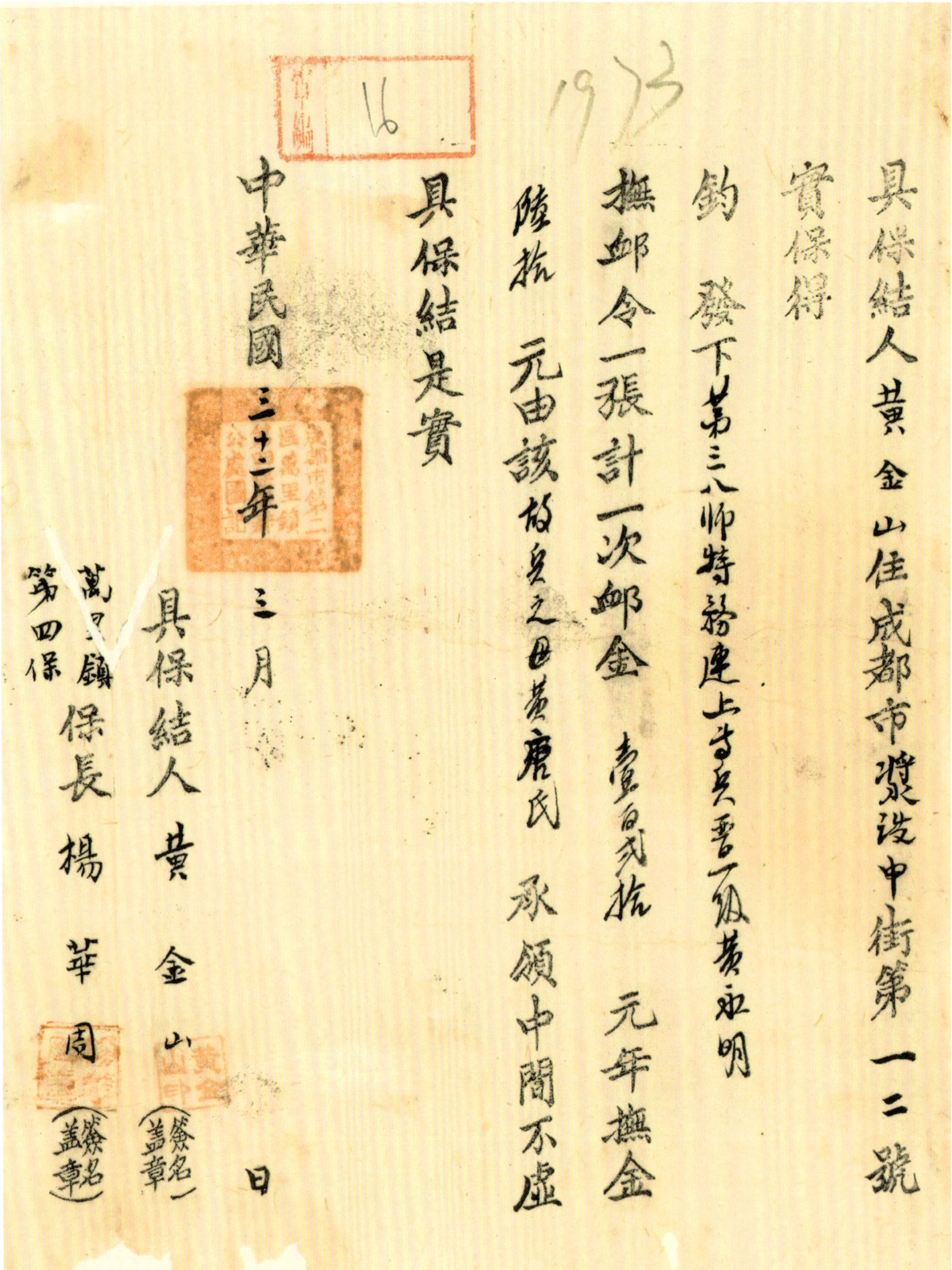

具保結人黄金山住成都市漿洗中街第一二號

實保得

鈞發下第三八师特務連上等兵晋一級黄永明

撫卹令一張計一次卹金壹百弍拾元年撫金

陸拾元由該故兵之母黄唐氏承領中間不虛

具保結是實

中華民國三十二年三月　日

具保結人黄金山（簽名蓋章）

萬里鎮第四保保長楊華周（簽名蓋章）

成都市政府关于核发故兵黄永明一次恤金及第一年、第二年年恤金致黄唐氏的批示及致四川省政府的呈文（一九四三年四月十四日）

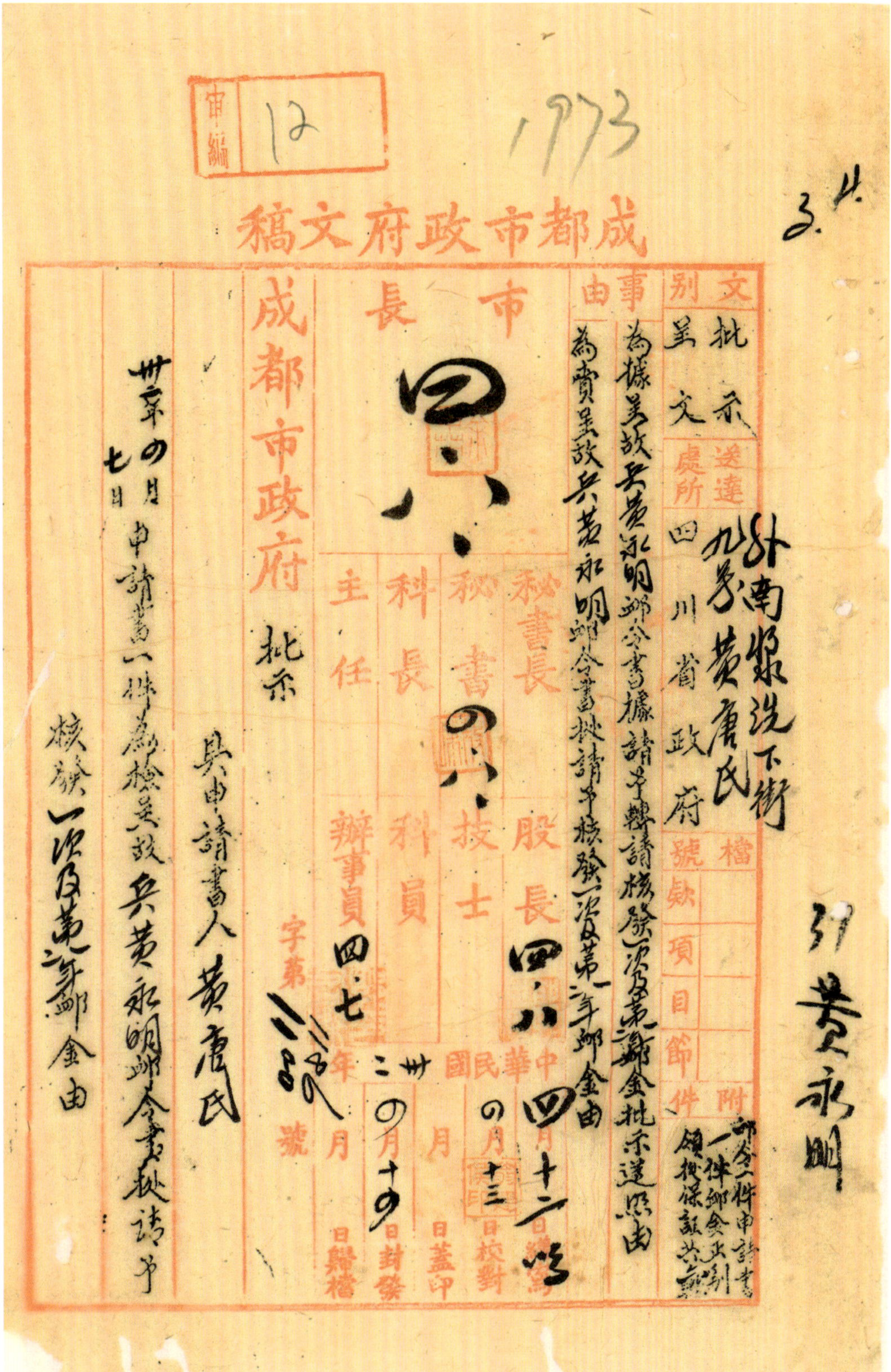
成都市政府文稿

文别：批示　呈文

送达处所：外南县洗下街九号黄唐氏　四川省政府

事由：为据呈故兵黄永明卹令书据请予转请核发一次及第一二年卹金批示遵照由
为赍呈故兵黄永明卹令书抄请予核发一次及第一二年卹金由

附件：卹令书一件申请书一件卹金收据

市长　秘书长　秘书　技士　科长　科员　主任　办事员　股长

成都市政府批示

具申请书人黄唐氏

卅二年四月七日申请书一件为检呈故兵黄永明卹令书抄请予

核发一次及第二年卹金由

中华民国　四月十二日　四月十三日　四月十四日

申请书暨附件均悉。仰候并案呈请
四川省政府核发给领可也！附件分别存转。
此批。
中华民国卅二年四月　日
市长　余
吴文炳
案据本市故兵黄永明遗族黄唐氏检呈卹令及申
请书正副领据保证书等件恳予转请核发一次及第一、二年
卹金等情前来，查核尚无不合，除批示外，理合遂函
钧府请领卹金各项书证之规定检同故兵黄永明

審編 131

1973

卹令一件申請書一件卹金正副領據保證書共六聯一併隨文

賫呈

鈞府俯賜核發給領指令祇遵！

謹呈。

四川省政府

計呈故兵黃永明卹令一件申請書一件卹金正副領據

保證書共六聯

銜名

四川省政府关于核发故兵黄永明一次恤金及第一年、第二年年恤金致成都市政府的指令（一九四三年六月九日）

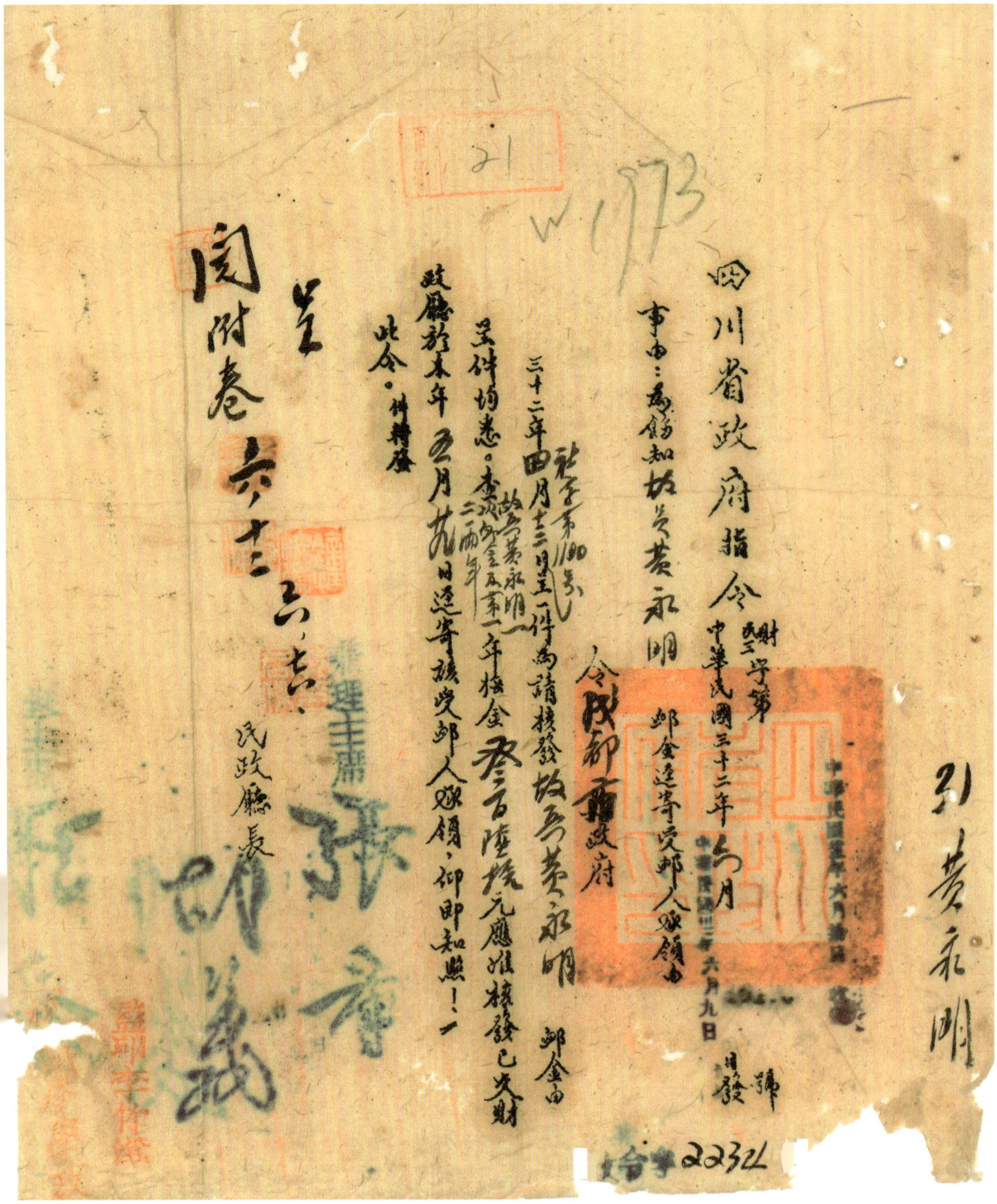
四川省政府指令 財二字第 號
中華民國三十二年六月 日
事由：為飭知故兵黃永明卹金逕寄受卹人承領由
令成都市政府
三十二年四月十三日呈一件為請核發故兵黃永明卹金由
呈件均悉。查該故兵黃永明一次卹金及第一年、第二年卹金叁百陸拾元應准核發，已交財政廳於本年五月廿日逕寄該受卹人承領，仰即知照！此令。件存。
民政廳長

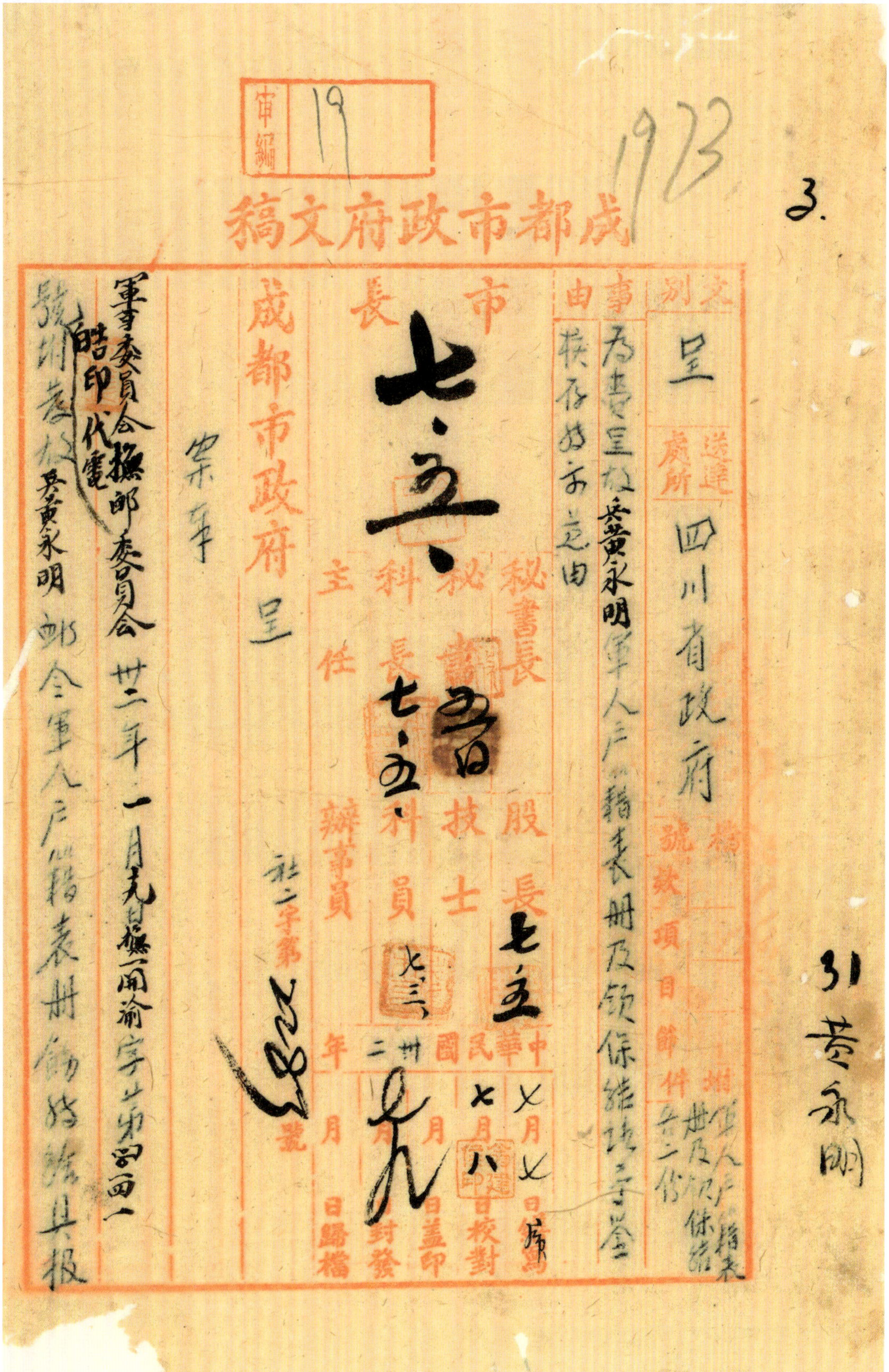

成都市政府关于故兵黄永明军人户籍表册及领保结致四川省政府的呈（一九四三年七月九日）

等因。奉此，当即通知该遗族承领部令，并派员调查户籍表。旋据该员吕爱调查情形，与遗族填注表列各栏相符，复据该遗族检呈领保结，请予核发部令。等情。前来。查核尚无不合，除将部令转发，户籍表册各加盖印信官章外，理合检同该故兵黄永明抗役军人户籍调查表清册各二份、该故遗族领保结各二份一併随文赍呈

钧府俯鉴核存转，指令祗遵！

谨呈

四川省政府

审编 20

1933

計呈故兵黃永明軍人三代籍表冊及領保結各

二份

銜名

故兵黄永明的现役军人户籍调查表（一九四三年七月）

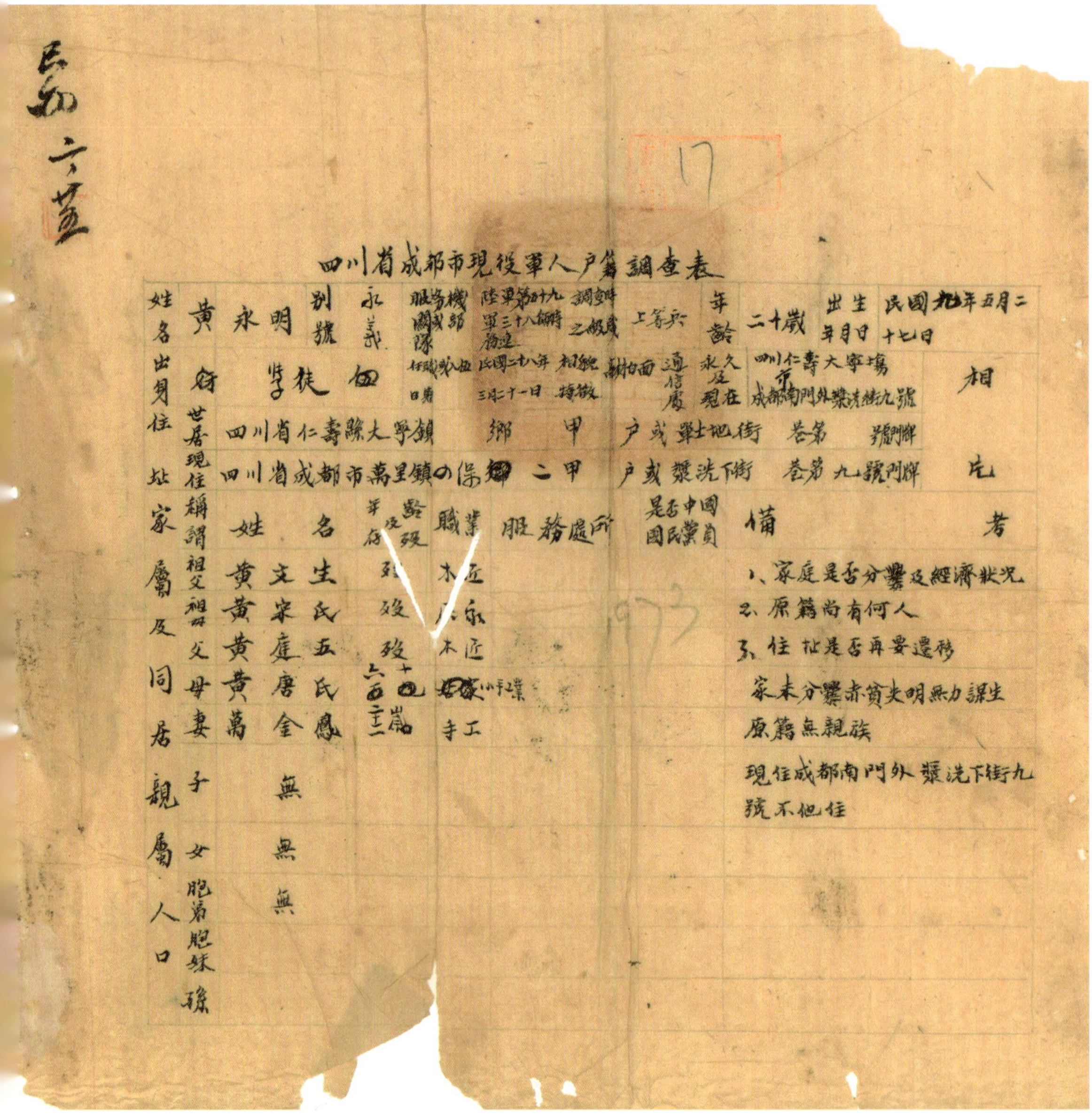

四川省成都市現役軍人户籍調查表

姓名	黄永明	別號	永義	服務機關或部隊	陸軍第四十九軍三十八師特務連	調查時之級職	上等兵	年齡	二十歲	出生年月日	民國九年五月二十七日
出身	[illegible]	學徒	[illegible]	任職或入伍日期	民國二十八年三月二十一日	有何技能特徵	[illegible]	通信處	永久及現在	四川仁壽大寧場；成都南門外[illegible]街九號	相片
住址 世居	四川省仁壽縣大寧鎮 鄉 甲 户或 街 巷第 號門牌										
住址 現住	四川省成都市萬里鎮四保二甲 户或[illegible]洗下街 巷第九號門牌										

家屬及同居親屬人口 稱謂	姓	名	年齡或存歿	職業	服務處所	是否中國國民黨員	備考
祖父	黄	文生	歿	木匠			1、家庭是否分爨及經濟狀況
祖母	黄	宋氏	歿	家務			2、原籍尚有何人
父	黄	庭五	歿	木匠			3、住址是否再要遷移
母	黄	唐氏	六十四	小手工業			家未分爨赤貧，夫明無力謀生
妻	萬	金鳳	二十二歲	手工			原籍無親族
子		無					現住成都南門外[illegible]洗下街九號不他往
女		無					
胞弟胞妹		無					
孫							

故兵黄永明的死亡官兵现役军人户籍调查表清册（一九四三年七月）

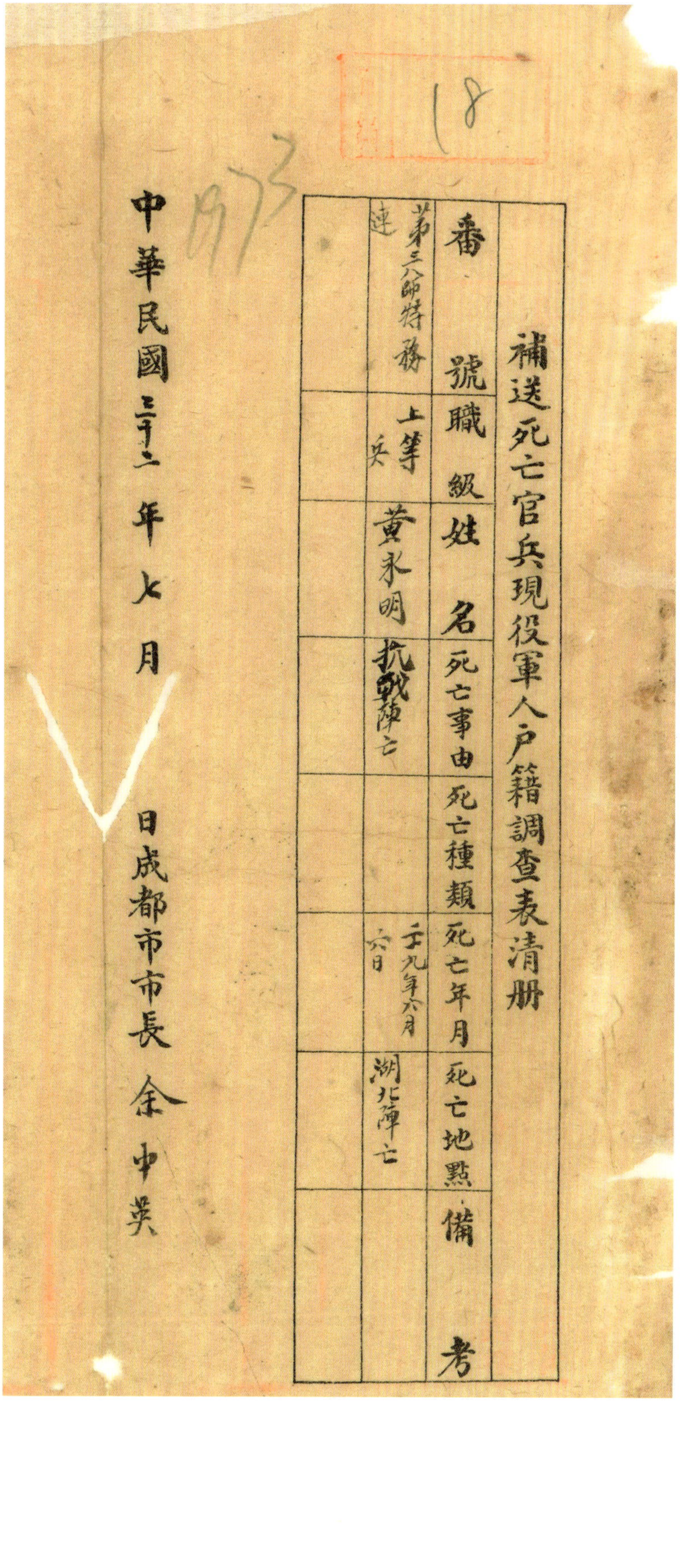

18

補送死亡官兵現役軍人户籍調查表清冊

番號	職級	姓名	死亡事由	死亡種類	死亡年月	死亡地點	備考
第三八師特務連	上等兵	黃永明	抗戰陣亡		二十九年六月六日	湖北陣亡	

中華民國三十二年七月 日成都市市長余中英

二十三、黄吉伊

黃静贤关于黃吉伊杳无音信申请优恤致成都市政府的申请书（一九四六年七月二十六日收）

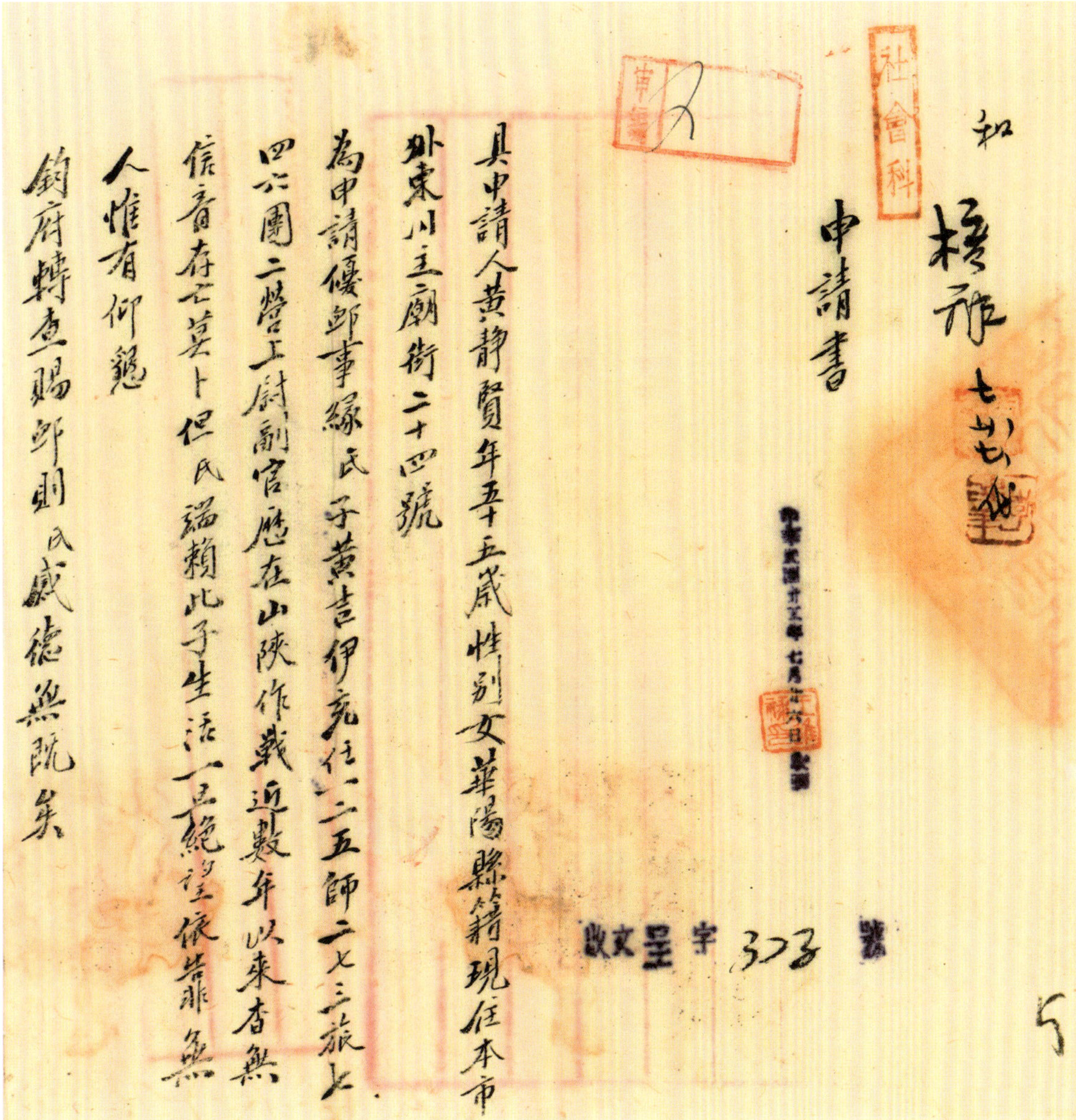

社會科

申請書

收文呈字323號

具申請人黃靜賢年五十五歲性別女華陽縣籍現住本市外東川主廟街二十四號

為申請優卹事緣民子黃吉伊充任一二五師二七三旅七四六團二營上尉副官歷在山陝作戰近數年以來杳無信音存亡莫卜但民端賴此子生活一旦絕望依靠無人惟有仰懇

鈞府轉查賜卹則民感德無既矣

謹呈

成都市市政府市長陳

附呈調查表一張

申請人黄靜賢

十區十五保長鄭光和

已查

甲　甲長方玉峯

中華民國三十五年六月　日

成都市第十區第十五保保辦公處圖記

成都市政府关于检送故员黄吉伊户籍表请恤表证件等致南京联合勤务总司令部的代电、致黄静贤的批

（一九四六年十月八日）

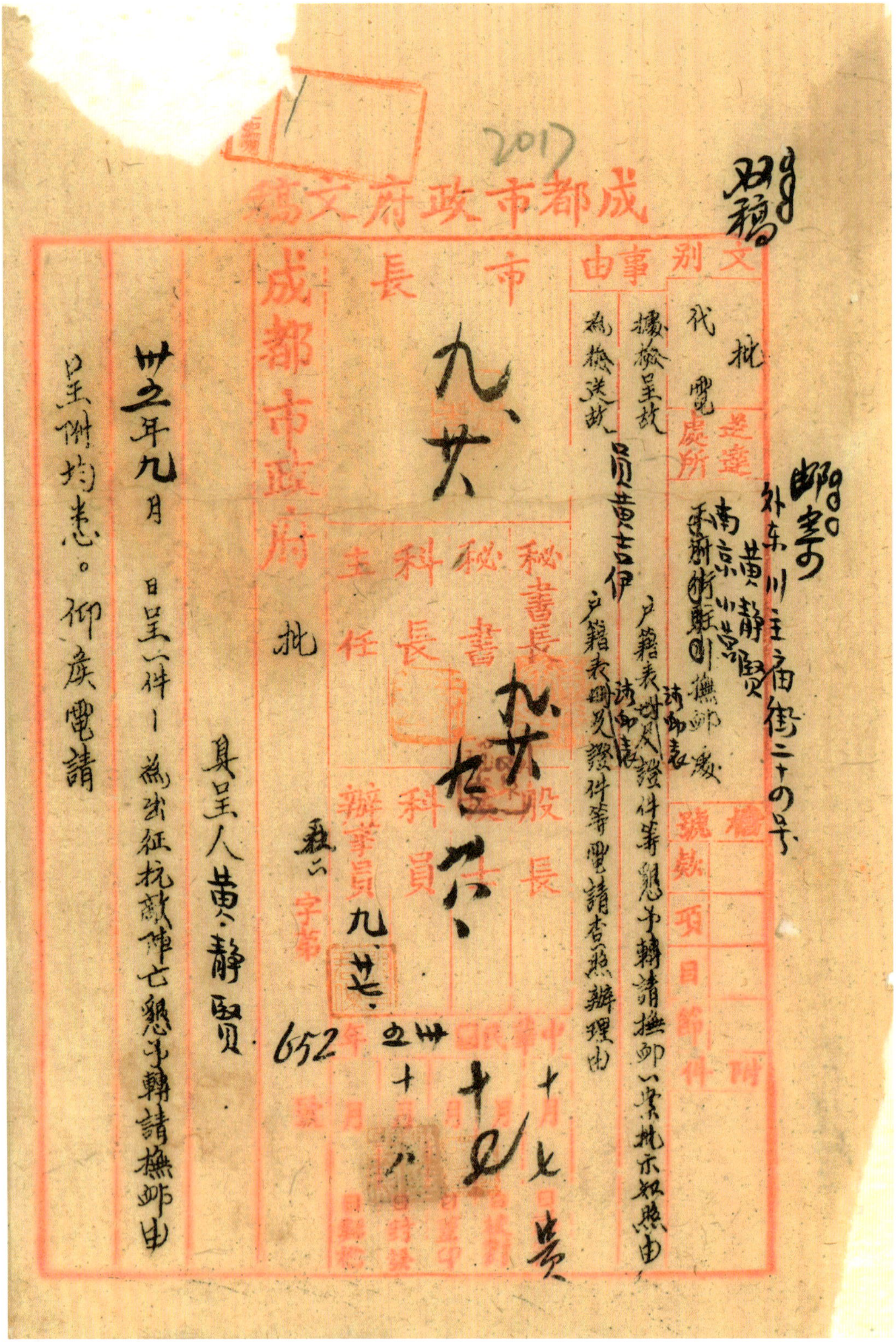
成都市政府文稿

文别：代电 批

事由：為檢送故員黃吉伊戶籍表請卹表證件等電請查照辦理由；據檢呈故員黃吉伊戶籍表請卹表暨證件等懇予轉請撫卹一案批示知照由

受文者：南京聯合勤務總司令部撫卹處；外東川主廟街二十〇号 黃靜賢

附件：戶籍表、請卹表

市長 九、廿六

秘書長 秘書 科長 主任 股長 科員 辦事員

成都市政府 批

卅五年九月 日呈一件，為出征抗敵陣亡懇予轉請撫卹由。

具呈人黃靜賢

呈附均悉。仰候電請

联合勤務總司令部
軍事委員會撫卹委員會駐川撫卹處核辦可也。證件並轉 此批。

市長陳

代電稿

南京联合勤務總司令部
軍事委員會撫卹委員會駐川撫卹處公鑒：案據本市陸軍第一三二師
三七三旅七四二團二營上尉副官黃吉伊遺族黃靜賢檢呈戶籍表冊（請卹表）及證件等前來，
懇予轉請撫卹等情。查核尚無不合，除將戶籍表冊（請卹表）加蓋本府印信
官章並批示該遺族知照外，相應檢送故員黃吉伊戶籍表、
請卹表三份、保甲長證明書一份，隨電送請查照，並希見復為荷。成都市政府
戌〇〇印 附送故員黃吉伊附件如文

448 六八號

附：故员黄吉伊的陆军官佐士兵死亡请恤调查表、成都市现役军人户籍调查表、第十区区公所关于黄吉伊前方证明文件未曾寄回的证明书（一九四六年七月）

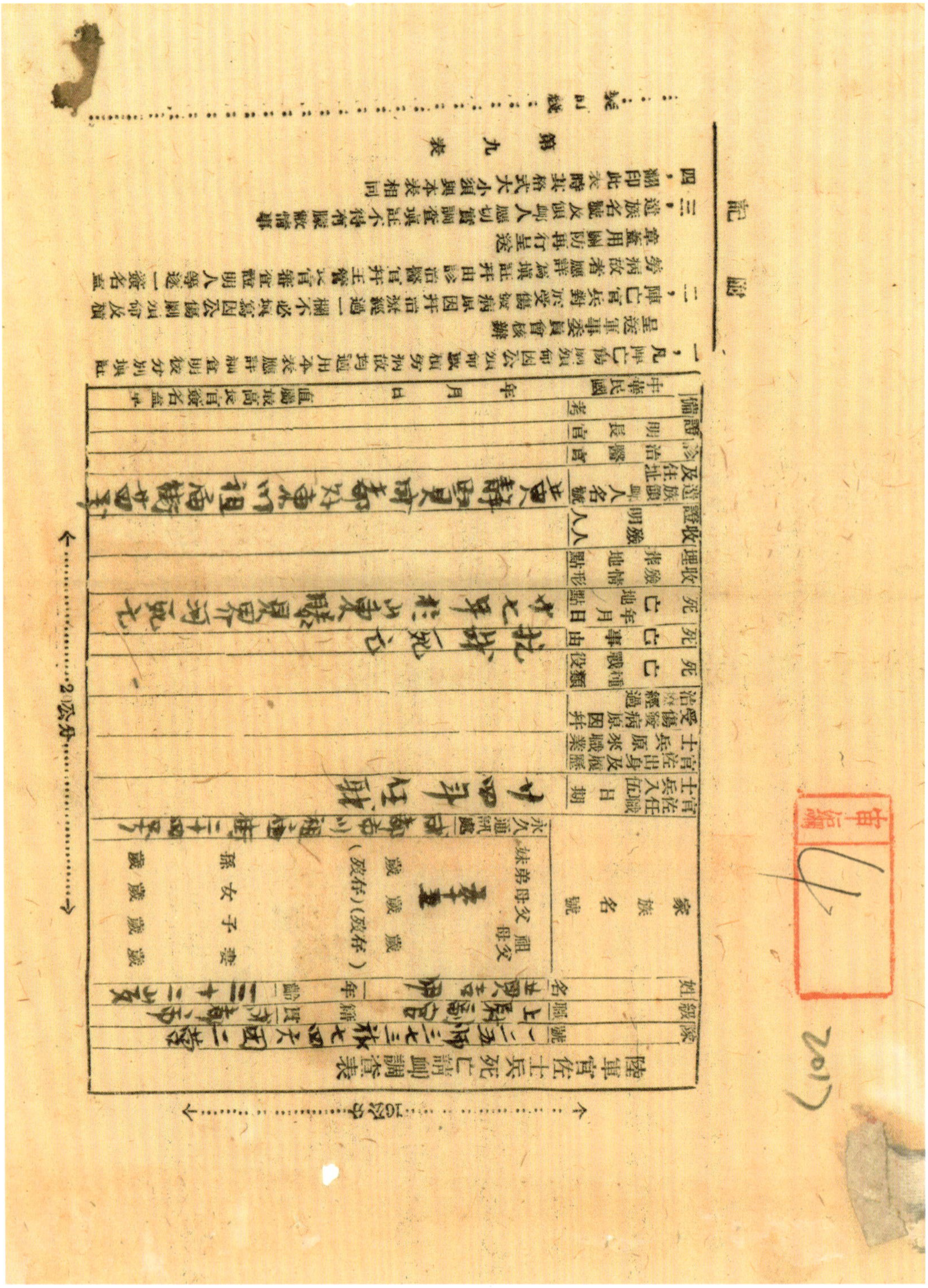

陸軍官佐士兵死亡請卹調查表

四川省(市)成都市縣現役軍人户籍調查表

2017

姓名	黄吉伊	别號		服務機關或部隊	一二五師三七三旅七四六團二營	調查時之級職	上尉副官	年齡	廿二	出生年月日	民國四年九月十七日
出身	中學肄業	任職入伍日期	十八歲入伍	特殊技能		永久及現在通訊處				相片	
住址	世居	四川省成都縣(市)鎮水津鄉文保　甲　户或川祖廟街　巷第二十四號門牌									
	現住	四川省成都市(市)鎮水津鄉十五保十六甲　户或川祖廟街　巷第又七號門牌									

家屬及同居親屬人口	稱謂	姓名	存歿及年齡	職業	服務處所	是否中國國民黨員	備考
	祖父						1.家庭是否分爨及經濟狀況。
	祖母						2.原籍尚有何人。
	父						3.住址是否再要遷移。
	母	黄静賢	存	女工			
	妻						
	子						
	女						
	胞弟						
	胞妹						
	孫						

調查　年　月　日

縣長
調查人（署名蓋章）

 3

証明書

第十區區公所証明書

茲証明本區保征屬黃靜賢之子黃吉伊於二十六年隨陸軍第一二五師三七三旅七四六團二營營部充任上尉副官之職跟即開往山東滕縣與敵作戰自二十六年起至今九年僅寄回一信但前方証明文件未曾寄回特邀請區保甲長証明不虛

第十區區長裴野堂

十五保保長鄭光和

十六甲甲長方玉岑

中華民國三十五年七月　日

成都市第十區區公所鈐記

成都市第十區第十五保保辦公處圖記

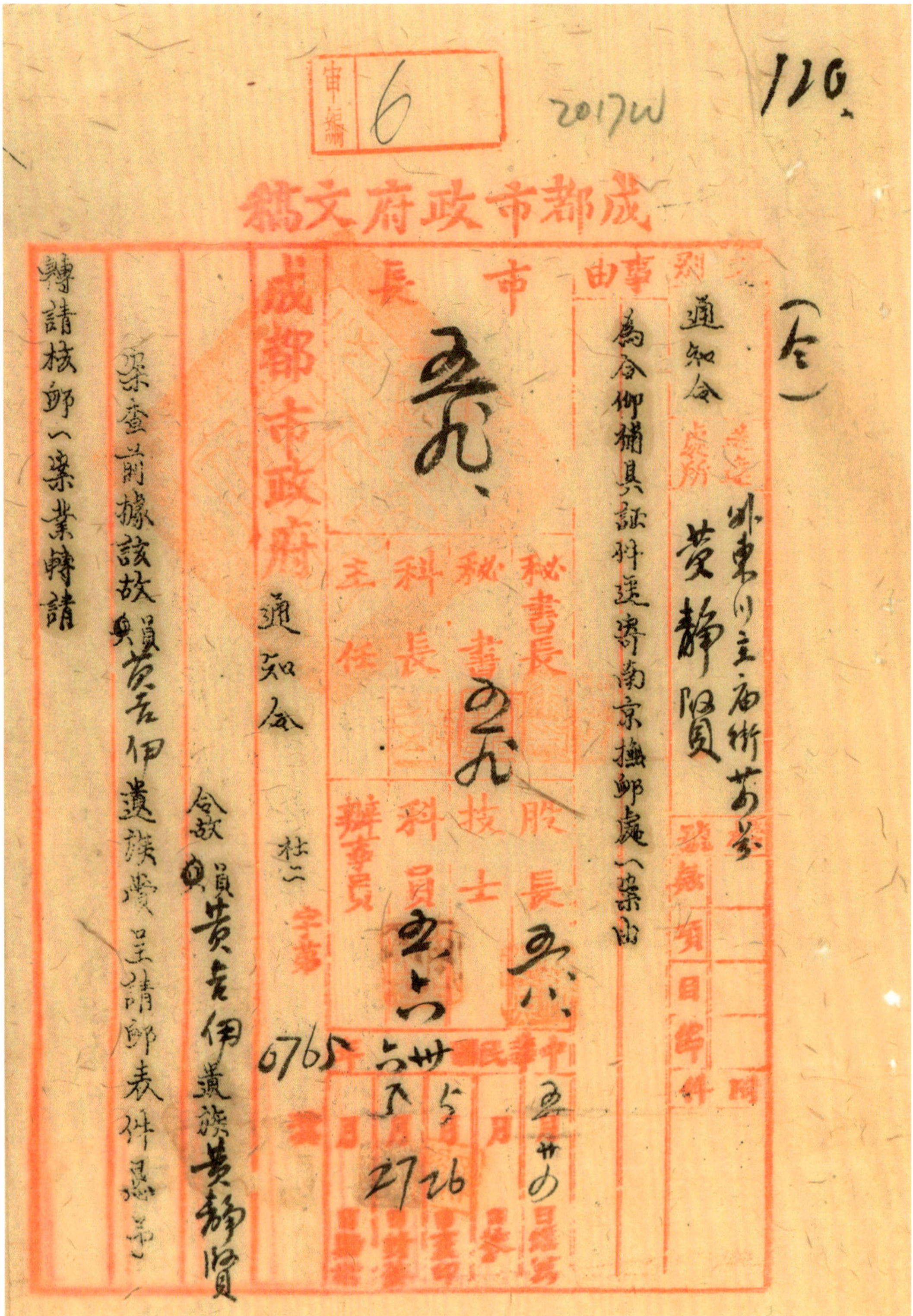

成都市政府关于补具故员黄吉伊证件递寄南京抚恤处致黄静贤的通知令（一九四七年五月二十七日）

案奉勤務總司令部撫卹處核辦并批示在案茲准該處三十六年四月廿日第一七七三三號代電以故員黃吉甫請卹表件核與規定不合特將原件發還請轉飭該遺族撿呈請卹有效証件六項內之一件逕寄南京撫卹處以便核辦等由准此合亟將原件發還并抄發請卹有效証件六項令仰該遺族黃靜賢遵照辦理為要！

此令。

附發還原件并抄發請卹有效証件六項

市長李○○

二十四、黄学涵

宪兵第三团第三营第九连关于黄学涵阵亡致黄伯楼的信（一九三九年）

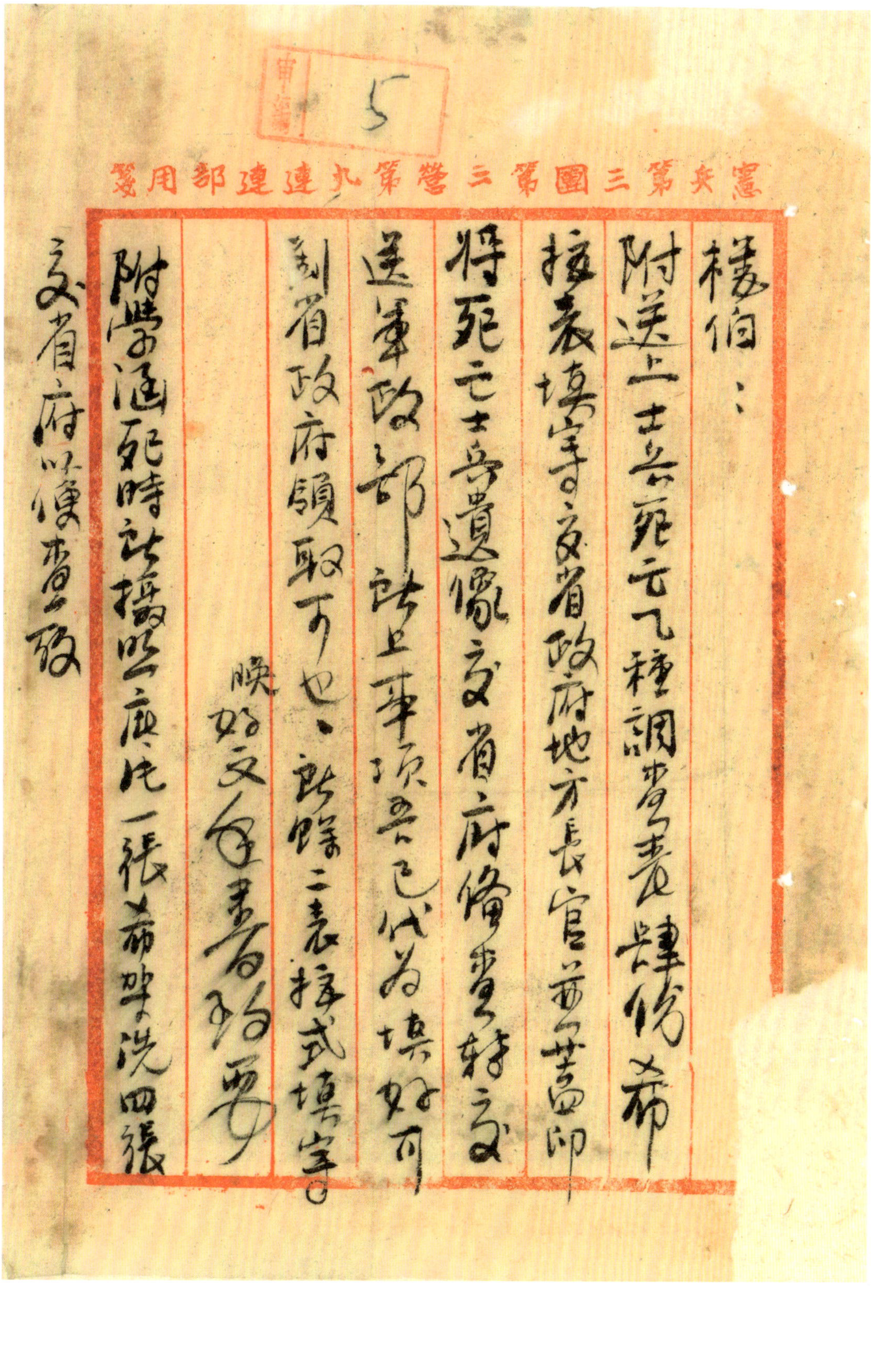

審編

5

憲兵第三團第三營第九連連部用箋

樓伯：

附送上士兵死亡乙種調查表肆份，希

按表填寫，交省政府地方長官並蓋印，

將死亡士兵遺像交省府備查轉交

送軍政部。該上等項業已代為填好，可

到省政府領取可也。該[illegible]二表按式填寫。

晚 好友 金書瑤[illegible]

附學涵死時所攝照片一張，希翻洗四張

交省府以便查考。

故士黄学涵的陆军战时死亡士兵乙种调查表（一九四〇年二月二日）

陸軍戰時死亡士兵乙種調查表

隊號	憲兵第三團第三營第九連
階級	憲兵下士追贈中士
職務	憲兵職務
姓名	黃學涵字志偉
籍貫	四川成都
年齡	十九歲
家族名號 祖父 祖母	黃清源 黃萬氏 年 歲 均歿（存或歿）
家族名號 父 母	黃伯樓 陳氏勵勤 年四十五 四十二歲 均存（存或歿）
家族名號 弟 妹	無 黃學瓊 年十二歲 存
家族名號 妻	無 年 歲
家族名號 子 女	無 年 歲
原來職業	工
入伍日期	民國二十六年十二月一日
死亡事由	担任重慶市電話總局之警戒時敵機二十七架襲渝被炸死
死亡年月日	民國二十八年五月二十五日午後六時
死亡地點	重慶市長安寺山門左側（即電總局門前）
埋葬地點	重慶市郊教門廳萬花園後山坡
相貌或特徵	像貌端正面圓形眉清目秀天庭方圓端正口小端正
遺族領卹人	父黃伯樓
名號及住址	成都市北門大街五十二號
備考	故

中華民國二十九年二月二日四川省成都市遺族領卹人黃伯樓具

成都市第四区第二十六保保长、第六十四甲甲长及族长关于故士黄学涵遗族情况的保结（一九四〇年二月二日）

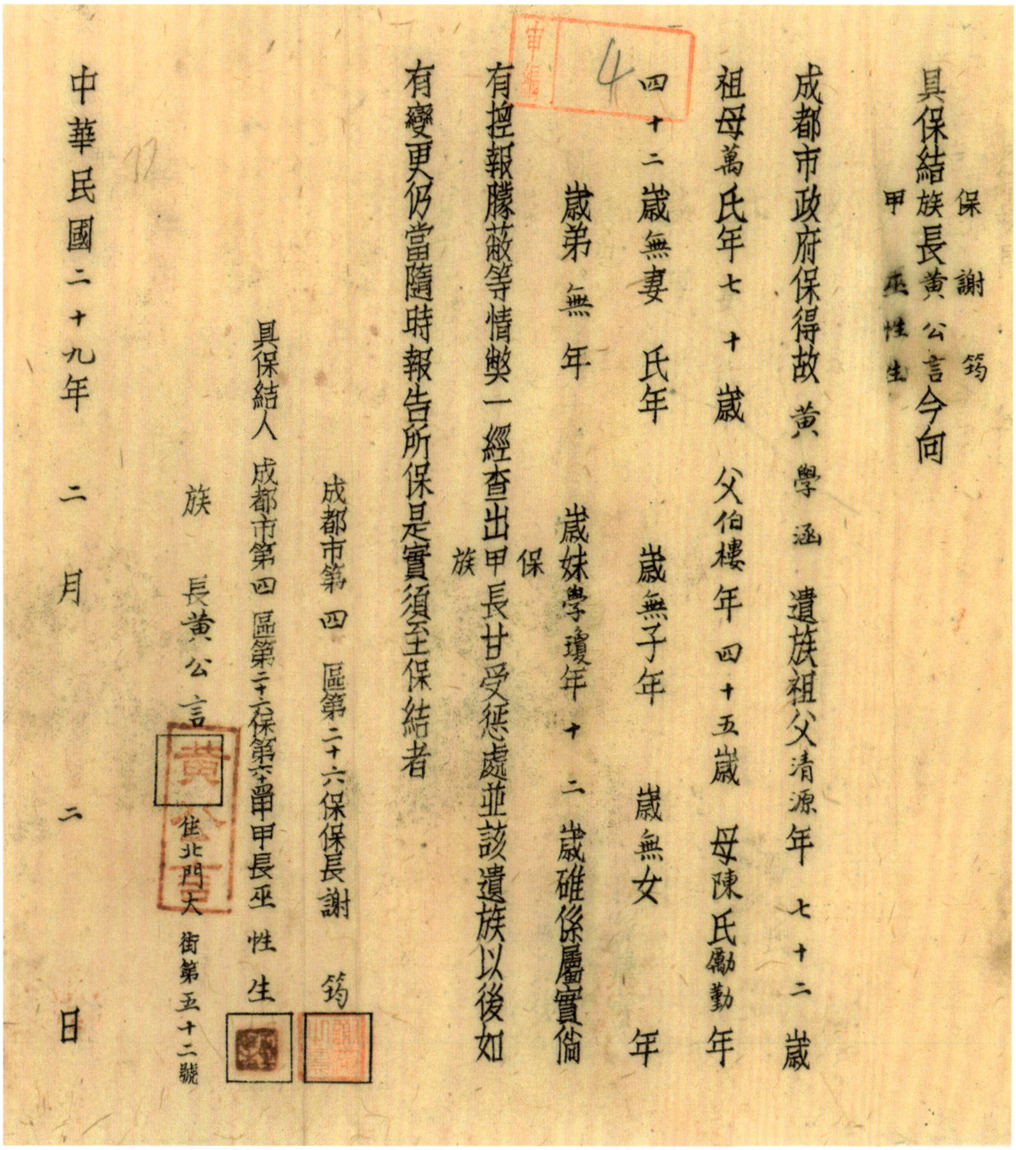
具保結 保長謝筠 甲長巫性生 族長黃公言 今向
成都市政府保得故黃學涵遺族祖父清源年七十二歲
祖母萬氏年七十歲 父伯樓年四十五歲 母陳氏勵勤年
四十二歲 無妻 氏年 歲 無子年 歲 無女 年
歲 弟 無 年 歲 妹學瓊年十二歲 確係屬實倘
有揑報朦蔽等情弊一經查出保甲族長甘受懲處並該遺族以後如
有變更仍當隨時報告所保是實須至保結者
具保結人 成都市第四區第二十六保保長謝 筠
成都市第四區第二十六保第六十四甲甲長巫 性 生
族 長黃公言 住北門大街第五十二號
中華民國二十九年 二 月 二 日

故士黄学涵的陆军战时死亡官佐士兵乙种证明书（一九四〇年二月）

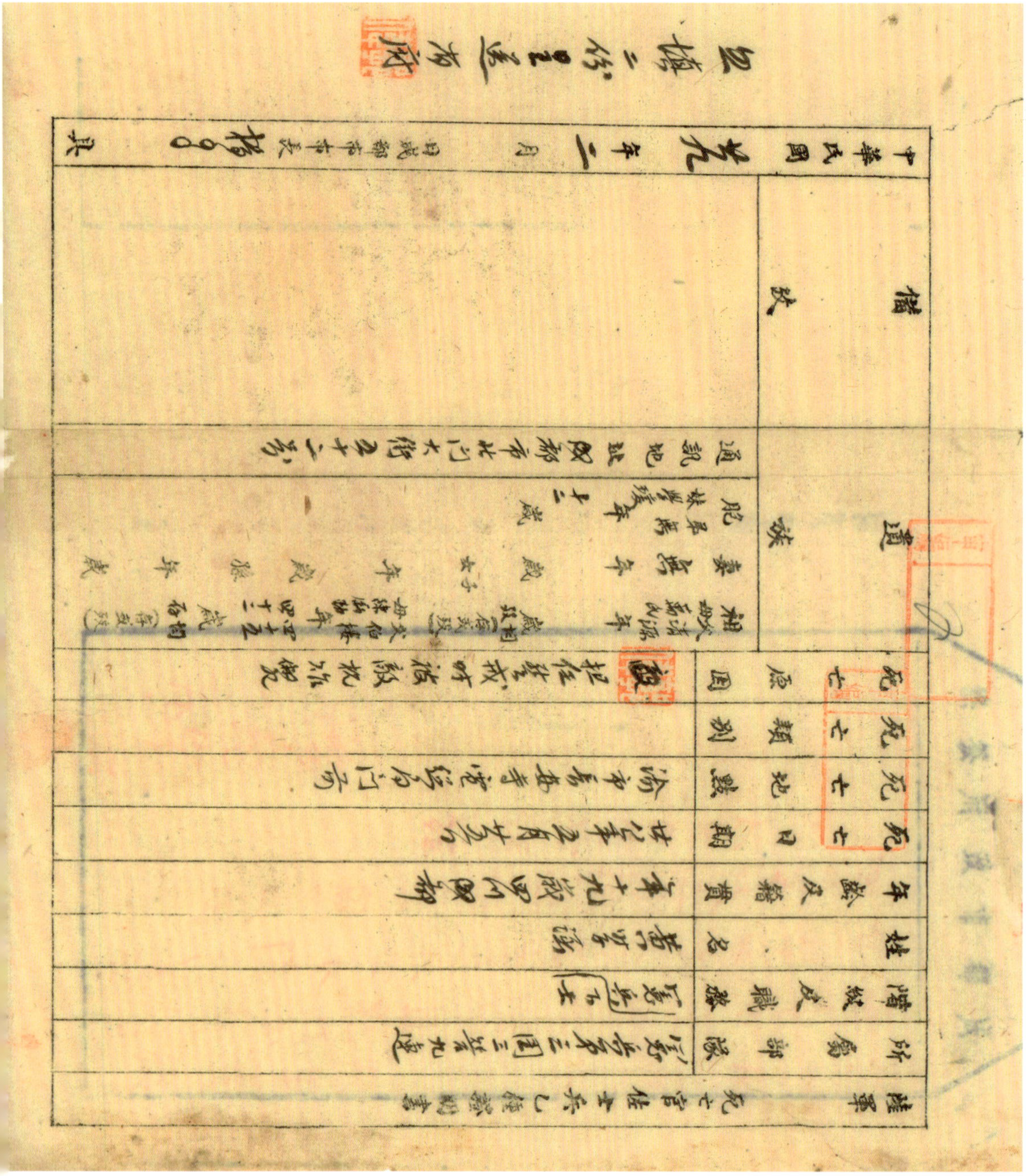

陸軍死亡官佐士兵乙種證明書

所屬部隊	陸軍第三團三營機連
階級及職務	上等兵（下士）
姓名	黃學涵
年齡及籍貫	二十九歲四川成都
死亡日期	廿八年五月廿五日
死亡地點	渝市長安寺堡坎門前
死亡類別	
死亡原因	擔任空襲時指揮救護殉職
遺族	[illegible]
通訊地址	成都市北門大街五十二號
備攷	

中華民國廿九年二月 日

成都市市長 楊全宇 具

成都市政府关于通知故士黄学涵遗族承领恤令的存根（一九四一年六月十日）

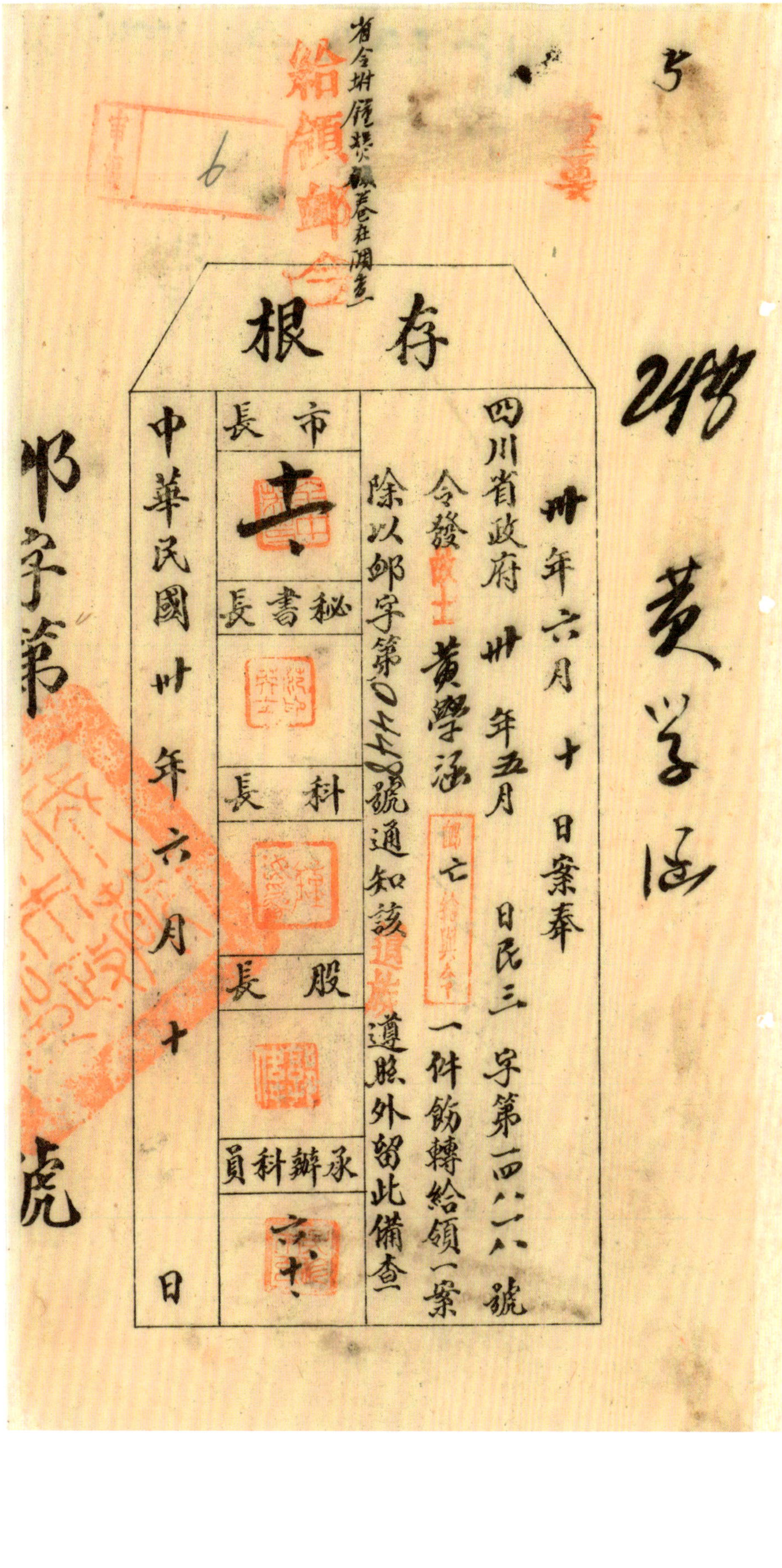

黄伯楼关于申领故士黄学涵一次恤金的领恤申请书（一九四一年六月二十六日）

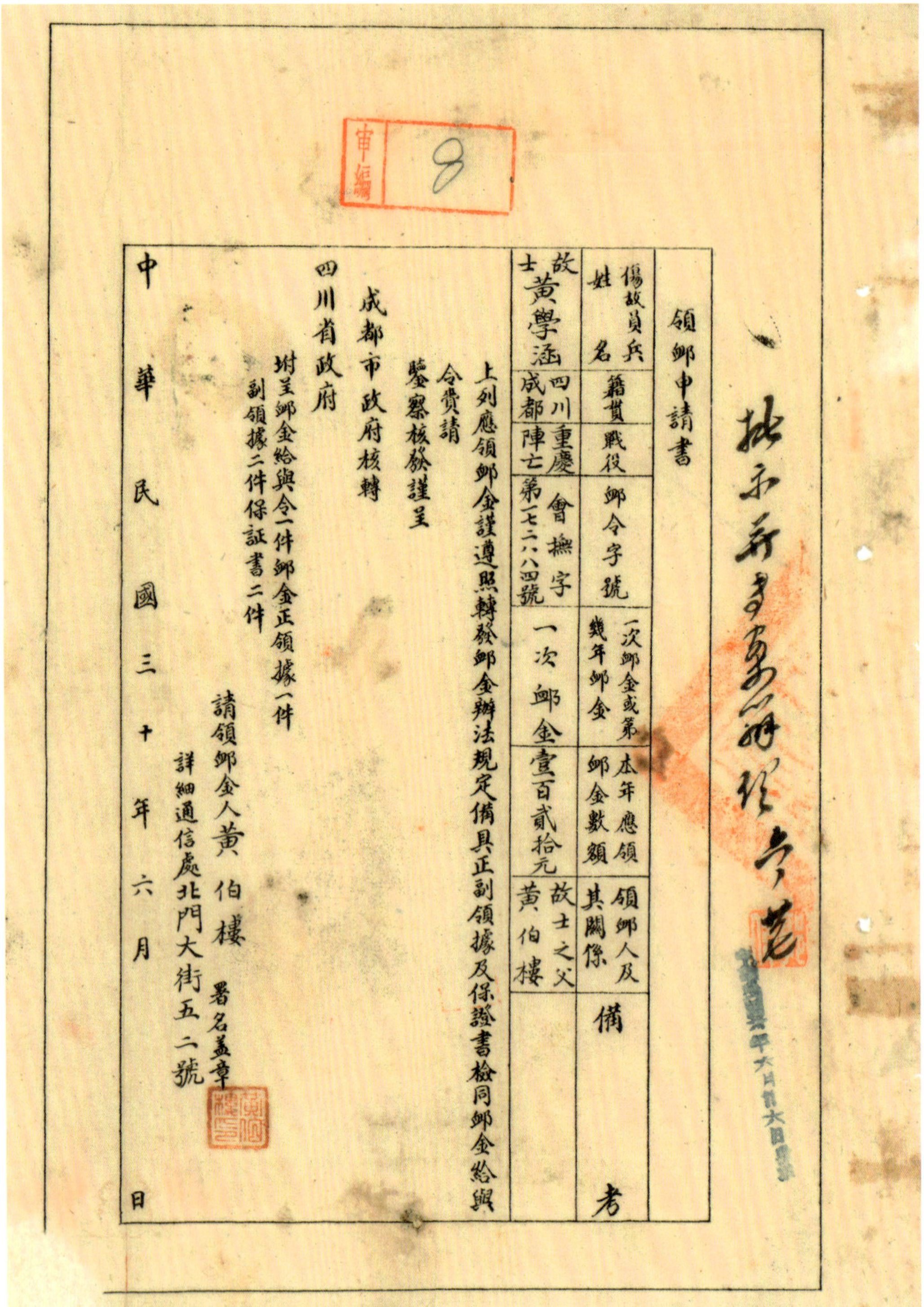

审编 8

領卹申請書

傷故員兵姓名	籍貫	戰役	卹令字號	一次卹金或第幾年卹金	本年應領卹金數額	領卹人及其關係	備考
故士 黃學涵	四川成都	重慶陣亡	會撫字第一七二八四號	一次卹金	壹百貳拾元	故士之父 黃伯樓	

上列應領卹金謹遵照轉發卹金辦法規定備具正副領據及保證書檢同卹金給與令賫請

鑒察核發謹呈

成都市政府核轉

四川省政府

附呈卹金給與令一件卹金正領據一件副領據二件保証書二件

請領卹金人黃伯樓 署名蓋章

詳細通信處北門大街五二號

中華民國三十年六月 日

9

此聯撫卹委員會第三處存查

撫卹金副領據

兹領到

部隊機關番號 憲兵第三團九連

階級 下士

職務 列兵

姓名 黃學涵

卹金種類 一次卹金

國幣壹百貳拾元

右款業已照數領訖此據

軍事委員會撫卹委員會第三處查照

領卹人黃伯樓

中華民國三十年六月日

字第　　號

此聯轉報軍政部核轉

撫卹金正領據

兹領到

部隊機關番號 憲兵第三團九連

階級 下士

職務 列兵

姓名 黃學涵

卹金種類 一次卹金

國幣壹百貳拾元

右款業已照數領訖此據

軍事委員會撫卹委員會第三處查照

領卹人黃伯樓

中華民國三十年六月日

具領卹金保證書

保證人戴逸仙　今保證領卹人黃伯樓　確係已故

部隊機關番號 憲兵第三四九連　階級 下士　職務 列兵　姓名 黃學涵

之遺族　茲遵照

國民政府軍事委員會會撫字第七六八四號卹金給與令核准給與該

故士一次　卹金國幣壹百貳拾　元整今由該遺族向

鈞會第二處如數領訖具領後如有發生爭議保証人願照

鈞會請領卹金須知第六條之規定負法律上一切責任此證

謹呈

國民政府軍事委員會撫卹委員會

保証人姓名戴逸仙　蓋章　籍貫成都　住址青果街　職務或職業 營商

（店舖書柬）三和森　（店舖營業）每日貳拾元　（資本金額）三百元

領卹人姓名黃伯樓　蓋章　籍貫　住址　與故士之關係 父子

其他遺族姓名及關係

母黃陳氏

中華民國三十年六月　日

成都市政府关于核发故士黄学涵第一次恤金致黄伯楼的批（一九四一年七月十日）

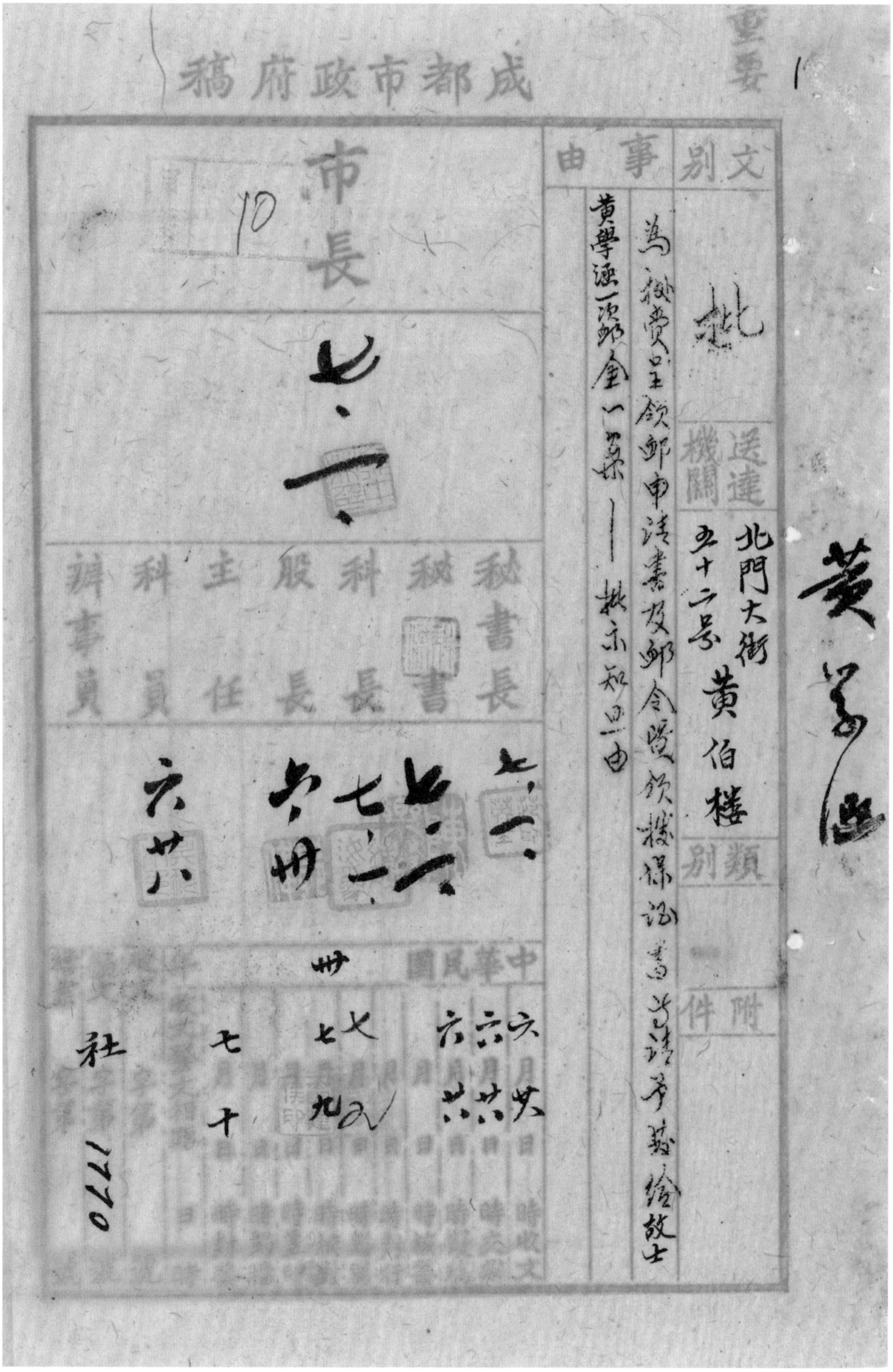
成都市政府稿

重要

文别：批

事由：為據賚呈欽郵申請書及郵合暨欽撥保證書等請予核發故士黃學涵一次郵金一案——批示知照由

送達機關：北門大街五十二号　黃伯樓

類別

附件

市長

秘書長　秘書　科長　股長　主任　科員　辦事員

中華民國

黃學涵

令

衔批　社字第　　號

具申請書人黄伯樑

卅年六月廿八日申請書一件為檢呈領卹申請書及

卹令暨領卹保證書，均請予發給

一次卹金由

申請書暨附件均悉。仰候彙案轉請

四川省政府核發可也。附件分別存轉。

此批。

中華民國卅　年六月　　日

市長余

黄伯楼关于催发故士黄学涵恤金致成都市政府的报告（一九四一年九月十一日）

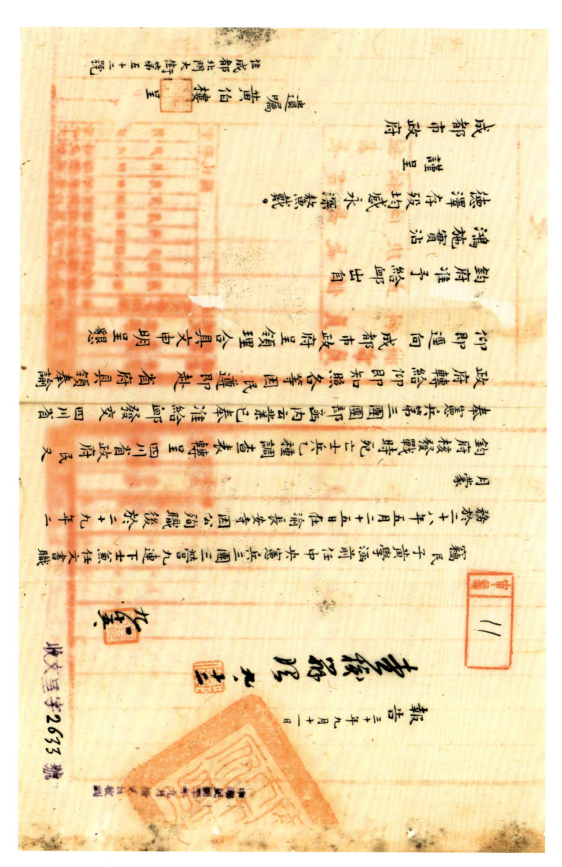

報告 三十年九月十一日

竊民子黃學涵前任中央憲兵三團三營九連下士兼任文書職務於二十八年五月二十五日在渝長安寺因公殉職後於二十九年二月蒙
鈞府核發戰時死亡士兵乙種調查表轉呈四川省政府民又
奉憲兵第三團團部函內云業已奉准給卹發交四川省
政府轉給仰即知照各等因民遵即赴省府具領奉諭
仰即逕向成都市政府呈領理合具文申明呈懇
鈞府准予給卹出自
鴻施實沾
德澤存歿均感永深鰲戴。

謹呈
成都市政府

遺囑黃伯樓呈
住成都北門大街第五十二號

收文呈字2633號

成都市政府关于核发故士黄学涵一次恤金致黄伯楼的批示（一九四一年九月二十日）

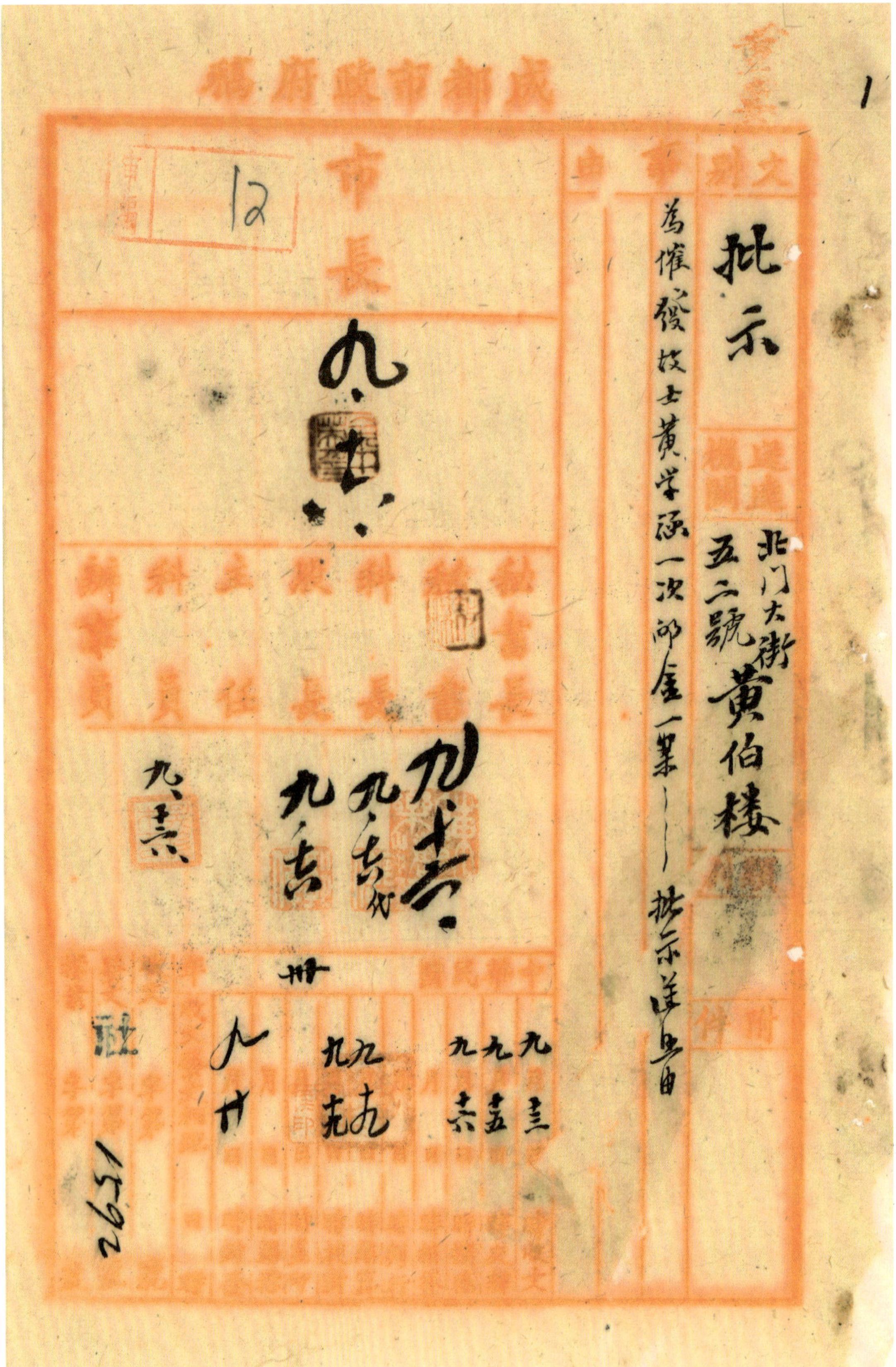
成都市政府稿

市長

文别：批示

事由：為催發故士黄学涵一次卹金一案 批示遵照由

送達機關：北门大街五二號黄伯楼

衛批示　社字第　　号

具報告人黃伯樓

卅七年九月十三日報告一件為請催發故士黃學臣一次卹金由

報告悉。查該遺族請領卹金由府擬業已經轉呈核卹在案，仰候四川省政府還寄承領可也。此批

中華民國卅七年九月　　日

市長余

黄伯楼关于申领故士黄学涵第一年年恤金的领恤申请书（一九四二年三月四日）

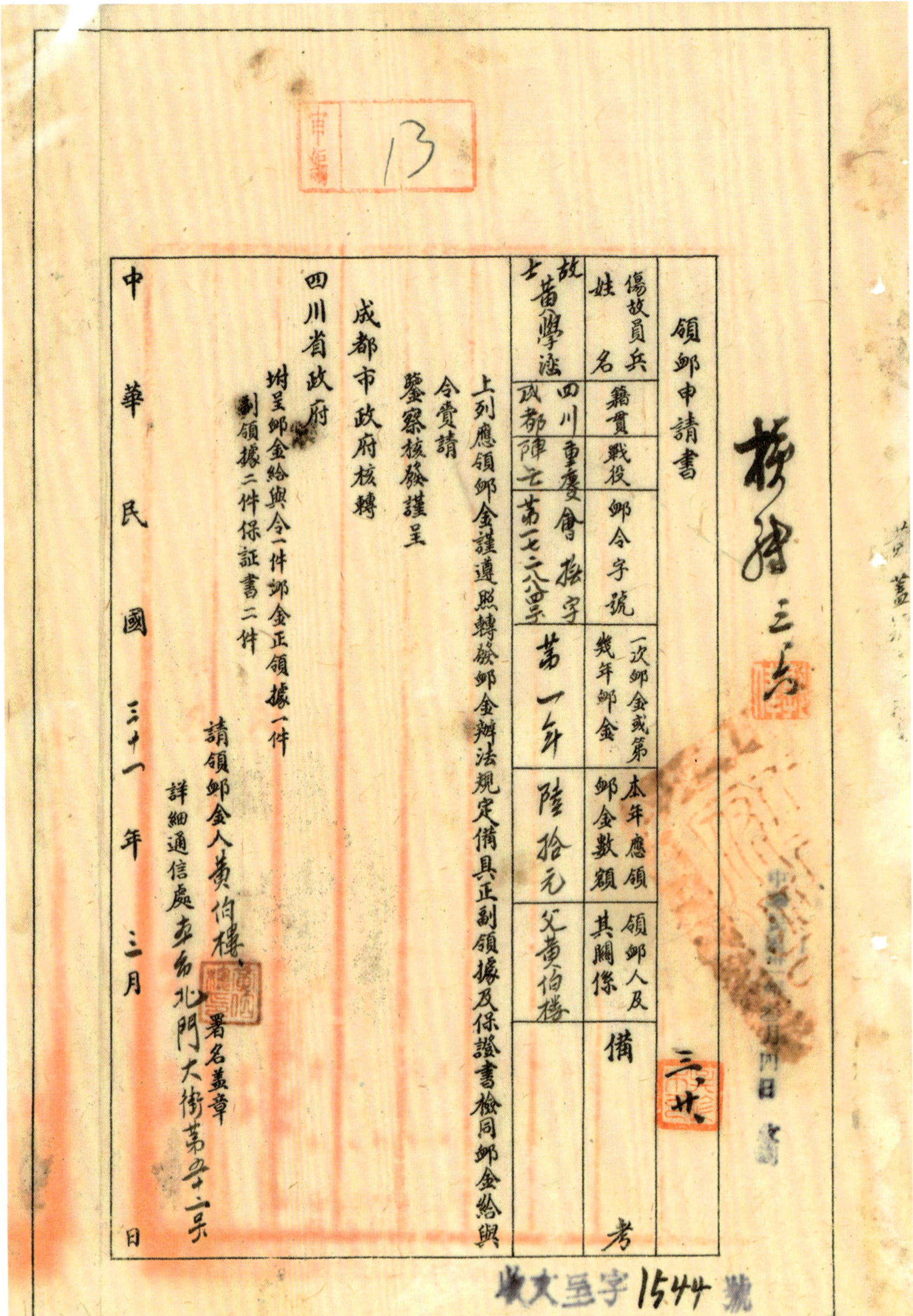

领卹申請書

傷故員兵姓名	籍貫	戰役	卹令字號	一次卹金或第幾年卹金	本年應領卹金數額	領卹人及其關係	備考
故士黄學涵	四川成都	重慶陣亡	會撫字第一七二八四號	第一年	陸拾元	父黄伯樓	

上列應領卹金謹遵照轉發卹金辦法規定備具正副領據及保證書檢同卹金給與令賁請

鑒察核發謹呈

成都市政府核轉

四川省政府

附呈卹金給與令一件 卹金正領據一件 副領據二件 保証書二件

請領卹金人黄伯樓 署名蓋章

詳細通信處東門北門大街第二十六號

中華民國三十一年三月日

收文星字1544號

附：抚恤金领据、具领恤金保证书

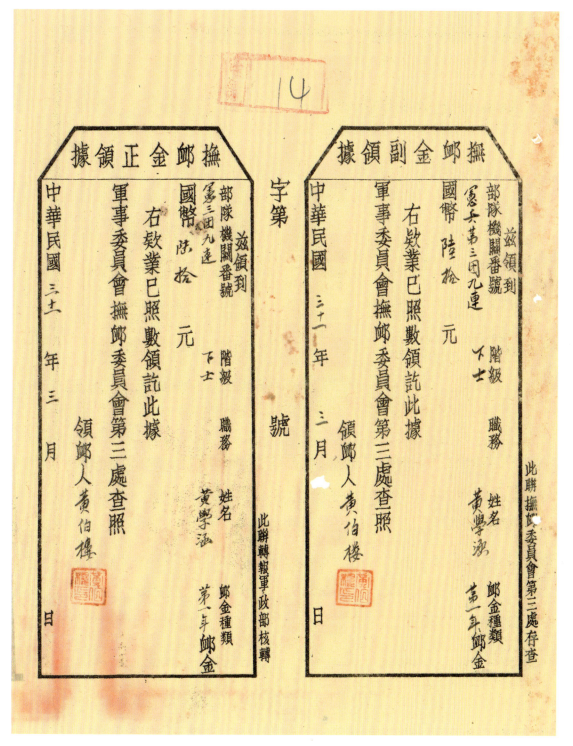

此聯撫卹委員會第三處存查

撫卹金副領據

茲領到

部隊機關番號 暫五第三团九連　階級 下士　職務　姓名 黄學涵　卹金種類 第一年卹金

國幣 陸拾 元

右欵業已照數領訖此據

軍事委員會撫卹委員會第三處查照

領卹人黄伯樓

中華民國 三十一 年 三 月 日

字第　號

此聯轉報軍政部核轉

撫卹金正領據

茲領到

部隊機關番號 暫三团九連　階級 下士　職務　姓名 黄學涵　卹金種類 第一年卹金

國幣 陸拾 元

右欵業已照數領訖此據

軍事委員會撫卹委員會第三處查照

領卹人黄伯樓

中華民國 三十一 年 三 月 日

具領卹金保證書

保證人戴逸仙今保證領卹人萬伯樣確係已故

部隊機關番號 東區第三團九連 階級 下士 職務 姓名 萬學流

之遺族茲遵照

國民政府軍事委員會會卹字第一七二八四號卹金給與令核准給與該故

故士卒卹金國幣陸拾元整今由該萬伯樣向

約會第三處如數領訖具領後如有發生爭議保證人願照

約會請領卹金須知第六條之規定負法律上一切責任此證

謹呈

國民政府軍事委員會撫卹委員會

保證人姓名 戴逸仙 蓋章 籍貫 成都 職業 [illegible]

住址 [illegible]

（店鋪書柬） 店鋪營業資本金額 [illegible]

領卹人姓名 萬伯樣 蓋章 籍貫 [illegible] 住址 [illegible]

與故士之關係 父子

其他遺族姓名及關係 母萬陳氏

成都市市長余中英

中華民國三十一年三月 日

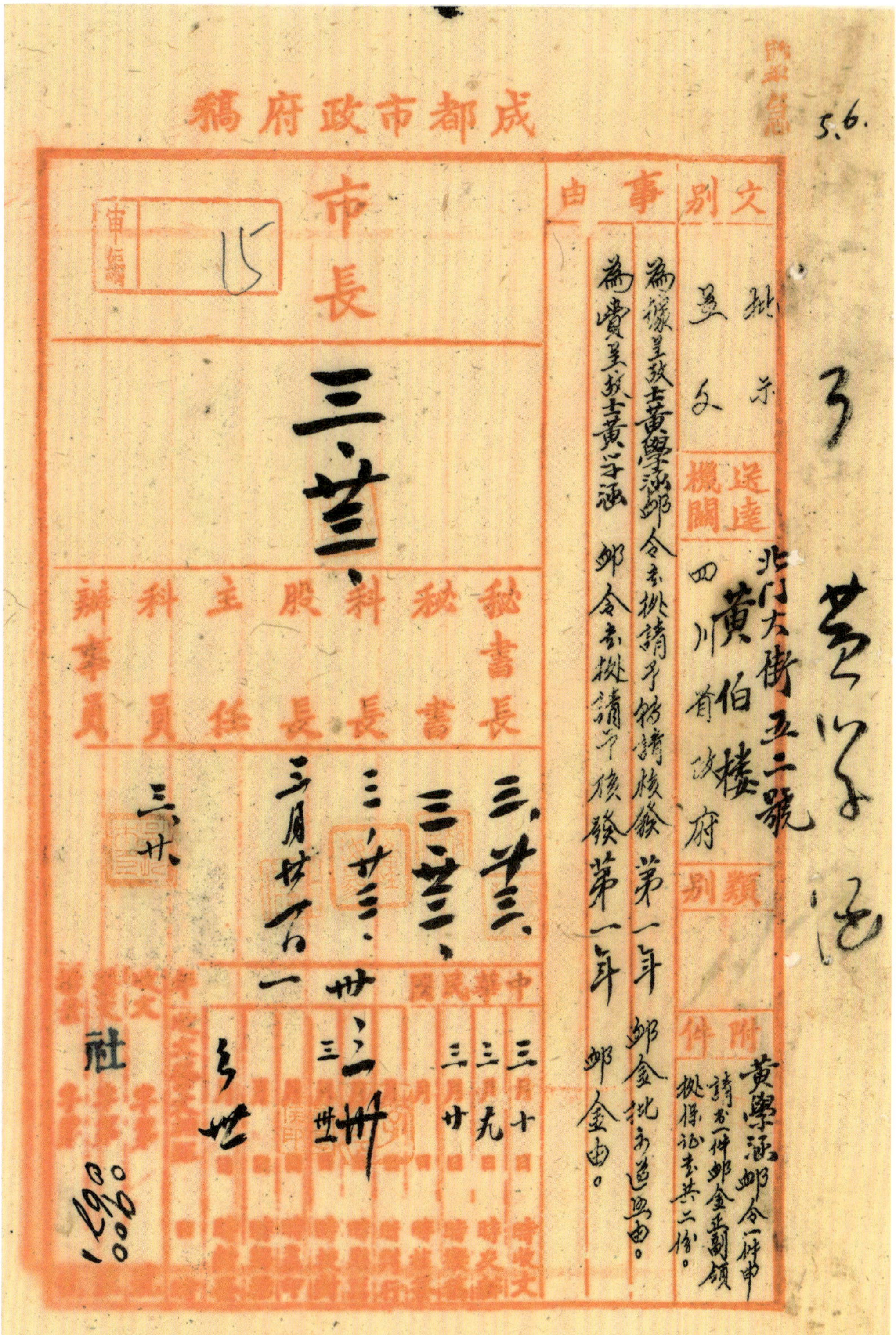

成都市政府稿

市長

三、卅一、

秘書長 秘書 科長 股長 主任 科員 辦事員

文別：批示 呈文

送達機關：北門大街五二號 黃伯樓；四川省政府

事由：為據呈故士黃學涵卹令祈核請予轉請核發第一年卹金批示遵照由。為賚呈故士黃學涵卹令祈核請予核發第一年卹金由。

附件：黃學涵卹令一件 申請書一件 卹金正副領據保証書共二份。

中華民國 三月十日收文 三月十九日交辦 三月廿日擬稿 三月卅一日判行

成都市政府关于核发故士黄学涵第一年年恤金致黄伯楼的批示及致四川省政府的呈文（一九四二年三月三十一日）

仝銜批示　社字第　號

具申請書人黃伯樓

卅一年三月廿日申請書一件為檢呈故員黃學涵卹令書擬請

予核發第一年卹金由。

申請書暨附件均悉。仰候專案呈請

四川省政府核發給領可也。附件分别存發。

此批。。

中華民國卅一年三月　日

市長余

吳文稿

16

案據本市故員士黃學涵遺族黃伯樣檢呈卹令
及申請書正副領款保證書等件懇予轉請核發第一年
卹金等情前來查核尚無不合除批示外理合遵照
鈞府請領卹金各項辦法之規定檢同故員士黃學涵
卹令一件申請書一件卹金正副領款保證書共二聯
一併隨文賫呈
鈞府俯賜核發給領指令祗遵。
謹呈
四川省政府
計呈故員士黃學涵卹令一件申請書一件卹金正副領款

據保證書共二聯。

衛　名

中華民國三十一年三月　日

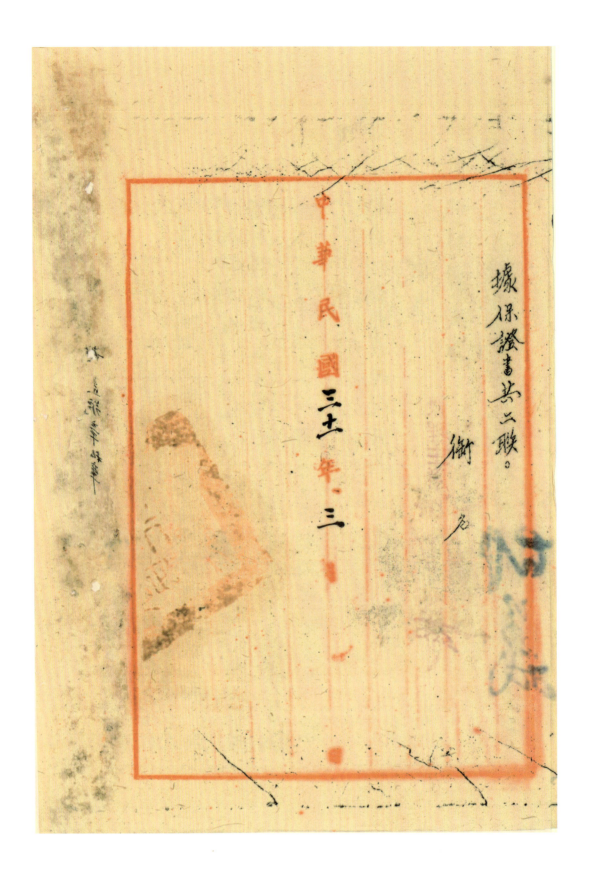

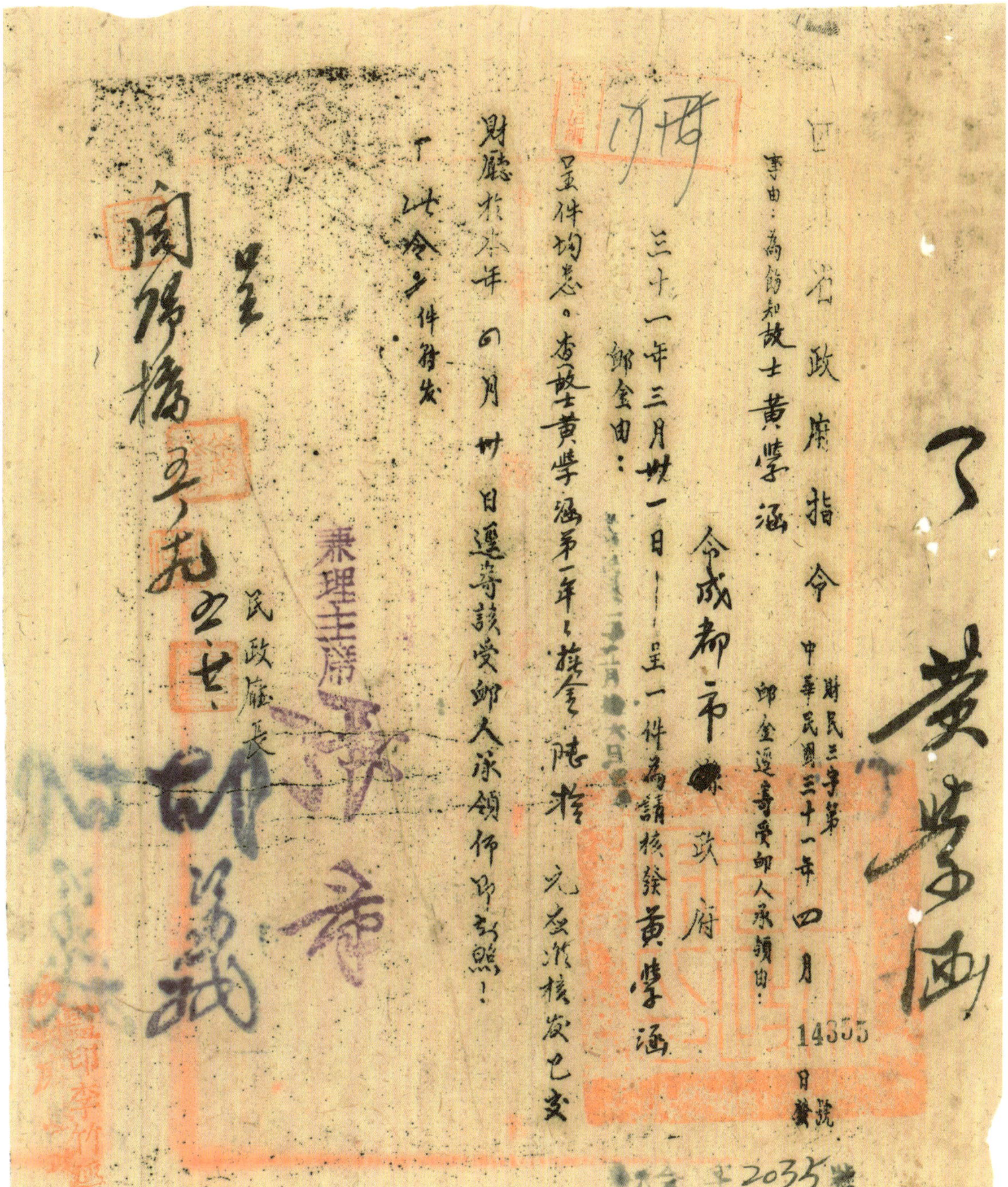

四川省政府指令

財民三字第　號

中華民國三十一年四月　日發

事由：為飭知故士黃學涵卹金遝寄受卹人承領由

令成都市政府

三十一年三月卅一日呈一件為請核發黃學涵卹金由：

呈件均悉。查故士黃學涵第一年年卹金陸拾元，應准核發，已交財廳於本年四月卅日遝寄該受卹人承領，仰即知照！

此令。附件存發

兼理主席

民政廳長

四川省政府关于核发故士黄学涵第一年年恤金致成都市政府的指令（一九四二年四月）

黄伯楼关于申领故士黄学涵第一年加倍恤金的领恤申请书（一九四二年十一月十七日）

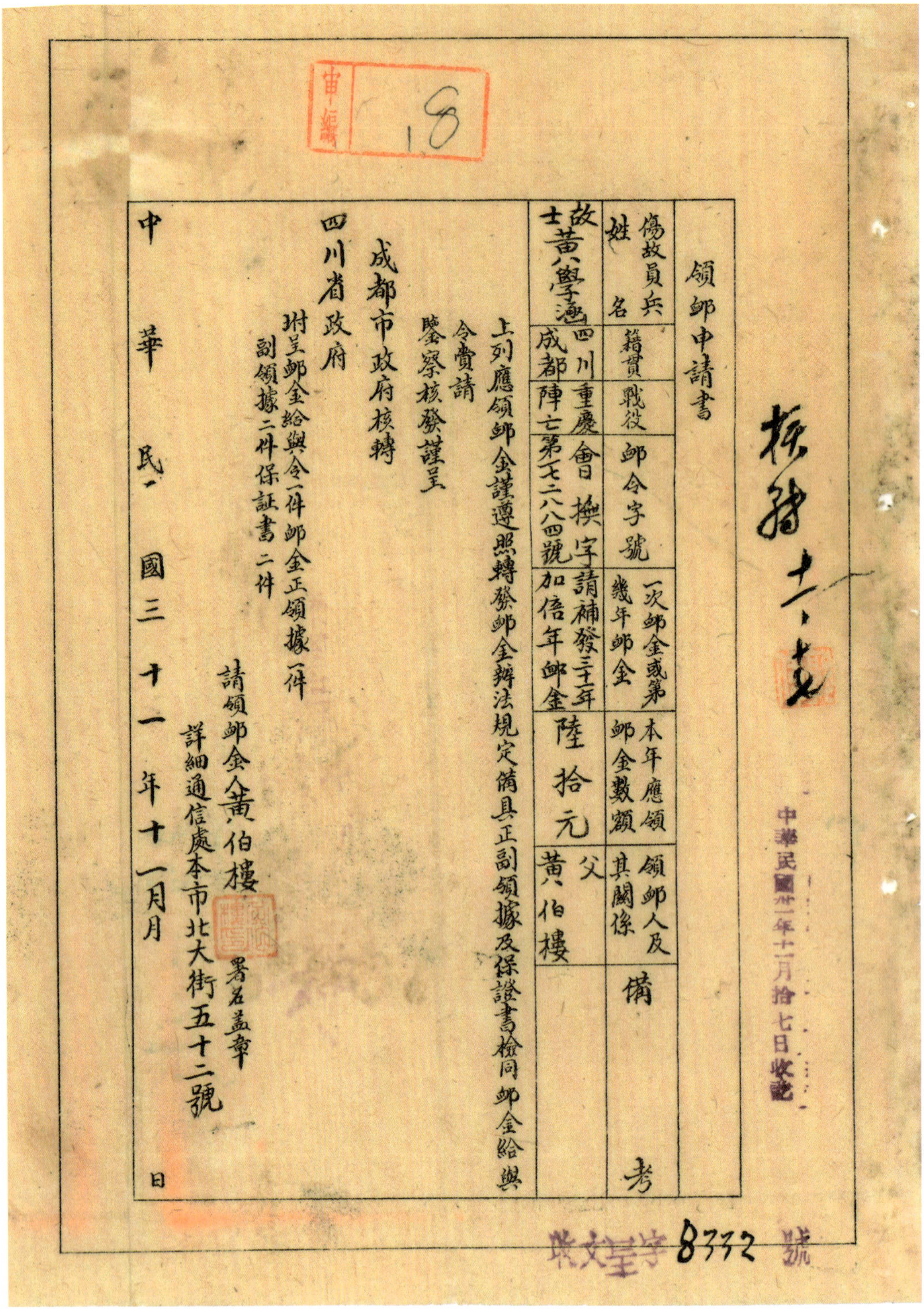

審編 18

核轉 十八

領卹申請書

傷故員兵姓名	籍貫	職役	卹令字號	一次卹金或第幾年卹金	本年應領卹金數額	領卹人及其關係	備考
故士黃學涵	四川成都	重慶陣亡	會撫字第七二八四號	請補發三十年加倍年卹金	陸拾元	父黃伯樓	

上列應領卹金謹遵照轉發卹金辦法規定備具正副領據及保證書檢同卹金給與令賫請

鑒察核發謹呈

成都市政府核轉

四川省政府

附呈卹金給與令一件卹金正領據一件副領據二件保證書二件

請領卹金人黃伯樓 署名蓋章

詳細通信處本市北大街五十二號

中華民國三十一年十一月 日

中華民國卅一年十一月拾七日收訖

收文呈字8332號

附：抚恤金领据、具领恤金保证书

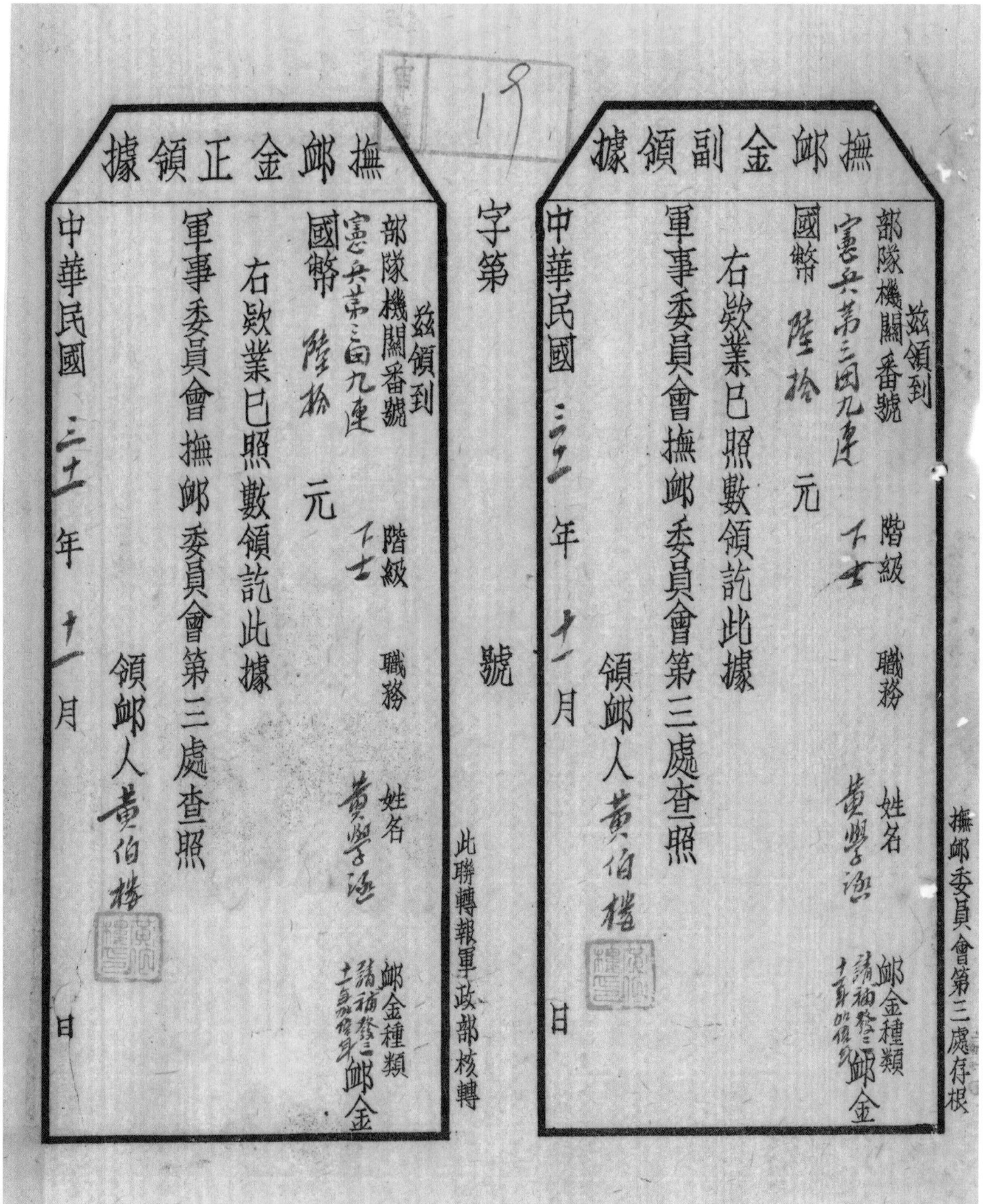

撫卹委員會第三處存根

撫卹金副領據

茲領到

部隊機關番號 憲兵第三四九連 階級 下士 職務 姓名 黃學涵 卹金種類 請補發三十一年加倍年卹金 卹金

國幣 陸拾 元

右欵業巳照數領訖此據

軍事委員會撫卹委員會第三處查照

領卹人 黃伯樓

中華民國 三十一 年 十一 月 日

字第 號

此聯轉報軍政部核轉

撫卹金正領據

茲領到

部隊機關番號 憲兵第三四九連 階級 下士 職務 姓名 黃學涵 卹金種類 請補發三十一年加倍年卹金 卹金

國幣 陸拾 元

右欵業巳照數領訖此據

軍事委員會撫卹委員會第三處查照

領卹人 黃伯樓

中華民國 三十一 年 十一 月 日

具領卹金保證書

保證人戴逸仙　今保證領卹人黃伯樓　確係已故

部隊機關番號　憲兵第三團九連　階級　下士　職務　姓名　黃學添

之遺族茲遵照

國民政府軍事委員會會撫字第一七二八四號卹金給與令核准給與該

故士黃學添卹金國幣　陸拾　元整今由該遺族向

鈞會第三處如數領訖其領後如有發生爭議保証人願照

鈞會請領卹金須知第六條之規定負法律上一切責任此證

謹呈

國民政府軍事委員會撫卹委員會

保証人姓名戴逸仙　章蓋　籍貫四川成都　住址祥門東通　職務或職業

（店鋪書柬）聲西園　往來　（店鋪營業資本金額）壹仟元

領卹人姓名黃伯樓　章蓋　籍貫四川成都　住址北打金街五十二號　與故士之關係　父子

其他遺族姓名及關係　母黃陳氏

中華民國三十一年十一月　日

成都市市長余中英

成都市政府关于核发故士黄学涵第一年加倍恤金致黄伯楼的批示及致四川省政府的呈文（一九四二年十二月二十九日）

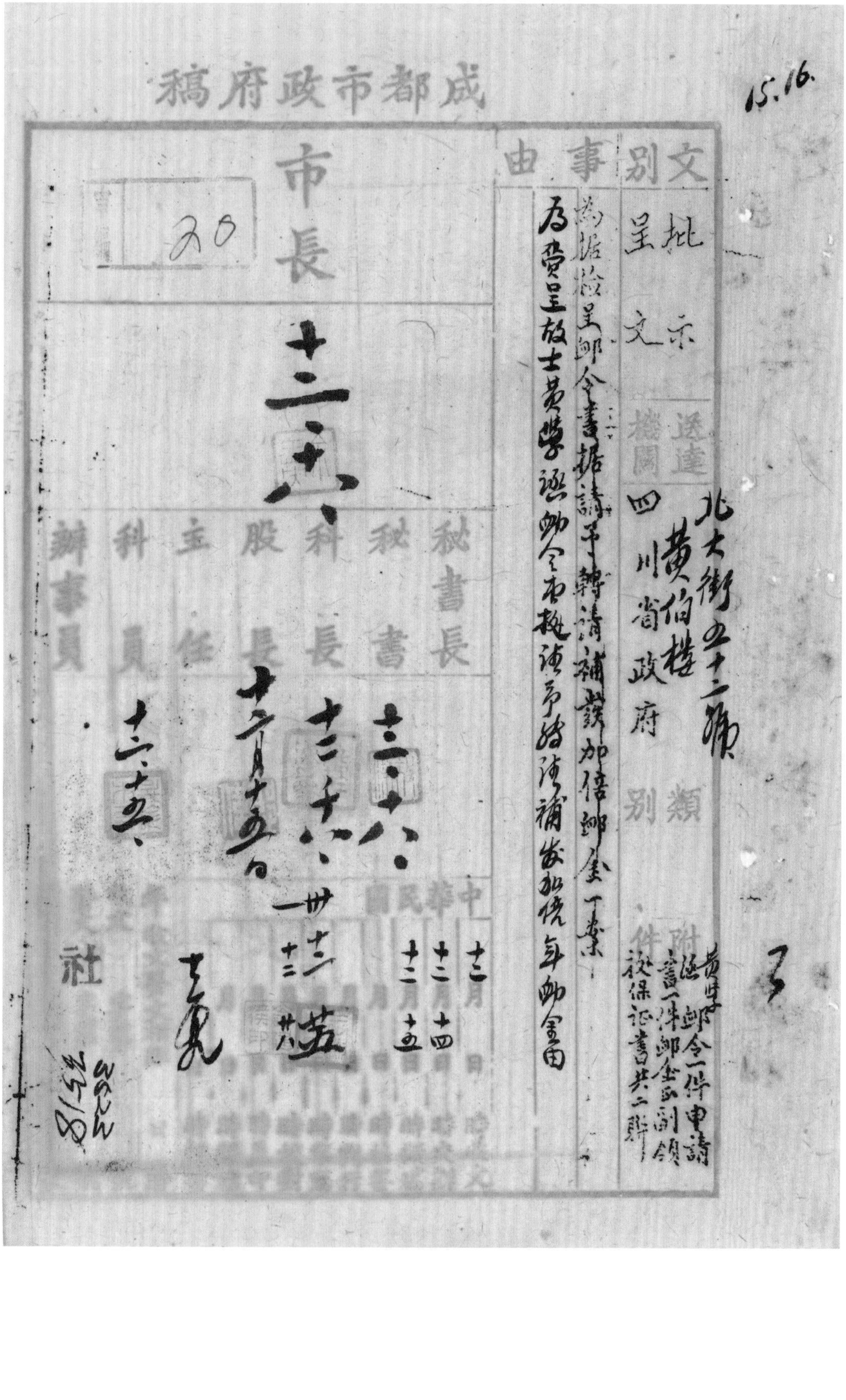
成都市政府稿

文別：批示 呈文

事由：為據檢呈卹令書據請予轉請補發加倍卹金一案

送達機關：北大街五十二號 黃伯樓；四川省政府

市長

秘書長

秘書

科長

股主任

科員

辦事員

全

衔批示社二字第　　號

具申請書人黄伯樓

三十一年十二月十五日申請書一件　爲檢呈故士黄孝遜卹令書据請予補發，

三十二年度加一倍年卹金由。

申請書暨附件均悉。仰候專案呈請

四川省政府補發，逕寄該遺族承領。可也！附件分別存發

此批。

中華民國三十一年十二月　日

市長余

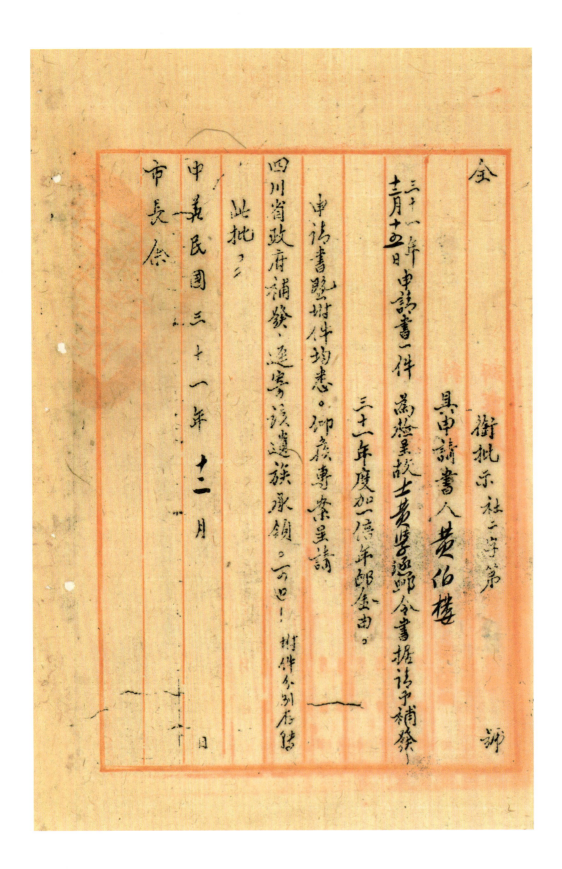

審編 21

案據本市故士黃學源遺族黃伯樓 檢呈卹令及申請書

正副領據保證書等，聲請轉請補發三十一年度加一倍年撫金

等情，前來，查核尚無不合，除批示外，理合遵照

鈞府該領卹金先令各項辦法之規定，檢同故士黃學源

卹令一件，申請書一件，卹金正副領據保證書共二聯，一併隨文賫呈

鈞府，俯賜核發給領，指令祗遵！

謹呈

四川省政府

計呈故士黃學源卹令一件，申請書一件，卹金正副領據保證書共二聯

成都市市長余○○

中華民國三十一年十二月　日

黄伯楼关于申领故士黄学涵第二年年恤金及加倍恤金的领恤申请书（一九四三年三月九日）

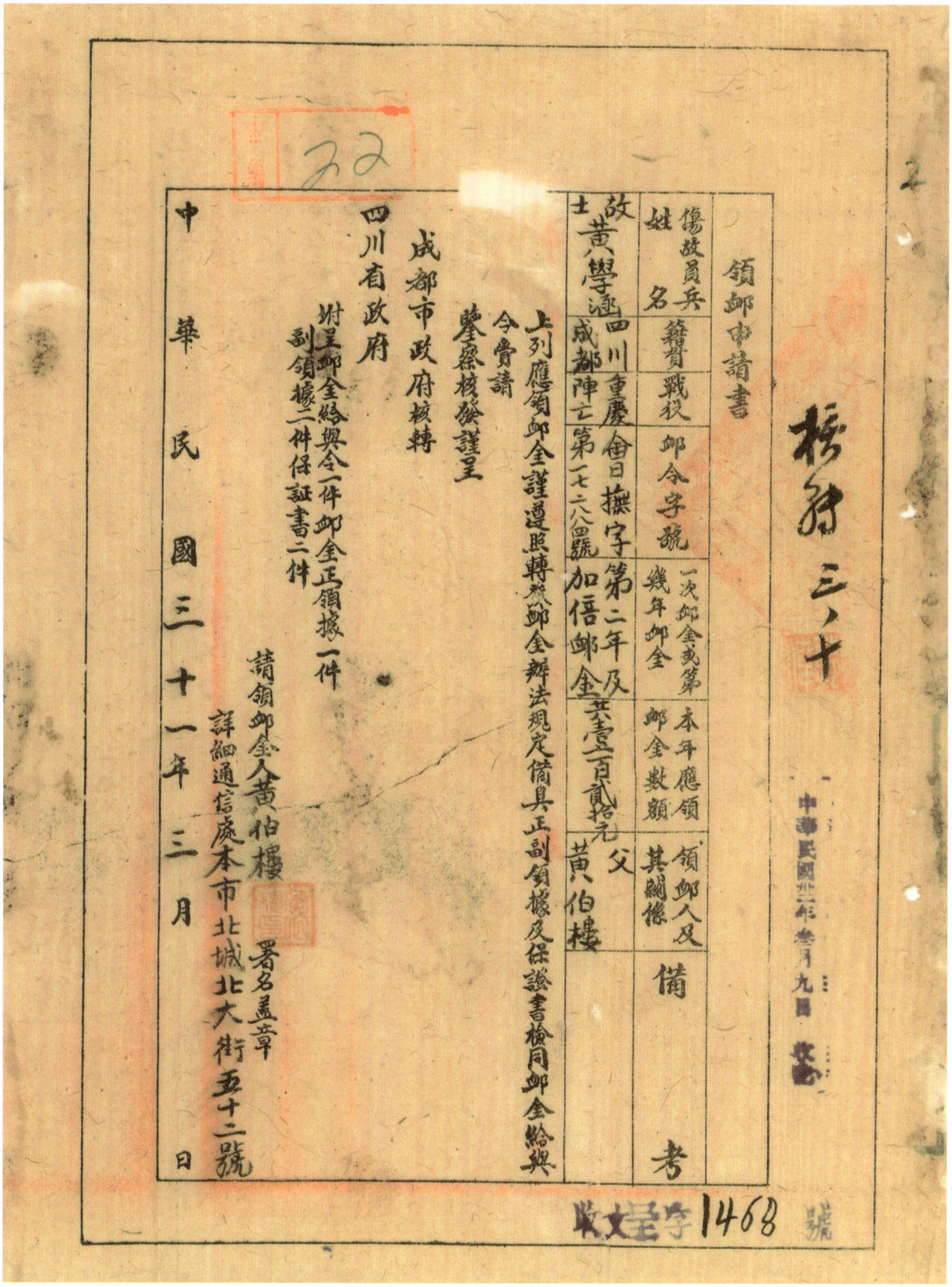

32

核發 三八十

中華民國卅二年叁月九日

領卹申請書

傷故員兵姓名	籍貫	戰役	卹令字號	一次卹金或第幾年卹金	本年應領卹金數額	領卹人及其關係	備考
故士 黃學涵	四川成都	重慶陣亡	會日撫字第一七二八四號	第二年及加倍卹金	共壹百貳拾元	父 黃伯樓	

上列應領卹金謹遵照轉發卹金辦法規定備具正副領據及保證書檢同卹金給與令實請

鑒察核發謹呈

成都市政府核轉

四川省政府

附呈卹金給與令一件卹金正領據一件副領據二件保證書二件

請領卹金人黃伯樓署名蓋章

詳細通信處本市北城北大街五十二號

中華民國三十一年三月　日

收文呈字1468號

附：抚恤金领据、具领恤金保证书

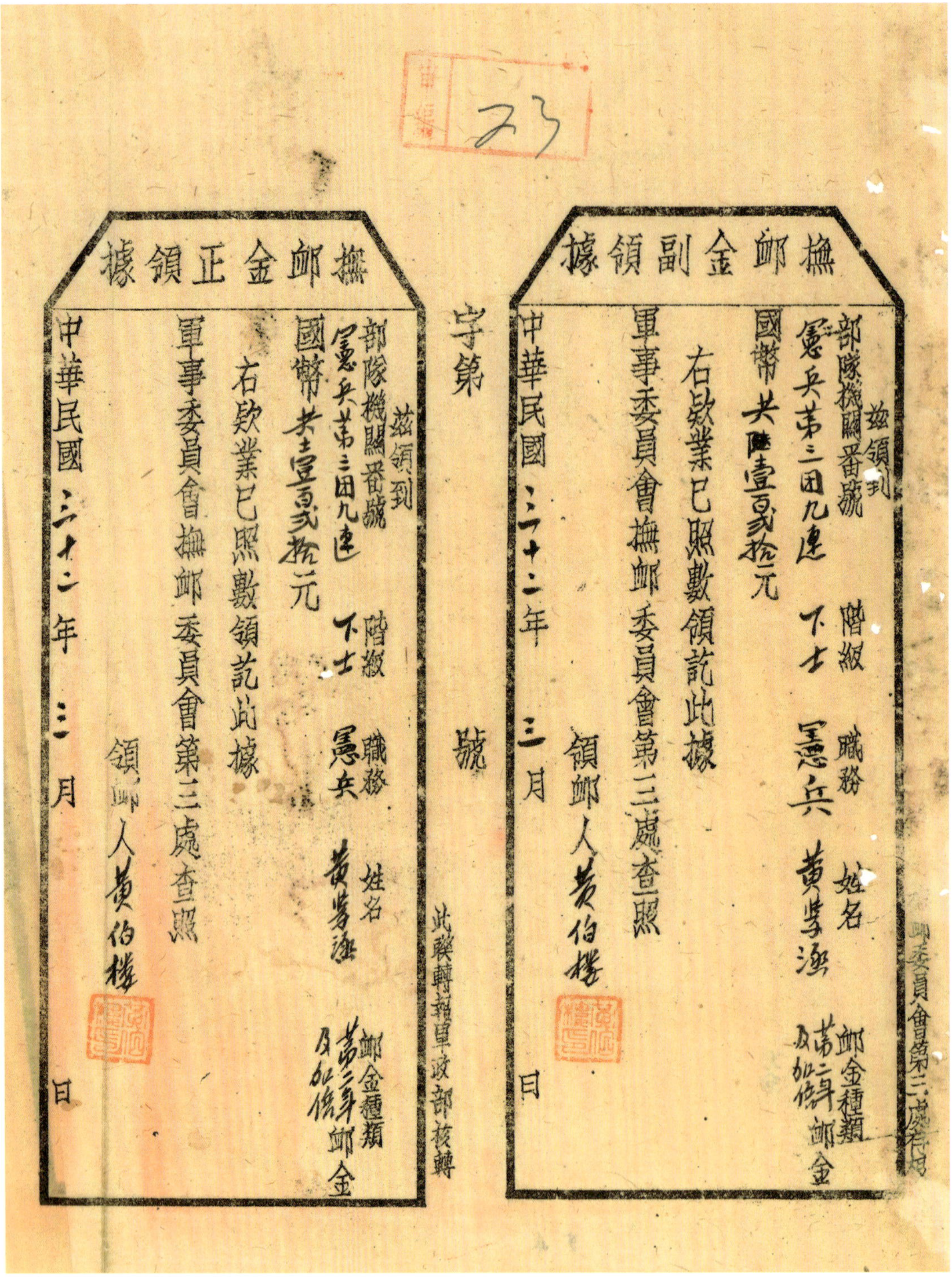
23

卹委員會第三處存根

撫卹金副領據

茲領到
部隊機關番號 憲兵第三团九連 階級 下士 職務 憲兵 姓名 黄学涵 卹金種類 第二年卹金及加倍
國幣 共壹百貳拾元
右款業已照數領訖此據
軍事委員會撫卹委員會第三處查照
領卹人 黄伯樓
中華民國 三十二年 三 月 日

字第 號

此聯轉報軍政部核轉

撫卹金正領據

茲領到
部隊機關番號 憲兵第三团九連 階級 下士 職務 憲兵 姓名 黄学涵 卹金種類 第二年卹金及加倍
國幣 共壹百貳拾元
右款業已照數領訖此據
軍事委員會撫卹委員會第三處查照
領卹人 黄伯樓
中華民國 三十二年 三 月 日

具領卹金保證書

保證人戴逸仙 今保證領卹人 黃伯樓 確係已故

部隊機關番號 憲兵第三團九連 階級 下士 職務 憲兵 姓名 黃學源

之遺族茲遵照

國民政府軍事委員會會撫字第一七六八四號卹金給與令核准給與該

故士第二年度加倍 卹金國幣 共壹百貳拾 元整今由該遺族向

鈞會第三處如數領訖具領後如有發生爭議保証人願照

鈞會請領卹金須知第六條之規定負法律上一切責任此證

謹呈

國民政府軍事委員會撫卹委員會

保証人姓名戴逸仙蓋章 (店舖書東)醬園 籍貫成都 住址詣門街 職務或職業青果 (店舖營業資本金額)醬園 壹千元

領卹人姓名黃伯樓蓋章 籍貫四川成都 住址北門大街五十六號 與故士之關係父子

其他遺族姓名及關係 母黃陳氏

中華民國三十二年三月 日

成都市市長 余中英

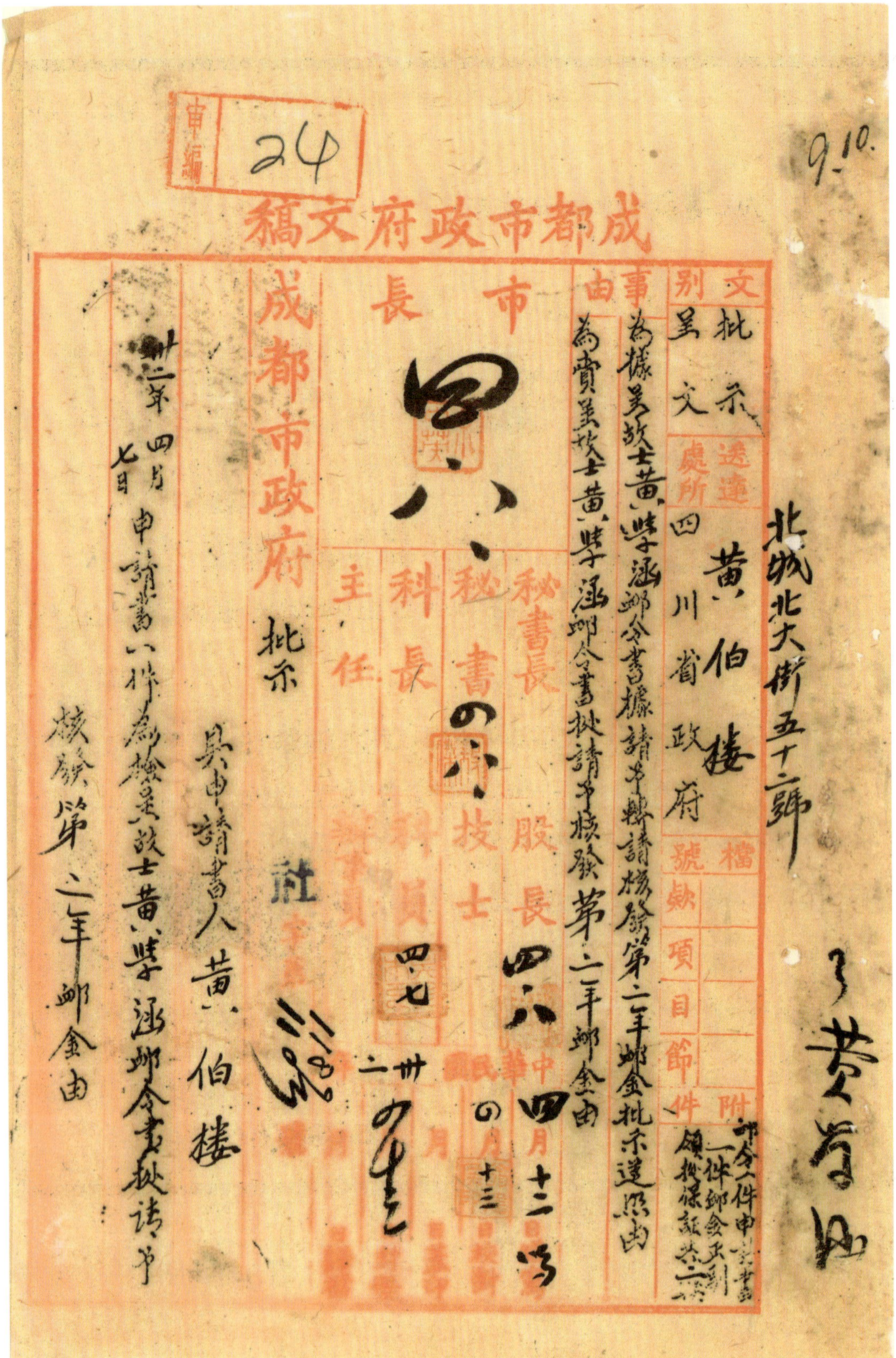
审编 24
9.10.
成都市政府文稿
文别：批示 呈文
送達處所：黃伯楼 四川省政府
北城北大街五十二號
事由：為據呈故士黃學涵卹令書據請予轉請核發第二年卹金批示遵照由
為賚呈故士黃學涵卹令書據請予核發第二年卹金由
市長
秘書長
秘書
技士
股長 四、八
科長
科員 四、七
中華民國卅二年四月十二日
成都市政府 批示
具申請書人黃伯楼
核發第二年卹金由

成都市政府关于核发故士黄学涵第二年年恤金及加倍恤金致黄伯楼的批示、致四川省政府的呈文（一九四三年四月十三日）

申請書暨附件均悉。仰候予以彙呈請
四川省政府核發給領可也！附件分別存轉
此批。
中華民國三十二年四月　日
市長余
呈文稿
案據本市故士黃學涵遺族黃伯穠檢呈卹令及申
請書正副領據保結書等懇予轉請核發第二年
卹金等情前來查核尚無不合除批示外理合遵照
飭府請領卹金各項辦法之規定檢同故士黃學涵

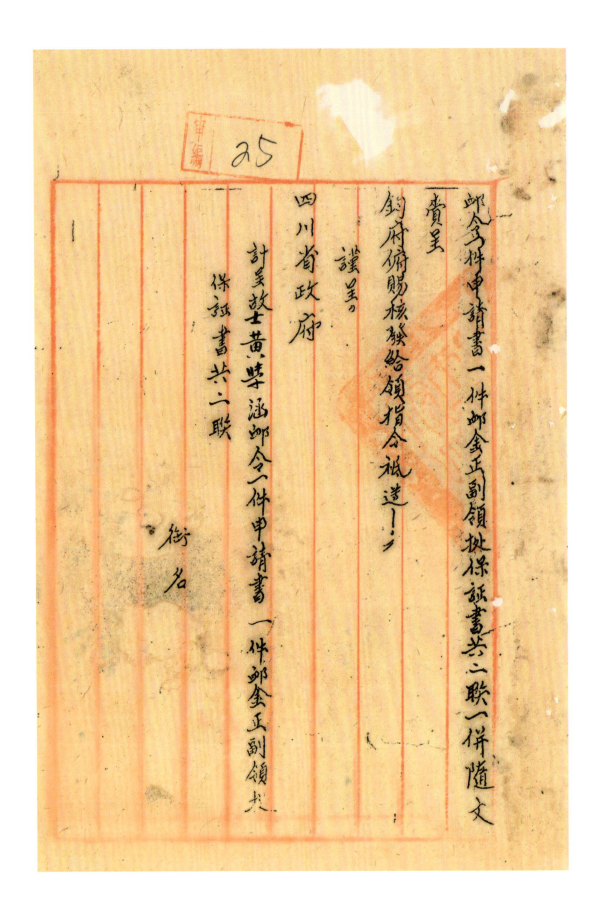

卹令一件申請書一件卹金正副領據保証書共二聯一併隨文

賫呈

鈞府俯賜核發給領指令祇遵！

謹呈

四川省政府

計呈故士黃學涵卹令一件申請書一件卹金正副領据

保証書共二聯

銜名

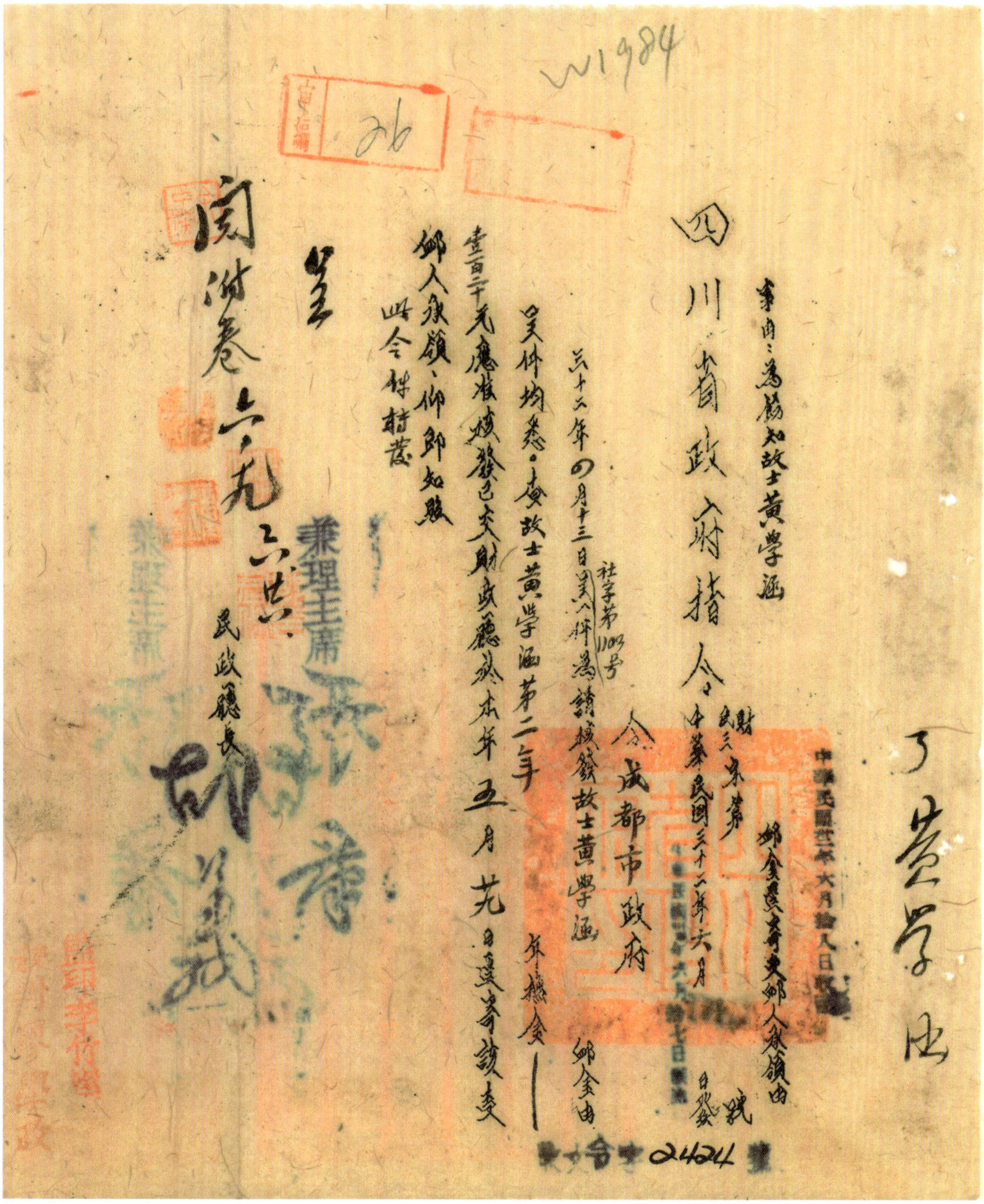

事由：為飭知故士黃學涵

四川省政府指令

中華民國三十二年六月　日發

令成都市政府

三十二年四月十三日呈一件為請核發故士黃學涵

呈件均悉。查故士黃學涵第二年

應准核發已交財政廳於本年五月廿九日匯寄該

此令

兼理主席

民政廳長

四川省政府关于核发故兵黄学涵第二年年恤金及加倍恤金致成都市政府的指令

（一九四三年六月十七日）

二十五、黄辉云

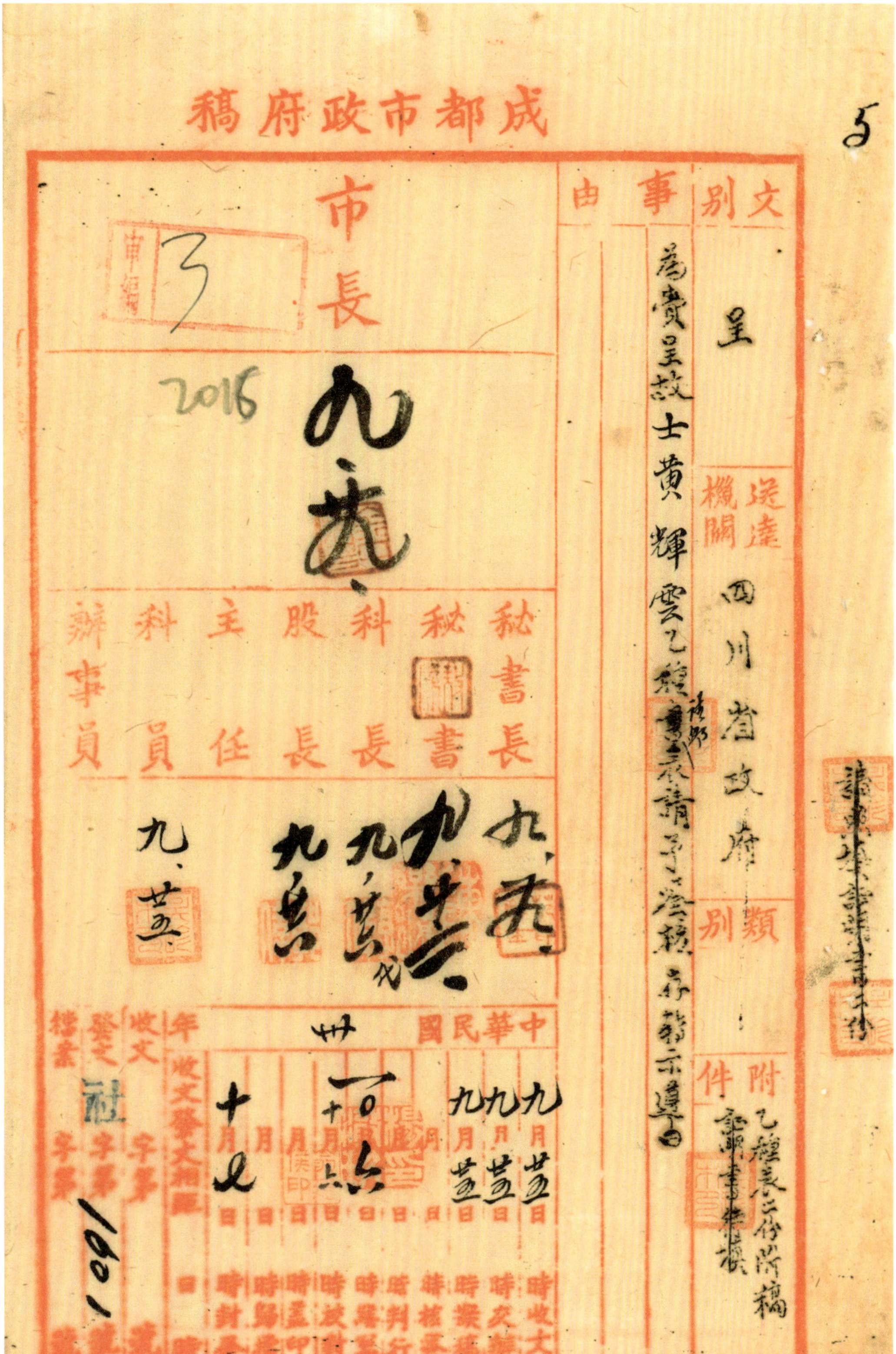
成都市政府稿

文別 呈

事由 為賫呈故士黃輝雲乙種請卹書表請核辦示遵由

送達機關 四川省政府

類別

附件

市長

秘書長 秘書 科長 股長 主任 科員 辦事員

中華民國 年 月 日

成都市政府关于呈请核办故士黄辉云乙种请恤书表致四川省政府的呈（一九四一年十月七日）

案據陸軍一二七師三七九团一營一連下士黃輝雲遺族黃玉興擬具請卹表結，懇予轉請核卹等情。查核尚無不合，除遵令將該遺族所具保甲長切結提存備案外，理合檢同故士黃輝雲乙種調查表二份，本府加具証明書，併隨文賫呈鈞府，俯賜鑒核存轉，指令祇遵！

謹呈

四川省政府

計呈故士黃輝雲乙種調查表二份

該師調查

附：故士黄辉云的陆军死亡官佐士兵乙种请恤调查表、保长及甲长关于黄辉云遗族确系属实的保结（一九四一年九月）

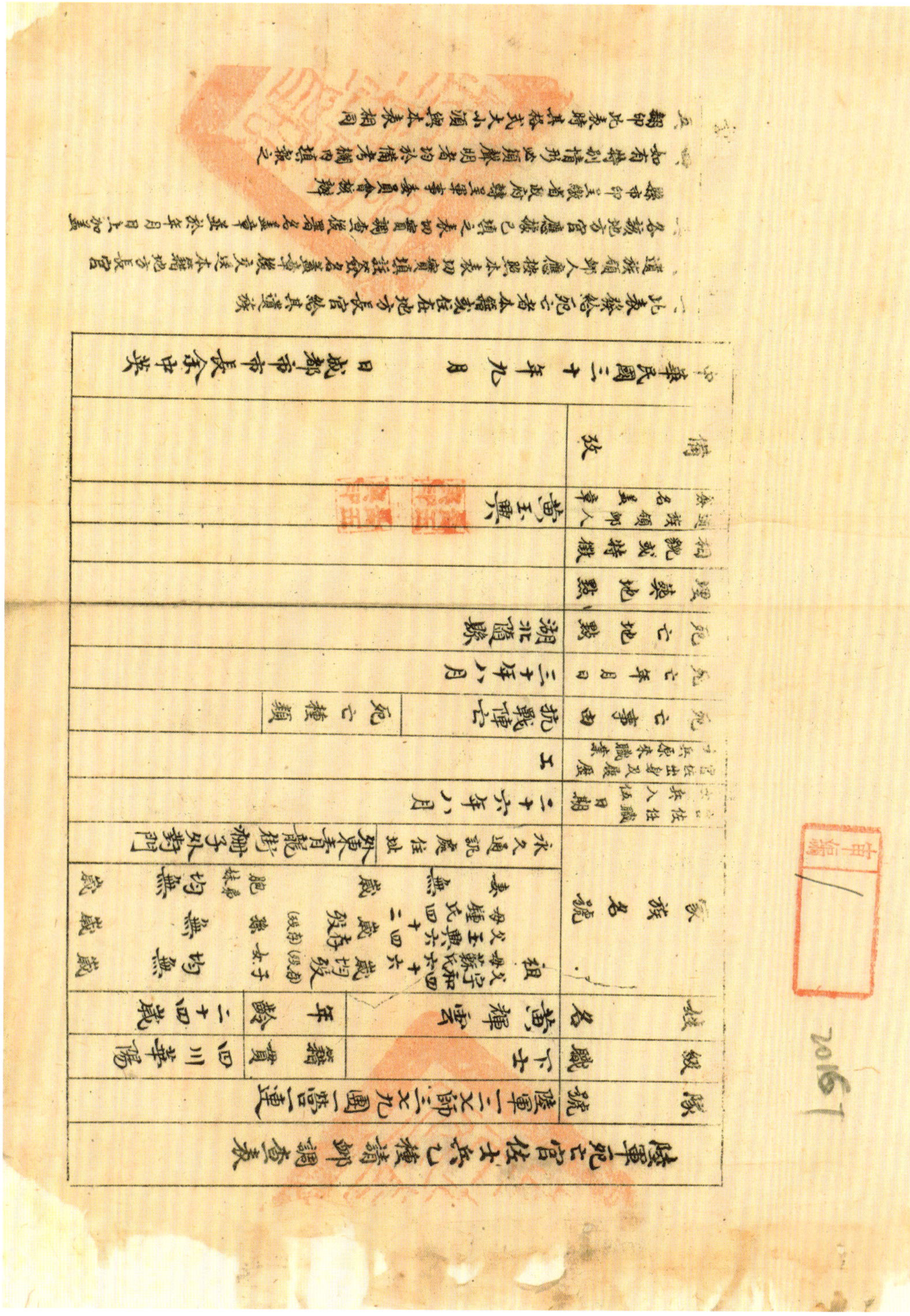

陸軍死亡官佐士兵乙種請卹調查表

隊號	陸軍一三七師三七九團一營一連
級職	下士
籍貫	四川華陽
姓名	黃輝雲
年齡	二十四歲
家族名號	祖父宇和四十六歲 祖母蘇氏六十六歲 均殁（殁存）；父玉興六十四歲 母鍾氏四十二歲 殁存（殁存）；子女 均無；孫 無；妻 無；胞弟妹 均無
永久通訊處住址	外東青龍街柵子外對門
官佐任職 士兵入伍日期	二十六年八月
官佐出身及履歷 士兵原來職業	工
死亡事由	抗戰陣亡
死亡種類	
死亡年月日	三十年八月
死亡地點	湖北隨縣
埋葬地點	
相貌或特徵	
遺族領卹人簽名蓋章	黃玉興
備考	

中華民國三十年九月　日　成都市市長余中英

一、此表發給死亡者本籍或住在地方長官給具遺族

二、遺族領卹人應按照本表切實填註簽名蓋章後交送本籍地方長官

三、各該地方官應據已填之表切實調查後署名蓋章並於年月日上加蓋縣市印呈繳省政府轉呈軍事委員會核辦

四、如有特別情形必須聲明者均於備考欄內填註之

五、翻印此表時其格式大小須與本表相同

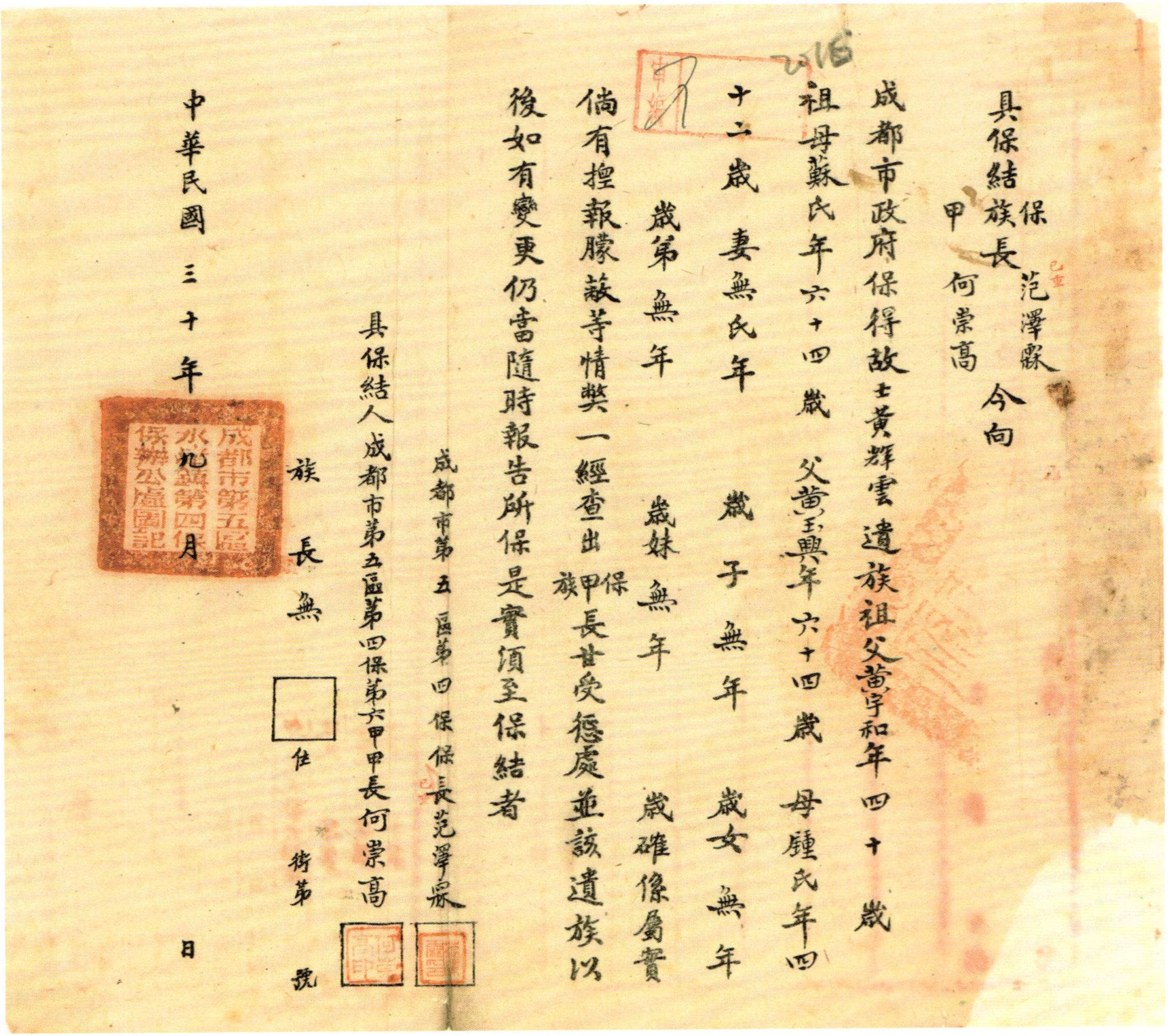

具保結保甲族長范澤霖、何崇高今向

成都市政府保得故士黃輝雲遺族祖父黃宇和年四十歲

祖母蘇氏年六十四歲　父黃玉興年六十四歲　母鍾氏年四

十二歲　妻無氏年　歲　子無年　歲　女無年

歲　弟無年　歲　妹無年　歲　確係屬實

倘有捏報朦蔽等情弊一經查出保甲族長甘受懲處並該遺族以

後如有變更仍當隨時報告所保是實須至保結者

具保結人成都市第五區第四保第六甲甲長何崇高

成都市第五區第四保保長范澤霖

族長無

住　街第　號

中華民國三十年　月　日

四川省政府关于转送核办故士黄辉云乙种请恤调查表致成都市政府的指令（一九四一年十一月八日）

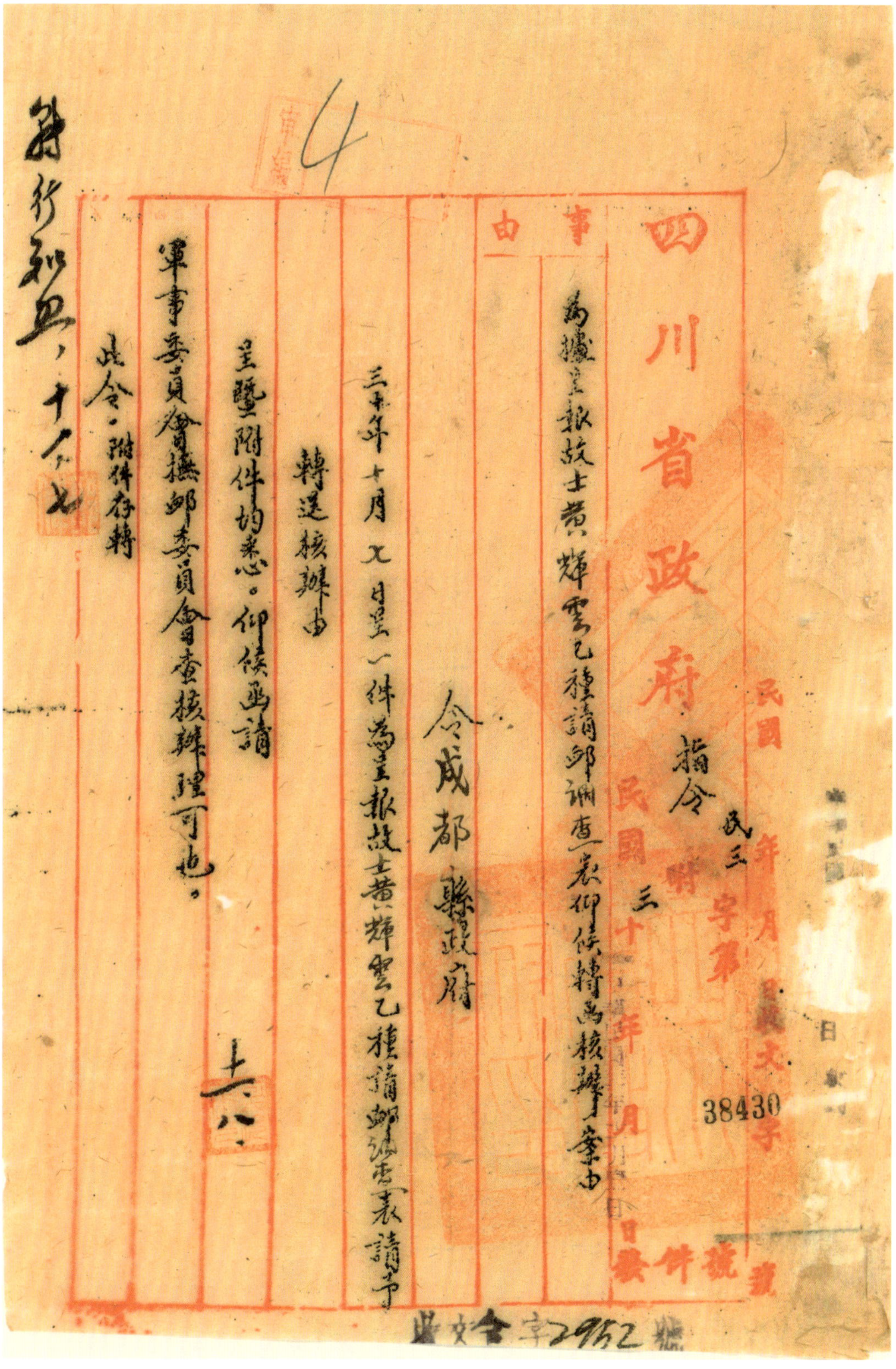
四川省政府指令 民三字第38430號

事由：為據呈報故士黄輝雲乙種請卹調查表仰候轉函核辦由

令成都縣政府

三十年十月九日呈一件為呈報故士黄輝雲乙種請卹調查表請予轉送核辦由

呈暨附件均悉。仰候函請軍事委員會撫卹委員會查核辦理可也。

此令。附件存轉

审编 5

兼理主席 張羣

民政廳長 胡次威

監印李竹溪

校對康[illegible]

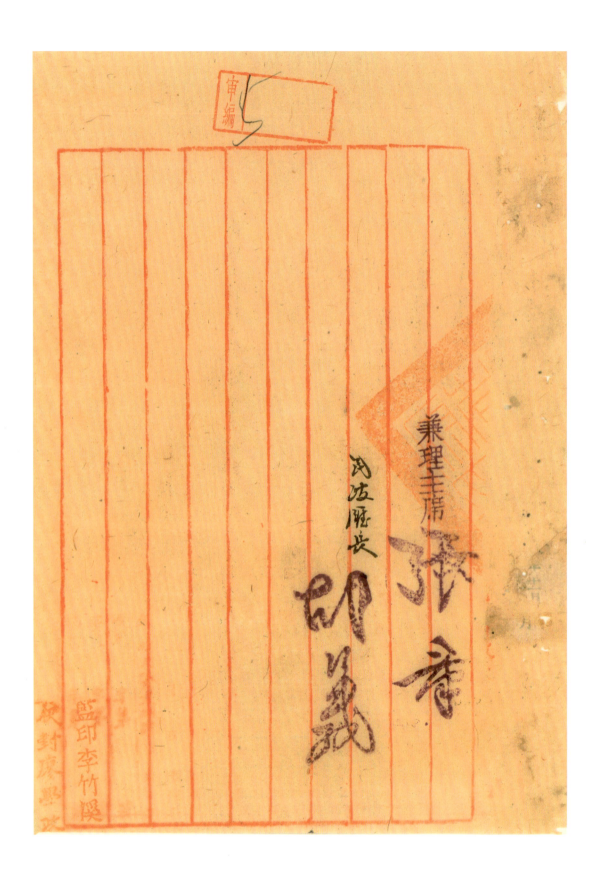

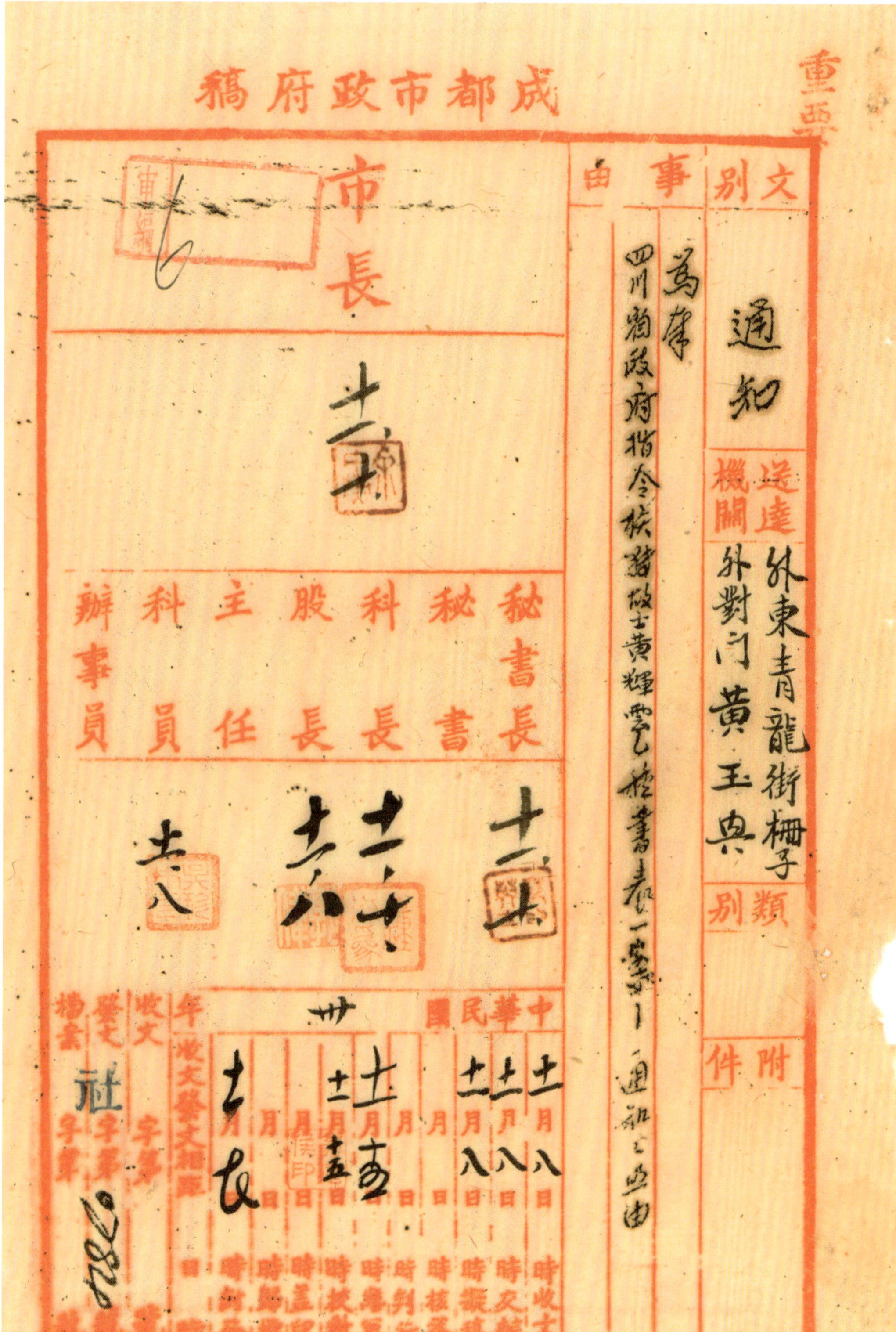
重要

成都市政府稿

文別	通知
送達機關	外東青龍街柵子外對門黃玉興
類別	
附件	

事由：為奉四川省政府指令核辦故士黃輝雲乙種書表一案▢通知▢▢由

市長

秘書長　秘書　科長　股長　主任　科員　辦事員

中華民國 卅 年

收文　年　字第　號
發文　字第　號
檔案　字第　號

成都市政府关于奉令核办故士黄辉云乙种书表致黄玉兴的通知（一九四一年十一月十七日）

令

衔通知　社字第　号

案查前据该遗族检呈故士黄辉云乙种调查表及保甲长保结各一份，请旌恤等情，当经批示并检件转请四川省政府核转去讫。兹奉民三字第三八四三〇号指令，以仰候函请军事委员会抚恤委员会查核办理可也。等因，合行通知，仰该遗族即便知照为要！

右通知故士黄辉云遗族黄玉兴准此

中华民国卅年十一月　日

市长余

国民政府军事委员会抚恤委员会关于核鉴故兵黄辉云恤令及军人户籍致成都市政府的代电（一九四二年十月九日）

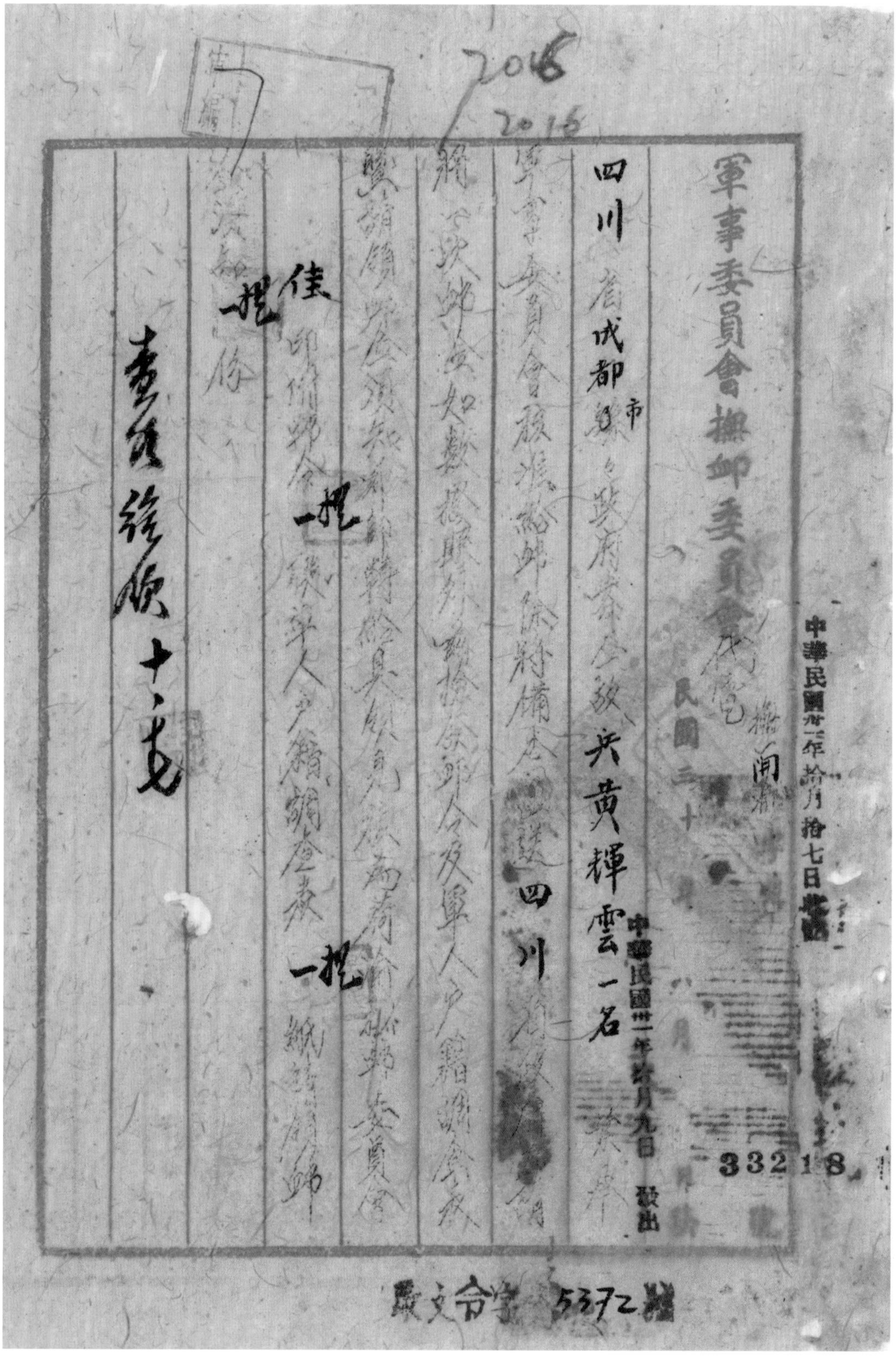

成都市政府关于承领故兵黄辉云恤令致黄玉兴的通知（一九四二年十一月二十一日）

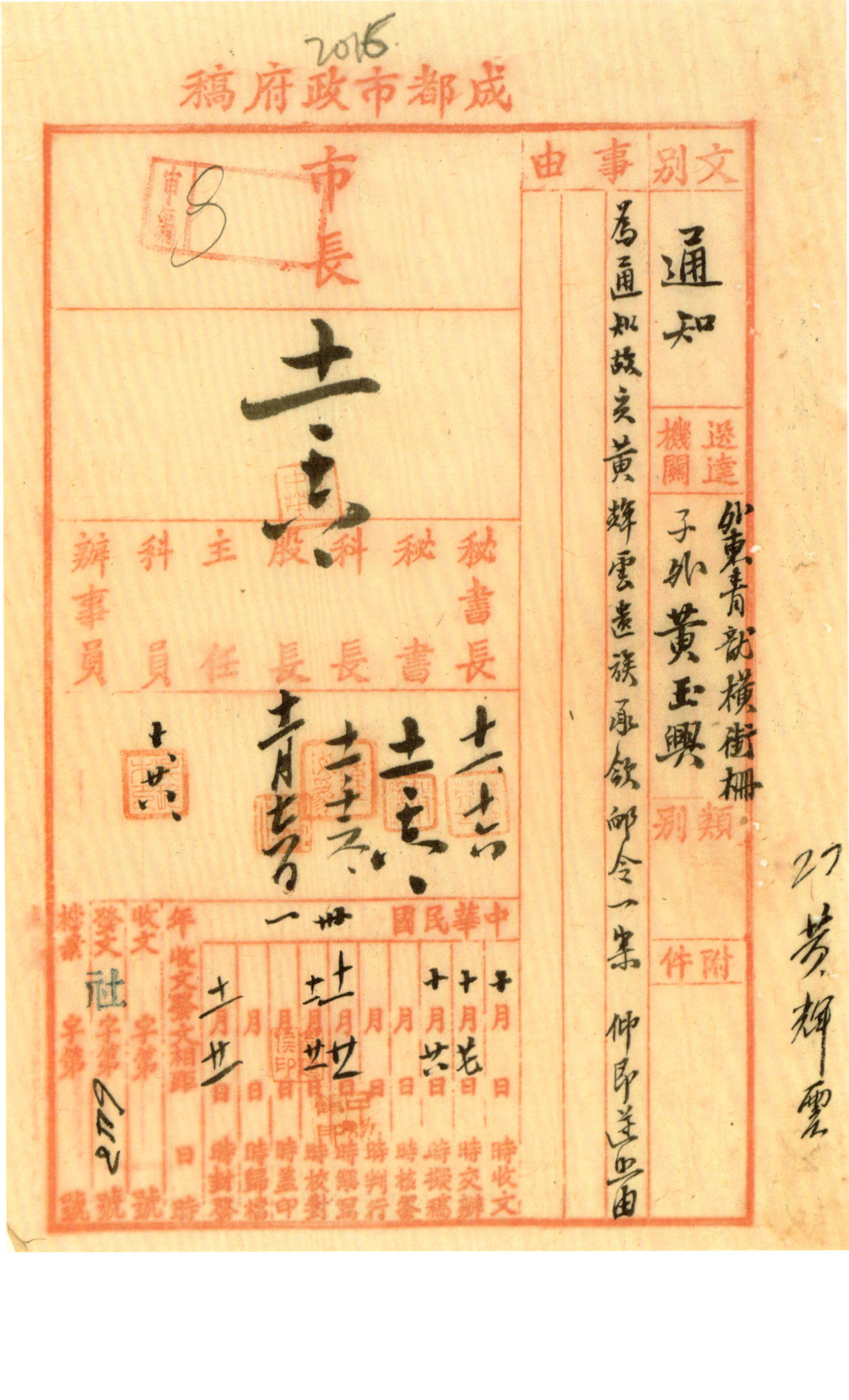
成都市政府稿

文别：通知

事由：為通知故兵黄輝雲遺族承領卹令一案 仰即遵照由

送達機關：外東青龍横街柵子外 黄玉興

類別

附件

市長

秘書長　秘書　科長　股長　主任　科員　辦事員

中華民國卅一年　月　日

收文　字第　號

發文　社字第2779號

27 黄輝雲

仝 銜通知 社一字第 號

案奉

軍事委員會撫卹委員會卅一年十月九日撫一甬渝一字第三三二一八號佳日代電附發故兵黃耀雲卹令一件軍人户籍調查表一紙希即轉給其領等因奉此合行通知仰該遺族即便迳函速來潯江樓本府臨時辦公處撫卹室承領卹令為要

右通知故兵黃耀雲遺族黃玉興准此

中華民國卅一年十月 日

市長余

黄玉兴关于成都市政府颁发故兵黄辉云抚恤令的收据（一九四二年十一月二十五日）

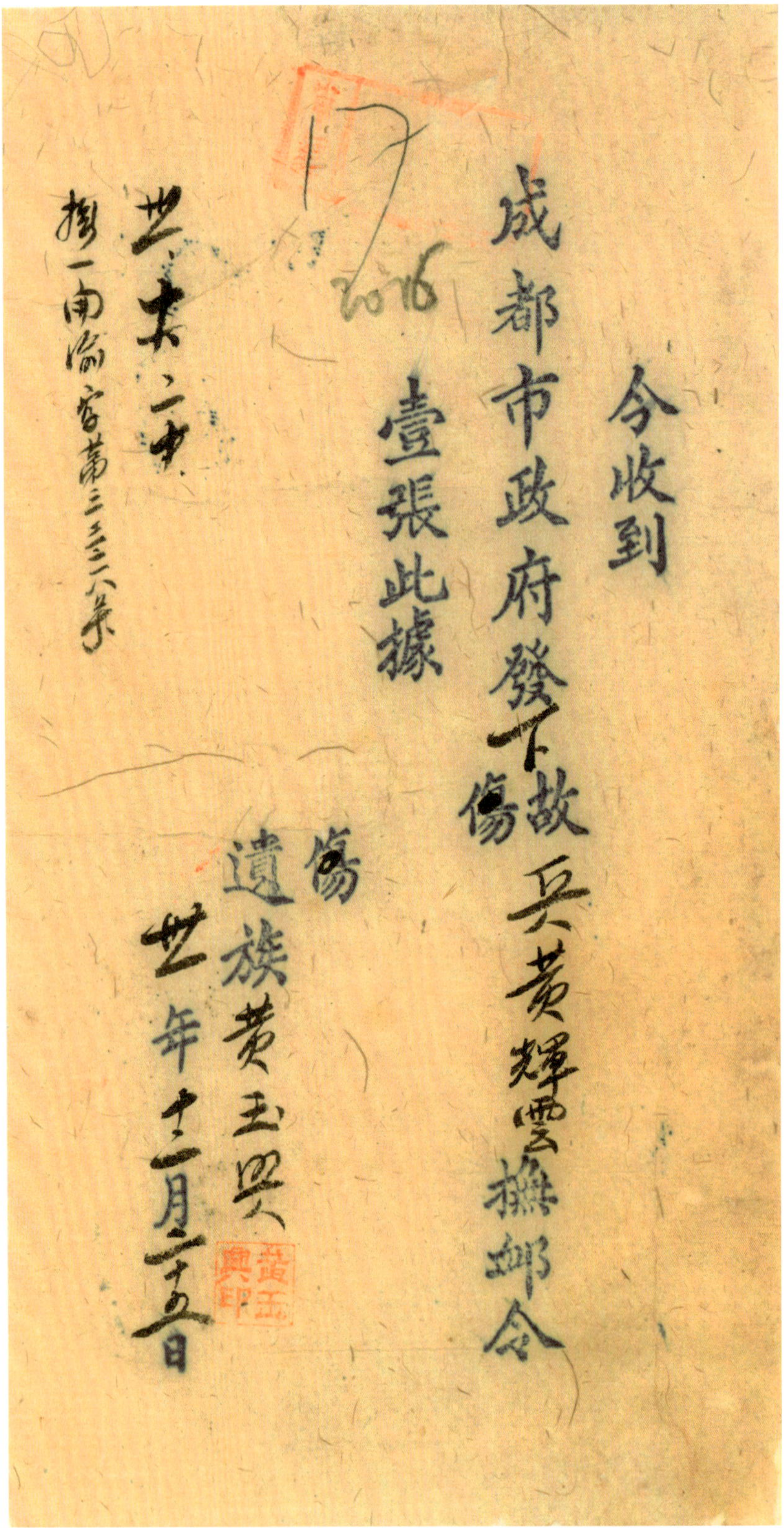

今收到
成都市政府發下故兵黄輝雲撫卹令
壹張此據
遺族黄玉興
卅一年十一月二十五日

黄玉兴关于收到黄辉云一次恤金的领结（一九四二年十一月）

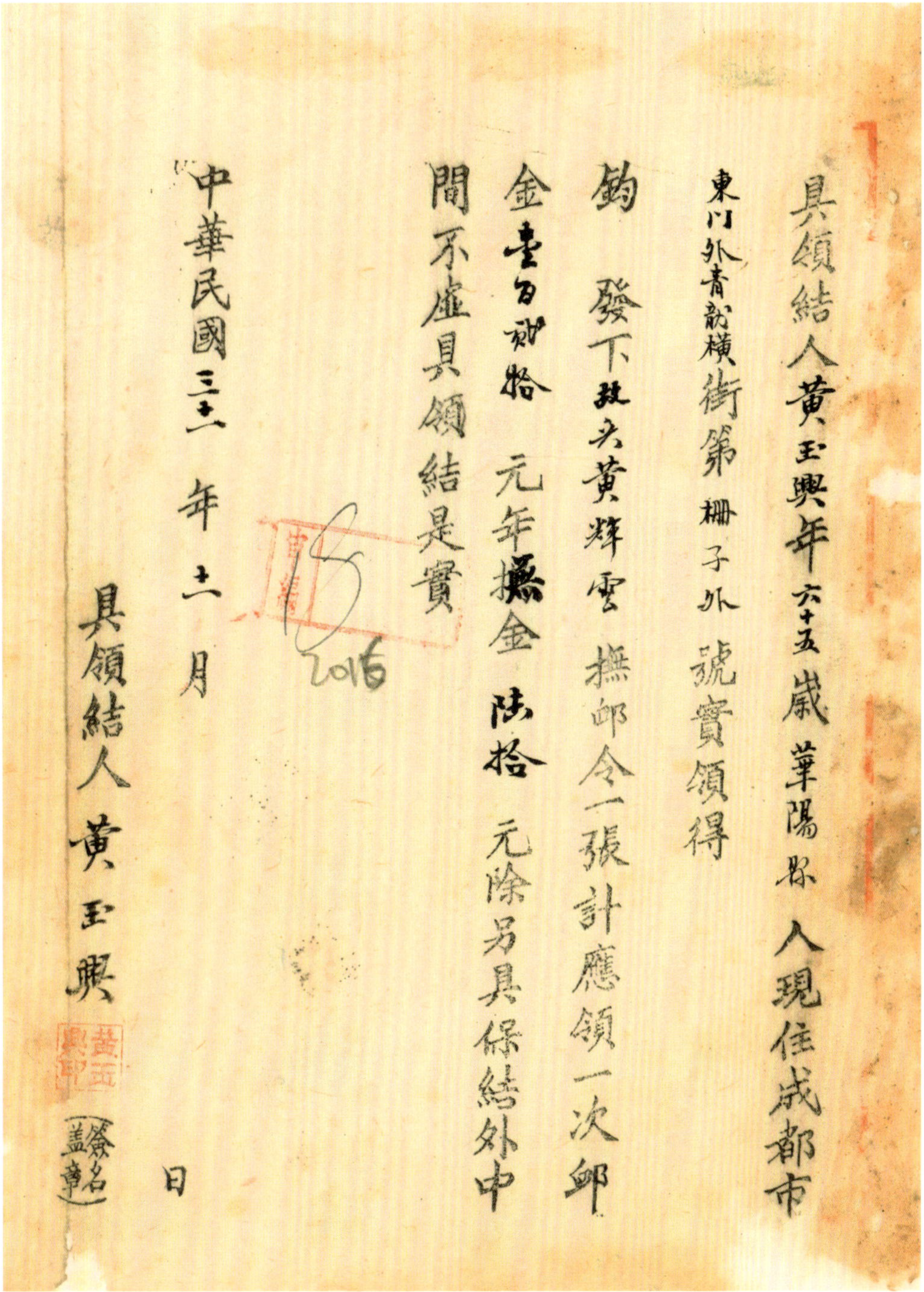

具領結人黄玉興年六十五歲 華陽縣 人現住成都市
東门外青龍横街第 柵子外 號實領得
鈞 發下故夫黄輝雲 撫卹令一張計應領一次卹
金壹百捌拾 元年撫金 陸拾 元除另具保結外中
間不虛具領結是實
中華民國三十一 年 十一 月 日
具領結人 黄玉興（簽名蓋章）

范荧森公关于黄辉云遗族一次恤金领取属实的保结（一九四二年十一月）

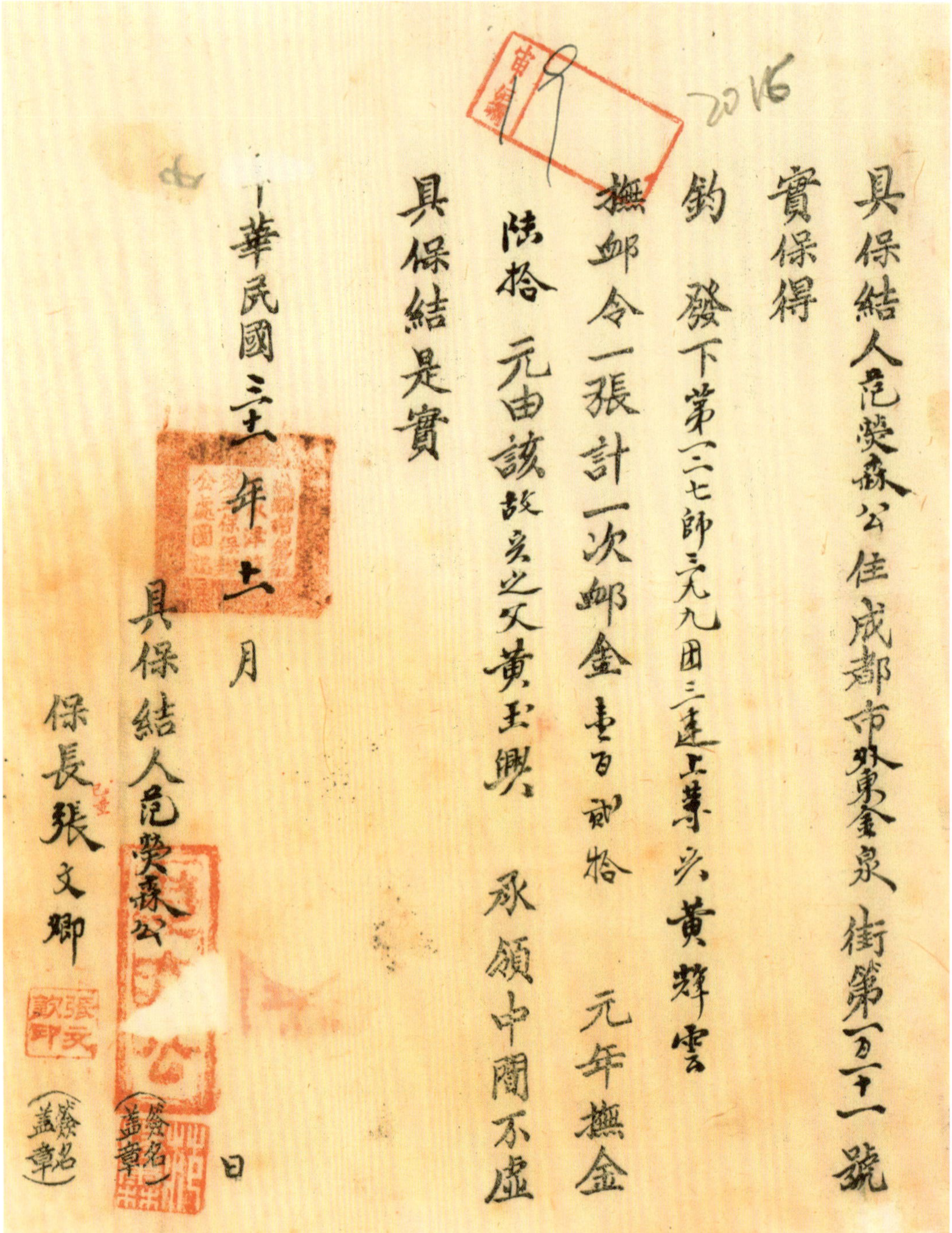

具保結人范熒森公住成都市外東金泉街第一百十一號

實保得

鈞　發下第一二七師三七九團三連上等兵黃輝雲

撫卹令一張計一次卹金壹百貳拾元年撫金

陸拾元由該故兵之父黃玉興承領中間不虛

具保結是實

中華民國三十一年十一月　　日

具保結人范熒森公（簽名蓋章）

保長張文卿（簽名蓋章）

成都市政府关于核发故兵黄辉云一次恤金第一年恤金并加倍年恤金致四川省政府的呈、致黄玉兴的批示（一九四二年十二月二十二日）

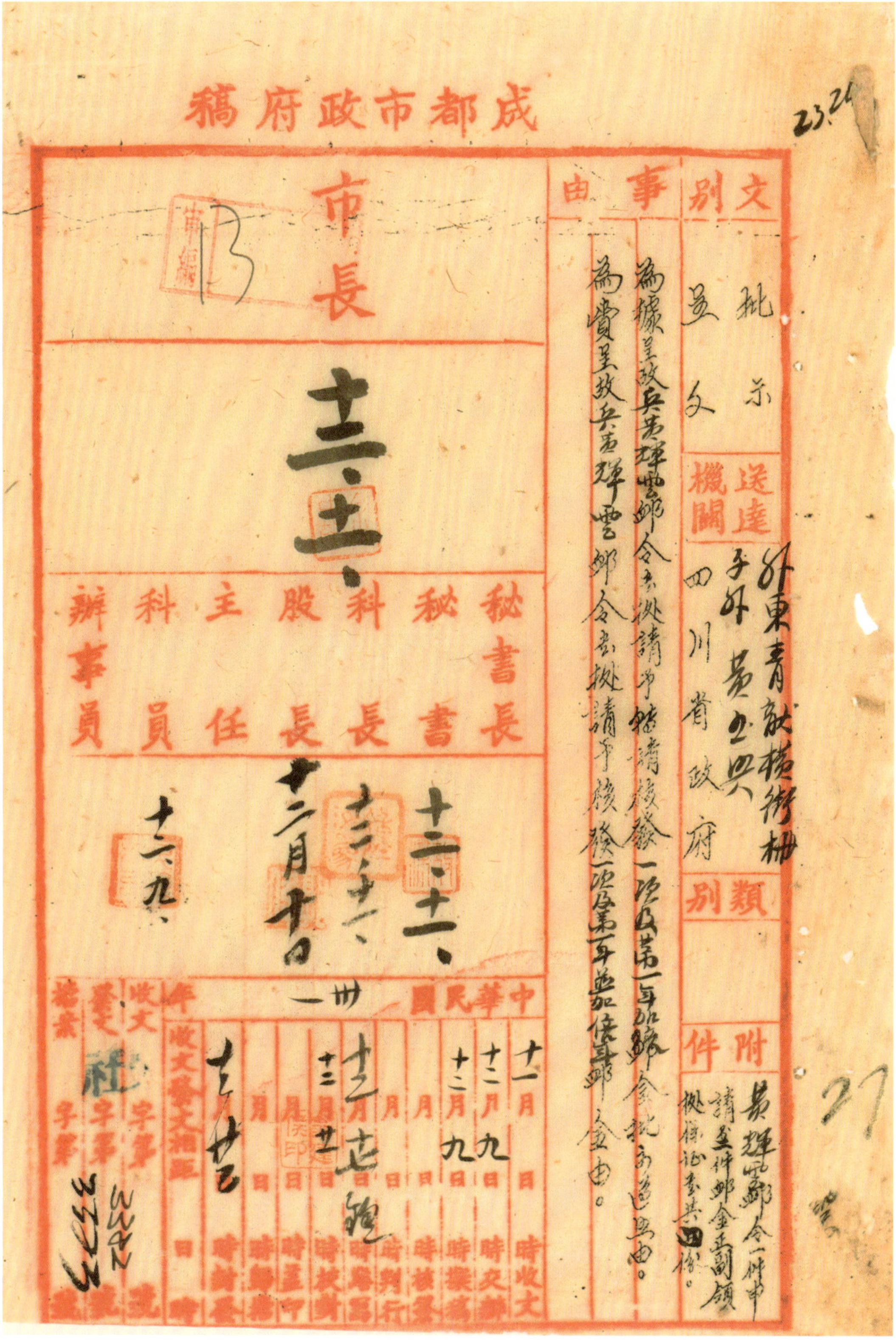

全衔批示　社字第　号

具申请书人黄公吴

卅年十二月九日申请书一件为检呈故兵黄辉云卹令书恳请

予核发一次卹金暨卅二年并加倍年抚金由。

申请书暨附件均悉。仰候专案呈请

四川省政府核发给领可也。附件分别存转。

此批。

中华民国卅年十二月　日

市长余

呈文稿

案據本市故兵黃輝雲遺族黃必興檢呈卹令
及申請書正副領據保證書等件轉請核發一次及第一年並加給年
撫金等情前來查核尚無不合除批示外理合遵照
鈞府請領卹金各項辦法之規定檢同故兵黃輝雲
卹令一件申請書一件卹金正副領據保證書共二聯
一併隨文賫呈
鈞府俯賜核發給領指令祇遵
謹呈
四川省政府
計呈故兵黃輝雲卹令一件申請書二件卹金正副領

據保證書共四號。

銜名

中華民國卅年十二月　日

附：黄玉兴关于请予核发故兵黄辉云一次恤金、第一年恤金及加倍年恤金致成都市政府的领恤申请书、抚恤金领据、具领恤金保证书（一九四二年十一月二十七日收）

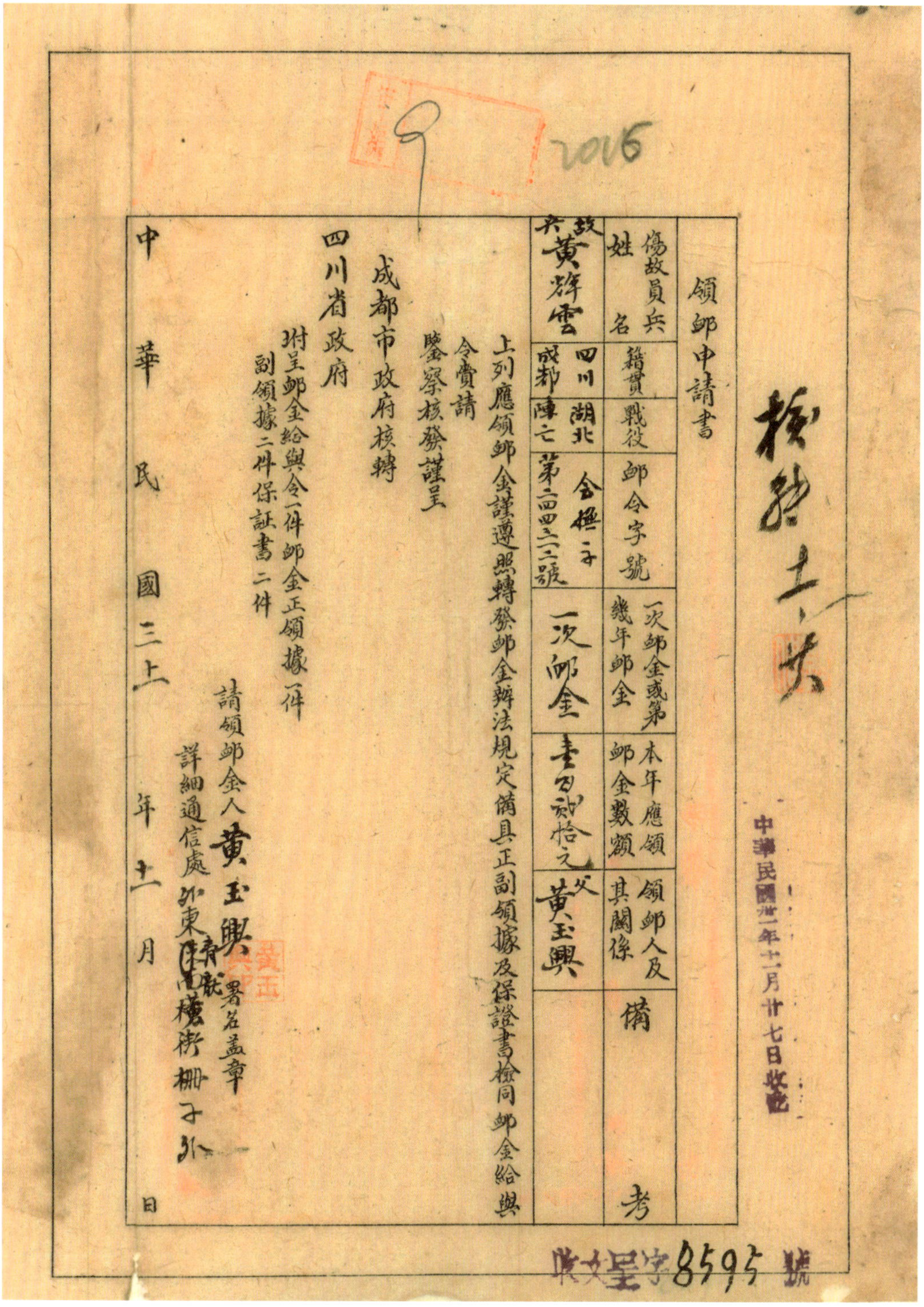

核發 十一.廿六

2016

領卹申請書

傷故員兵姓名	籍貫	戰役	卹令字號	一次卹金或第幾年卹金	本年應領卹金數額	領卹人及其關係	備考
故兵黃輝雲	四川成都	湖北陣亡	金撫二字第二四四三二號	一次卹金	壹百弍拾元	父黃玉興	

上列應領卹金謹遵照轉發卹金辦法規定備具正副領據及保證書檢同卹金給與令賫請

鑒察核發謹呈

成都市政府核轉

四川省政府

附呈卹金給與令一件卹金正領據一件副領據二件保證書二件

請領卹金人黃玉興（署名蓋章）

詳細通信處外東[illegible]橫街柵子外

中華民國三十一年十一月　日

中華民國卅一年十一月廿七日收訖

收文呈字8595號

核轉 十一 [illegible]

領卹申請書

傷故員兵姓名	籍貫	戰役	卹令字號	一次卹金或第幾年卹金	本年應領卹金數額	領卹人及其關係	備考
故兵 黃輝雲	四川成都	湖北陣亡	全撫字第二四四三二號	第一年及加倍年撫金	叁百貳拾元	父 黃玉興	

上列應領卹金謹遵照轉發卹金辦法規定備具正副領據及保證書檢同卹金給與令賫請

鑒察核發謹呈

成都市政府核轉

四川省政府

附呈卹金給與令一件卹金正領據一件副領據二件保証書二件

請領卹金人黃玉興署名盖章

詳細通信處外東青龍横街柵子外

中華民國三十一年十一月　日

撫卹委員會第三處存根

撫卹金副領據

茲領到

部隊機關番號 第一三七師三九四團三連

階級 上等兵

職務

姓名 黃輝雲

卹金種類 一次卹金

國幣 壹万貳拾 元

右款業已照數領訖此據

軍事委員會撫卹委員會第三處查照

領卹人 黃玉興（黃玉興印）

中華民國 三十一 年 十一 月 日

字第 號

此聯轉報軍政部核轉

撫卹金正領據

茲領到

部隊機關番號 第一三七師三九四團三連

階級 上等兵

職務

姓名 黃輝雲

卹金種類 一次卹金

國幣 壹万貳拾 元

右款業已照數領訖此據

軍事委員會撫卹委員會第三處查照

領卹人 黃玉興（黃玉興印）

中華民國 三十一 年 十一 月 日

具領卹金保證書

保證人汪泡澤今保證領卹人曾玉興確係已故

第二十二集團軍第四十一軍一二四師三七〇團三營（部隊機關番號）上等兵（階級）曾樹雲（職務姓名）

之遺族茲遵照

國民政府軍事委員會撫卹委員會第四三二一號卹金給與令核准給與

一次卹金國幣壹佰貳拾元整今由該遺族向

鈞會第三處如數領訖具領後如有發生爭議保證人願照

鈞會請領卹金須知第十六條之規定負法律上一切責任此證

謹呈

國民政府軍事委員會撫卹委員會

保證人姓名汪泡澤蓋章

（店鋪字號）三星製鞋　（資本金額）貳仟元

籍貫　住址　職務

領卹人姓名曾玉興蓋章

其他遺族姓名及關係

籍貫　住址

與故兵之關係　父子

中華民國三十一年十一月　日

成都市市長余中英

撫卹委員會第三處存根

撫卹金副領據

茲領到

部隊機關番號 第一二七師三九九團三連

階級 上等兵

職務

姓名 黃輝雲

卹金種類 第一年及加倍年 卹金

國幣共壹万貳拾 元

右欵業已照數領訖此據

軍事委員會撫卹委員會第三處查照

領卹人 黃玉興

中華民國 三十一 年 十一 月 日

字第 號

此聯轉報軍政部核轉

撫卹金正領據

茲領到

部隊機關番號 第一二七師三九九團三連

階級 上等兵

職務

姓名 黃輝雲

卹金種類 第一年及加倍年 卹金

國幣壹万貳拾 元

右欵業已照數領訖此據

軍事委員會撫卹委員會第三處查照

領卹人 黃玉興

中華民國 三十一 年 十一 月 日

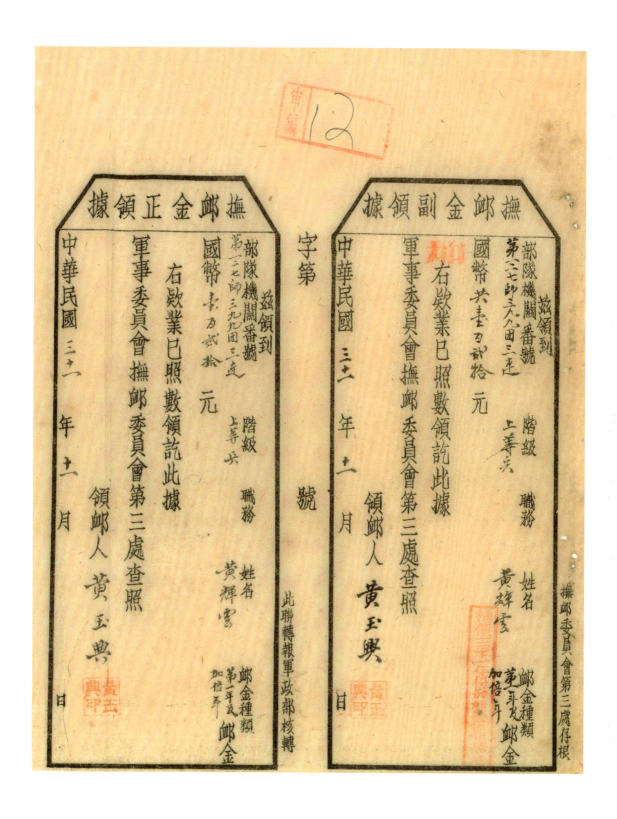

具領卹金保證書

保證人 范光澤[illegible] 今保證領卹人 黃玉興 確係已故

部隊機關番號 第[illegible]師[illegible]團[illegible]營 階級 上等兵 職務 姓名 黃[illegible]

之[illegible]茲遵照

國民政府軍事委員會 會撫字第[illegible]號卹金給與令核准給與該

故兵[illegible]卹金國幣[illegible]元整今由該遺族向

鈞會第三處如數領訖具領後如有發生爭議保證人願照

鈞會請領卹金須知第十六條之規定負法律上一切責任此證

謹呈

國民政府軍事委員會撫卹委員會

保證人姓名 范光澤[illegible] 蓋章 籍貫 華陽 住址 [illegible] 職務或職業 [illegible]

（店鋪） 店鋪營業 [illegible] 資本金額 [illegible]

領卹人姓名 黃玉興 蓋章 籍貫 [illegible] 住址 [illegible] 與故兵之關係 父子

其他遺族姓名及關係

成都市市長 余中英

中華民國三十一年十二月 日

四川省政府关于准予核发故兵黄辉云一次恤金及第一年恤金致成都市政府的指令（一九四三年二月二十三日）

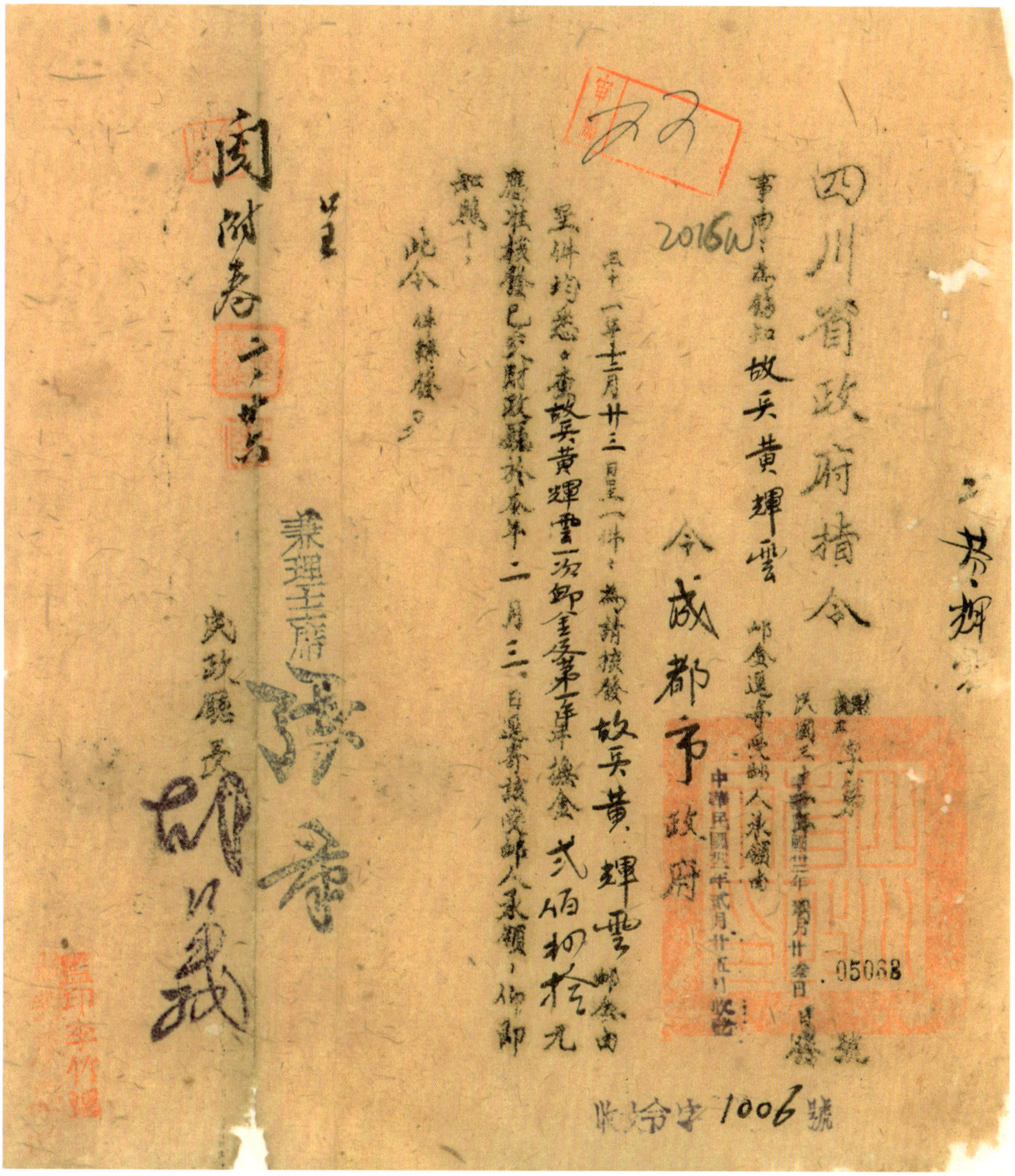
四川省政府指令

事由：為轉知故兵黃輝雲卹金還寄受卹人承領由

令成都市政府

三十一年十二月廿三日呈一件：為請核發故兵黃輝雲卹金由。

呈件均悉。查故兵黃輝雲一次卹金暨第一年年撫金式佰柳拾元，應准核發，已交財政廳於本年二月三日還寄該受卹人承領，仰即知照。

此令。件存。

主席

兼理主席

民政廳長

民國三十二年貳月廿三日發

中華民國三十二年貳月廿五日收到

05068

收字第1006號

成都市政府关于请予核转故兵黄辉云军人户籍表册及领保结致四川省政府的呈（一九四三年六月十六日）

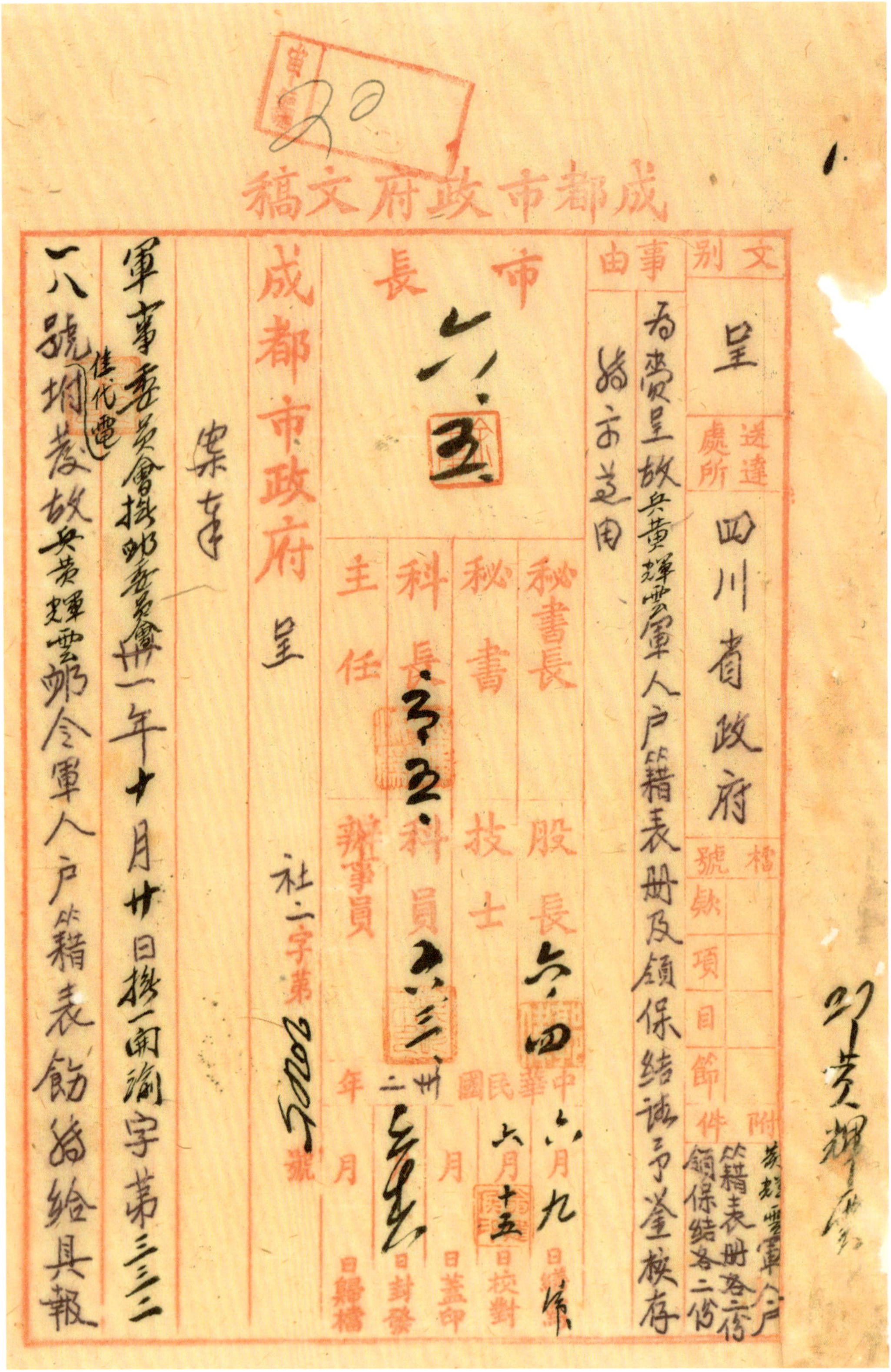

前因奉此當即通知該遺族承領卹令並派員調查
户籍表（去）訖茲據該員呈報調查情形與遺族填註
表列各欄相符復據該遺族檢呈領保結請予換發卹令等
情前來查核尚屬（云云不合）相符除將卹令暨存户籍表
冊加蓋印信官章外理合檢同故兵黃輝雲現役軍人户
籍調查表清冊各二份該故兵遺族領保結各二份一件隨文賫
呈
鈞府鑒核存轉指令祗遵！
謹呈
四川省政府

31

計呈故兵黃輝雲軍人戶籍表冊及領保

結各二份

衔名

二十六、蒋权

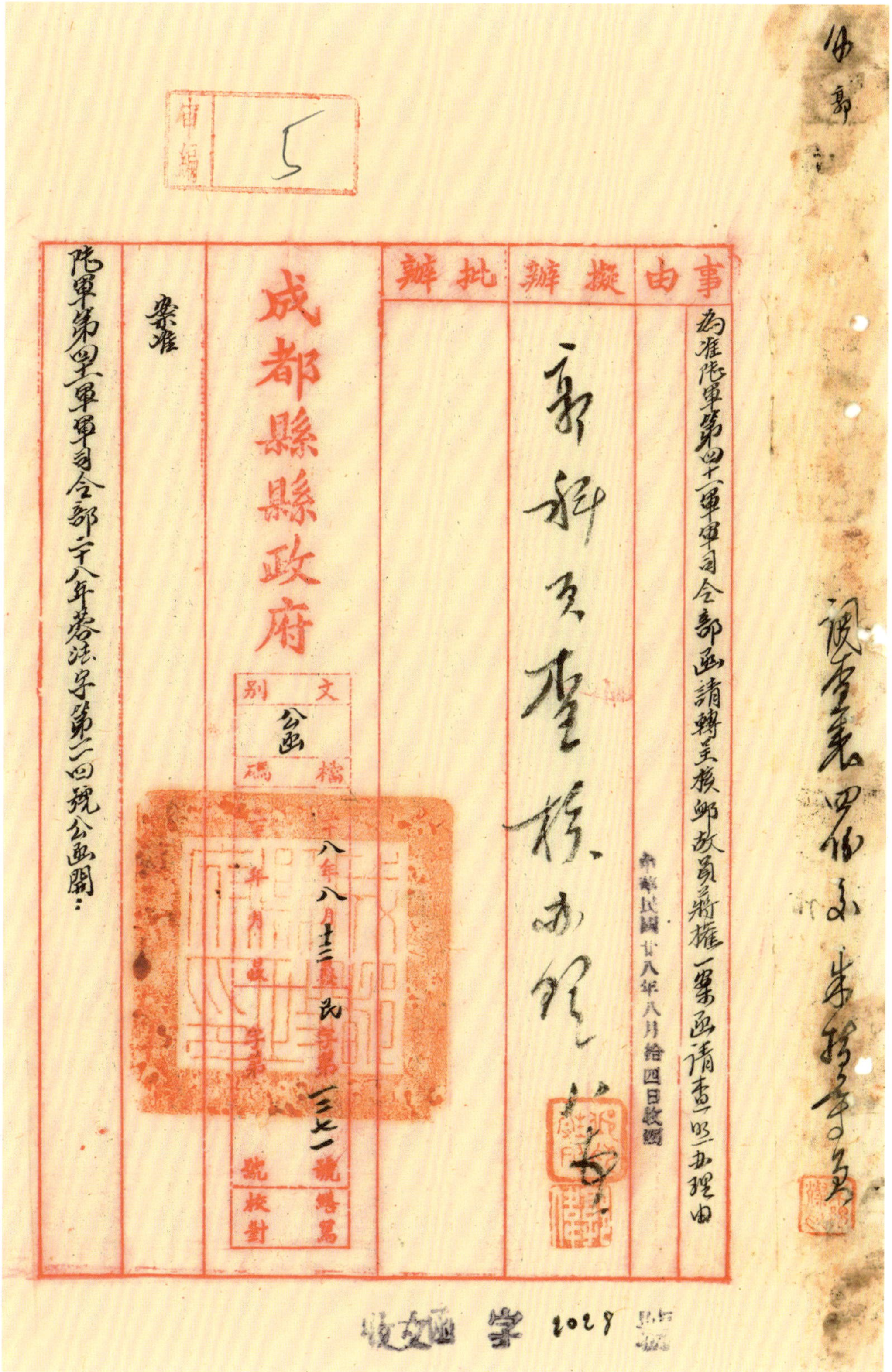

成都县政府关于核恤故员蒋权致成都市政府的公函（一九三九年八月十三日）

案據本軍一二四師三七二旅七四三團抗戰陣亡中尉副官蔣擁之妻蔣劉瓊姿呈賫其夫請卹甲乙書表各一份請予轉請從優撫卹前來經本部查明屬實除將故員甲表呈送國防部審查委員會請予從優核卹外相應檢同該故員乙種書表函送貴府請將乙種調查一表轉給其遺族請卹人查對無誤並於五日後繳還貴府再由貴府加具乙種證明書一併呈送四川省政府轉請核卹以慰忠魂並希賜覆為荷再回文請交成都市中市街第四五軍部合併附聞此致乙

等由附故員蔣擁乙種書表八張准此查該故員蔣擁遺族住址在市區內不屬本府管轄範圍除函復外相應檢同原書表函請

貴府查照是荷

此致

審編 6

成都市政府

計附呈書表八張

成都縣縣長陳（已重）詩

校對張璧輝

成都市第四区第五保保长、甲长关于蒋权遗族确系属实的保结（一九三九年八月二十四日）

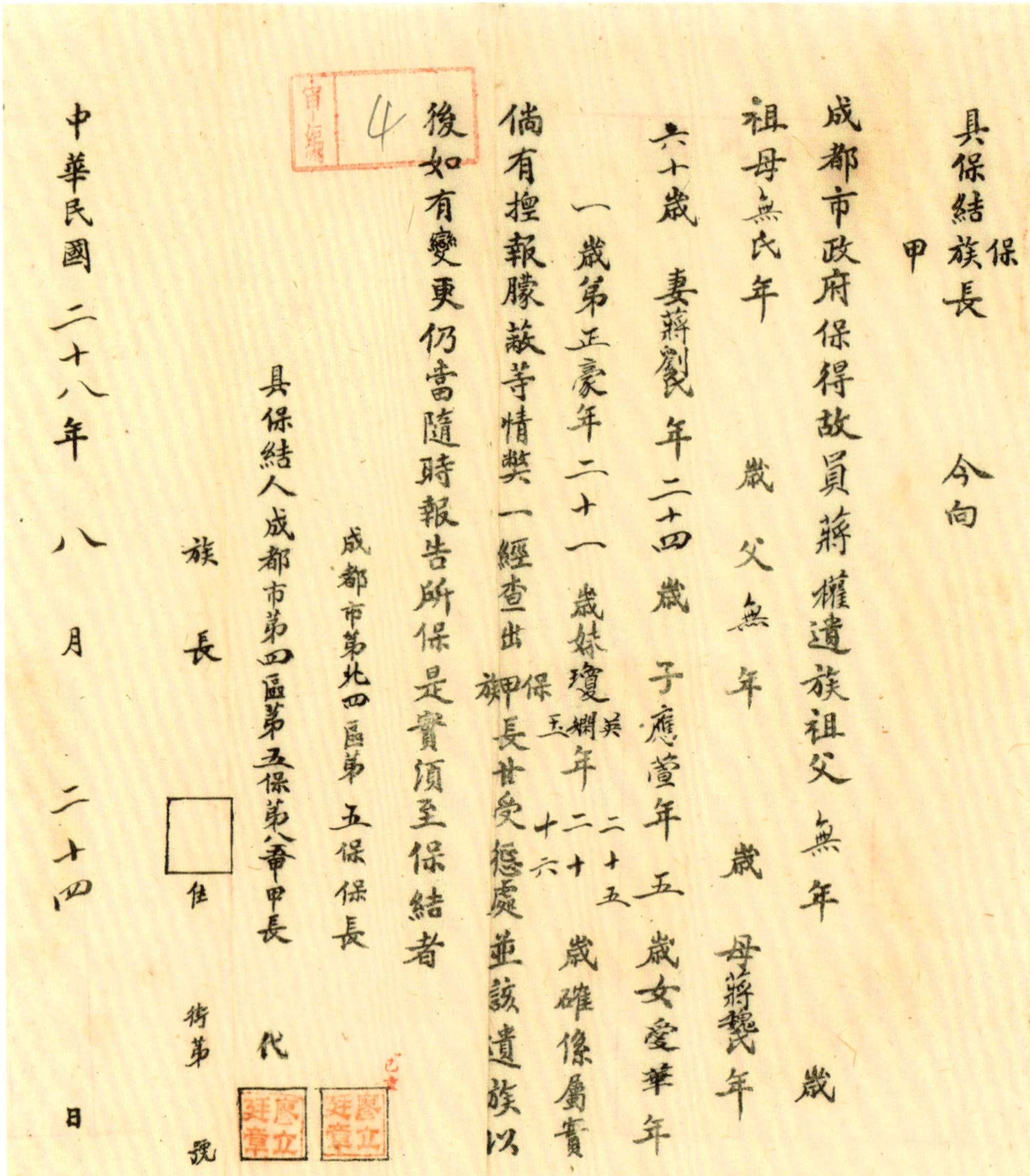
具保結保甲族長 今向
成都市政府保得故員蔣權遺族祖父無年 歲
祖母無氏年 歲 父無 年 歲 母蔣魏氏年
六十歲 妻蔣劉氏年二十四歲 子應萱年五 歲女愛華年
一歲弟正豪年二十一歲妹瓊嫻年二十歲確係屬實（旁注：英 二十五；玉 十六）
倘有揑報朦蔽等情弊一經查出保甲族長甘受懲處並該遺族以
後如有變更仍當隨時報告所保是實須至保結者
成都市第北四區第五保保長 廖立廷章
具保結人成都市第四區第五保第八甲甲長 代 廖立廷章
族長 住 街第 號
中華民國二十八年八月二十四日

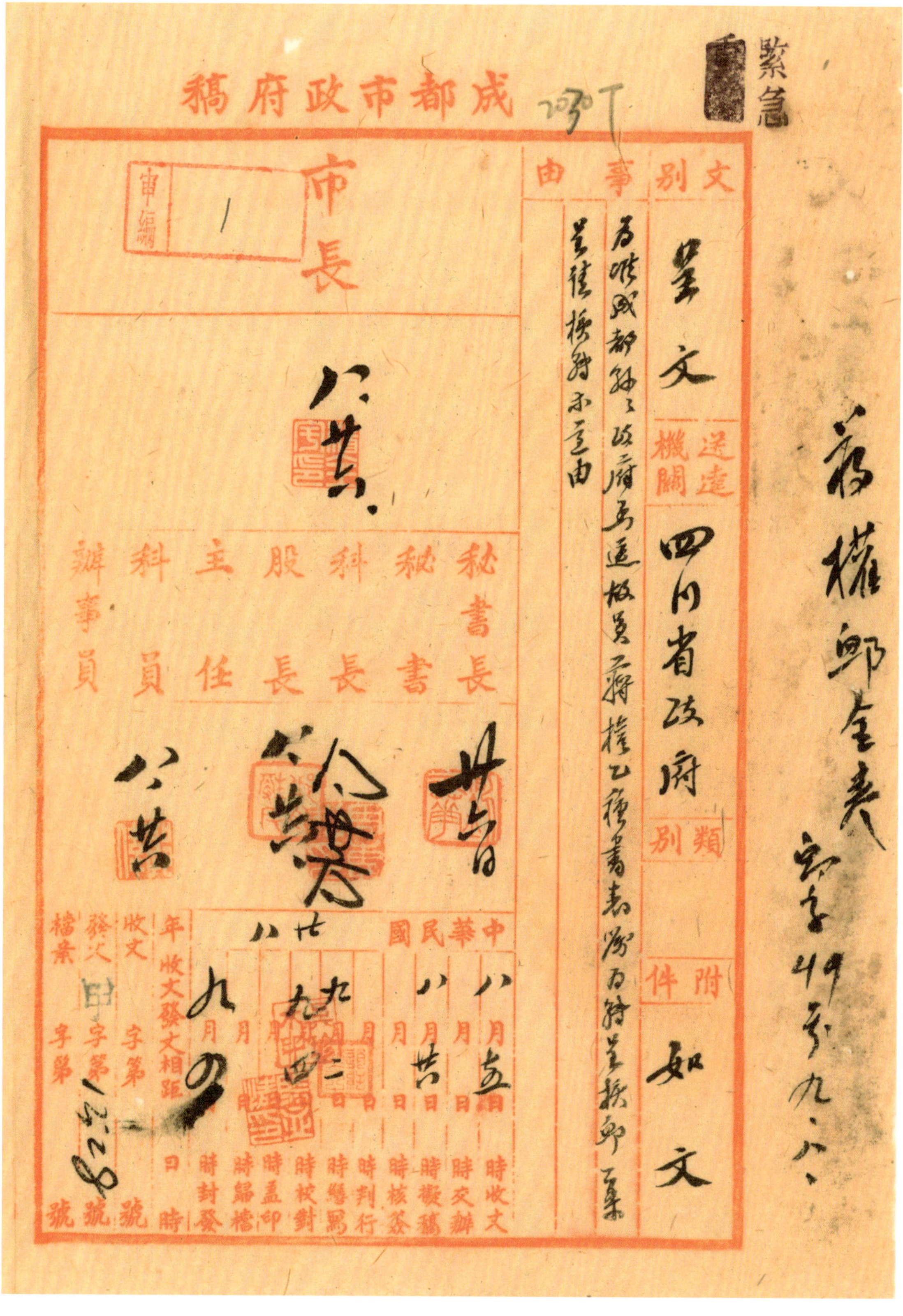

成都市政府关于转请核办故员蒋权乙种书表致四川省政府的呈（一九三九年九月四日）

二十八年八月十五日案准成都县政府函送故员蒋权乙种书表，嘱为转呈核恤等由，当即派员调查属实，除呈钧府廿七年民字第零零二二七号训令将保结提存外，理合将故员蒋权乙种调查表连同县府所盖印章乙种证明书各二份，随文赍呈钧府，俯赐核转，指令祗遵！谨呈。

四川省政府

计呈故员蒋权乙种调查表证明书各二份

衔名

中华民国廿八年八月　日

附：故兵蒋权的陆军战时死亡官佐士兵乙种证明书、死亡官佐乙种调查表

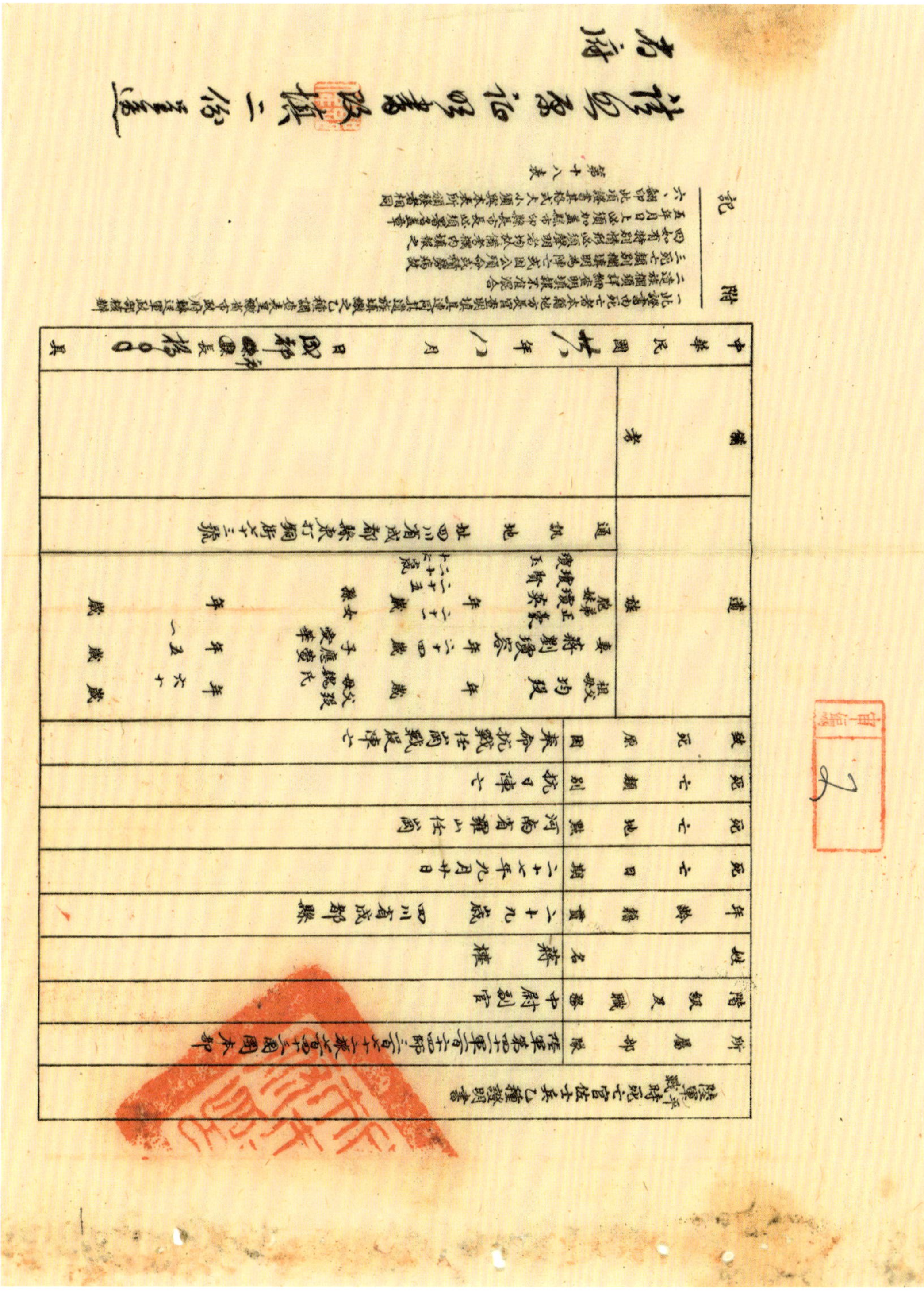

陸軍平戰時死亡官佐士兵乙種證明書

所屬部隊	陸軍第四十一軍一百二十四師三百七十二旅七百四十三團團本部
階級及職務	中尉副官
姓名	蔣權
年齡籍貫	二十九歲 四川省成都縣
死亡日期	二十七年九月廿日
死亡地點	河南省羅山任崗
死亡類別	抗日陣亡
致死原因	奉命抗戰任崗戰役陣亡
遺族	祖父母 均歿 年 歲；父歿 母魏氏 年六十歲；妻 蔣劉瓊容 年二十四歲；子應雯 年五歲；胞弟妹 瓊豪 瓊英 瓊賢 瓊玉 年二十一 二十五 十七歲；女安華 年一歲
遺族通訊地址	四川省成都縣東打銅街七十三號
備考	

中華民國廿八年八月 日 成都市縣長 楊○○ 具

附記

一、此證書由死亡者本籍地方長官查明填具連同其遺族填繳之乙種調查表呈繳省市政府轉送軍政部核辦

二、遺族欄須詳細查明填報不准混合

三、死亡類別欄填明為陣亡或因公殞命或積勞病故

四、如有特別情形必須聲明者均於備考欄內填報之

五、年月日上必須加蓋縣市印縣長市長必須署名蓋章

六、翻印此項證書其格式大小須與本表所頒發者相同

第十八表

請照原証明書改填二份呈送市府

陸軍戰平時死亡官佐乙種調查表

隊號	陸軍第四十一軍一百二十四師三百七十二旅七百四十三團團本部
階級	中尉
職務	副官
姓名	蔣權
籍貫	四川省成都縣
年齡	二十九歲
家族名號 祖父母	均歿
家族名號 父母	父歿 母魏氏年六十歲
家族名號 弟妹	弟正豪年二十一歲 妹瓊英二十五 賢二十 五十六歲
家族名號 妻	劉瓊容年二十四歲
家族名號 子女	子應萱年五歲 女愛華年一歲
出身	陸軍二十九軍幹部訓練班畢業
履歷	由行伍二等列兵遞次昇任至中尉副官
死亡事由	奉命抗敵羅山仕崗陣亡
死亡年月日	二十七年九月二十日
死亡地點	河南省羅山仕崗
相貌或特徵	
遺族領卹人	死者妻蔣劉瓊容
名號及住址	四川省成都縣東打銅街七十五號
備考	

中華民國二十八年六月　日
四川省成都縣遺族領卹人蔣劉瓊蓉具

附記
一、此表發給死亡者本籍地方官轉給其遺族
二、遺族領卹人應按照本表切實分別填註交還本籍地方官
三、各該地方官應據已填繳之表切實調查後加具證明書呈繳省政府轉送軍政部核辦
四、翻刻此表時其格式大小須與本表相同

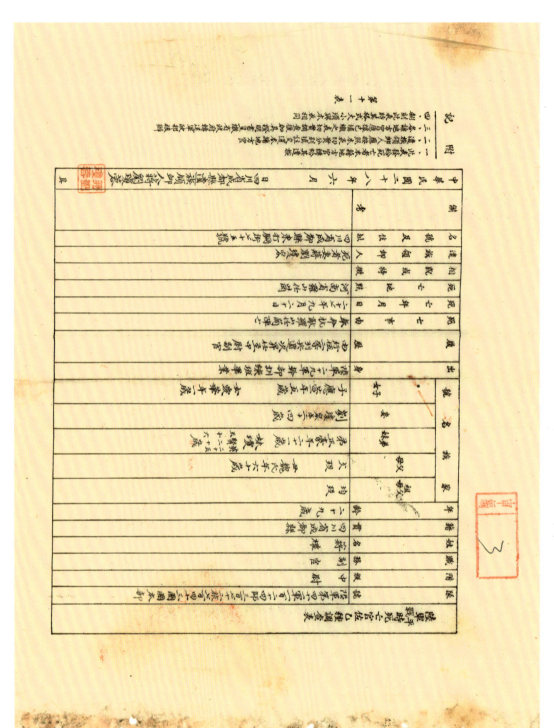

第十一表

四川省政府关于检发故员兵蒋权等遗族住址单致成都市政府的训令（一九四〇年五月二日收）

四川省政府訓令 二十九年民三字第 號

令成都市政府

案奉

國民政府軍事委員會二十九年三月先後令發故員兵廖懿光等卹令及甲備查、並遺族住址單暨請領卹金須知，飭分別存轉具報各等因；奉此，查故員兵蔣 權等遺族，籍隸該市，除將甲備查聯存并分令外，合行檢發原卹令暨請領卹金須知各一件，抄附遺族住址單一份，令仰該市政府轉飭承領，取據報查。此令。

附發卹令暨請領卹金須知各一件、遺族住址單一份

中華民國二十九年四月 日

兼理主席 蔣中正

民政廳長

附：故员兵蒋权等遗族住址单

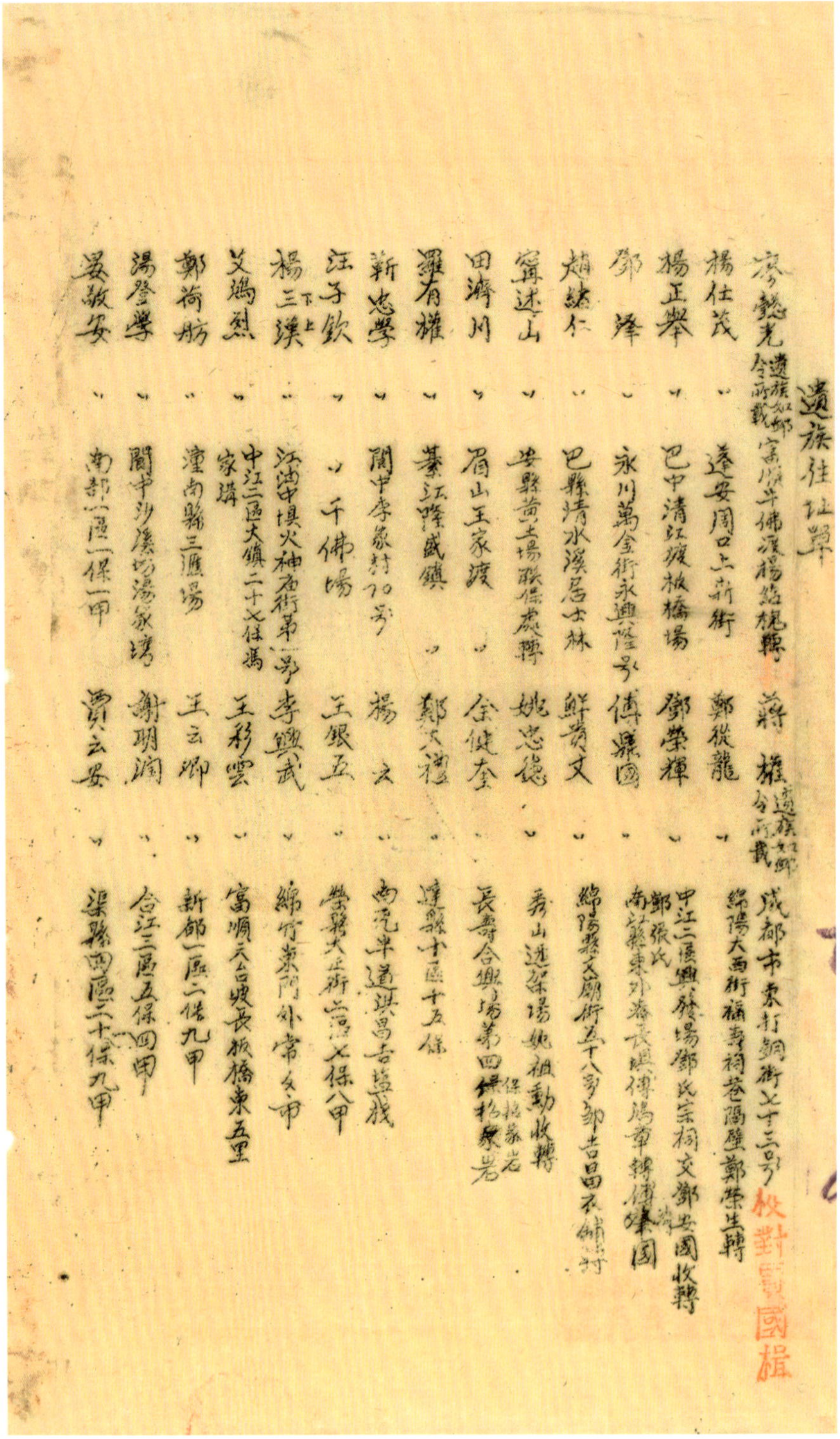

遺族住址單

姓名		住址
廖懿光（遺族知鄉令祈載）		寓順平佛溪楊紹槐轉
楊仕茂	〃	遂安周口上新街
楊正舉	〃	巴中清江渡板橋場
鄧　峰	〃	永川萬全街永興隆號
趙緒仁	〃	巴縣清水溪居士林
甯述山	〃	安縣黃土場聯保處轉
田濟川	〃	眉山王家渡
羅有權	〃	綦江隆盛鎮
靳忠學	〃	閬中李家村70號
汪子欽	〃	〃千佛場
楊三謨	〃	江油中壩火神廟街第一號
艾鴻烈	〃	中江三區大鎮二十七保馮家溝
鄭尚航	〃	潼南縣三匯場
湯登學	〃	閬中沙溪場湯家壩
晏敬安	〃	南部八區一保一甲
蔣　權（遺族知鄉令祈載）		成都市東打銅街七十三號
鄭從龍	〃	綿陽大西街福壽祠巷隔壁鄭榮生轉
鄧榮輝	〃	中江二區興發場鄧氏宗祠交鄧安國收轉
傅鼎國	〃	鄭張氏 南江縣東外滿長興傅鴻章轉傅鼎國
鮮黃文	〃	綿陽縣文廟街五十八號鄭吉昌衣鋪轉
姚忠德	〃	秀山述聯保場姚祖勳收轉
余健奎	〃	長壽合興場第四保楊家岩
鄭文禮	〃	達縣十一區十五保
楊　文	〃	南充半邊洪昌吉鹽棧
王銀五	〃	榮縣大正街六區七保八甲
李興武	〃	綿竹東門外常文甲
王彩雲	〃	富順天台坡長板橋東五里
王云卿	〃	新都一區二保九甲
謝明潤	〃	合江三區五保四甲
賈云安	〃	渠縣四區二十保九甲

校對 賈國楨

成都市政府关于调查故员蒋权遗族住址致第四区天府镇公所训令的存根（一九四〇年五月三日）

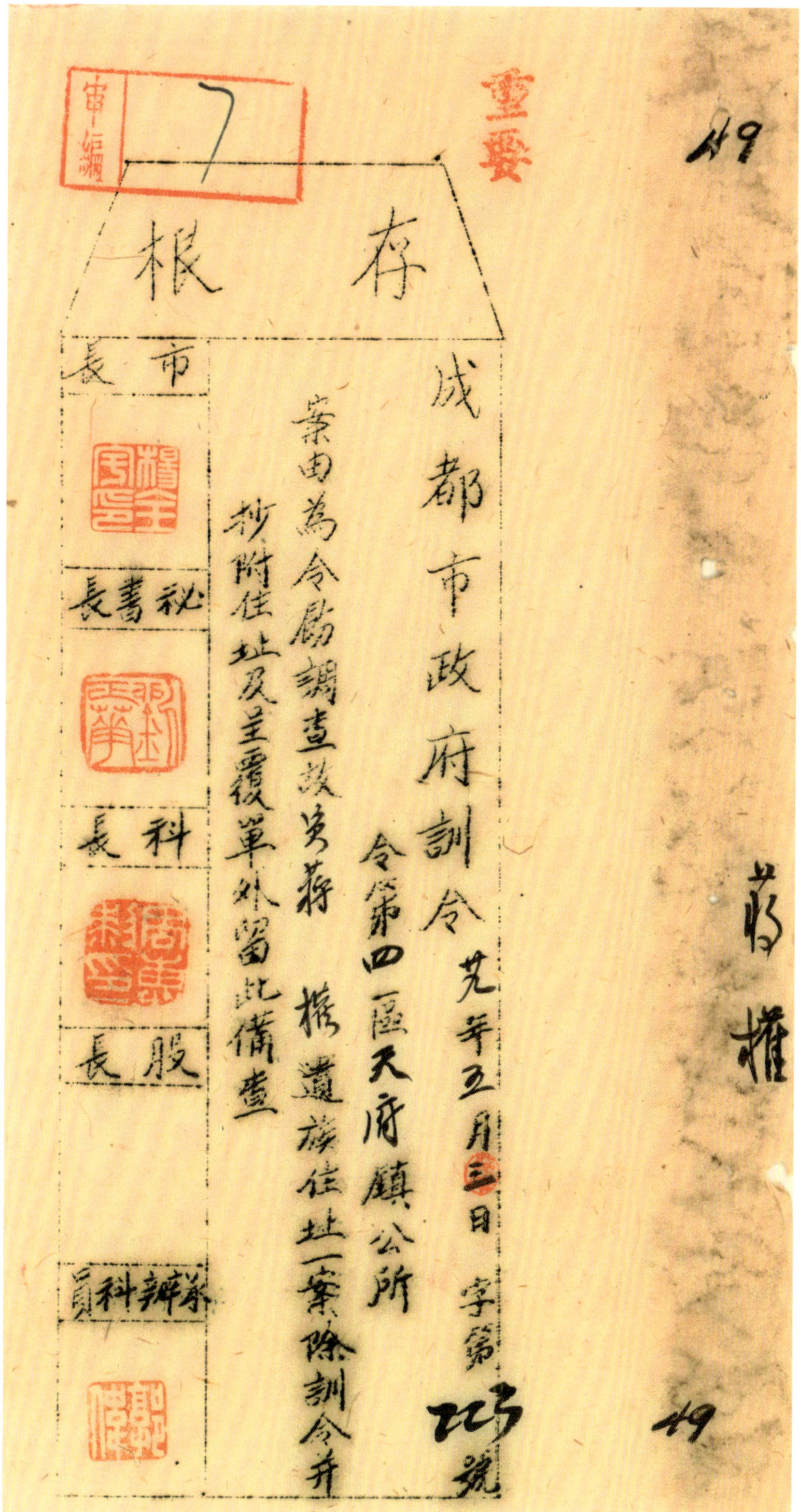
重要

存根

成都市政府訓令 廿九年五月三日 字第225號

令第四區天府鎮公所

案由 為令飭調查故員蔣權遺族住址一案，除訓令并抄附住址及呈覆稿單外，留此備查

市長

秘書長

科長

股長

承辦科員

49

蔣權

49

第四区天府镇公所填具蒋权遗族住址呈复单（一九四〇年五月十日）

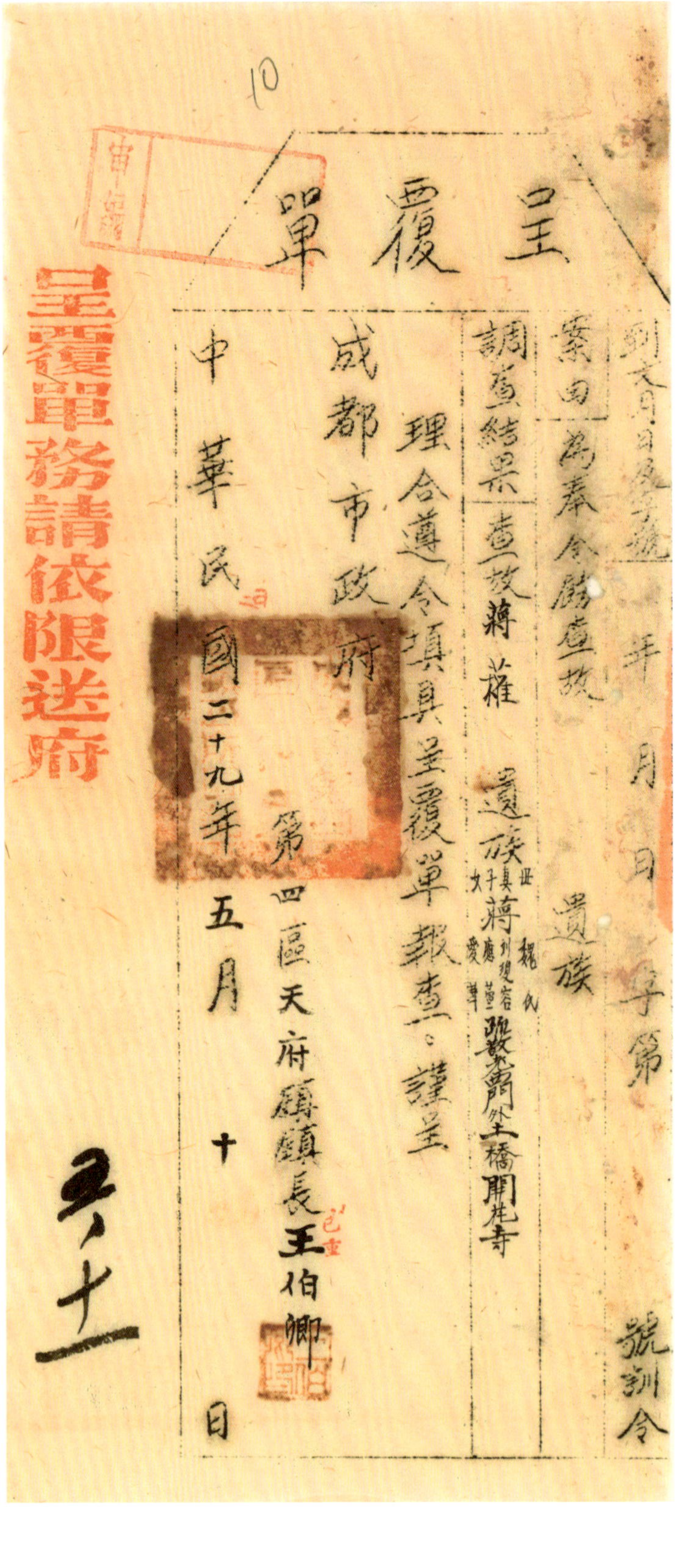
10

呈覆單

到文 月 日 字第 號訓令 年 月 日 字第 號訓令

案由 為奉令調查故 遺族

調查結果 查故蔣權 遺族 母魏氏 妻蔣劉瓊容 子蔣應萱 女蔣愛華 [illegible]北門外土橋開花寺

理合遵令填具呈覆單報查。謹呈

成都市政府

第四區天府鎮鎮長王伯卿

中華民國二十九年五月十日

呈覆單務請依限送府

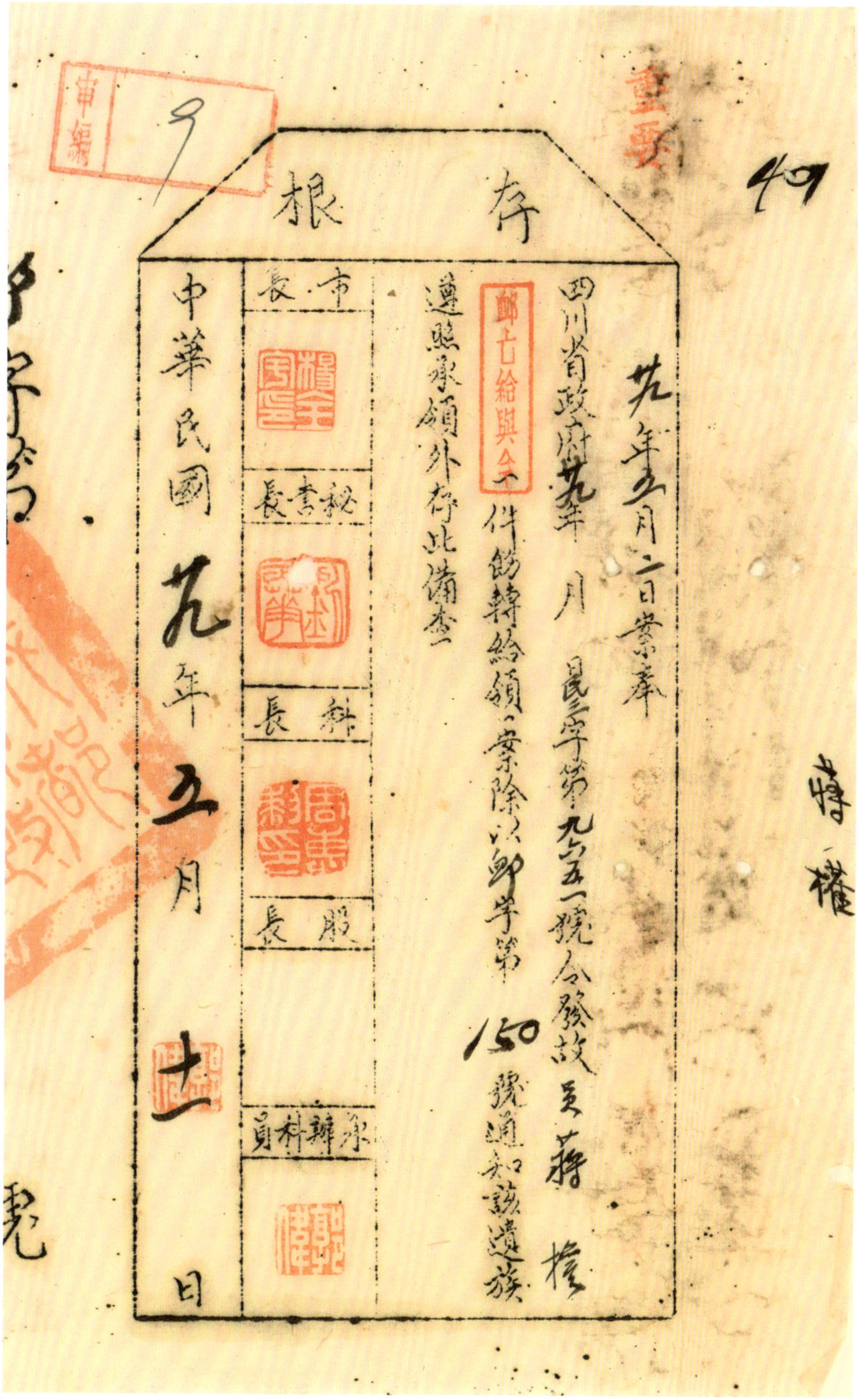

四川省政府关于颁发故员蒋权恤亡给予令的存根（一九四〇年五月十一日）

蒋刘琼蓉关于收到成都市政府颁发故员蒋权抚恤令的收据（一九四〇年五月十四日）

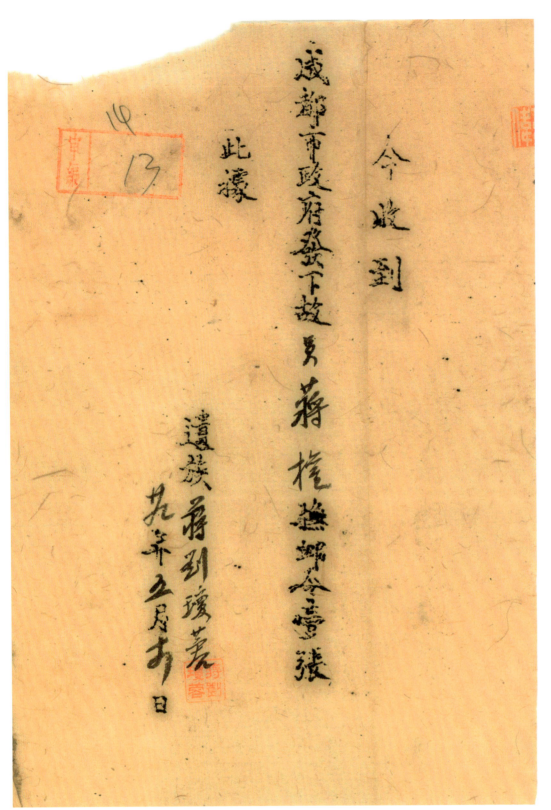

今收到

成都市政府發下故員蔣權撫卹令壹張

此據

遺族蔣劉瓊蓉

廿九年五月十四日

成都市政府关于奉令呈报故员蒋权恤金领结保结等请予鉴核备查致四川省政府的呈（一九四〇年五月二十一日）

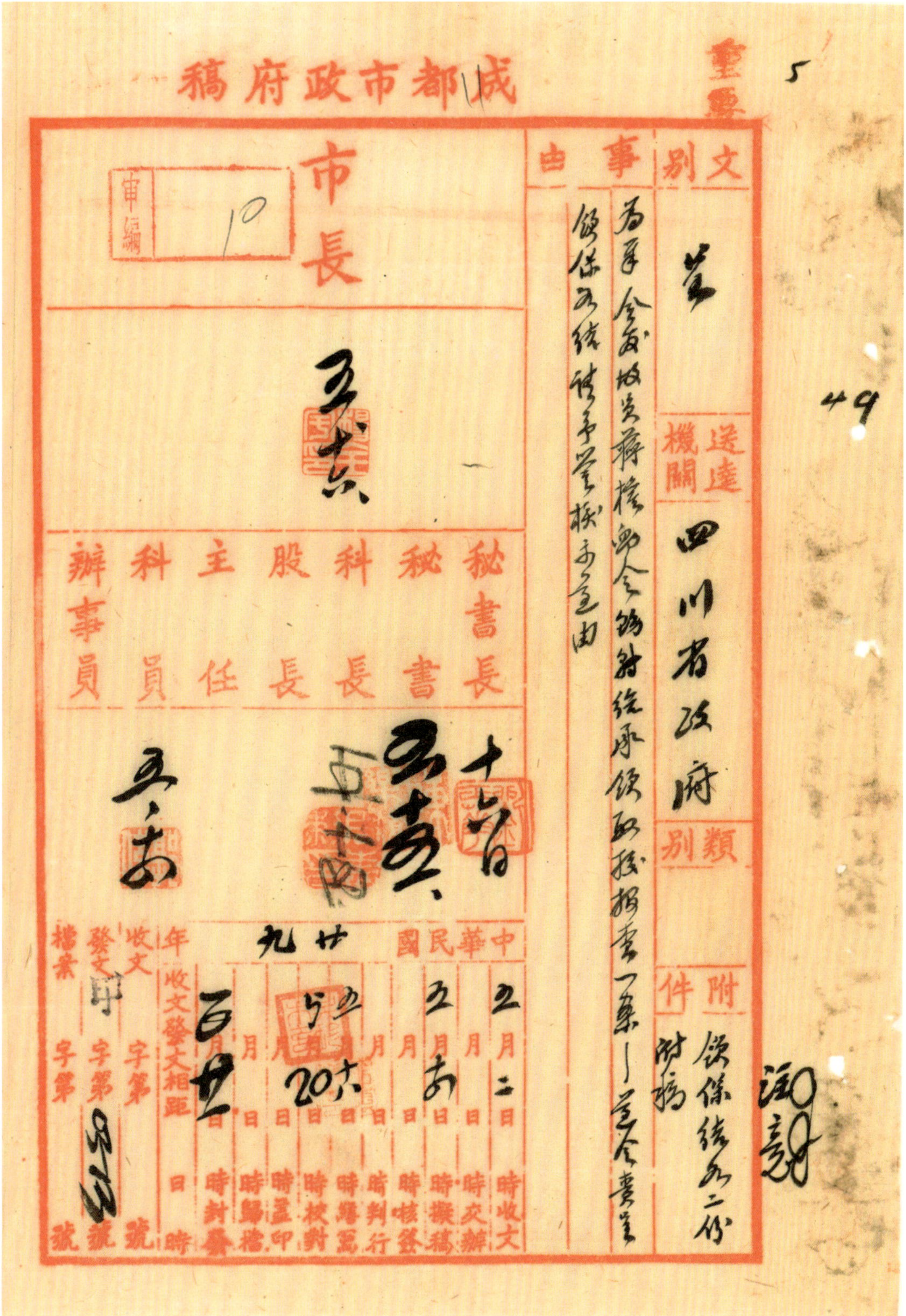

卅五年五月六日 来呈

钧府卅四年民三字第零九六五一号训令，为附发抚恤存根一页、恤令及请领恤金须知，转饬该遗族依照手续转给承领，取据报查等因；奉此，当即通知该遗族承领去讫，兹据该遗族填具领保各结前来，查核尚无不合，除将恤令及请领恤金须知并件给领外，理合检同该遗族所具领保结各贰份，随文赍呈

钧府，鉴核备查，指令祗遵！

谨呈

四川省政府

审编 11

计呈故员蒋樘遗族蒋刘瑗著领保结各二份

衔名

中華民國三十年三月　日

附：蒋刘琼蓉关于蒋权一次恤金的领结、杨镇中关于蒋权遗族一次恤金领取属实的保结
（一九四〇年五月）

審編 12

奉令免貼印花

領結

蔣權

具領結人蔣劉鍾蓉年二十六歲成都縣人原住東打銅街第七十三號實領得

鈞

發下故員蔣權撫卹令一張計應領一次卹金陸百元

年卹金叁百贰拾元除另具保結外中間不虛具領結是實

中華民國二十九年　五　月　日

具領結人蔣劉瓊蓉

現疏散土橋開化寺側近臨時通

信處醬園公所街第四十一號

保結

奉令免貼印花

具保結人楊鎮中住醬園公所街第四十一號實保得

鈞　發下第一二四師七四三團故中尉副官蔣　權

撫卹令一張計一次卹金　陸百元年卹金　叁百貳拾元

由該故員之妻蔣劉瓊蓉承領中間不虛具保結是實

中華民國二十九年 五 月 日

具保結人楊鎮中 楊鎮中印

保長 成都市第四區天府鎮第一保保辦公處圖記

蒋刘琼蓉关于转请迅予照章发给蒋权年抚金事致成都市政府的报告（一九四一年一月十六日收）

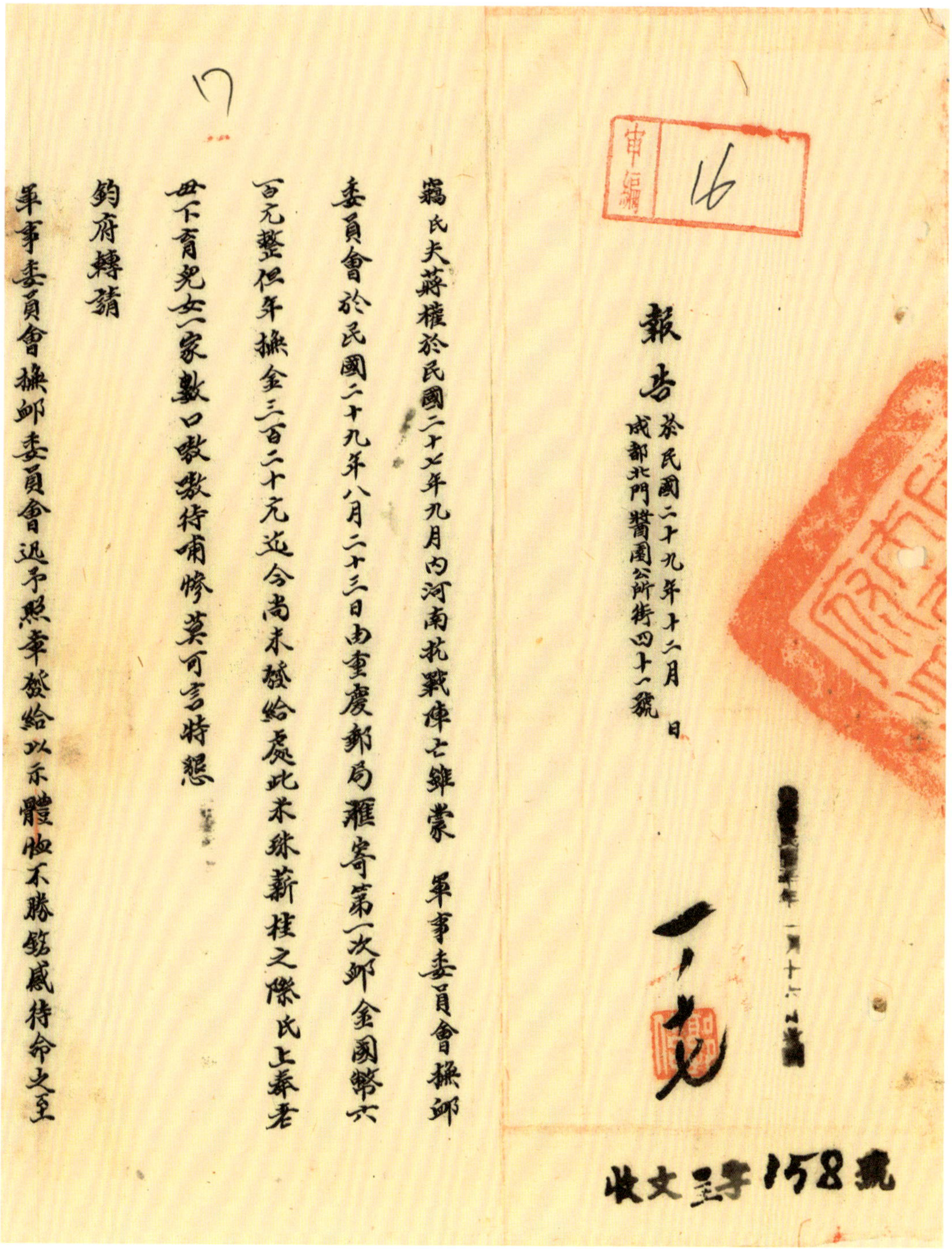

審編 16

報告 於民國二十九年十二月　日
成都北門醬園公所街四十一號

竊氏夫蔣權於民國二十七年九月内河南抗戰陣亡雖蒙　軍事委員會撫卹委員會於民國二十九年八月二十三日由重慶郵局雁寄第一次卹金國幣六百元整但年撫金三百二十元迄今尚未發給處此米珠薪桂之際氏上奉老母下育兒女一家數口嗷嗷待哺慘莫可言特懇

鈞府轉請

軍事委員會撫卹委員會迅予照章發給以示體恤不勝銘感待命之至

17

一月十六日

收文呈字158號

謹呈

成都市政府

附呈軍撫委會批一件

蔣劉瓊蓉

蒋刘琼蓉关于请发故员蒋权年抚金致成都市政府的呈（一九四一年三月十八日收）

审编 十8 19

事由 拟辦 批示 備考

為呈請發給年撫金由

附件

[redacted]年三月十八日

字第 號 年 月 日 時到

收文 第 字 號

為呈請事竊 瓚蓉 故夫蔣權應頃年撫金叁百弍拾元經奉
軍事委員會撫卹委員會批准着伺
鈞府呈請發給現值米珠薪桂生計艱難為此特懇
鈞府賡即照發不勝感激屏息之至
謹呈
成都市政府

20

审编

17

蔣劉瓊蓉

蔣劉瓊蓉

住址成都學田公河街四十號

楊鎮中將

中華民國三十年三月　日

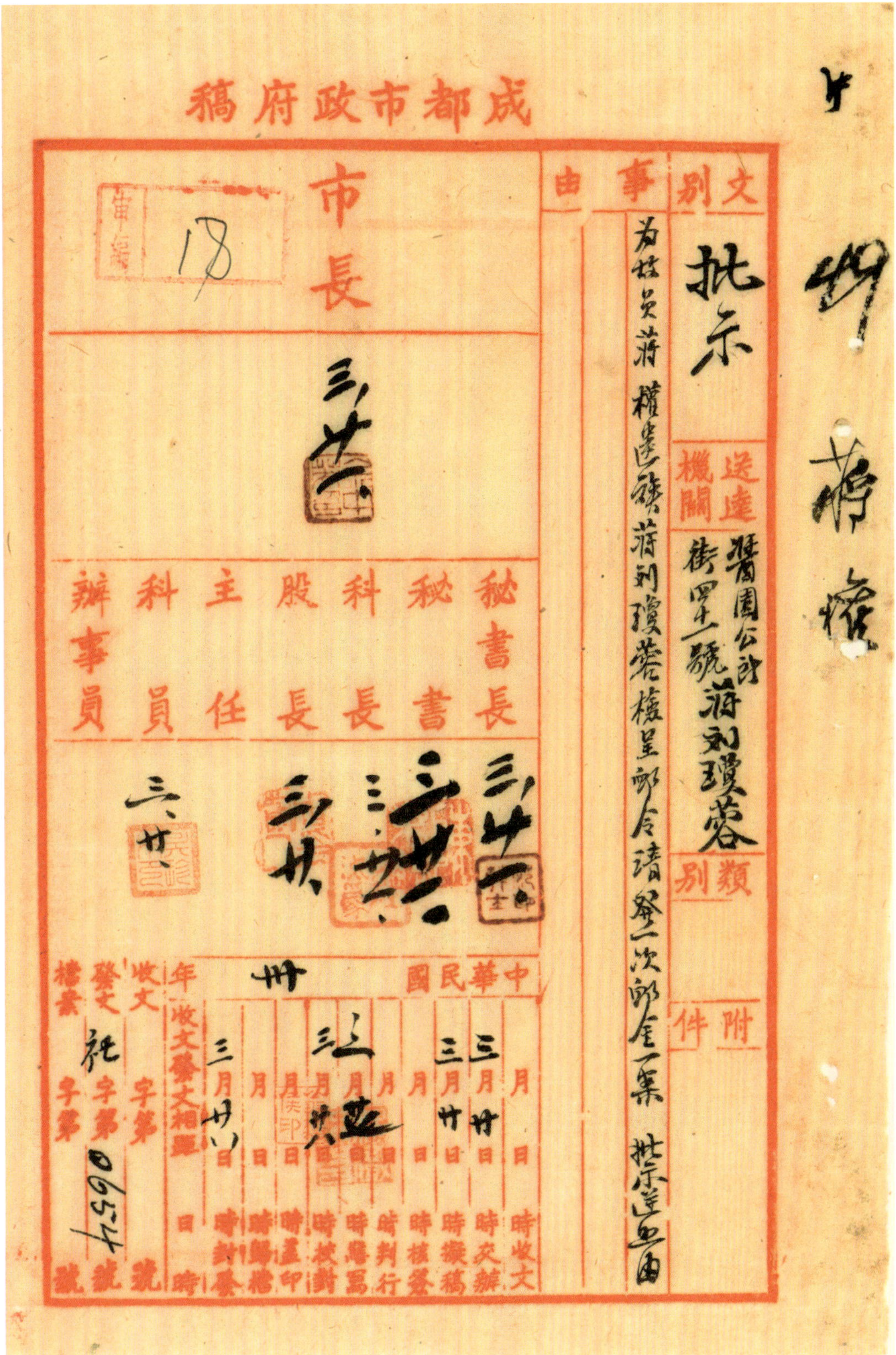

成都市政府稿

文别	批示
事由	为故员蒋權遗族蒋刘瓊蓉检呈部令请发一次恤金一案 批示遵照由
送達機關	醬園公所街四十一號蒋刘瓊蓉
類別	
附件	

市長 三、廿八

秘書長 三、廿八　秘書 三、廿八　科長 三、廿八　股長　主任　科員 三、廿八　辦事員

中華民國 卅 年

收文發文 字第 號

檔案 字第 0654 號

成都市政府关于转请核发故员蒋权一次恤金致蒋刘琼蓉的批示（一九四一年三月二十八日）

令

銜　批示　社字第　號

具呈人蔣劉瓊蕊

卅年三月廿日呈件為轉呈部令請發卹金由

、呈暨附件均悉。仰候彙案轉請四川省政府核發可也。部令轉

此批

中華民國卅年三月　日

市長余

成都市政府关于奉发故员蒋权第一年年抚金支付命令的存根（一九四一年六月十六日）

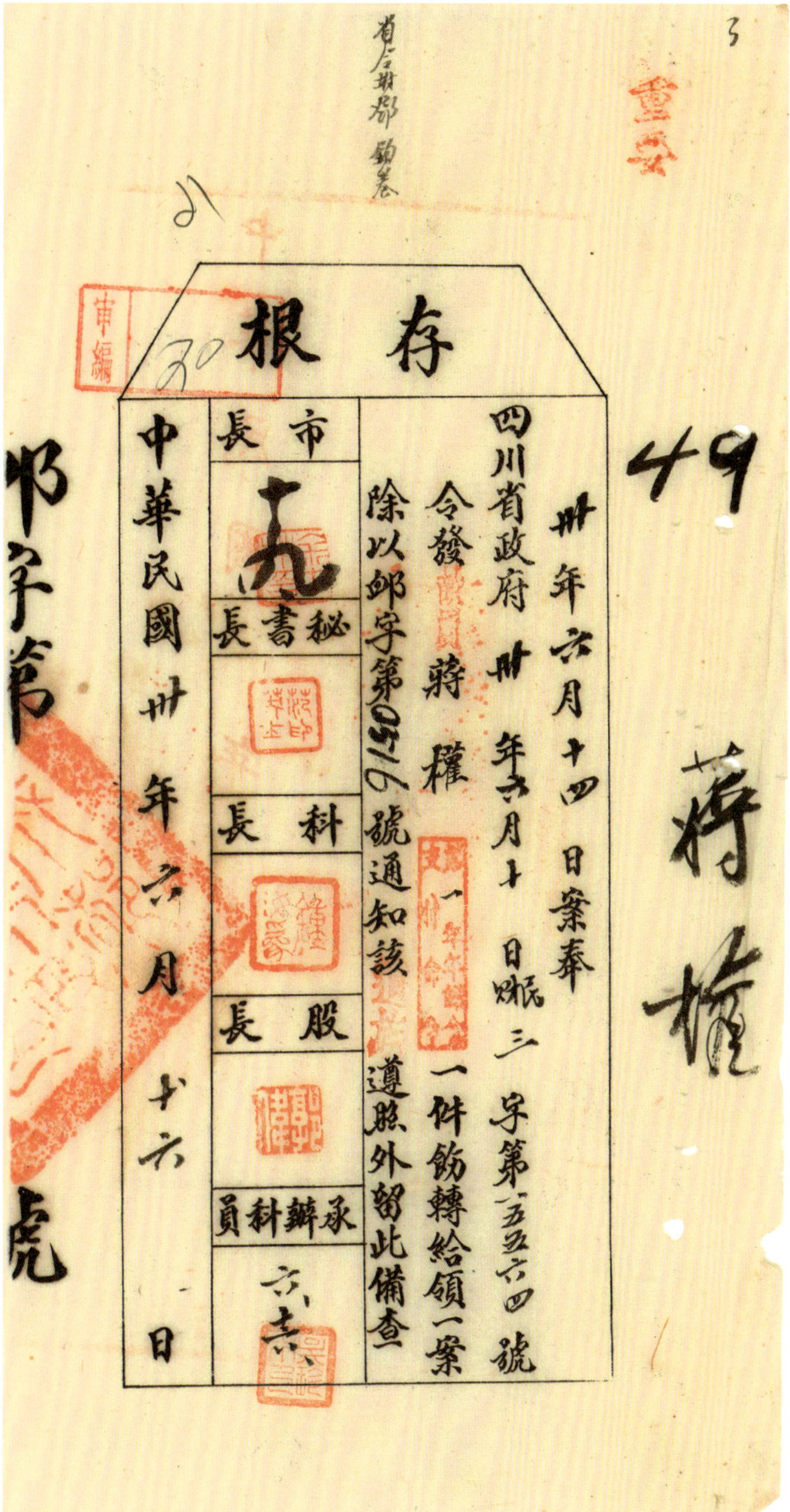

附：蒋魏氏关于成都市政府颁发故员蒋权第一年恤金的收据、抚恤金领据、具领恤金保证书（一九四一年六月二十八日）

49

今收到

成都市政府發

故員蒋權撫卹令

壹張此據

遺族蒋魏氏

卅年六月廿八日

審編 22

23

撫卹金副領據

茲領到

部隊機關番號	階級	職務	姓名	卹金種類
第一三四師七四三團	中尉	副官	蔣權	第一年年卹金

國幣 叁佰弍拾元

右款業已照數領訖此據

軍事委員會撫卹委員會第三處查照

領卹人 蔣魏氏（蔣魏氏印）

中華民國 三十年 六 月 日

此聯撫卹委員會第三處存查

字第 號

此聯轉報軍政部核轉

撫卹金正領據

茲領到

部隊機關番號	階級	職務	姓名	卹金種類
第一三四師七四三團	中尉	副官	蔣權	第一年年卹金

國幣 叁佰弍拾元

右款業已照數領訖此據

軍事委員會撫卹委員會第三處查照

領卹人 蔣魏氏（蔣魏氏印）

中華民國 三十年 六 月 日

具領卹金保證書

保證人惠彥慶　今保證領卹人蔣魏氏　確係已故

部隊機關番號　第一二四師七四三團　階級　中尉　職務　副官　姓名　蔣權

之遺族，茲遵照

國民政府軍事委員會會撫字第一六九三二號卹金給與令核准給與該

故員年卹金國幣叁佰貳拾元整，今由該遺族向

鈞會第三處如數領訖，具領後如有發生爭議，保証人願照

鈞會請領卹金須知第六條之規定負法律上一切責任，此證

謹呈

國民政府軍事委員會撫卹委員會

保証人（店鋪書東）姓名　惠彥慶　蓋章　籍貫　陝西　住址　城守東大街　職務或職業　金号　（店鋪營業資本金額）式仟元

領卹人姓名　蔣魏氏　蓋章　籍貫　成都[illegible]　住址　公示街四十二号　與故員之關係　母子

其他遺族姓名及關係

妻　刘瓊碧

子　蔣启宣

女　愛華

中華民國三十年六月　日

成都市政府关于核发故员蒋权第二年年恤金致四川省政府的呈、致蒋魏氏的批（一九四二年二月二日）

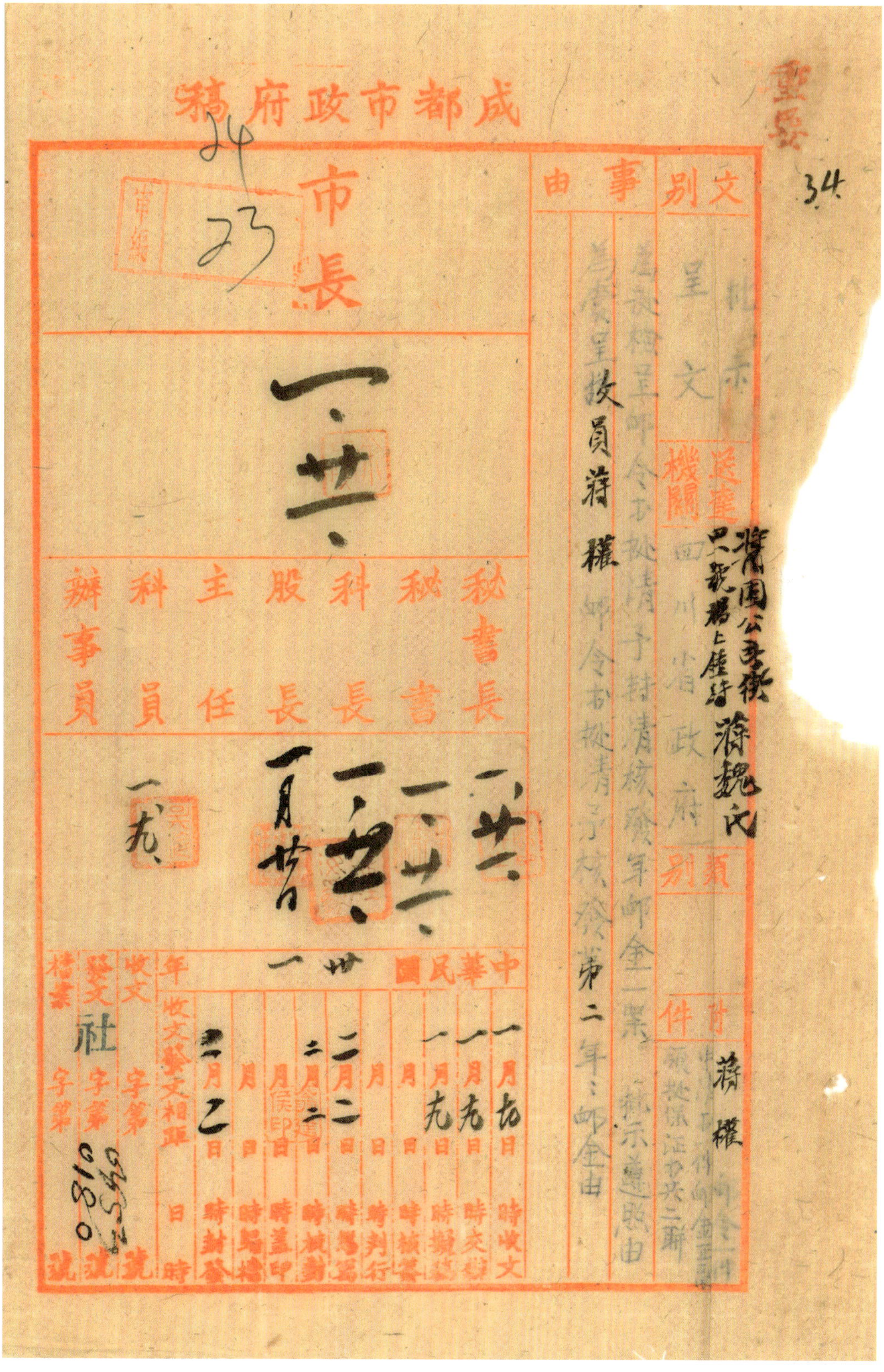

全衔批示社字第　　号

具申请书人蒋魏氏

卅一年一月九日申请书一件为检呈故员蒋樾卹令书

恳请予发给第二年年卹金由

申请书暨附件均悉 仰候专案呈请

四川省政府核发给领可也 附件分别存转 此批

中华民国三十一年一月　日

市长余

呈文稿

案据本市故员蒋樾遗族蒋魏氏检

審編 24 15

呈并令申請書卹金正副領[illegible]請核
發第二年年卹金甘情[illegible]戶卜合除
批示外理合遵照
鈞府奉頒請卹各項办法規定檢同故員
蔣權卹令一件領卹申請書一件卹金正副領
據保証書共二聯一併隨文賫呈
鈞府核發給領指令祗遵
謹呈
四川省政府

計呈故員蔣權卹令申請書各一件

郵金正副領恤[illegible]共三角

銜名

中華民國三十一年一月 日

附：蒋魏氏关于请予核发故员蒋权第二年恤金致成都市政府的领恤申请书、抚恤金领据、具领恤金保证书（一九四二年一月）

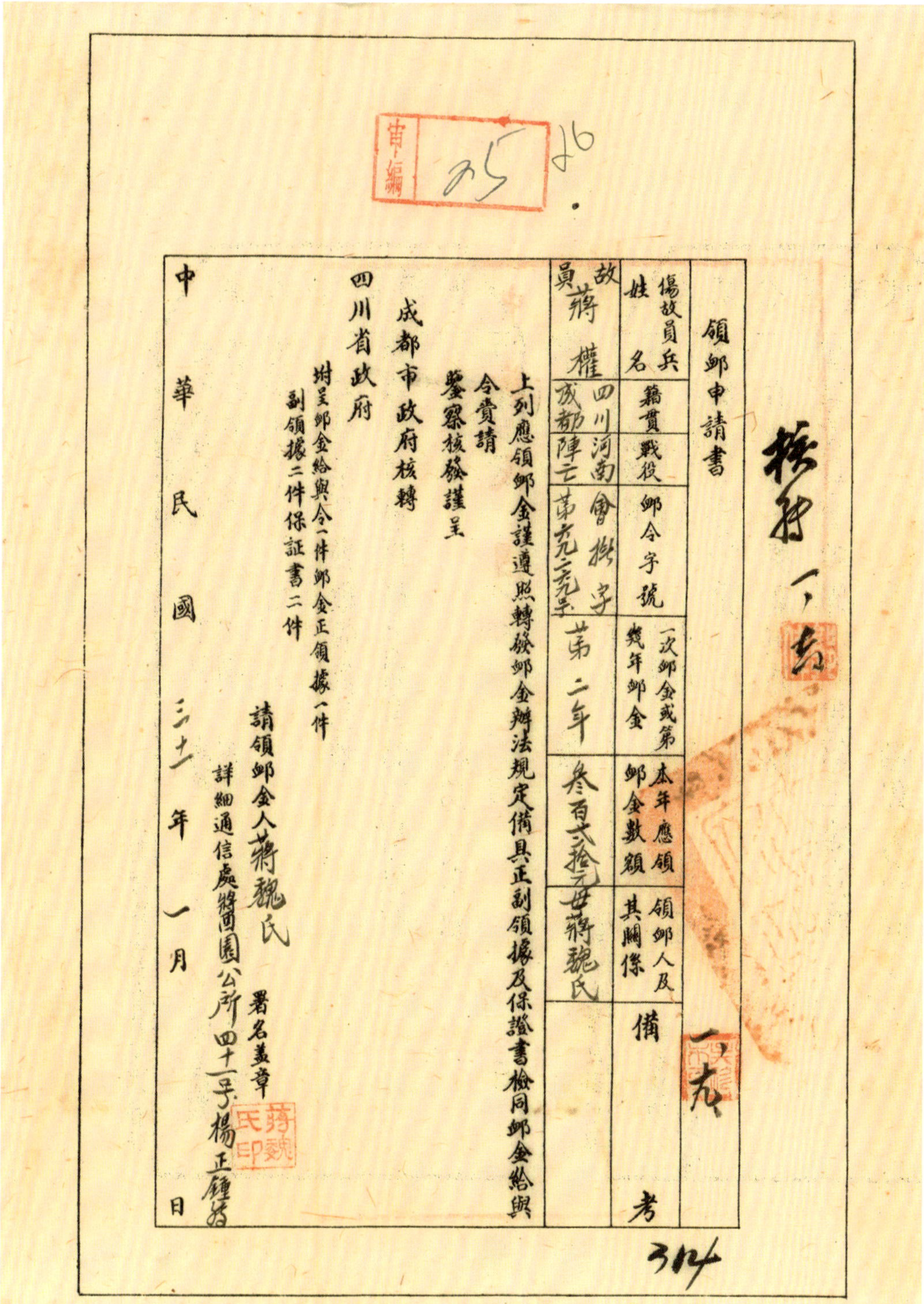

審編 25 16

核轉

領卹申請書

傷故員兵姓名	籍貫	戰役	卹令字號	一次卹金或第幾年卹金	本年應領卹金數額	領卹人及其關係	備考
故員蔣權	四川成都	河南陣亡	會撫字第六九二九號	第二年	叁百弍拾元	母蔣魏氏	

上列應領卹金謹遵照轉發卹金辦法規定備具正副領據及保證書檢同卹金給與令賚請

鑒察核發謹呈

成都市政府核轉

四川省政府

附呈卹金給與令一件卹金正領據一件副領據二件保證書二件

請領卹金人蔣魏氏 署名蓋章 蔣魏氏印

詳細通信處將西園公所四十一號楊正鍾轉

中華民國三十一年一月 日

314

审编 26 57

此聯撫卹委員會第三處存查

撫卹金副領據

茲領到

部隊機關番號 第三四師七四三團 階級 中尉 職務 副官 姓名 蔣權 卹金種類 第二次卹金

國幣叁百弍拾元

右欵業已照數領訖此據

軍事委員會撫卹委員會第三處查照

中華民國三十一年一月 日

領卹人蔣魏氏（蔣魏氏印）

字第 號

此聯轉報軍政部核轉

撫卹金正領據

茲領到

部隊機關番號 第三四師七四三團 階級 中尉 職務 副官 姓名 蔣權 卹金種類 第二次卹金

國幣叁百六拾元

右欵業已照數領訖此據

軍事委員會撫卹委員會第三處查照

中華民國三十一年一月 日

領卹人蔣魏氏（蔣魏氏印）

具領邺金保證書

保證人 惠彥慶 今保證領邺人 蔣魏氏 確係已故

部隊機關番號 第一三四師七四二團 階級 中尉 職務 副官 姓名 蔣權

之遺族茲遵照

國民政府軍事委員會會撫字第九三九號邺金給與令核准給與該

故員年 邺金國幣 叁百叁拾 元整今由該遺族向

鈞會第三處如數領訖具領後如有發生爭議保証人願照

鈞會請領邺金須知第六條之規定負法律上一切責任此證

謹呈

國民政府軍事委員會撫邺委員會

保証人 姓名 惠彥慶 蓋章 籍貫 成都 住址 東大街 職務或職業 金舖 （店鋪營業資本金額） 叁仟元

領邺人 （店鋪書東） 姓名 蔣魏氏 蓋章 籍貫 如申請 住址 右 與故員之關係 母子

其他遺族姓名及關係 妻 劉瓊容 子 蔣應萱 女 愛華

中華民國 三三年 一月 日

成都市市長余中英

四川省政府关于准予核发故员蒋权第二年年抚金致成都市政府的指令（一九四二年二月九日收）

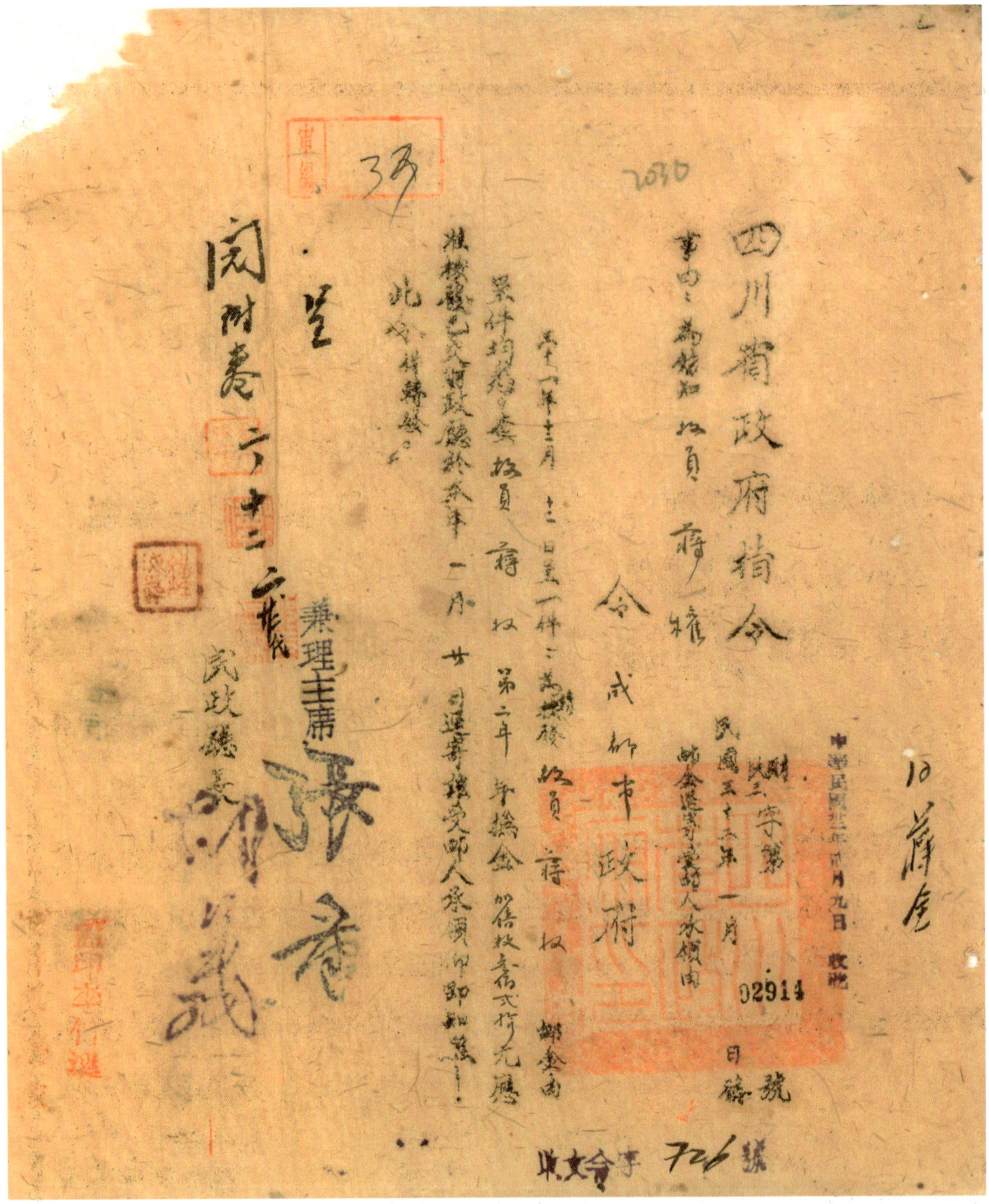

四川省政府关于准予核发故员蒋权第二年恤金并递寄受恤人承领致成都市政府的指令
（一九四二年三月二十七日收）

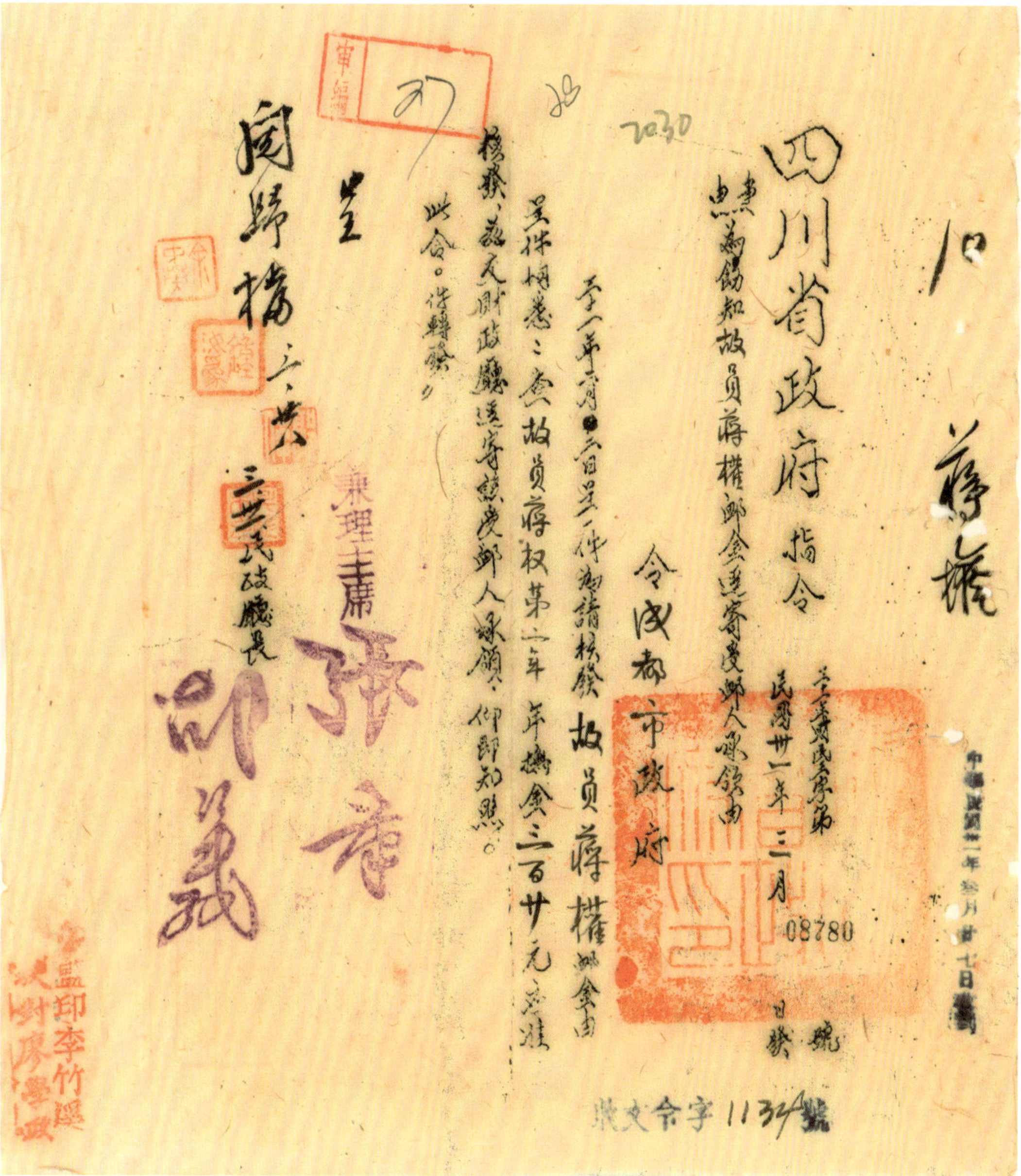

成都市政府关于补发故员蒋权民国三十一年加倍恤金致四川省政府的呈、致蒋魏氏的批示（一九四二年十二月十三日）

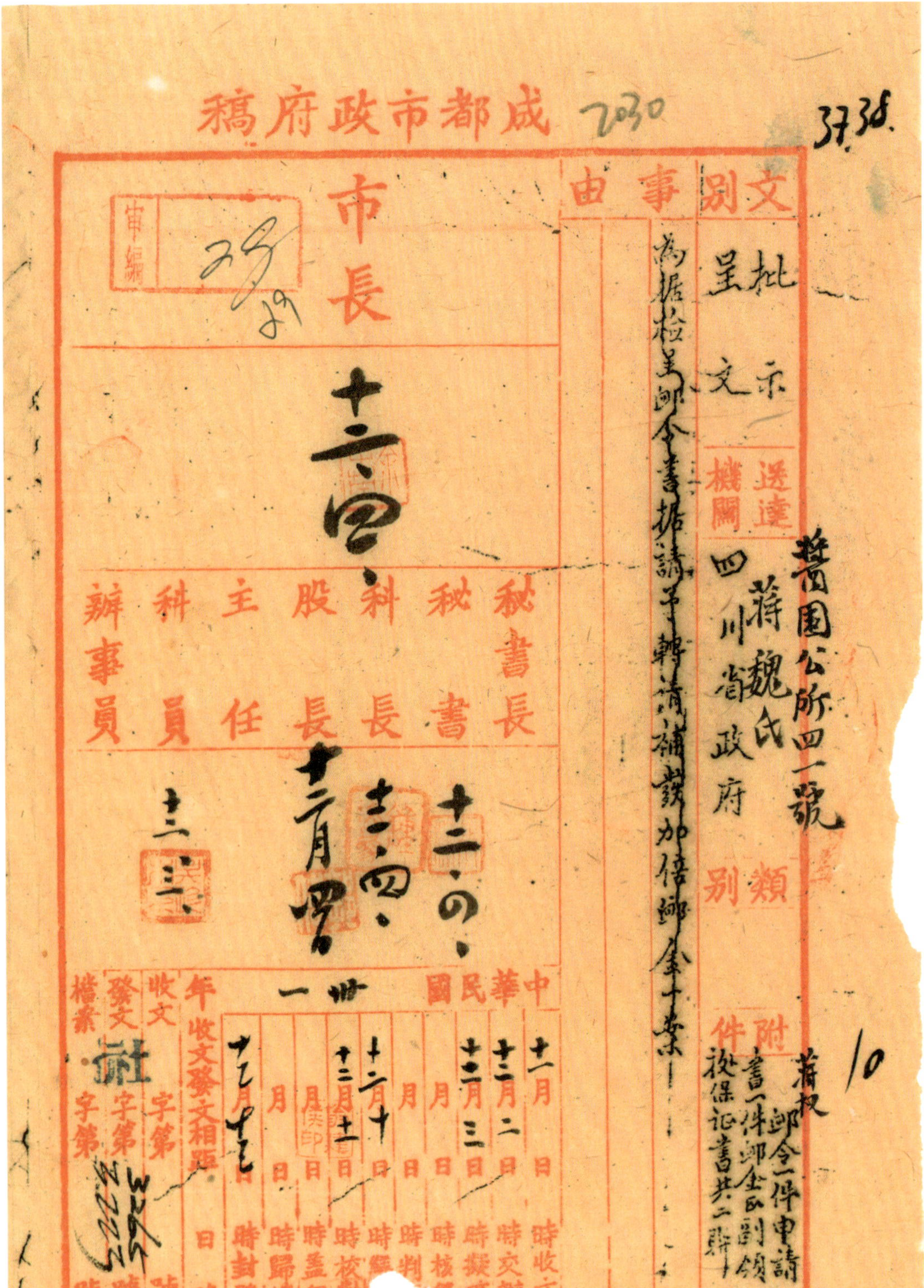
成都市政府稿
文别：批示 呈文
事由：為據桜呈卹令書據請予轉請補發加倍卹金十案
送達機關：四川省政府 蒋魏氏 警園公所四一號
附件：書一件 卹令一件 申請領卹金印副領 被保证書共二件
市長
秘書長 秘書 科長 股長 主任 科員 辦事員
中華民國卅一年

全

衛批示社二字第　　號

具申請書人 蔣魏氏

三十一年十二月三日申請書一件 為檢呈故員蔣　权卹令書据請予補發

三十一年度加一倍年卹金由。

申請書暨附件均悉。仰候專案呈請

四川省政府補發、遂寄該遺族承領。可也！附件分別存發

此批。

中華民國三十一年十二月

市長 余

案據本市故員蔣权遺族蔣魏氏檢呈卹令及申請書正副領據保証書各一紙，申轉請補發三十一年度加一倍年撫金等情：前來。查核尚無不合，除批示外，理合遵照鈞府請領卹金先令各項辦法之規定，檢同故員蔣权卹令一件、申請書一件、卹金正副領據保証書共二聯，一併隨文賫呈鈞府，俯賜核發給領，指令祗遵！

謹呈

四川省政府

計呈故員蔣权卹令一件、申請書一件、卹金正副領據保証書共二聯

成都市市長余〇〇

中華民國三十一年十二月　日

附：蒋魏氏关于补发故员蒋权民国三十一年加倍恤金致成都市政府的领恤申请书、抚恤金领据、具领恤金保证书（一九四二年十一月十八日收）

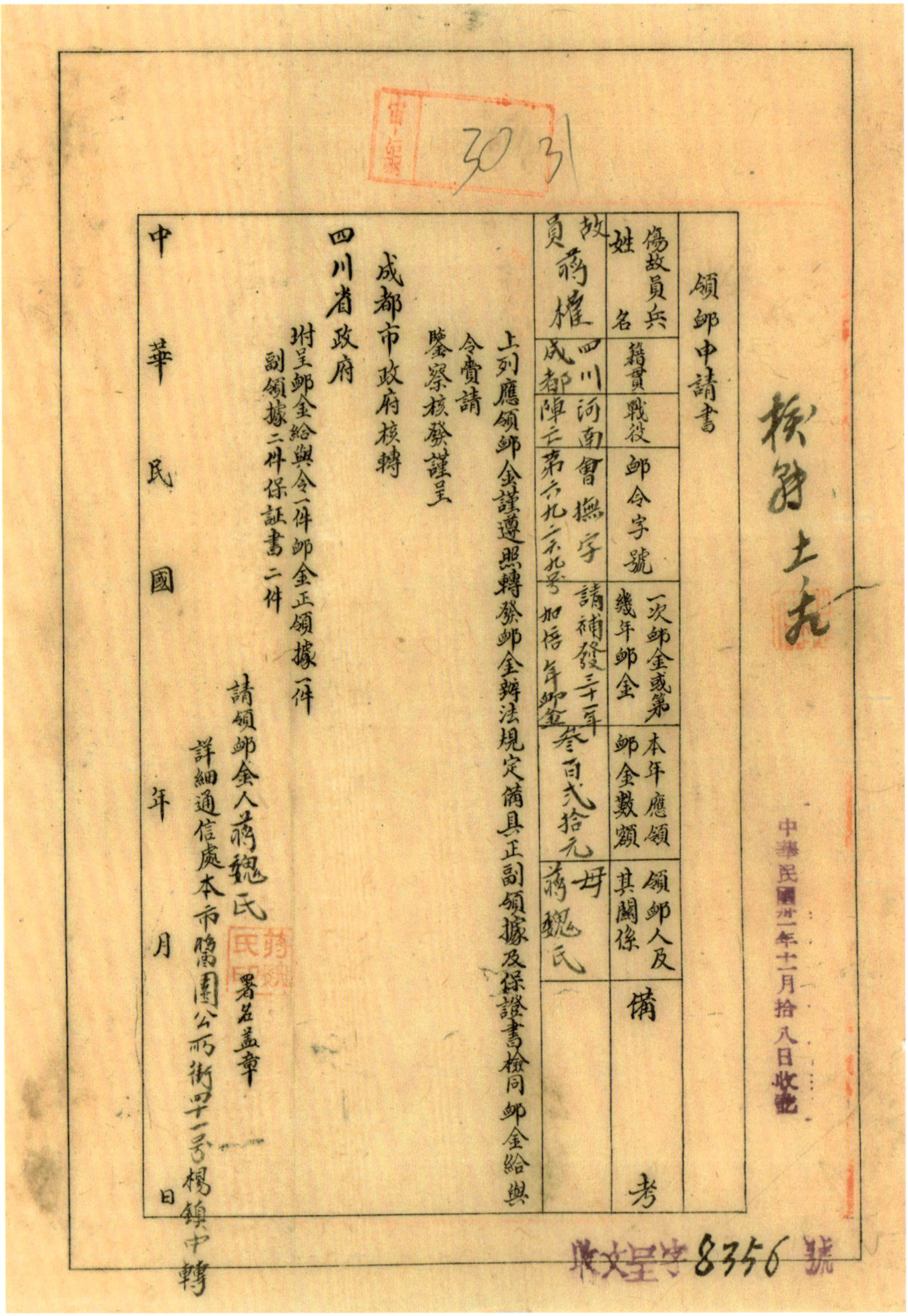

30 31

核轉 士元

领䘏申請書

傷故員兵姓名	籍貫	戰役	䘏令字號	一次䘏金或第幾年䘏金	本年應領䘏金數額	領䘏人及其關係	備考
故員蒋權	四川成都	河南陣亡	會撫字弟六九六九号	請補發三十一年加倍年䘏金	叁百弍拾元	母蒋魏氏	

上列應領䘏金謹遵照轉發䘏金辦法規定備具正副領據及保證書檢同䘏金給與令賫請

鑒察核發謹呈

成都市政府核轉

四川省政府

附呈䘏金給與令一件䘏金正領據一件副領據二件保證書二件

請領䘏金人蒋魏氏 署名蓋章

詳細通信處本市蒲團公所街四十一号楊鎮中轉

中華民國 年 月 日

中華民國卅一年十一月拾八日收訖

字第8356號

軍編 32

撫卹委員會第三處存根

撫卹金副領據

茲領到

部隊機關番號 第一三四師七四三團 階級 中尉 職務 副官 姓名 蔣權

卹金種類 請補發三十年份卹金

國幣 叁百貳拾 元

右款業已照數領訖此據

軍事委員會撫卹委員會第三處查照

領卹人 蔣魏氏

中華民國 三十一 年 十一 月 日

字第 號

此聯轉報軍政部核轉

撫卹金正領據

茲領到

部隊機關番號 第一三四師七四三團 階級 中尉 職務 副官 姓名 蔣權

卹金種類 請補發三十年份卹金

國幣 叁百貳拾 元

右款業已照數領訖此據

軍事委員會撫卹委員會第三處查照

領卹人 蔣魏氏

中華民國 三十一 年 十一 月 日

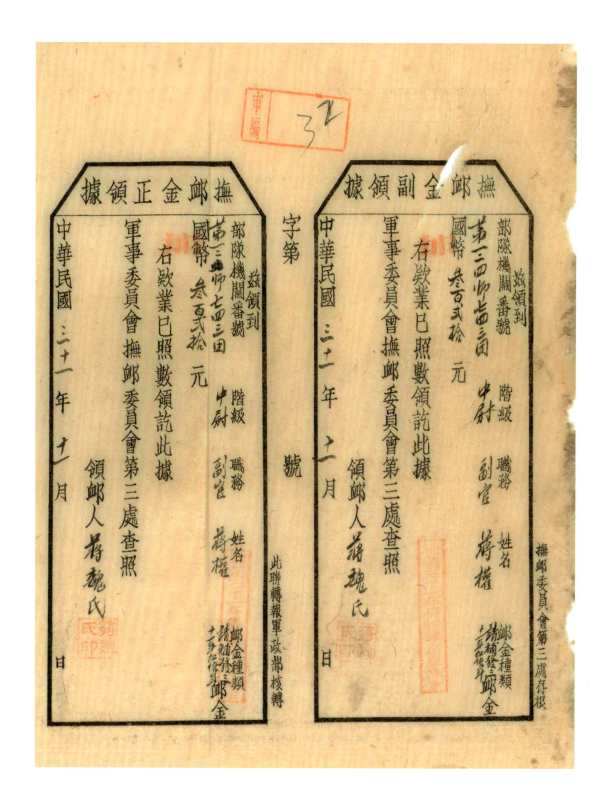

具領邮金保證書

保證人惠志孝彥慶今保證領邮人蔣魏氏確係已故

部隊機關番號 第二四師七四三團 階級 中尉 職務 副官 姓名 蔣樅

之遺族茲遵照

國民政府軍事委員會會撫字第七九三六號邮金給與令核准給與該

故 邮金國幣柒百貳拾元整今由該遺族向

鈞會第三處如數領訖具領後如有發生爭議保証人願照

鈞會請領邮金須知第六條之規定負法律上一切責任此證

謹呈

國民政府軍事委員會撫邮委員會

保証人 姓名 惠志孝彥慶 蓋章 籍貫 陝西 住址 成都 職業 商

（店鋪書柬） 店鋪營業資本金額

領邮人 姓名 蔣魏氏 蓋章 籍貫 四川成都 住址 與故 之關係 母子

其他遺族姓名及關係 妻 劉懷芳

成都市市長 余中英

中華民國三十三年十一月 日

成都市政府关于核发故员蒋权第三年恤金致四川省政府的呈文、致蒋魏氏的批示

（一九四三年四月十三日）

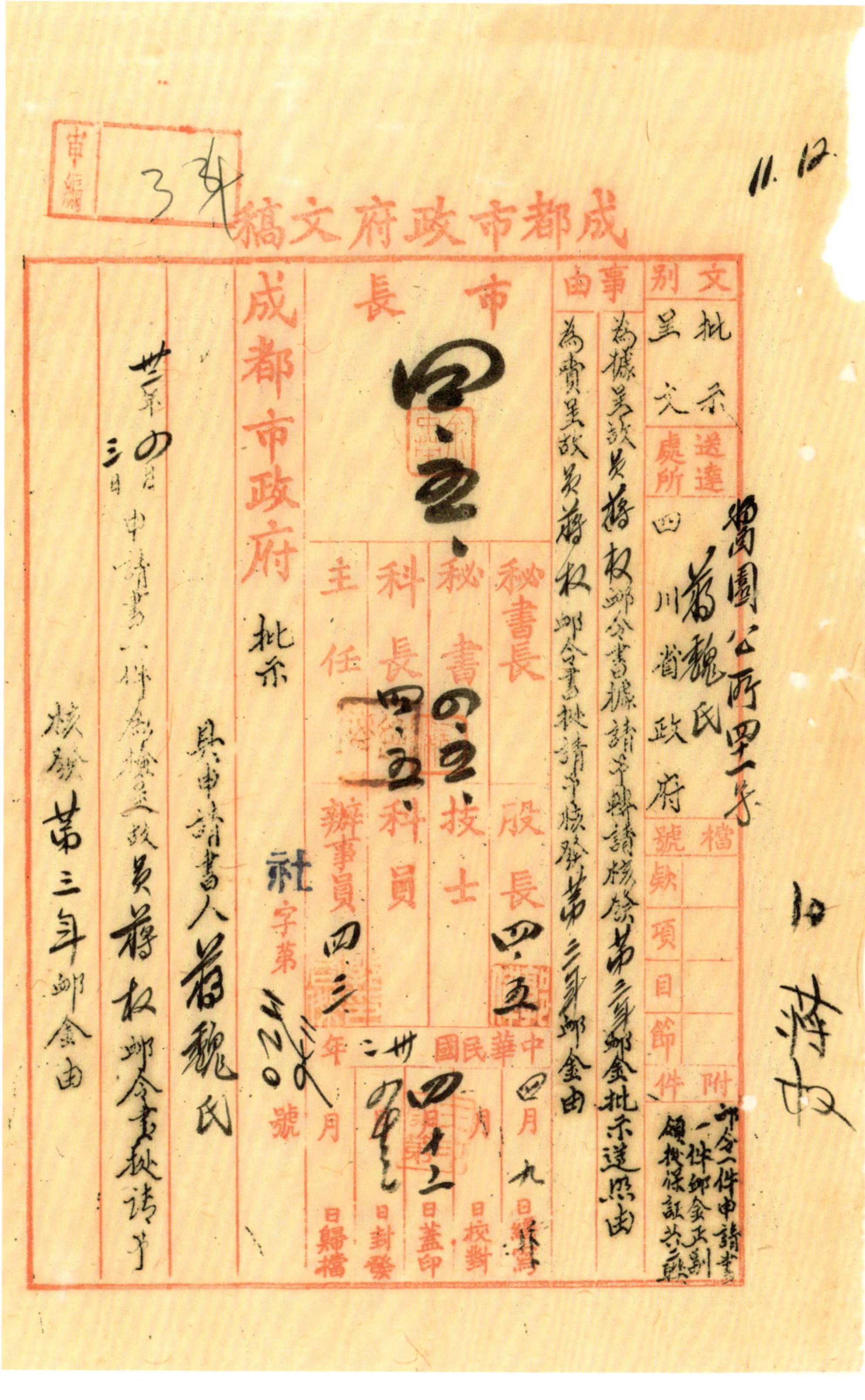
成都市政府文稿

文别	送达处所	事由
批示	蒋魏氏	为据呈故员蒋权恤令书据请予转请核发第三年恤金批示遵照由
呈文	四川省政府	为赍呈故员蒋权恤令书据请予核发第三年恤金由

附件：恤令一件 申请书一件 恤金正副领据保证书共六纸

市长 四、五

秘书长 秘书 四、五 科长 四、五 技士 科员 股长 四、五 主任 办事员 四、三

中华民国卅二年 四月九日缮写 四月十二日盖印 校对 封发 归档

成都市政府批示 社字第 号

具申请书人蒋魏氏

卅二年四月三日申请书一件为检呈故员蒋权恤令书据请予核发第三年恤金由

申請書暨附件均悉。仰候予並案呈請
四川省政府核發給領可也。附件分別存轉
此批。
中華民國卅二年四月　日
市長余
呈文稿
案據本市故員蔣牧遺族蔣魏氏檢呈卹令及申
請書正副領據保證書等件予轉請核發第三年
卹金等情前來查核尚無不合除批示外理合遵照
鈞府請領卹金各項辦法之規定檢同故員蔣牧

卹令一件申請書一件卹金正副領據保證書共二聯一併隨文

賚呈

鈞府俯賜核發給領指令祗遵！

謹呈

四川省政府

計呈故員蔣權卹令一件申請書一件卹金正副領

保證書共二聯

銜名

附：蒋魏氏关于请予核发故员蒋权第三年恤金及加倍恤金致成都市政府的领恤申请书（一九四三年三月九日）

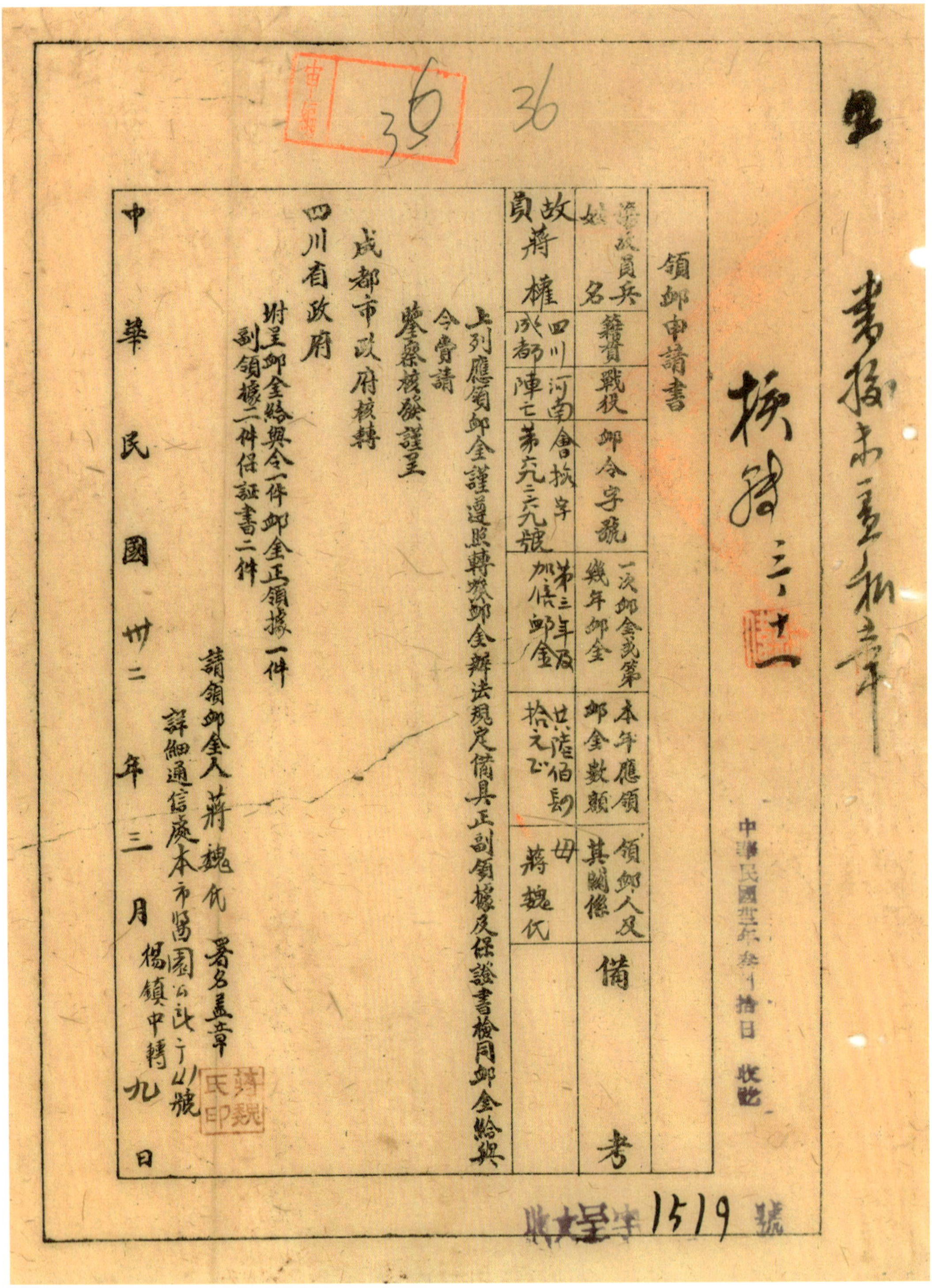

書據未蓋私章

核轉 三、十一

領卹申請書

遺族故員兵姓名	籍貫	職役	卹令字號	一次卹金或第幾年卹金	本年應領卹金數額	領卹人及其關係	備考
故員蔣權	四川成都	河南陣亡	會撫字第六六三九號	第三年及加倍卹金	共陸佰肆拾元正	母蔣魏氏	

上列應領卹金謹遵照轉發卹金辦法規定備具正副領據及保證書檢同卹金給與令賚請

鑒察核發謹呈

成都市政府核轉

四川省政府

附呈卹金給與令一件卹金正領據一件副領據二件保證書二件

請領卹金人蔣魏氏 署名蓋章

詳細通信處本市留園公館丁41號 楊鎮中轉

中華民國卅二年三月九日

中華民國卅二年叁月拾日收訖

1519號

二十七、蒋惠畴

四川省政府关于抄发故员蒋惠畴遗族住址清单等致成都市政府的训令（一九三九年十月十四日收）

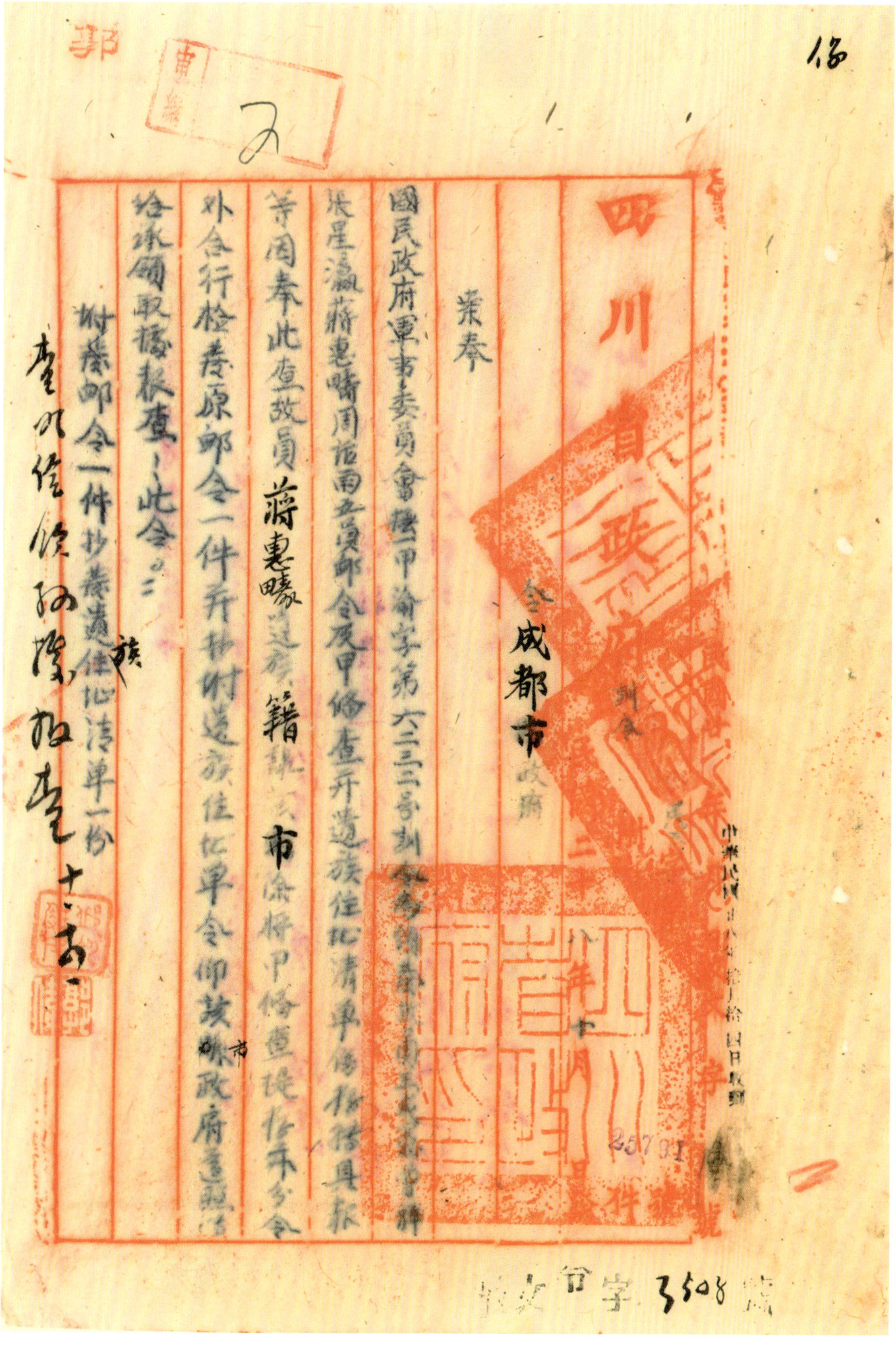

四川省政府训令

令成都市政府

案奉

国民政府军事委员会[illegible]渝字第六三二号训令[illegible]

[illegible]星瀛蒋惠畴同[illegible]部令及甲[illegible]查并遗族住址清单[illegible]

等因奉此查故员蒋惠畴遗族籍隶该市除将甲[illegible]令

外合行检发原部令一件并抄附遗族住址单令仰该市政府遵照[illegible]

给予领取据报查。此令。

附原部令一件抄发遗族住址清单一份

主席 王纘緒

民政廳長 胡次威

附：蒋惠畴遗族住址单

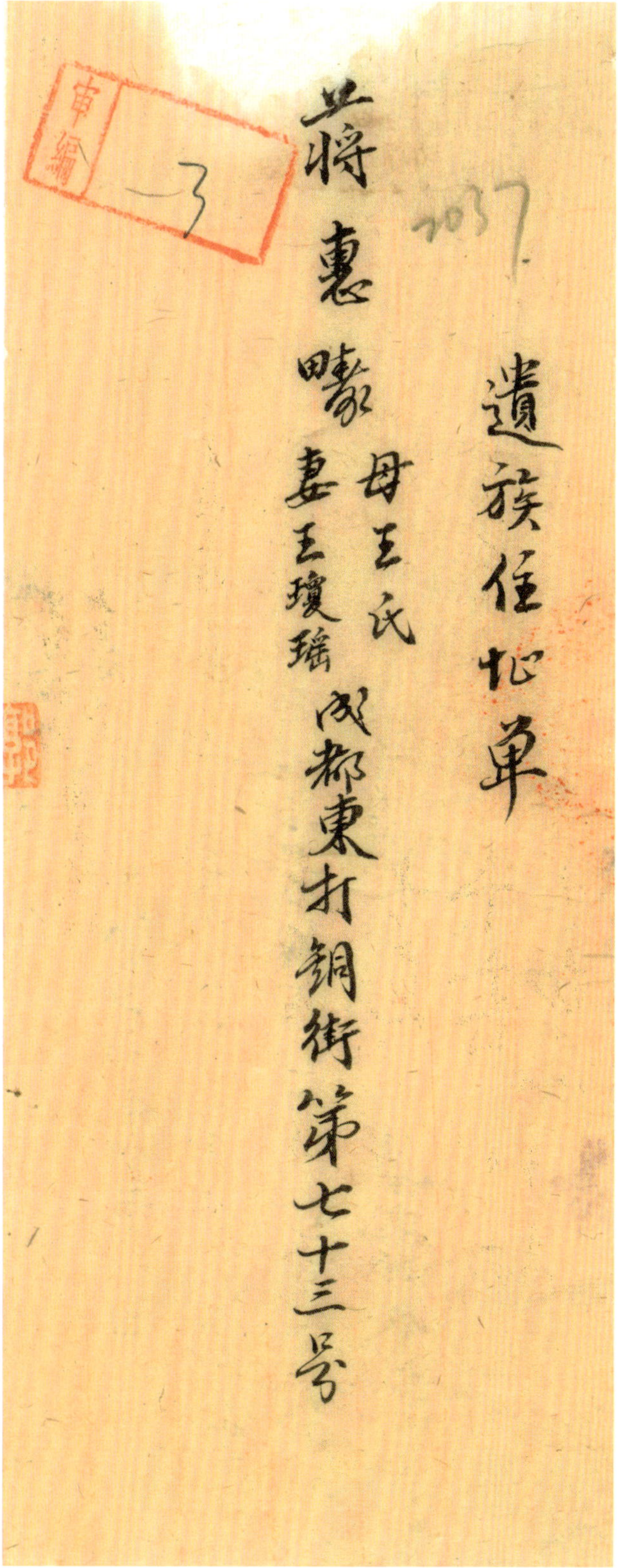
遺族住址單
蔣惠疇 母王氏
妻王瓊瑤 成都東打銅街第七十三號

成都市政府关于领取故员蒋惠畴恤令致蒋王琼瑶的通知（一九三九年十月十八日）

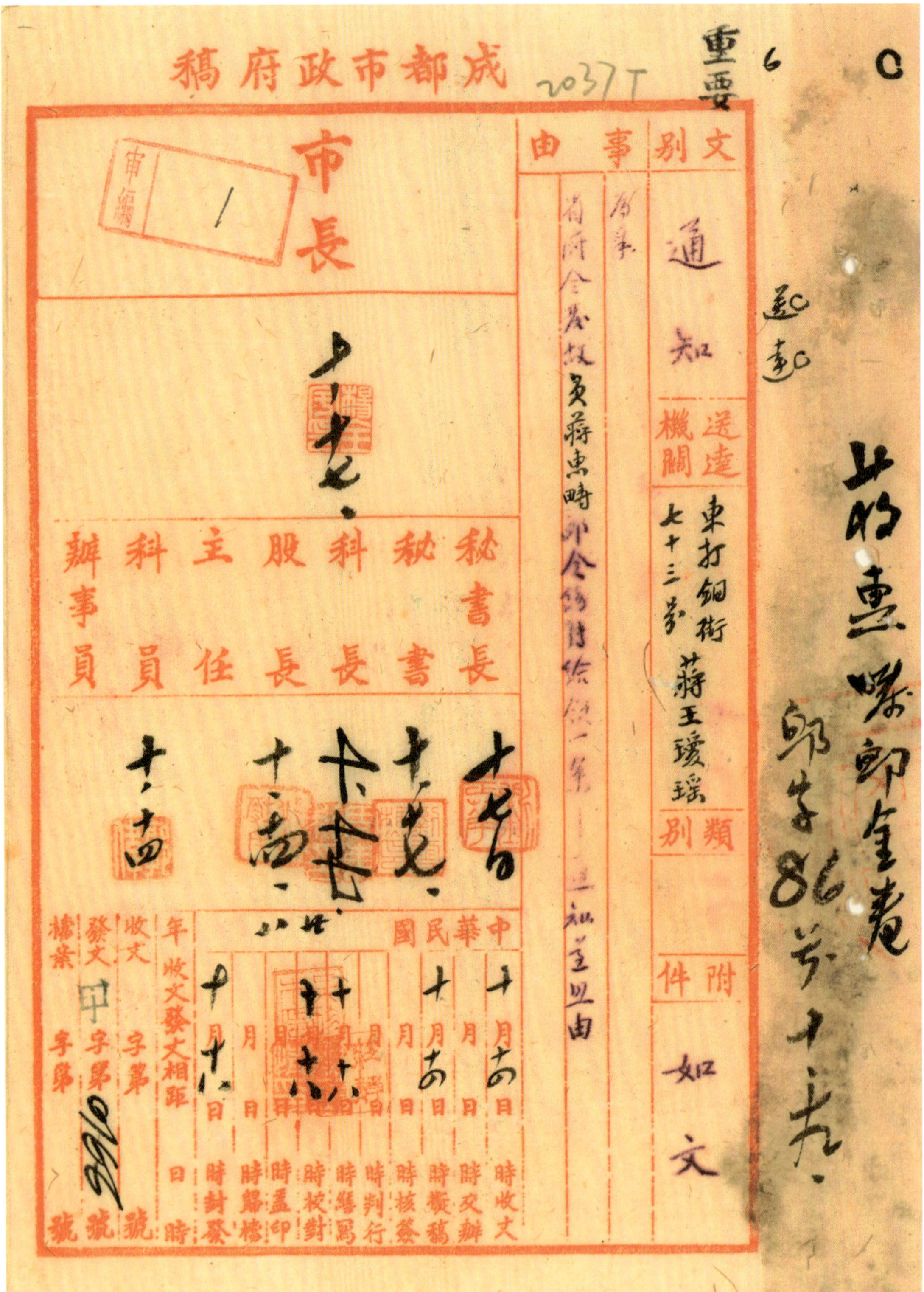
成都市政府稿

重要

文别：通知

事由：为事 省府令发故员蒋惠畴卹令飭即给领一案……通知并照由

送达机关：东打铜街七十三号 蒋王瑷瑶

类别

附件：如文

市長

秘書長 秘書 科長 股長 主任 科員 辦事員

中華民國 年 月 日

收文 發文 年 字第 號 檔案 字第 號

時收文 時交辦 時擬稿 時核簽 時判行 時繕寫 時校對 時蓋印 時歸檔 時封發

收文發文相距 日 時

全銜 通知 社保字第 號

二十八年十月十四日發

四川省政府同年月民三字第二五七九一號訓令節開：

「查該故員蔣惠疇遺族籍隸該市，云云此令」

等因，附發卹令一件，執照遺族住址單一份，奉此，合行

通知，並檢發領卹保結式樣各一份，仰該遺族即便查照，

尅日依式繕具領卹保結各四份呈送來府，以憑給領為要。

計檢發領卹保結式樣各一份

中華民國廿八年十月 日

市長楊□□

成都市政府关于已发放故员蒋惠畴恤令致四川省政府的呈（一九三九年十一月二日）

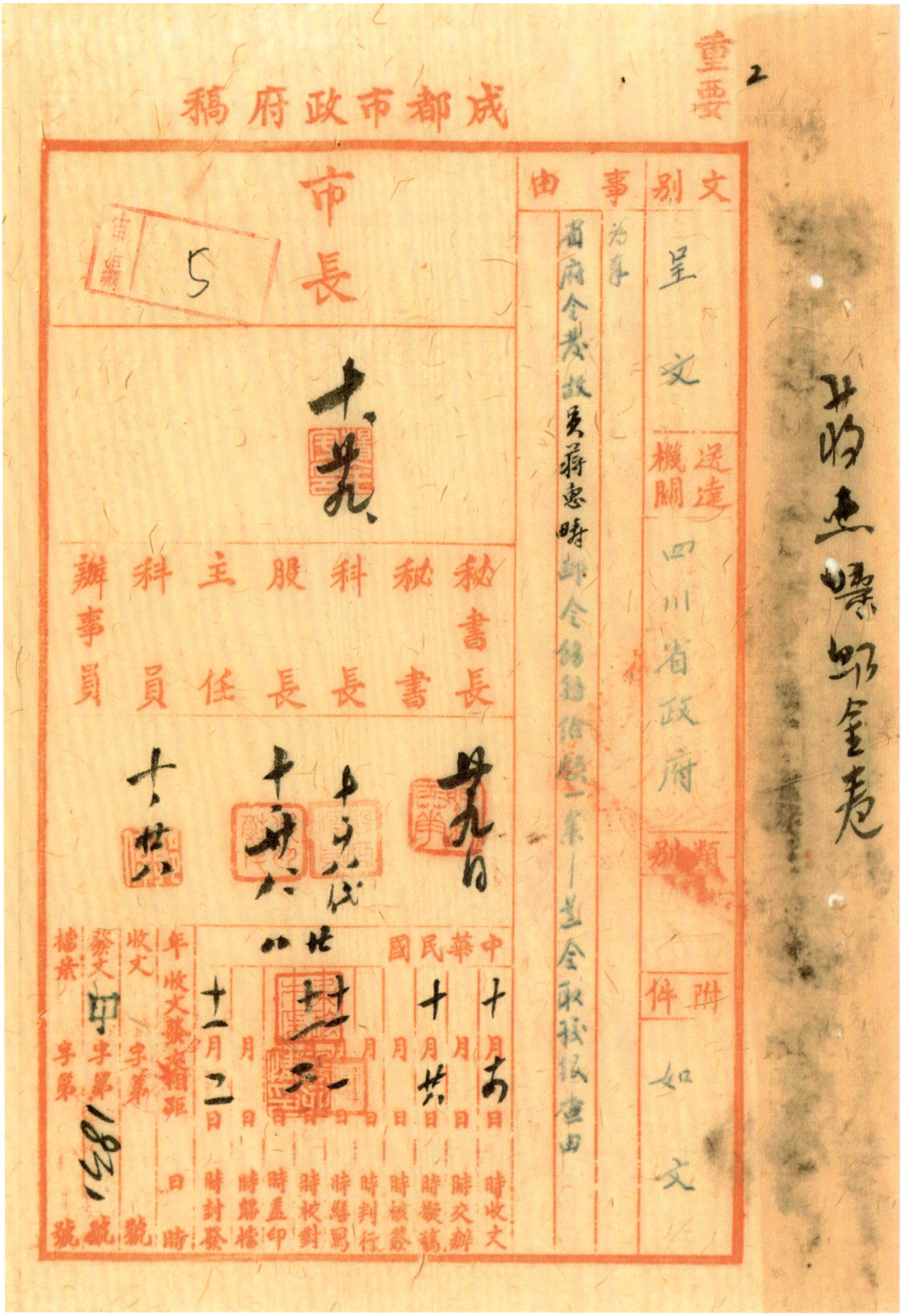

成都市政府稿

文别	呈文
送達機關	四川省政府
事由	為事 省府令發故員蔣惠畴卹令飭轉給領一案，呈報遵令取給報查由
附件	如文

市長

秘書長　秘書　科長　股長　主任　科員　辦事員

中華民國 十月 日 時收文　十月 日 時交辦　月 日 時擬稿　月 日 時核簽　月 日 時判行　月 日 時繕寫　月 日 時校對　月 日 時蓋印　月 日 時歸檔　十一月二日 時封發

年 收文發文相距 日 時

收文 字第 號

發文 字第 1831 號

檔案 字第 號

蔣惠畴卹金卷

二十八年十月廿四日案奉
鈞府同年月民三字第二五七九一号训令，除原文有案邀免
全錄外，後開：
「查故員蔣忠時遺族籍隸該市，除將甲備查提存并
分令外，合行檢發原卹令一件并抄附遺族住址單，令
仰該市政府並即轉給承領取據報查。此令。」
等因，附發卹令一件、抄附遺族住址單一紙。奉此，當即
錄令通知去訖。茲據該遺族呈送領保各結前來，查核
尚無不合，除將卹令給領外，理合呈
全檢同該遺族領保結各二份，備文賫呈

6

钧府俯赐鉴核备查，指令祗遵！

谨呈。

四川省政府

计呈故员蒋忠晴遗族领恤保结各二份

衔名

中華民國廿八年十月　日

附：蒋王琼瑶关于成都市政府颁发故员蒋惠畴恤令的收据、蒋王琼瑶关于收到蒋惠畴一次恤金的领结、杨令昌关于蒋惠畴遗族一次恤金领取属实的保结

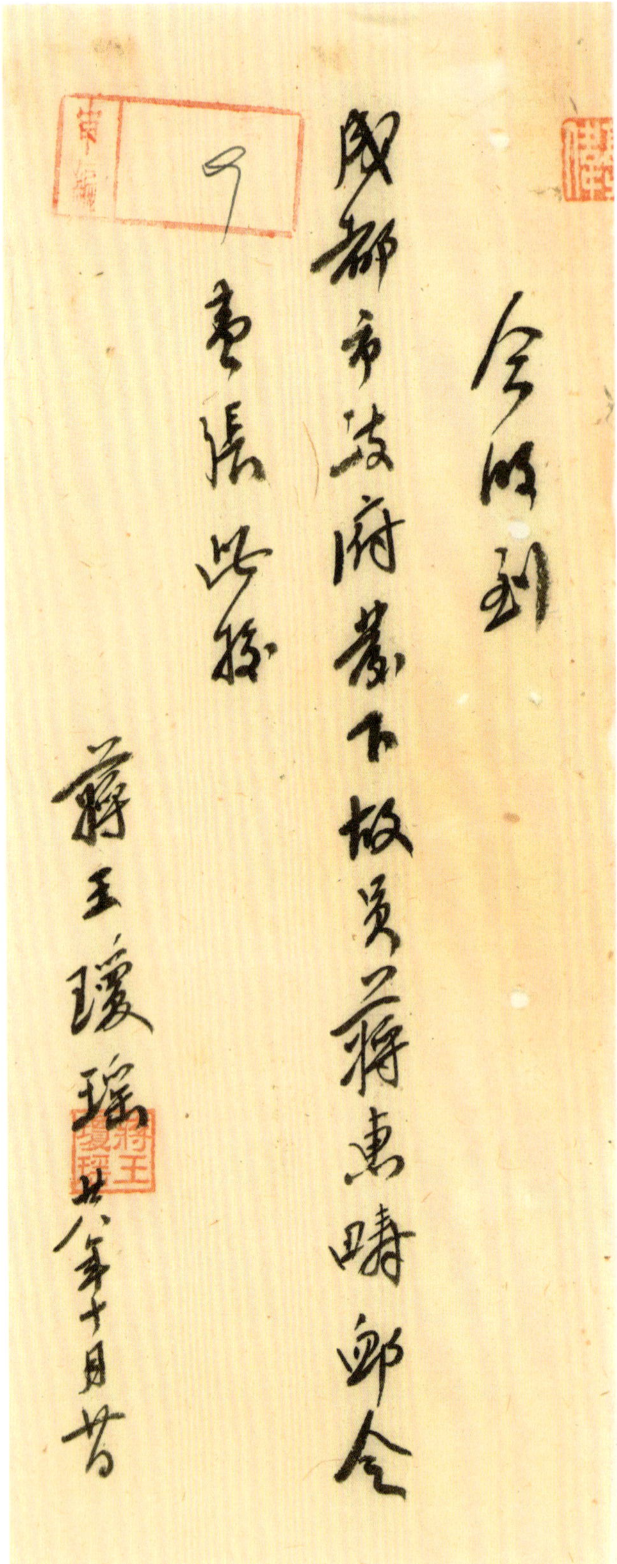
今收到
成都市政府发下故员蒋惠畴恤令壹张此据
蒋王瓊瑤
廿八年十月廿

印花弍角

審編

7

印花貼一份

領[illegible]全用

原送領保結備數轉呈云

特此移附卷　十月廿六日

領結

具領結人蔣王瓊瑤年卅九歲成都市人現住外西土橋蘇家碾街十九保張保長霖下

第　　號實領得

鈞　發下故兵蔣忠畊撫卹令一張計應領一次卹金玖百元

年卹金肆百元除另具保結外中間不虛具領結是實

原住東打銅街七十三號現疏散移住土橋

中華民國廿八年十　月　日

具願結人蔣王瓊瑶（公展為蓋章）

隸書門

文字章

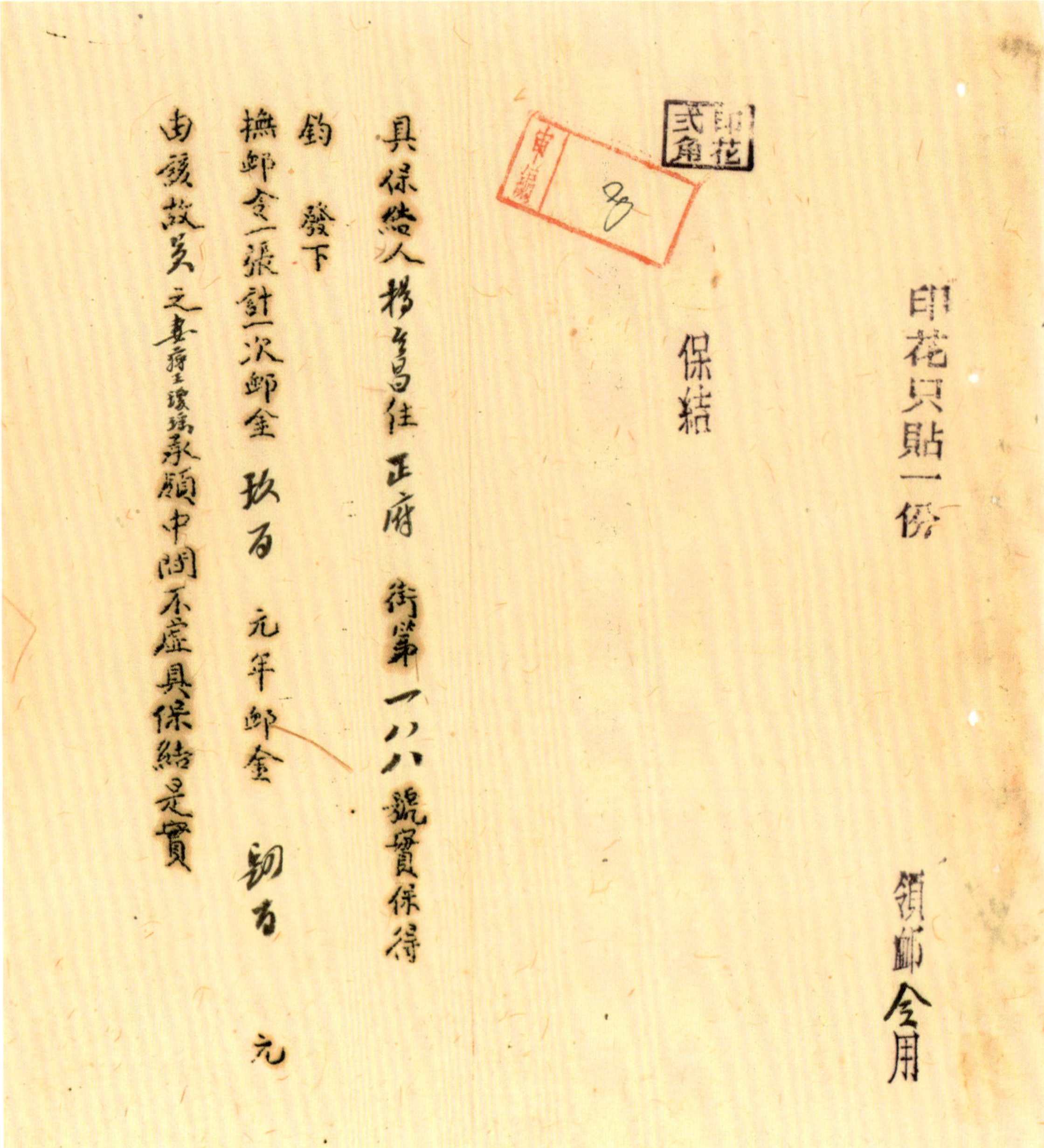

印花只貼一份

領卹金用

印花 貳角

保結

具保結人楊文昌住正府街第一八八號實保得

鈞 發下

撫卹令一張計一次卹金玖百 元年卹金 捌百 元

由該故員之妻蔣王瓊瑤承領中間不虛具保結是實

中華民國廿六年十月　日

具保結人楊重昌（簽名蓋章）長男花廷楷字弍年

保　長張毓卿（簽名蓋章）林壽漢方章

成都市政府关于核发故员蒋惠畴第三年恤金致四川省政府的呈、致蒋王琼瑶的批示

（一九四二年三月二十二日）

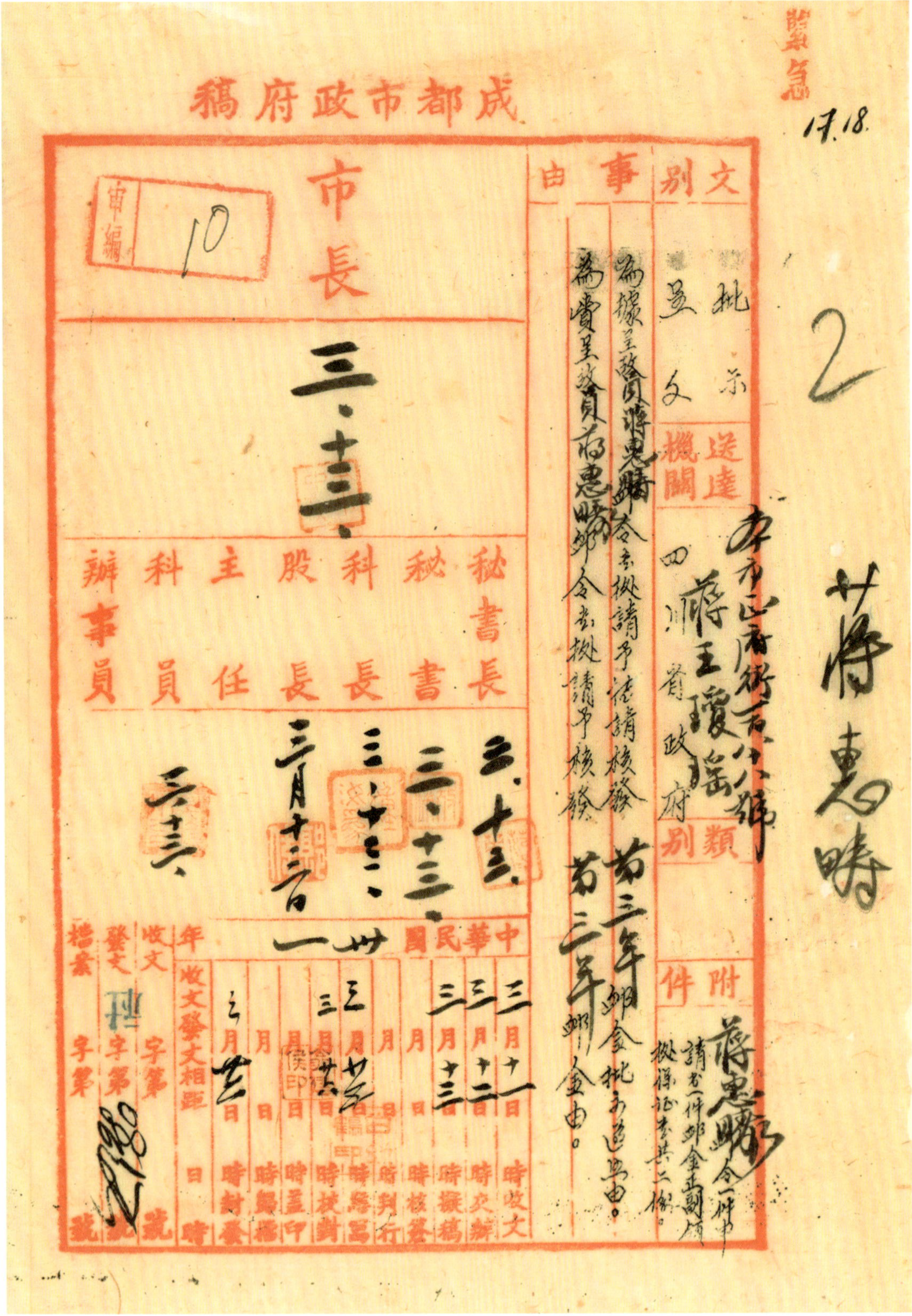

緊急

成都市政府稿

市長

文别：批示 呈文

送達機關：本市正府街后六六號 蔣王瓊瑶；四川省政府

事由：為據呈故員蔣惠疇第三年卹金批示遵照由；為呈賚故員蔣惠疇第三年卹金由

秘書長　秘書　科長　股長　主任　科員　辦事員

附件：蔣惠疇請卹令一件

中華民國卅一年

令

衛批示 社字第 號

具申請書人蔣王瓊瑶

年 月 日申請書一件為檢呈故員蔣惠疇卹令書擬請

予核發卅三年卹金由。

申請書暨附件均悉。仰候專案呈請

四川省政府核發給領可也!、附件分別存轉。

此批。

中華民國卅一年三月 日

市長余

[illegible]文稿

审编 11

案據本市故員蔣恩畴遺族蔣王瑗檢呈卹令
及申請書、正副領據、保證書等據，轉請核發卅三年
卹金等情前來。查核尚無不合，除批示外，理合遵照
鈞府請領卹金各項辦法之規定，檢同故員蔣恩畴
卹令一件、申請書一件、卹金正副領據、保證書共二聯，
一併隨文賫呈
鈞府俯賜核發給領，俾令祗遵！

謹呈

四川省政府

計呈故員蔣恩畴卹令一件、申請書一件、卹金正副領據

據保證書共二聯。

銜　名

中華民國廿一年三月　日

附：蒋王琼瑶关于请予核发故员蒋惠畴第三年恤金致成都市政府的领恤申请书、抚恤金领据、具领恤金保证书（一九四一年二月）

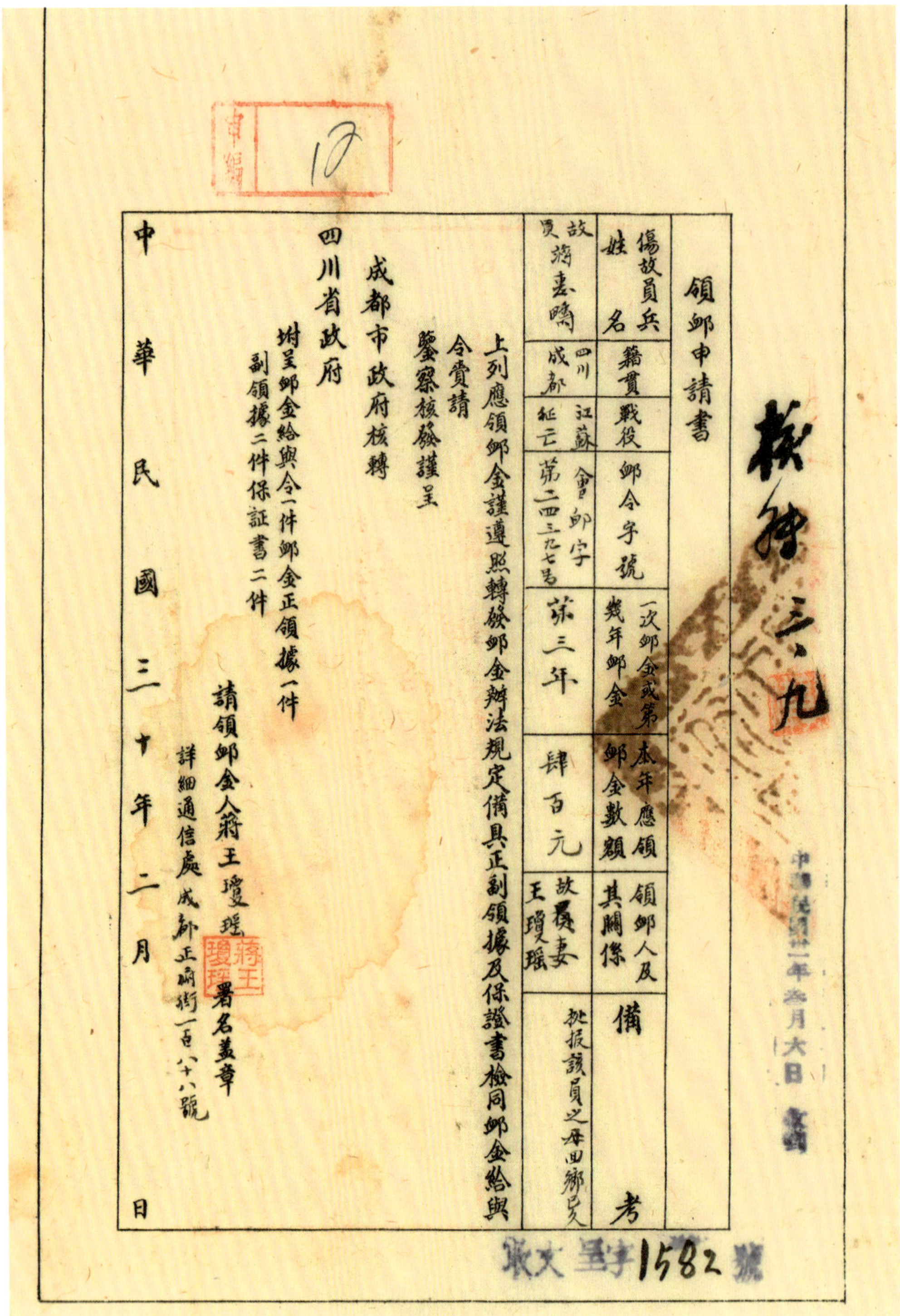

核轉 三、九

10

領卹申請書

傷故員兵姓名	籍貫	戰役	卹令字號	一次卹金或第幾年卹金	本年應領卹金數額	領卹人及其關係	備考
故員蔣惠疇	四川成都	江蘇淞滬	會卹字第二四三九七號	第三年	肆百元	故員妻王瓊瑶	批振該員之母田鄉已久

上列應領卹金謹遵照轉發卹金辦法規定備具正副領據及保證書檢同卹金給與令賫請

鑒察核發謹呈

成都市政府核轉

四川省政府

附呈卹金給與令一件卹金正領據一件副領據二件保証書二件

請領卹金人蔣王瓊瑶 署名蓋章

詳細通信處 成都正府街一百八十八號

中華民國三十年二月 日

收文 字1582號

審編 13

此聯撫卹委員會第三處存查

撫卹金副領據

茲領到

部隊機關番號 第一三四師七四三團團部　階級 三等　職務 軍醫　姓名 蔣惠疇　卹金種類 第三年卹金

國幣 肆百 元

右款業已照數領訖此據

軍事委員會撫卹委員會第三處查照

領卹人 蔣王瓊瑶（印：蔣王瓊瑶）

中華民國 三十一年 二月 日

字第　號

此聯轉報軍政部核轉

撫卹金正領據

茲領到

部隊機關番號 第一三四師七四三團團部　階級 三等　職務 軍醫　姓名 蔣惠疇　卹金種類 第三年卹金

國幣 肆百 元

右款業已照數領訖此據

軍事委員會撫卹委員會第三處查照

領卹人 蔣王瓊瑶（印：蔣王瓊瑶）

中華民國 三十一年 二月 日

具領卹金保證書

保證人 楊禎昌 今保證領卹人 蔣王瓊瑤 確係已故

部隊機關番號 第一三四師七四三團三營 階級 三等 職務 準尉 姓名 蔣志晴

之遺族茲遵照

國民政府軍事委員會會撫字第二四三九七號卹金給與令核准給與該

故員 年卹金國幣 貳佰 元整今由該遺族向

鈞會第三處如數領訖具領後如有發生爭議保證人願照

鈞會請領卹金須知第六條之規定負法律上一切責任此證

謹呈

國民政府軍事委員會撫卹委員會

保證人 姓名 楊禎昌 蓋章 籍貫 住址 正府街一百六六號 職務或職業 永和布莊

（店鋪 書東） （店鋪營業 資本金額） 伍仟元

領卹人 姓名 蔣王瓊瑤 蓋章 籍貫 住址 正府街一百六六號 與故員之關係 夫妻

其他遺族姓名及關係 子 蔣哲軒 蔣志郎 女 蔣樹勳

成都市市長 余中英

中華民國三十年二月 日

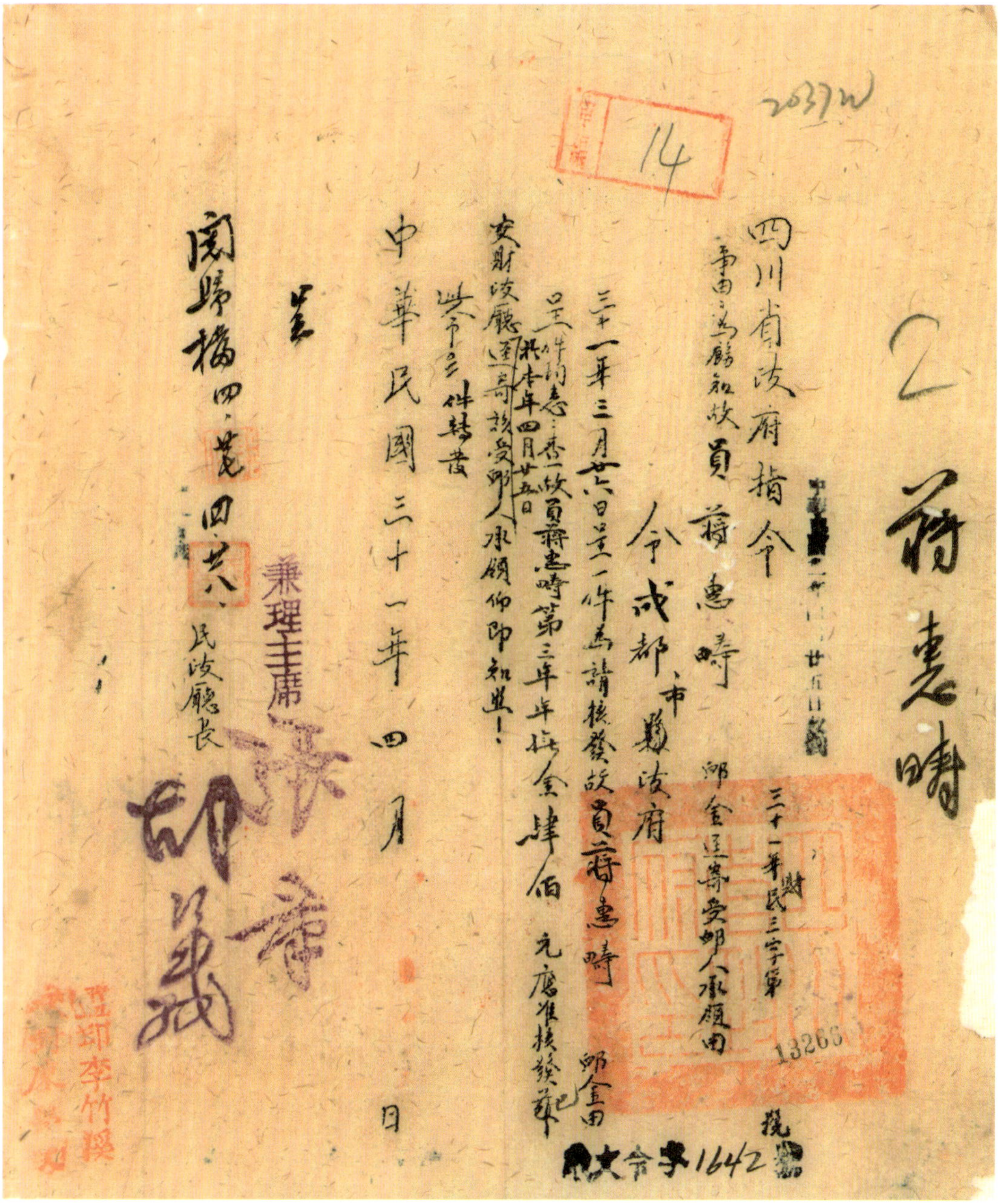
四川省政府指令
令成都市政府
三十一年三月廿六日呈一件为请核发故员蒋惠畴第三年年抚金肆佰元
呈件均悉。
中華民國三十一年四月 日
兼理主席

四川省政府关于准予核发故员蒋惠畴第三年年抚金致成都市政府的指令
（一九四二年四月二十五日收）

二十八、曾海山

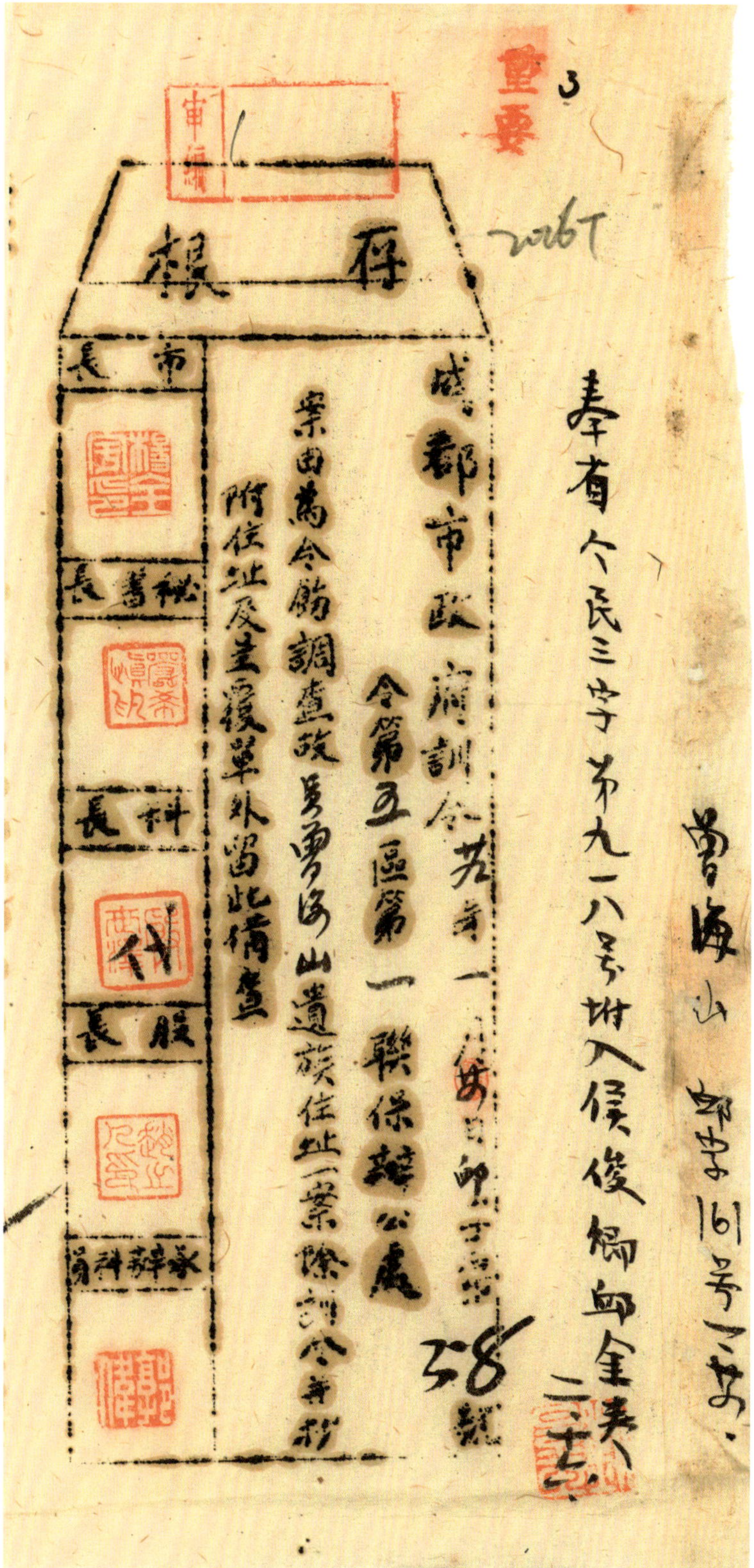
重要
审编
存根
成都市政府训令 廿九年一月廿四日 即字第258号
令第五区第一联保办公处
案由为令饬调查故员曾海山遗族住址一案除训令并抄
附住址及表覆单外留此备查
奉有令民三字第九一八号附入侯俊卿函全卷
市长
秘书长
科长
股长
承办科员

成都市政府关于调查故员曾海山遗族住址致第五区第一联保办公处的训令存根（一九四〇年一月二十四日）

曾淑清关于成都市政府颁发故员曾海山抚恤令的收据（一九四〇年二月七日）

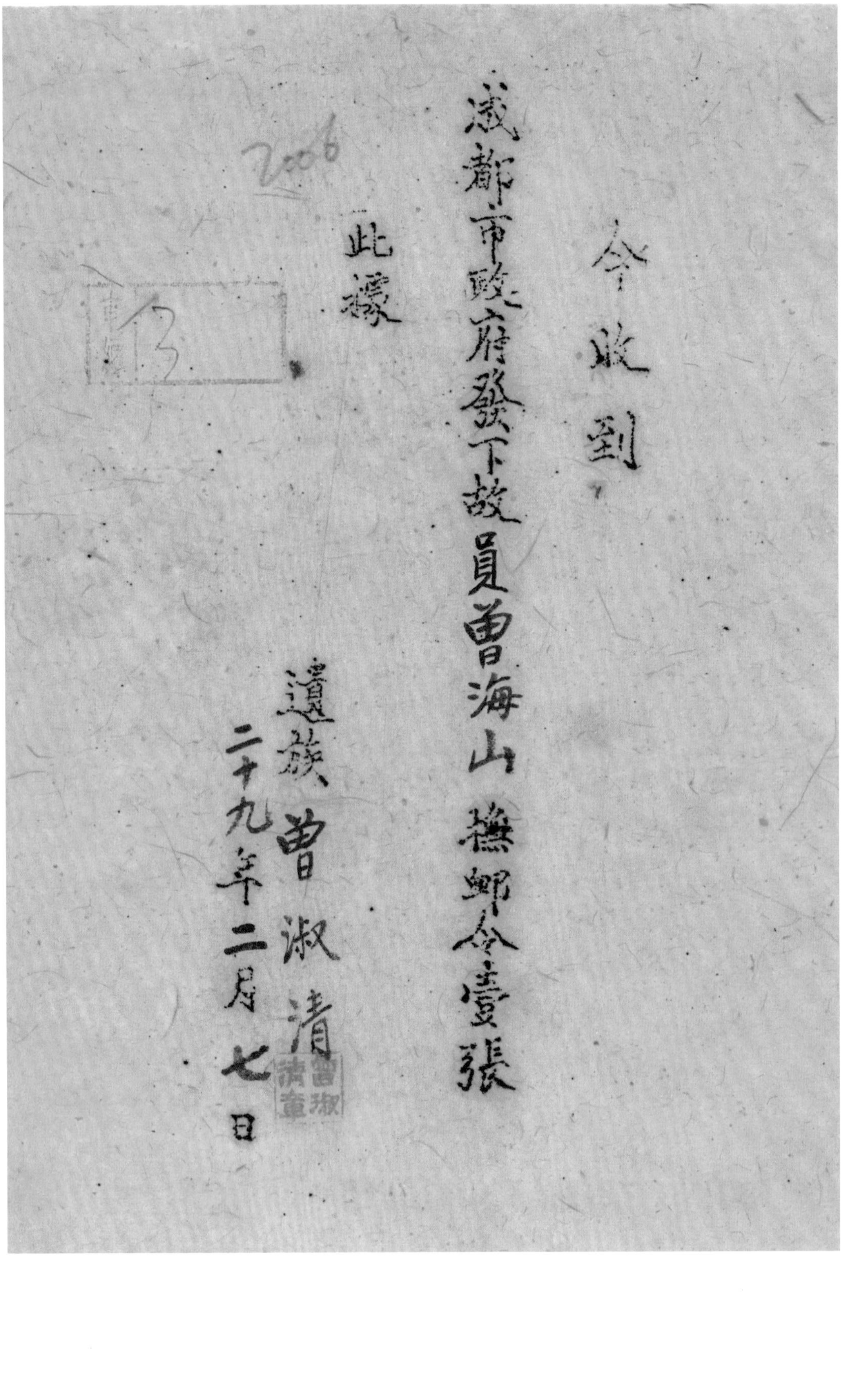
令收到
成都市政府發下故員曾海山撫卹令壹張
此據
遺族 曾淑清
曾淑清章
二十九年二月七日

曾淑清关于曾海山一次恤金的领结（一九四〇年二月）

具領結人曹淑清年三十歲成都市人現住三官堂街第十
四號實領得
鈞 發下故員曹海山撫卹令一張計應領一次卹金伍
百元年卹金弍百捌十元除另具保結外中間不虛
具領結是實

中華民國二十九年二月　日

具領結人曾淑清

曾淑清章

任发生关于曾海山遗族一次恤金领取属实的保结（一九四〇年二月）

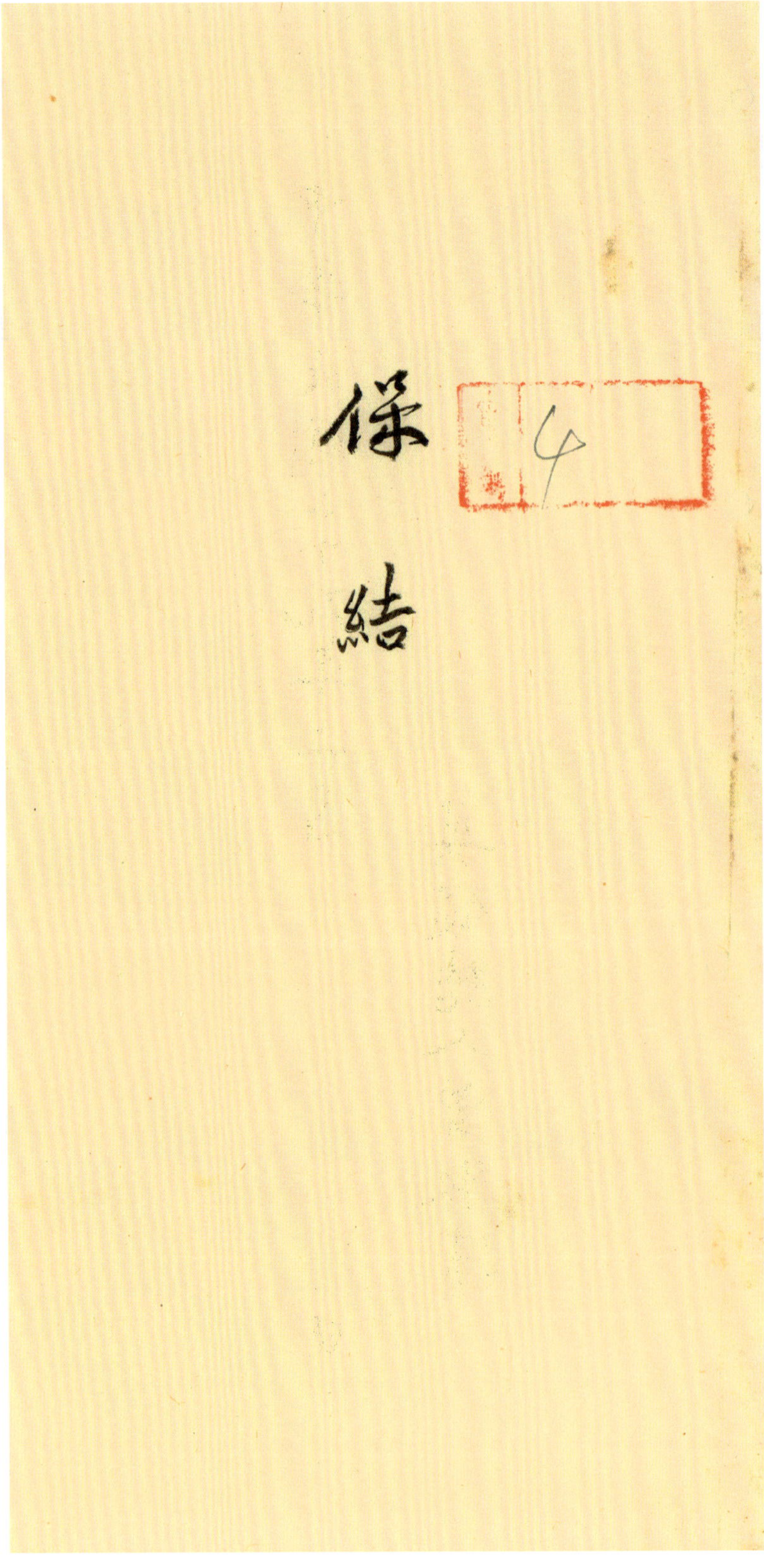
保結

4

具保結人任發生住之宮堂街第肆十弍號實

係得

鈞　發下一二五師七四五團八連步尉排長晉中尉曹海山

撫卹令一張計一次卹金伍百元年卹金弍百肆十元

由該故員之妻曹淑清承領中間不虛具保結是

實

中華民國二十九年二月　日

具保結人　任發生

保長　任發生

曾淑清关于转请核发故员曾海山民国二十九年遗族年抚金致成都市政府的呈（一九四〇年五月七日收）

事由	擬辦	批示	備考
為懇請轉請核發二十九年遺族年撫金由			

附件

字第　號　年　月　日　時到

收文 呈 字第 2796 號

竊氏夫曾海山任陸軍四五軍一二五師三七三旅七四五團三營八連少尉排長於二七年二月在山東抗日陣亡二十八年奉到卹金給與令

今已將一次卹金領訖跟即呈請

軍事委員會撫卹委員會發給二十九年遺族年撫金在案嗣奉二十九年四月二十七日批示據閱所請年卹金應按照規定向住在地

民政機關請領仰即知照等因是以遵照批示及卹金給與令第一條之規定懇請

鈞府 轉請核發二十九年遺族年撫金以維生活實沾

德便

謹呈

成都市市長 楊

敍員曾海山遺族 曾淑清 曾淑清章 呈

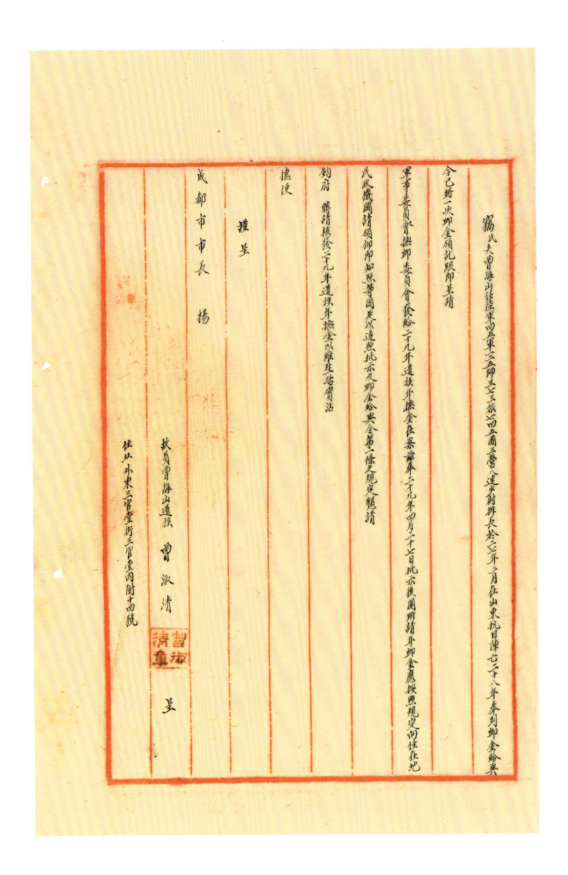

住址 外東三官堂街三官堂內附十四號

中華民國二十九年五月　日

成都市政府关于核发故员曾海山年抚金致曾淑清的批（一九四〇年五月十六日）

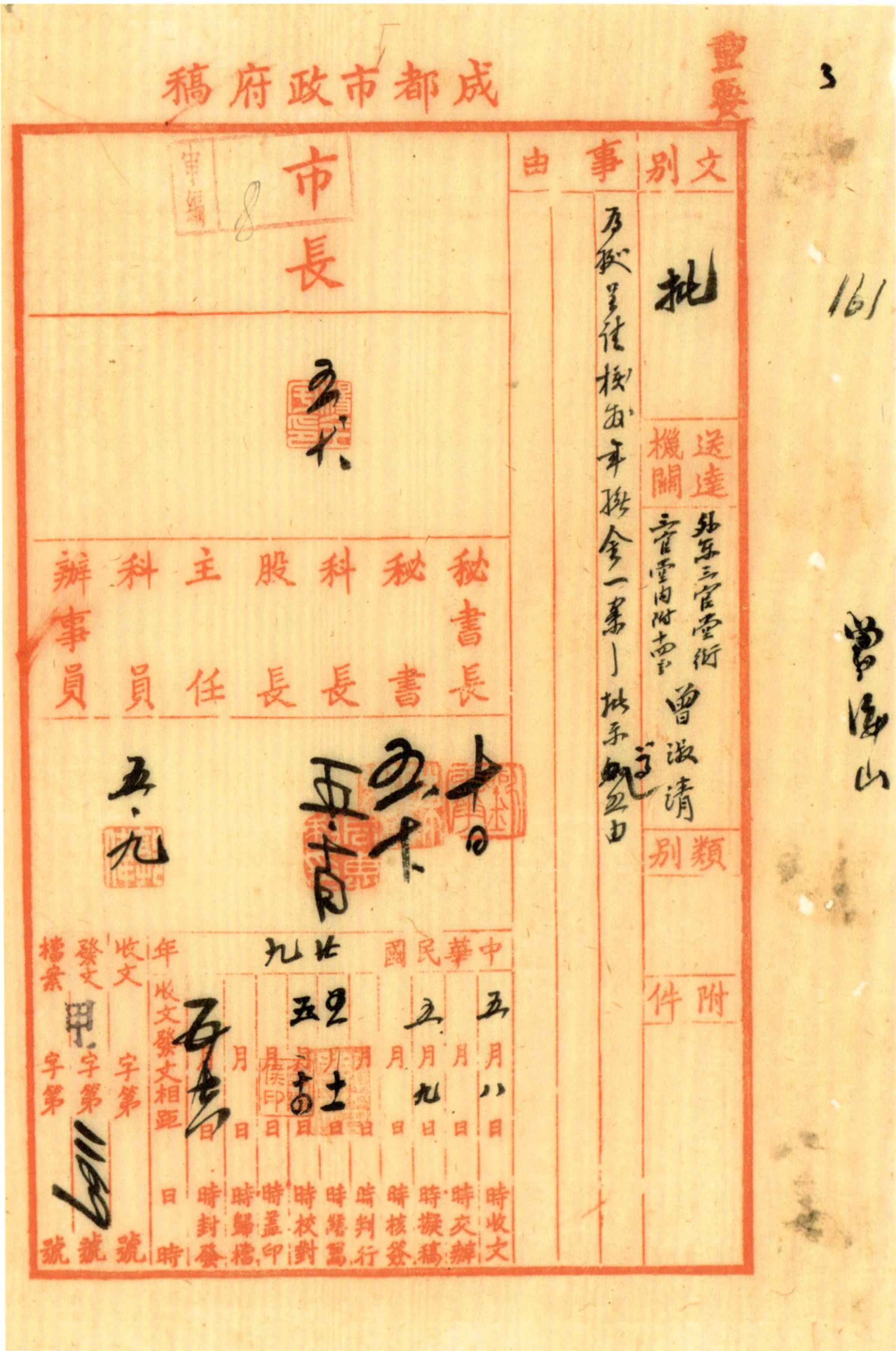
成都市政府稿

文別	批
送達機關	曾淑清
類別	
附件	

市長

秘書長 秘書 科長 股長 主任 科員 辦事員

中華民國 年 月 日

收文 字第 號
發文 字第 號
檔案 字第 號

曾海山

全銜 批　社保字第　　號

具呈人曾澂清

廿九年五月八日呈一件為呈請核發本年撫金以維生活由

呈悉、仰將故員曾澂山卹金呈繳來府、

再予核發、此批。

中華民國廿九年五月八日

市長楊

曾淑清关于遵缴故员曾海山恤金给予令致成都市政府的呈（一九四〇年五月二十二日收）

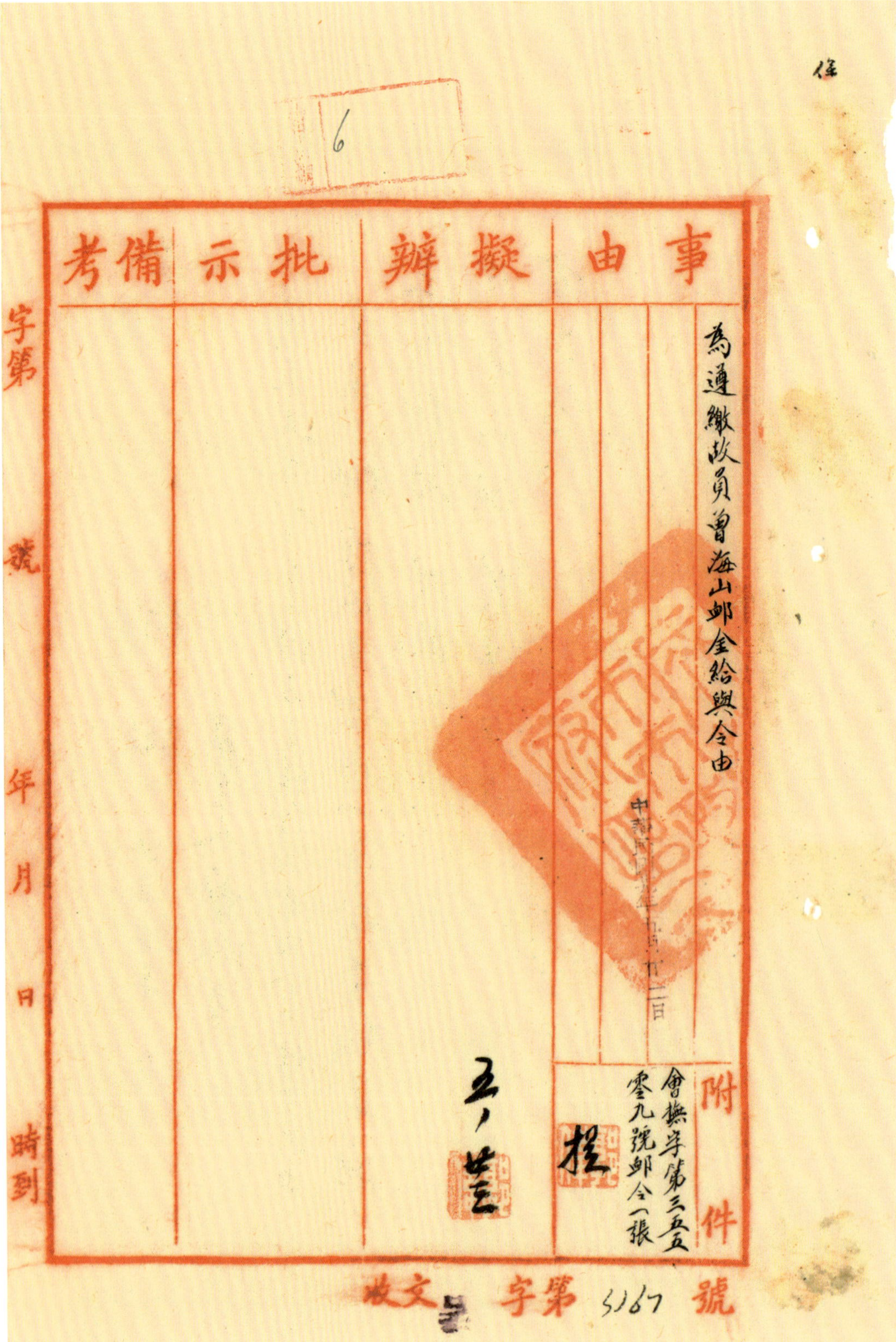
事由：為遵繳故員曾海山卹金給與令由

擬辦

批示

備考

附件：會撫字第三五五零九號卹令一張

收文 字第5167號

竊氏於二十九年五月七日呈請

鈞府轉請核發氏亡夫陸軍第一二五師七四五團八連少尉排長晉中尉曾海山二十九年遺

族年撫金在案茲奉

鈞府二十九年五月十六日甲第一一六九號批示開：

「呈悉。仰將故員曾海山卹金令呈繳來府再予核轉此批」

等因；奉此。遵將前奉

國民政府軍事委員會二十八年十月會撫字第三五五零九號卹金給與令一紙備文

呈繳

鈞府鑒核伏乞

批示祇遵。

謹呈

成都市市長楊

故員曾海山遺族曾淑清（曾淑清章）呈

住址外東三官堂街三官堂附十四號

中華民國六十九年五月日

成都市政府关于核发故员曾海山第一年年抚金致曾淑清的批（一九四〇年五月三十日）

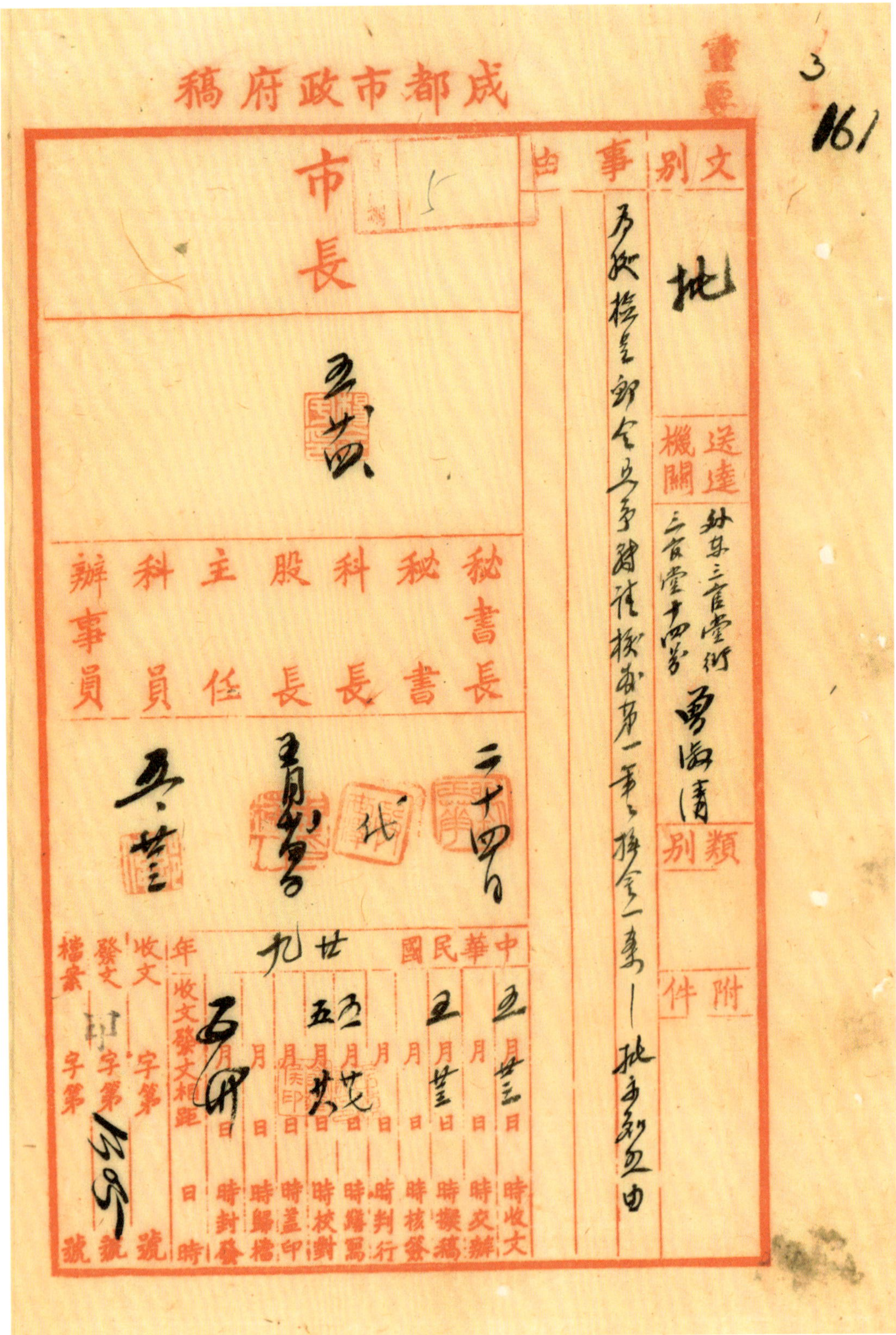
成都市政府稿

文別：批

事由

送達機關：外東三官堂街三官堂十四號 曾淑清

類別

附件

市長

秘書長 秘書 科長 股長 主任 科員 辦事員

中華民國 年 月 日

收文 月 日 時
交辦 月 日 時
擬稿 月 日 時
核發 月 日 時
判行 月 日 時
繕寫 月 日 時
校對 月 日 時
蓋印 月 日 時
歸檔 月 日 時
封發 月 日 時

收文發文相距 日 時

收文 字第 號

發文 字第 號

檔案 字第 號

令

衙批　社　字第　号

具呈人　吕殿清

卅年五月廿三日呈一件，为检呈郭令请予拨发第二年奖金由

呈悉。郭令均悉。前拨该发换两部发给

第一奖金，业经据情转请

四川省政府核发在案。仰即知照。郭令暂

存。此批。

中华民国卅年五月　日

市长杨

四川省政府关于颁发故员曾海山第一年年抚金支付命令通知存根（一九四〇年十月十六日）

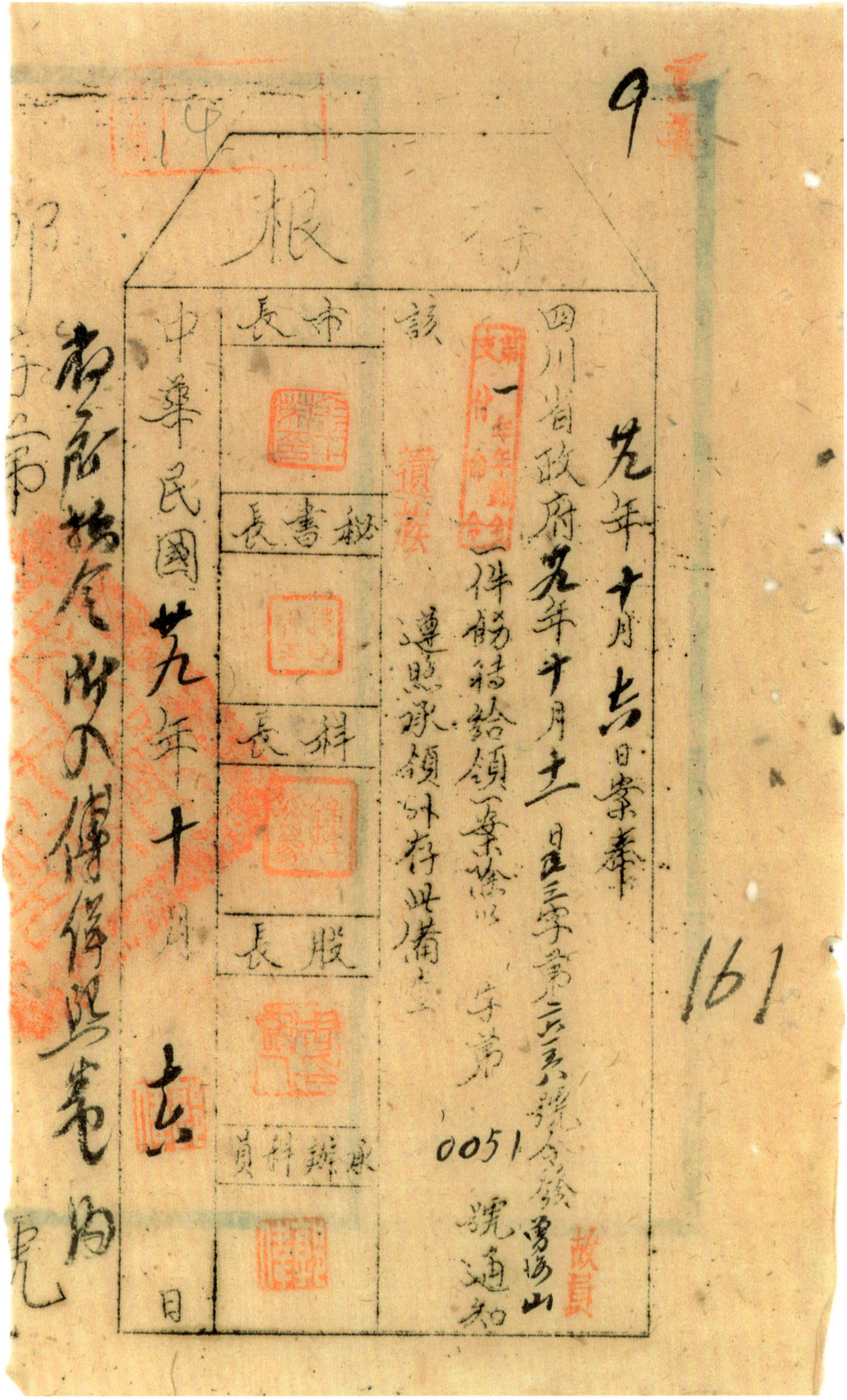

根

廿九年十月十六日案奉

四川省政府廿九年十月十二日崇三字第八八三六八号令发故员曾海山一年年抚金支付命令一件饬转给领一案除以 字第0051号通知

该遗族遵照承领外存此备查

市长

秘书长

科长

股长

承办科员

中华民国廿九年十月十六日

曾淑清关于成都市政府颁发故员曾海山第一年年抚金的收据（一九四〇年十月二十二日）

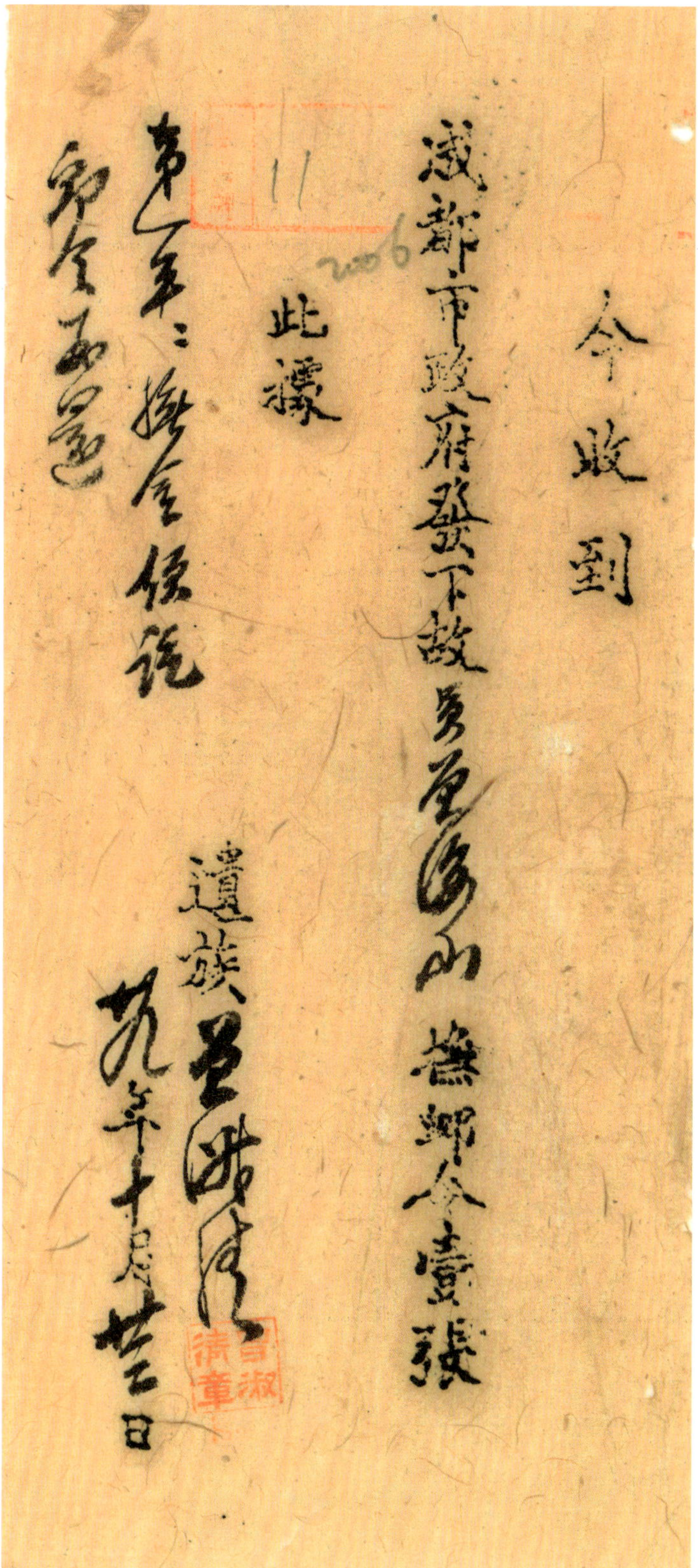
今收到
成都市政府發下故員曾海山撫卹令壹張
此據
遺族曾淑清
廿九年十月廿二日
第一年撫金領訖

附：抚恤金领据、具领恤金保证书

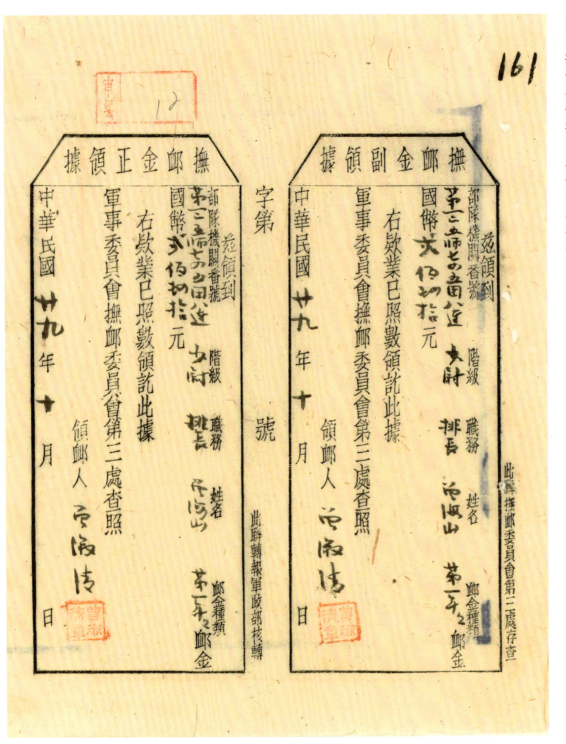

161

此聯撫卹委員會第二處存查

撫卹金副領據

茲領到

部隊機關番號 第二五師七四五團八連 階級 上尉 職務 排長 姓名 范海山 卹金種類 第一年之卹金

國幣弍佰捌拾元

右款業已照數領訖此據

軍事委員會撫卹委員會第二處查照

中華民國廿九年十月　日

領卹人 曾淑清（印：曾淑清章）

字第　號

此聯轉報軍政部核轉

撫卹金正領據

茲領到

部隊機關番號 第二五師七四五團八連 階級 上尉 職務 排長 姓名 范海山 卹金種類 第一年之卹金

國幣弍佰捌拾元

右款業已照數領訖此據

軍事委員會撫卹委員會第二處查照

中華民國廿九年十月　日

領卹人 曾淑清（印：曾淑清章）

具領卹金保證書

保證人任發生 今保證領卹人曾淑清 稱係已故

部隊機關番號 第二五師七十三團八連 階級 少尉 職務 排長 姓名 曾憲山

之遺族茲遵照

國民政府軍事委員會令撫字第二五三九號卹令給與有核准給與[illegible]

年撫金國幣貳佰捌拾元整今由該遺族 同

鈞會第三處如數領訖具領後如有發生爭議保證人願照

鈞會請領卹金須知第六條之規定負法律上一切責任此證

謹呈

國民政府軍事委員會撫卹委員會

保證人 姓名 任發生 蓋章

（店舖） 籍貫 華陽 住址 外東[illegible]街[illegible]號 職務或職業 東發店

（店舖營業資本金額） 貳仟元

領卹人 姓名 曾淑清 蓋章

籍貫 華陽 住址 外東[illegible]街[illegible]附一號 與故員之關係 夫妻

其他遺族姓名及關係

中華民國廿九年十月 日

曾淑清关于核发故员曾海山民国三十年度恤金致成都市政府的呈（一九四一年二月十七日收）

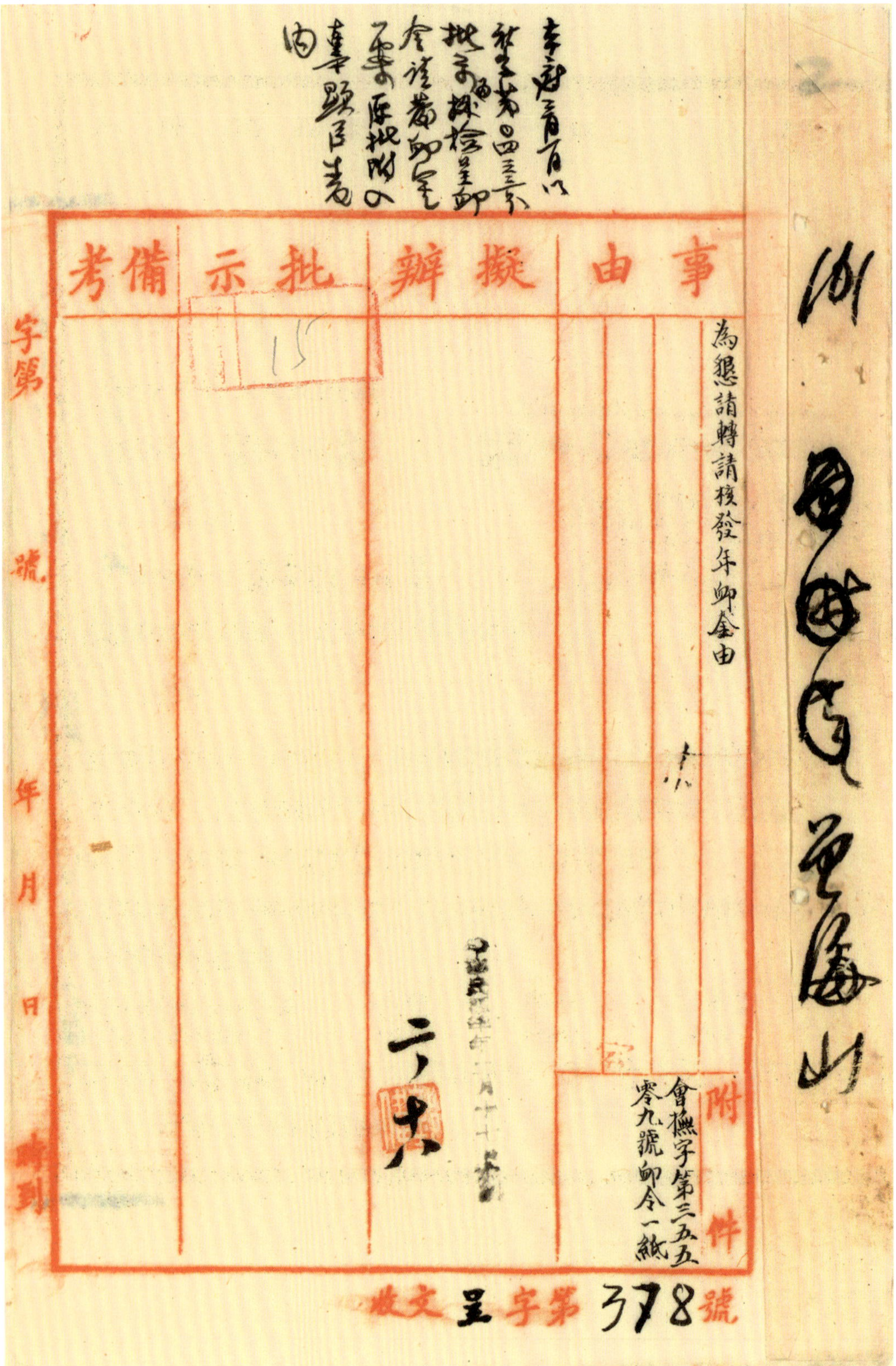

事由	擬辦	批示	備考
為懇請轉請核發年卹金由			
附件：會撫字第三五五零九號卹令一紙			

收文 呈 字第 378 號

第 字 號 年 月 日 時到

竊氏夫曾海山任一三五師七四五團八連少尉排長在山東省抗戰陣亡近
今物價高漲全家日食難度是以具文連同會撫字第三五五零九號
卹令一張呈請
鈞府轉請核發三十年度年卹金以維生活實沾
德便
謹呈
成都市市長余
卹令已付 余
故員曾海山遺族曾淑清（曾淑清章）
住址本市外東三官堂街三官堂內卅十四號

中華民國三十年一月　日

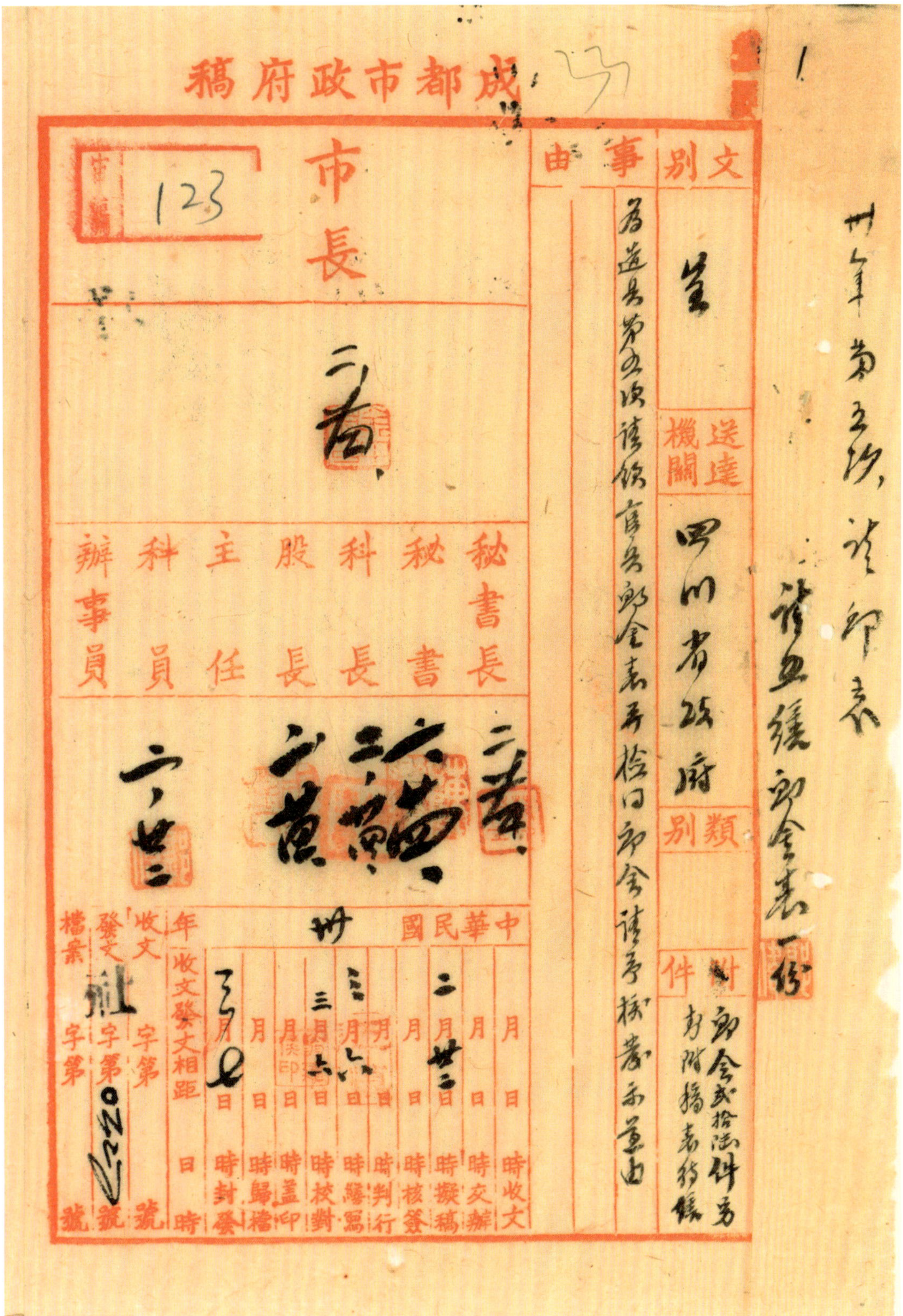
成都市政府稿
市長
秘書長
秘書
科長
股長
主任
科員
辦事員
文別 呈
送達機關 四川省政府
類別
附件

成都市政府关于核发第五次请领官兵（含曾海山）故伤员兵曾海山等人恤金表致四川省政府的呈（一九四一年三月七日）

案據本市故傷員兵辜顯臣等廿六員名遺族

或本人檢呈卹令及呈請換發卹令等件前

來、查核尚無不合、除批示外、理合

會造具卅年第五號來府請領官兵卹金表冊

檢同故傷員兵辜顯臣等廿六員名卹令各一件

（共式拾陸件）一併隨文賫請

鈞府俯賜編核卹費、轉令核發！

謹呈

四川省政府

計呈故傷員兵辜顯臣、黄海山、龍富貴、謝雲、

34

袁玉蕃、江仲文、周良安、夏紹軒、葛汝雨、龍海廷、秦璇村、董培元、尹天貴、黃國華、張儀、蔣林森、莊岡基、潘青雲、蔣坤、鄭炳迴、謝金門、謝健之、黃永清、易紹清、賴樹軒、孫夢麟等廿六員名，即令各一件（黃武搭陪件）及卅年第五次本府往領官兵部金素碌

銜名

中華民國三十年二月　日

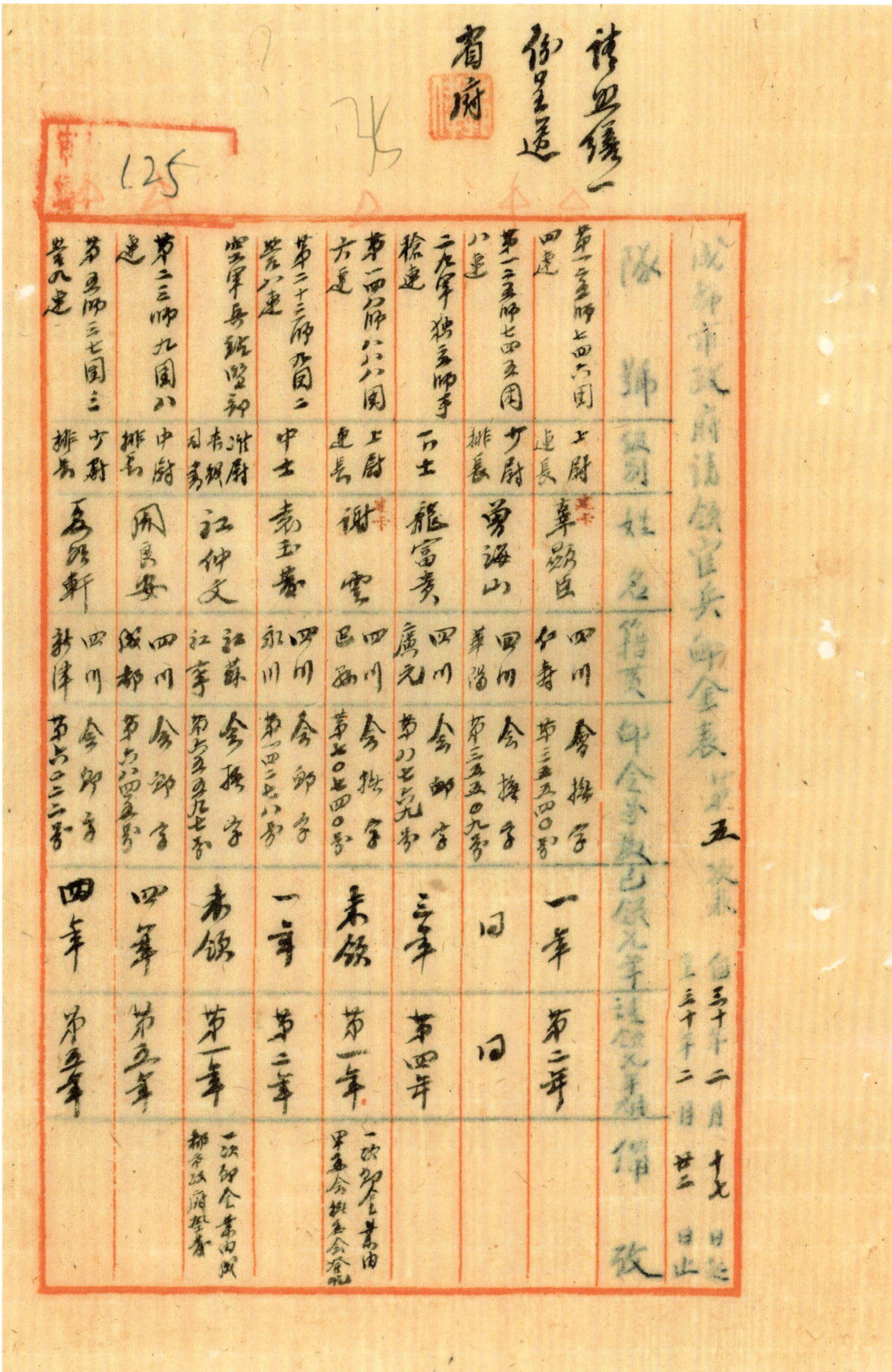

請照繕一份呈遞
省府

125

成都市政府請領官兵卹金表 第五批 自三十年二月十七日起 至三十年二月廿二日止

隊別	級職	姓名	籍貫	卹金字號	已領幾年	請領幾年	備考
第一六三師七四六團四連	上尉連長	韋顯臣	四川仁壽	會撫字第三五五四〇號	一年	第二年	
第一二五師七四五團八連	少尉排長	萬海山	四川華陽	會卹字第三五五〇九號	同	同	
二九軍獨立師手槍連	下士	龍富貴	四川廣元	會卹字第八七六九號	三年	第四年	
第一四八師八八八團六連	上尉連長	謝雲	四川岳池	會撫字第七〇七四〇號	未領	第一年	一次卹金業由軍委會撫委會發給
第二十三師九團二營八連	中士	袁玉齋	四川永川	會卹字第一四二七八號	一年	第二年	
空軍兵站監部	准尉司書	江仲文	江蘇江寧	會撫字第六五五九七號	未領	第一年	一次卹金業由成都市政府發給
第二三師九團八連	中尉排長	周良安	四川成都	會卹字第六八四五號	四年	第五年	
第五師三七團三營九連	少尉排長	夏紹軒	四川新津	會卹字第六〇二二號	四年	第五年	

附：成都市政府请领官兵恤金表

二十軍四旅十團三連	中尉排長	蕭細南	四川成都	令卹字第七六四四一号	四年	第五年
廿六軍二師五旅九團一營二連	連長	龍海廷		叔系龍海廷遺族年撫金證書	四年	第五年
前二一軍教閲總隊二團六連	少尉排長	秦曉村	四川華陽	令撫字第四〇一三号	四年	第五年
第二九軍三師一七團五連	中尉排長	董培元	四川簡陽	令卹字第一一〇八四号	一年	第二年
第二五軍三旅四〇團三連	上尉連長	尹天貴	四川南充	令卹字第八七〇四号	三年	第四年
第二五軍二旅三七團五連	一等兵	黃國華	四川華陽	令卹字第八七九二号	三年	第四年
第二九軍四師廿二團十連	上等兵	張俊	四川華陽	令卹字第八七七一号	三年	第四年
第二九軍獨立師三五團一連	中士	蔣樹立	四川遂寧	令卹字第一七二八四号	一年	第二年
第一四六師八七五團八連	二等兵	嚴南基	四川成都	令撫字第一二九七六号	未領	一次郵金
第七六師四五六團九連	上等兵	陳秀雲	四川成都	令撫字第三六五五六号	一年	第二年

審編 126

36

第二軍警衛一路五團一二連	少尉排長	蔣昫	四川大邑	會卹字第一五一一二號	一年	第二年	
第一七八師一〇六三團六連	下士	鄭炳兆	四川華陽	會撫字第六九七四二號	未領	第一年	一次卹令由軍委會撫委會發
第二二軍三師二五團一連	少尉排長	游金門	四川簡陽	會卹字第五一一六號	四年	第五年	
第四五軍五師二一七團一一連	中尉排長	謝繼之	四川中江	會卹字第一三五五三號	一年	第二年	
第二三師七團三營十二連	中士	黃永清	四川犍爲	會卹字第一四二八二號	一年	第二年	
第二五軍五師二五團一連	上士	易紹清	四川安岳	會卹字第二〇八九號	一年	第二年	
第一五九軍一師五團一連	下士	賴樹軒	四川三台	會卹字第八七六三號	三年	第四年	
第一師二團一營	少校營長	孫夢麟	四川瀘縣	會撫字第二九六五一號	一年	第二年	

四川省政府关于颁发故员曾海山第二年年抚金支付命令通知存根（一九四一年六月二日）

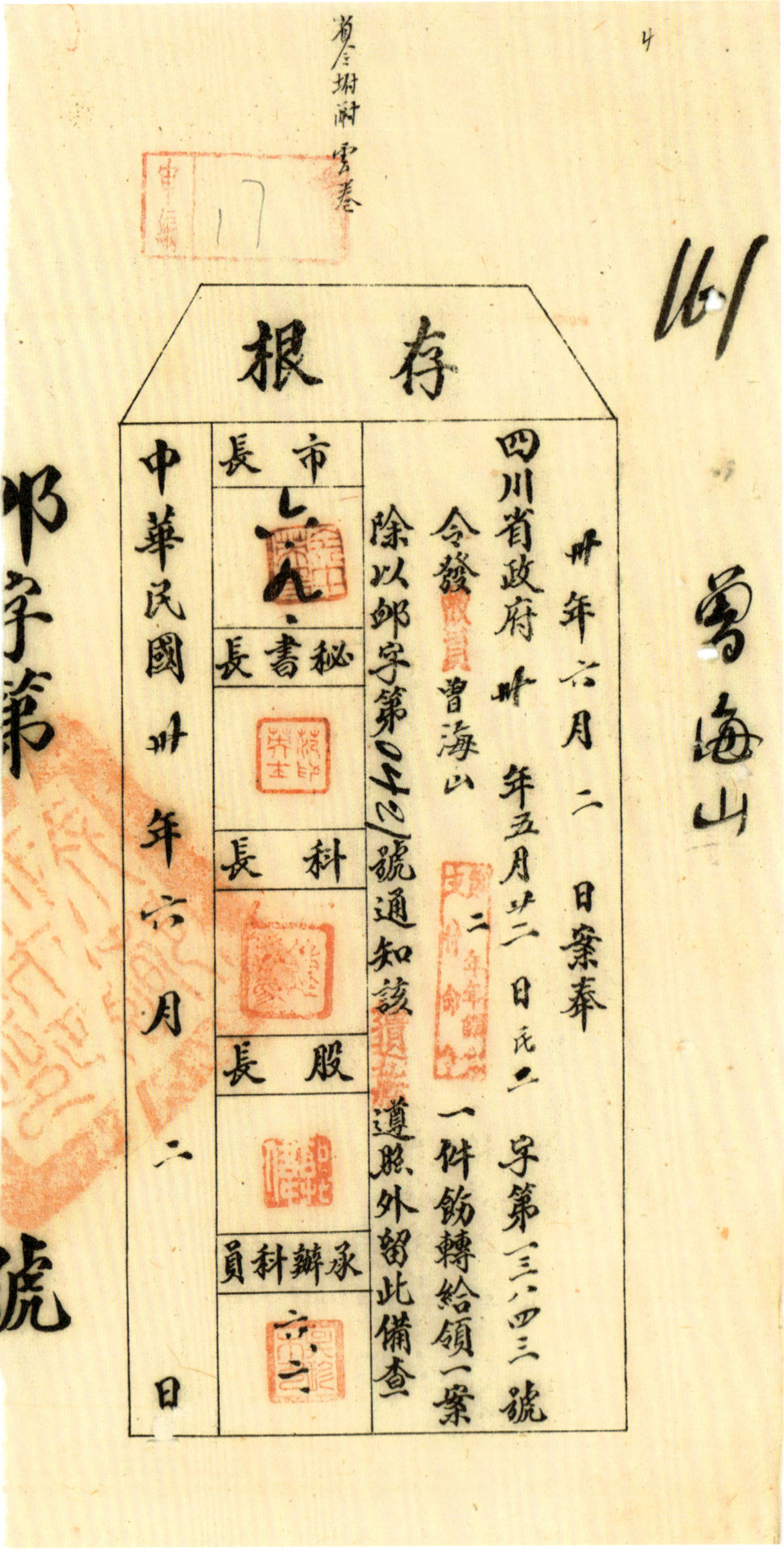

曾淑清关于收到成都市颁发故员曾海山第二年恤金的收据（一九四一年六月十八日）

161

2006

18

令收到

成都市政府發下 傳 故員曾海山 撫卹令

壹張此據

傳

遺族 曾淑清 （印：曾淑清章）

卅年六月十八日

第二年卹金領訖卹令發還

附：抚恤金领据、具领恤金保证书

此聯撫卹委員會第三處存查

撫卹金副領據

茲領到

部隊機關番號 第一三五師七四五團八連

階級 少尉

職務 排長

姓名 曾海山

卹金種類 第二年々卹金

國幣貳百肆拾元

右欵業已照數領訖此據

軍事委員會撫卹委員會第三處查照

中華民國三十年六月 日

領卹人曾淑清（印：曾淑清章）

字第 號

此聯轉報軍政部核轉

撫卹金正領據

茲領到

部隊機關番號 第一三五師七四五團八連

階級 少尉

職務 排長

姓名 曾海山

卹金種類 第二年々卹金

國幣貳百肆拾元

右欵業已照數領訖此據

軍事委員會撫卹委員會第三處查照

中華民國三十年六月 日

領卹人曾淑清（印：曾淑清章）（印：曾淑清章）

具領卹金保證書

保證人　　今保證領卹人　　確係已故

部隊機關番號　第三五師一〇四團八連　階級　少尉　職務　排長　姓名　曾海山

之遺族茲遵照

國民政府軍事委員會會撫字第三五五〇九號卹金給與令核准給與該

故員二年份卹金國幣貳百肆拾元整今由該遺族向

鈞會第三處如數領訖具領後如有發生爭議保証人願照

鈞會請領卹金須知第六條之規定負法律上一切責任此證

謹呈

國民政府軍事委員會撫卹委員會

保証人（店舖書柬）姓名　任發生　蓋章　　籍貫　華陽　住址　三官堂街四十号　職務或職業　茶舖　（店舖營業資本金額）　貳仟圓

領卹人姓名　曾淑清　蓋章　　籍貫　住址　三官堂附十四號　　與故員之關係　夫妻

其他遺族姓名及關係

中華民國三十年六月　日

成都市政府关于核发故员曾海山第三年恤金致四川省政府的呈、致曾淑清的批示
（一九四二年三月三十一日）

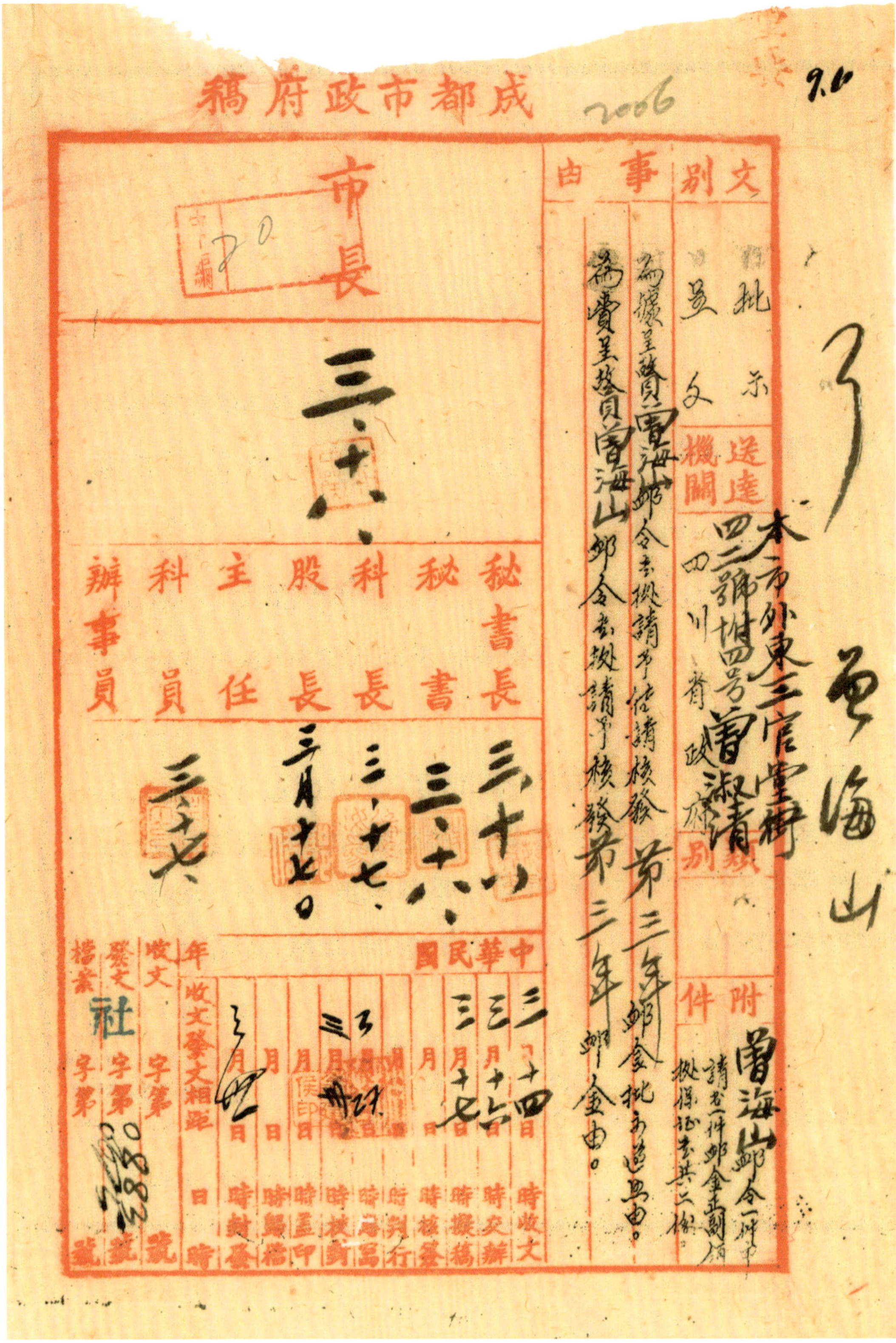
成都市政府稿

文别	呈文 批示
送达机关	四川省政府；本市外东三官堂街四三号曾淑清
事由	为据呈故员曾海山卹令请予转请核发第三年卹金批示由；为呈赍故员曾海山卹令请予核发第三年卹金由
附件	曾海山卹令一件
市长	
秘书长	三十、十六
秘书	三、十六
科长	三、十七
股长	三月十七日
主任	
科员	
办事员	三、十七

中华民国三十一年三月 日

全

銜批示　　社字第　　號

具申請書人曾淑清

年　月　日申請書一件，為檢呈教員曾海山卹金書據請

予核發第三年卹金由。

申請書暨附件均悉。仰候專案呈請

四川省政府核發給領可也。附件分別存轉。

此批。

中華民國廿一年三月　　日

市長余

呈文稿

等於本市警員曾海山遺族曾淑清檢呈卹令

請發正副領撫保証書等件，懇予轉請核發第三年

卹等情，前來查核尚無不合，除批示外，理合遵照

府請領卹金各項辦法之規定，檢同警員曾海山

令一件、申請書一件、卹金正副領撫保証書共二聯

併隨文賫呈

鈞府俯賜核發給領，俾令祇遵！

謹呈

四川省政府

計呈警員曾海山卹令一件、申請書一件、卹金正副領據

據保證書共六聯。

銜名

中華民國卅一年三月　日

附：曾淑清关于请予核发故员曾海山第三年恤金致成都市政府的领恤申请书、抚恤金领据、具领恤金保证书（一九四二年三月五日收）

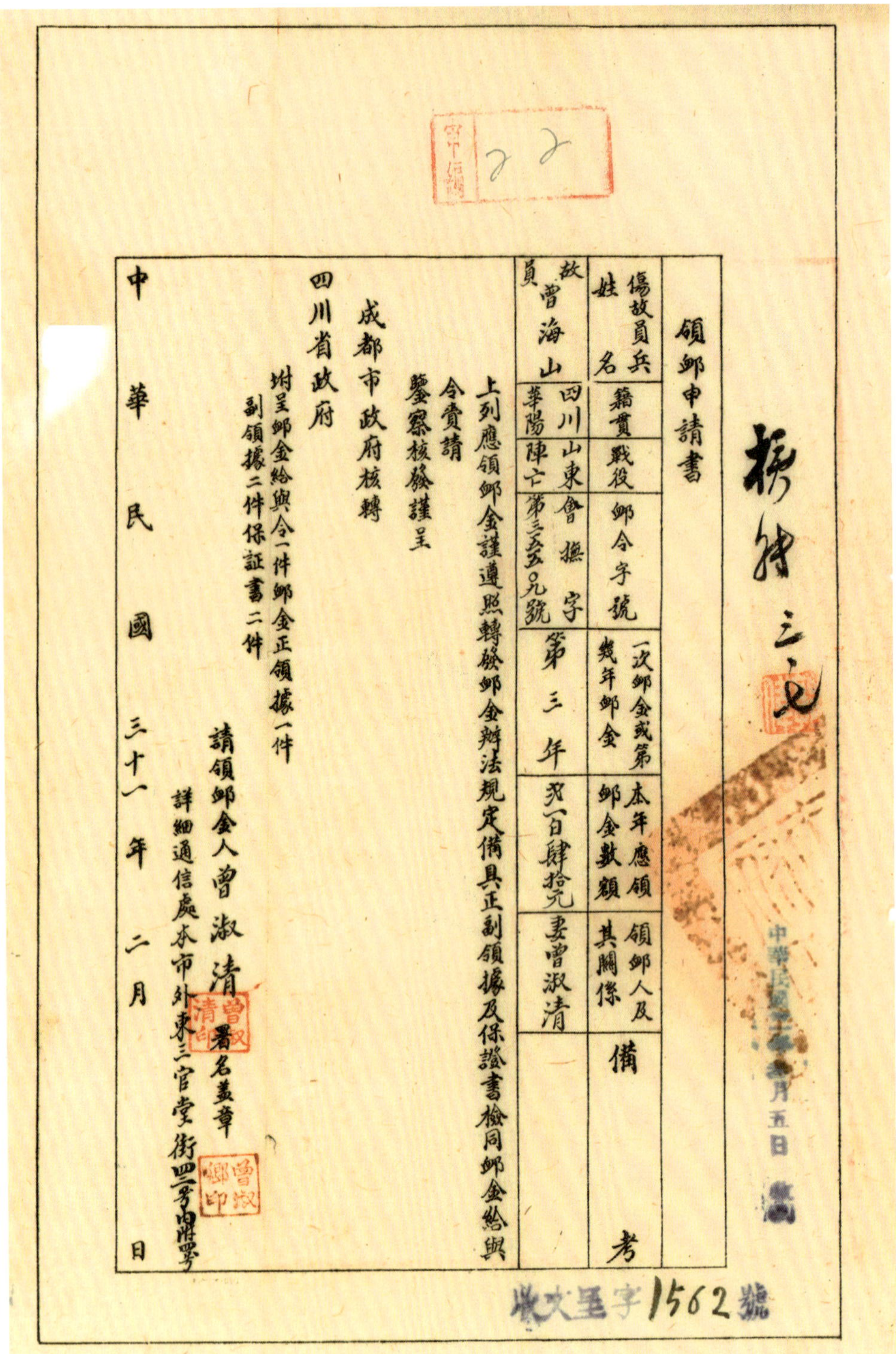

核轉 三七

領卹申請書

傷故員兵姓名	籍貫	戰役	卹令字號	一次卹金或第幾年卹金	本年應領卹金數額	領卹人及其關係	備考
故員曾海山	四川華陽	山東會陣亡	撫字第三五九號	第三年	貳百肆拾元	妻曾淑清	

上列應領卹金謹遵照轉發卹金辦法規定備具正副領據及保證書檢同卹金給與令賫請

鑒察核發謹呈

成都市政府核轉

四川省政府

附呈卹金給與令一件卹金正領據一件副領據二件保證書二件

請領卹金人曾淑清 署名蓋章

詳細通信處本市外東三官堂街四二號內附四號

中華民國三十一年二月 日

中華民國三十一年三月五日

收文呈字1562號

審編 23

此聯撫郵委員會第三處存查

撫郵金副領據

茲領到

部隊機關番號 第一三五師七四五團八連

階級 少尉

職務 排長

姓名 曾海山

郵金種類 第三類郵金

國幣弍百肆拾 元

右款業已照數領訖此據

軍事委員會撫郵委員會第三處查照

領郵人 曾淑清（印：曾淑清印）

中華民國 三十一 年 二 月 日

字第 號

此聯轉報軍政部核轉

撫郵金正領據

茲領到

部隊機關番號 第一三五師七四五團八連

階級 少尉

職務 排長

姓名 曾海山

郵金種類 第三類郵金

國幣弍百肆拾 元

右款業已照數領訖此據

軍事委員會撫郵委員會第三處查照

領郵人 曾淑清（印：曾淑清印）

中華民國 三十一 年 二 月 日

具領䘏金保證書

保證人任發生 今保證領䘏人 曾淑清 確係 已故

部隊機關番號 第一三五師七四〇團八連 階級 少尉 職務 排長 姓名 曾海山

之遺族茲遵照

國民政府軍事委員會會於字第三一三六九號䘏金給與令核准給與該

故員年 䘏金國幣弍百肆拾 元整今由該遺族向

鈞會第三處如數領訖具領後如有發生爭議保証人願照

鈞會請領䘏金須知第六條之規定負法律上一切責任此證

謹呈

國民政府軍事委員會撫䘏委員會

保証人姓名 任發生 蓋章 （任發生印）

（店鋪書東） 東發店 （東發店）

籍貫 華陽縣 職務或職業 茶 鋪

住址 三官堂街四三號

（店鋪營業資本金額） 約貳仟圓

領䘏人姓名 曾淑清 蓋章 （曾淑清印）

籍貫 四川華陽

住址 三官堂街四三號內附四號

與故員之關係 夫妻

其他遺族姓名及關係

中華民國三十一年二月 日

（成都市第五區水津鎮第八保保辦公處圖記）

成都市市長余中英

四川省政府关于准予核发故员曾海山第三年恤金致成都市政府的指令（一九四二年五月十六日收）

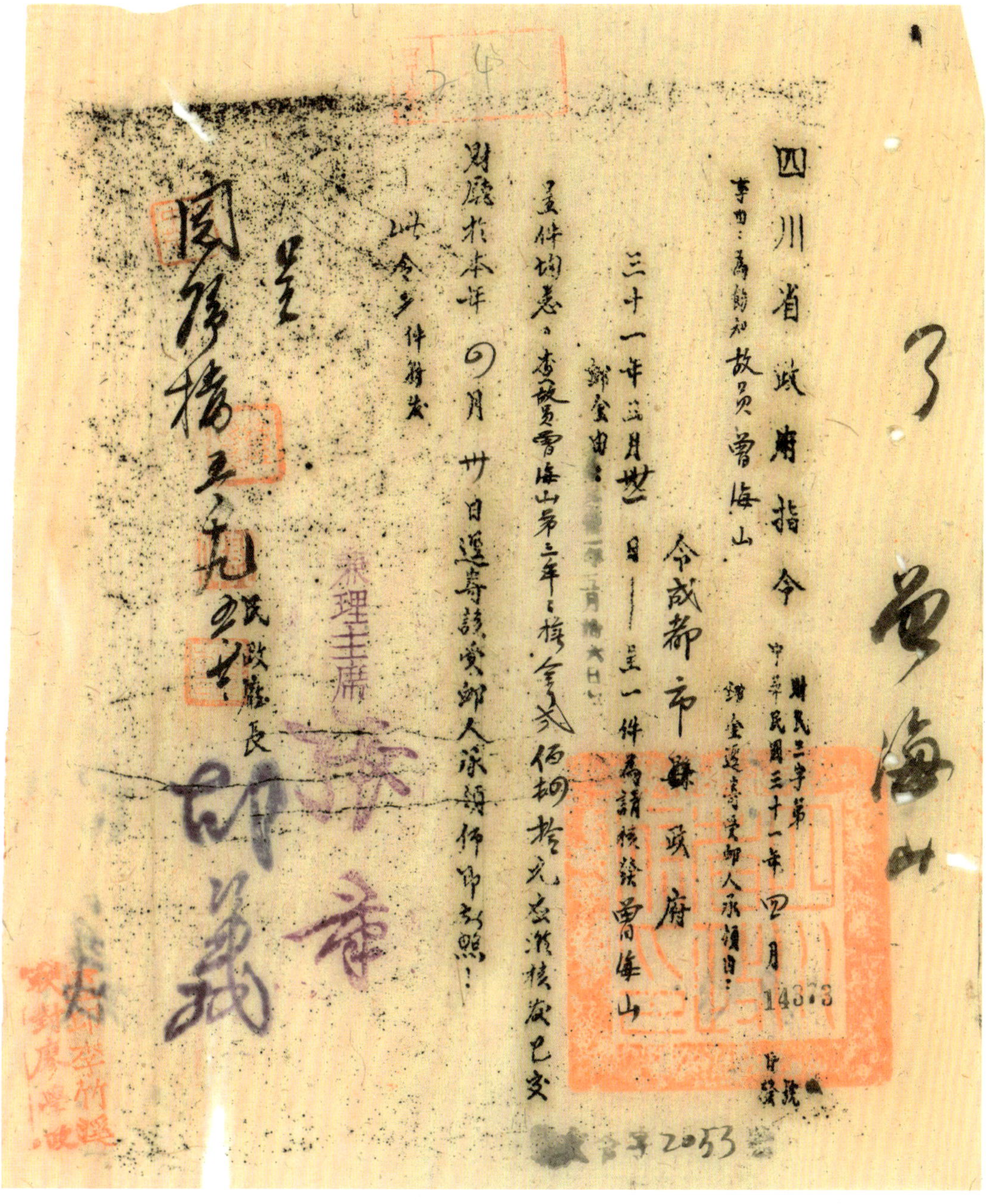

四川省政府指令　财民三字第14373号
中华民国三十一年四月　日发

事由：为饬知故员曾海山卹金遵寄受卹人承领由：

令成都市政府

三十一年三月廿　日——呈一件为请核发曾海山卹金由：

呈件均悉。查故员曾海山第三年卹金，仍饬按式出具核发已交财厅于本年四月廿日遵寄该受卹人承领，仰即知照！

此令。附件存发

兼理主席　蒋中正

民政厅长　胡次威

曾淑清关于私章遗失请予证明俾便早发恤金致成都市政府的报告（一九四二年五月二十六日）

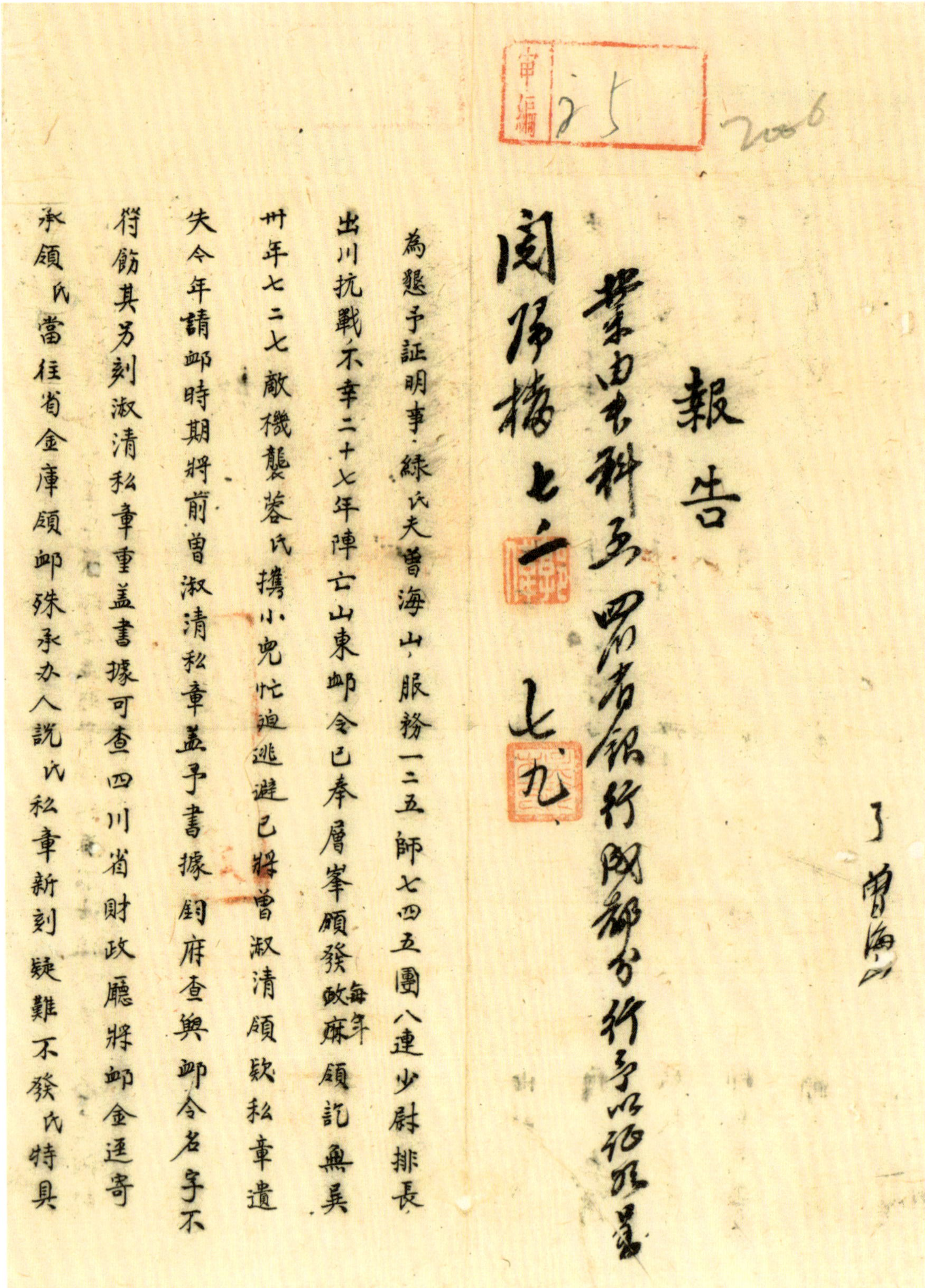

報告

曾海山

業由本科函四川省銀行成都分行予以照發

閲 薛橋 七、二 七、九

為懇予証明事：緣氏夫曾海山，服務一二五師七四五團八連少尉排長，出川抗戰，不幸二十七年陣亡山東，卹令已奉層峯頒發，每年敵麻頒訖無異。卅年七二七敵機襲蓉，氏攜小兒忙迫逃避，已將曾淑清頒欵私章遺失。今年請卹時期，將前曾淑清私章蓋予書據，鈞府查與卹令名字不符，飭其另刻淑清私章重蓋書據，可查四川省財政廳將卹金逕寄承領氏。當往省金庫領卹，殊承办人說氏私章新刻，疑難不發。氏特具

文呈請

鈞府予以証明請金庫早發卹金並非冒領如有不法保人當負全責何計

一新刻私章 謹呈

成都市政府

遺族 曾淑清

三曾堂衛伯錦

中華民國卅一年 五月 廿六日

成都市政府关于核发故员曾海山民国三十一年加倍及第四年恤金致四川省政府的呈、致曾淑清的批示（一九四三年四月二十日）

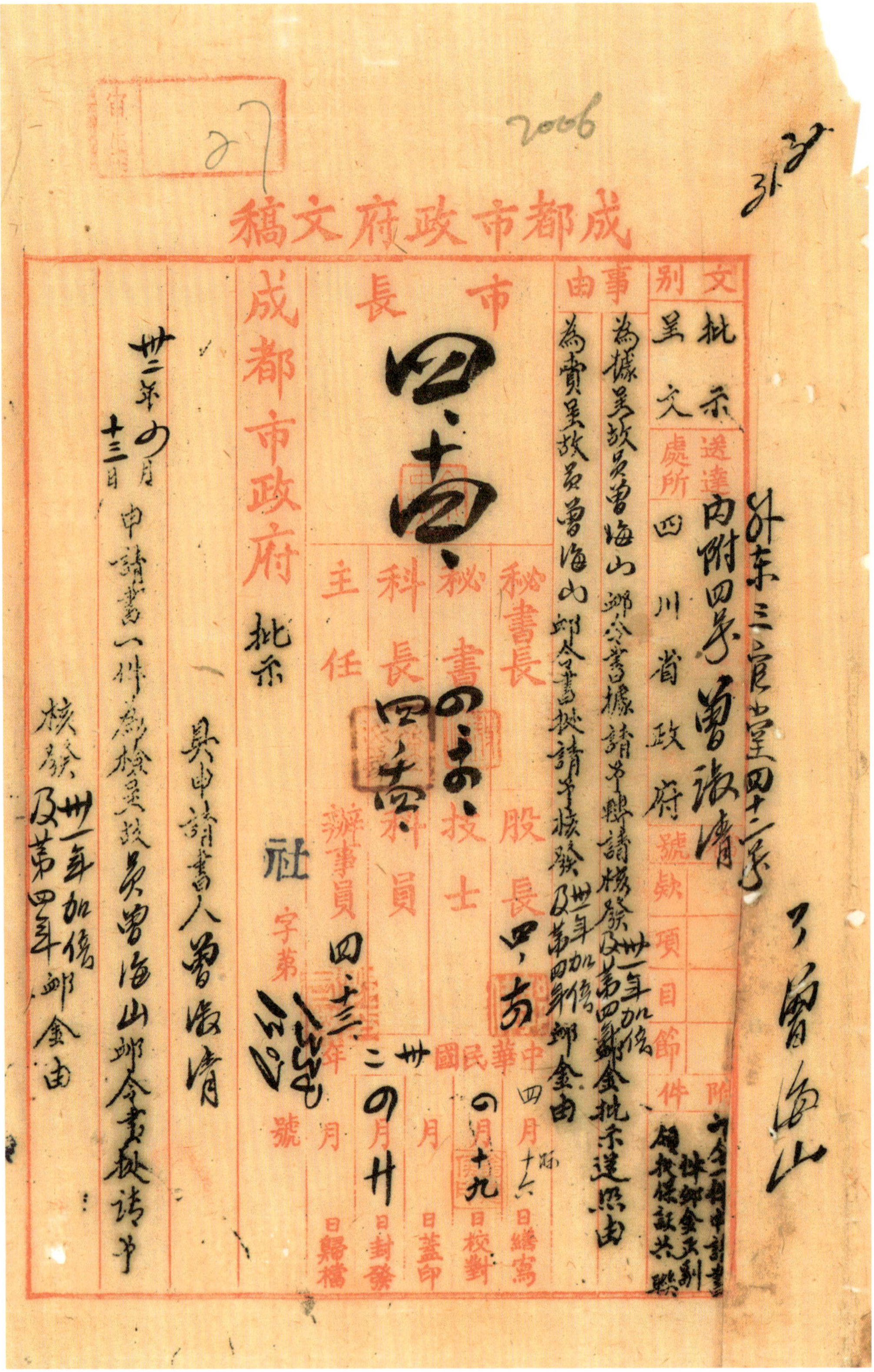

成都市政府文稿

文别：批示 呈文

事由：為據呈故員曾海山卹令書據請予轉請核發卅一年加倍及第四年卹金批示遵照由
為賚呈故員曾海山卹令書擬請予核發卅一年加倍及第四年卹金由

送達處所：曾淑清；四川省政府

號 款 項 目 節 件 附

市長

秘書長 股長

秘書 技士

科長 科員

主任 辦事員

中華民國卅二年四月十八日繕寫 十九日校對 日蓋印 廿日封發 日歸檔

成都市政府批示

字第 號

具申請書人曾淑清

卅二年四月十三日申請書一件為檢呈故員曾海山卹令書擬請予核發卅一年加倍及第四年卹金由

申請書暨附件均悉。仰候予案呈請
四川省政府核發給領可也！ 附件分別存轉
此批。
中華民國卅二年 月 日
市長 余
呈文稿
案據本市故員曾海山遺孀曾趙 請檢呈䘏令及申
請書正副領據保證書等呈市轉請核發卅一年加倍及第四年
䘏金等情前來查核尚無不合除批示外理合遵照
鈞府請領䘏金各項辦法之規定檢同故員曾海山

28

2006

卹令一件申請書一件卹金正副領拟保証書共四聯一併隨文賫呈

鈞府俯賜核發給領指令祗遵！

謹呈

四川省政府

計呈故員曾海山卹令一件申請書一件卹金正副領拟保証書共四聯

銜名

附：曾淑清关于请予核发故员曾海山民国三十一年加倍恤金及第四年恤金致成都市政府的领恤申请书、抚恤金领据、具领恤金保证书

領卹申請書

傷故員兵姓名	故員曾海山
籍貫	四川華陽
職役	山東陣亡
卹令字號	會撫字第三五五〇九號
一次卹金或第幾年卹金	請補發三十一年加倍卹金及第四年卹金 加倍年卹金
本年應領卹金數額	共柒百貳拾元整 貳百肆拾元
領卹人及其關係	曾淑清
備考	

上列應領卹金謹遵照轉發卹金辦法規定備具正副領據及保證書檢同卹金給與令賫請

鑒察核發謹呈

成都市政府核轉

四川省政府

附呈卹金給與令一件卹金正領據一件

副領據二件保證書二件

請領卹金人曾淑清（曾淑清印）署名蓋章

詳細通信處本市三官堂街[illegible]

中華民國三十二年一月

更正後核轉 三八

中華民國卅二年叁月拾八日收訖

領卹申請書

傷故員兵姓名	籍貫	職役	卹令字號	一次卹金或第幾年卹金	本年應領卹金數額	領卹人及其關係	備考
故員曾海山	四川華陽	山東陣亡	會撫字第二五五五號	請補發三十一年四個月卹金	弍百肆拾元	妻 曾淑清	

上列應領卹金謹遵照轉發卹金辦法規定備具正副領據及保證書檢同卹金給與令賫請

鑒察核發謹呈

成都市政府核轉

四川省政府

計呈卹金給與令一件卹金正領據一件

副領據二件保証書二件

請領卹金人曾淑清（印）署名蓋章

詳細通信處本市三官堂街四十號附四號

中華民國三十二年一月 日

收文呈字1717號

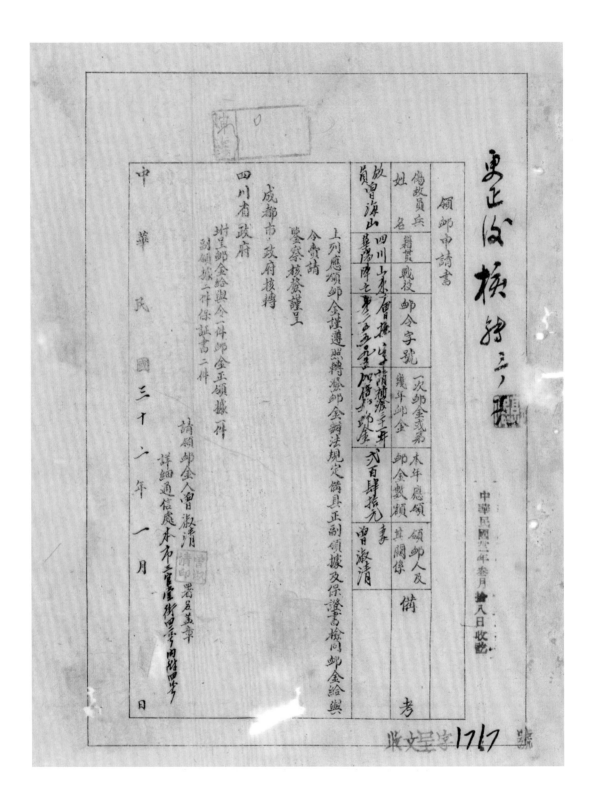

撫卹委員會第三處存根

撫卹金副領據

茲領到

部隊機關番號　第三〇五師六〇五團八連

國幣共肆万捌拾元

階級　少尉

職務　排長

姓名　曾海山

卹金種類　第四年及以後年卹金

右欵業已照數領訖此據

軍事委員會撫卹委員會第三處查照

領卹人曾滋清

中華民國三十二年一月　日

字第　號

此聯轉報軍政部核轉

撫卹金正領據

茲領到

部隊機關番號　第三〇五師六〇五團八連

國幣共肆万捌拾元

階級　少尉

職務　排長

姓名　曾海山

卹金種類　第四年及以後年卹金

右欵業已照數領訖此據

軍事委員會撫卹委員會第三處查照

領卹人曾滋清

中華民國三十二年一月　日

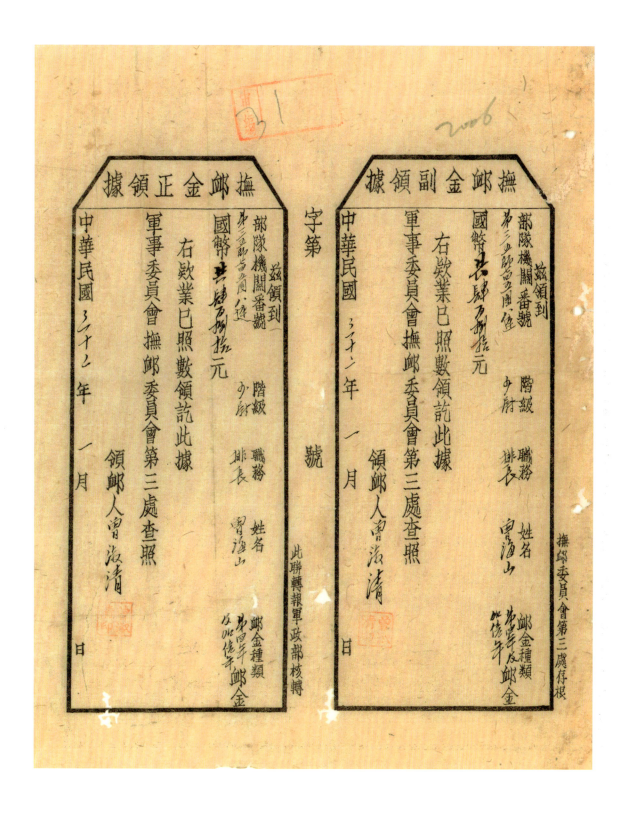

具領郵金保證書

保證人 任發生 今保證領郵人 曾海清 確係已故

部隊機關番號 第三三師一百五團 階級 少尉 職務 排長 姓名 曾海山

之遺族茲遵照

國民政府軍事委員會會撫字第三五五九號郵金給與令核准給與該故員第四年及加給郵金國幣 共肆百捌拾 元整今由該遺族向

鈞會第三處如數領訖具領後如有發生爭議保証人願照

鈞會請領郵金須知第六條之規定負法律上一切責任此證

謹呈

國民政府軍事委員會撫郵委員會

保証人姓名 任發生 蓋章

（店舖書柬） 東發店

籍貫 四川華陽 住址 三官堂街四十六號 職務或職業 營舖

（店舖營業資本金額） 貳千元

領郵人姓名 曾海清 蓋章

籍貫 四川華陽 住址 現住本市三官堂街四十六號內附營

其他遺族姓名及關係

與故員之關係 夫妻

東發店 任發生印 曾海清印

中華民國三十二年一月 日

成都市市長 余中英

2006

38

撫卹委員會第三處存根

撫卹金副領據

茲領到

部隊機關番號 第三五師七四五团八連

階級 少尉

職務 排長

姓名 曾海山

卹金種類 請補發三十二年加推卹卹金

國幣 弍百肆拾 元

右欵業已照數領訖此據

軍事委員會撫卹委員會第三處查照

中華民國 三十二 年 一 月 日

領卹人 曾淑清（印：曾淑清印）

字第 號

此聯轉報軍政部核轉

撫卹金正領據

茲領到

部隊機關番號 第三五師七四五团八連

階級 少尉

職務 排長

姓名 曾海山

卹金種類 請補發三十二年加推卹卹金

國幣 弍百肆拾 元

右欵業已照數領訖此據

軍事委員會撫卹委員會第三處查照

中華民國 三十二 年 一 月 日

領卹人 曾淑清（印：曾淑清印）

具領卹金保證書

保證人 代發生 今保證領卹人 曾浴清 確係已故

部隊機關番號 第三五師七四四團八連 階級 少尉 職務 排長 姓名 曾治山

之遺族 茲遵照

國民政府軍事委員會會撫字第三五〇九號卹金給與令核准給與該故

故少尉加給一次 卹金國幣 貳百肆拾 元整今由該遺族向

鈞會第三處如數領訖具領後如有發生爭議保證人願負

鈞會請領卹金須知第六條之規定負法律上一切責任此證

謹呈

國民政府軍事委員會撫卹委員會

保證人姓名 代發生 蓋章　籍貫 四川華陽　住址 [illegible]　職務或職業 商

（店鋪）牌號 東發店　（店鋪營業）資本金額 柒千元

領卹人姓名 曾浴清 蓋章　籍貫 四川華陽　住址 [illegible]　與故員之關係 夫妻

其他遺族姓名及關係

成都市市長 余中英

中華民國三十二年一月 日

四川省政府关于准予核发故员曾海山第三年加倍恤金及第四年年抚金致成都市政府的指令（一九四三年七月十五日收）

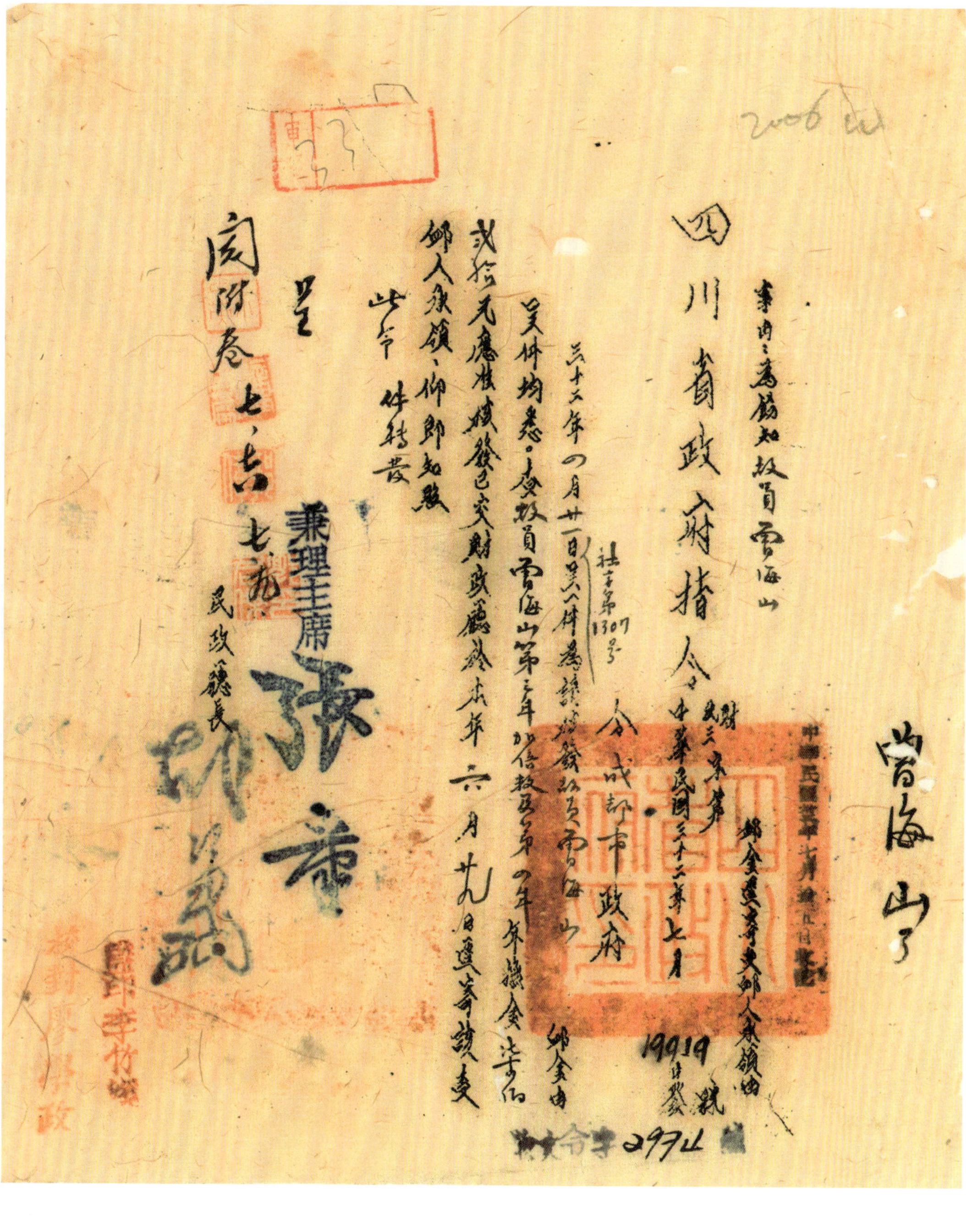
曾海山

事由：為飭知故員曾海山卹金由

四川省政府指令　財民三字第19919號　中華民國三十二年七月　日發

令成都市政府

三十二年四月廿一日呈一件為請核發故員曾海山卹金由

呈件均悉。查故員曾海山第三年加倍撫金及第四年年撫金，業於本年六月廿九日遵案請支，茲於元處准予核發，已交財政廳發給，仰即知照，轉飭具領。

此令　件存

兼理主席　張群

民政廳長　胡次威

二十九、谭太平

谭王素华关于申领故员谭太平恤金致成都市政府的报告（一九四〇年七月）

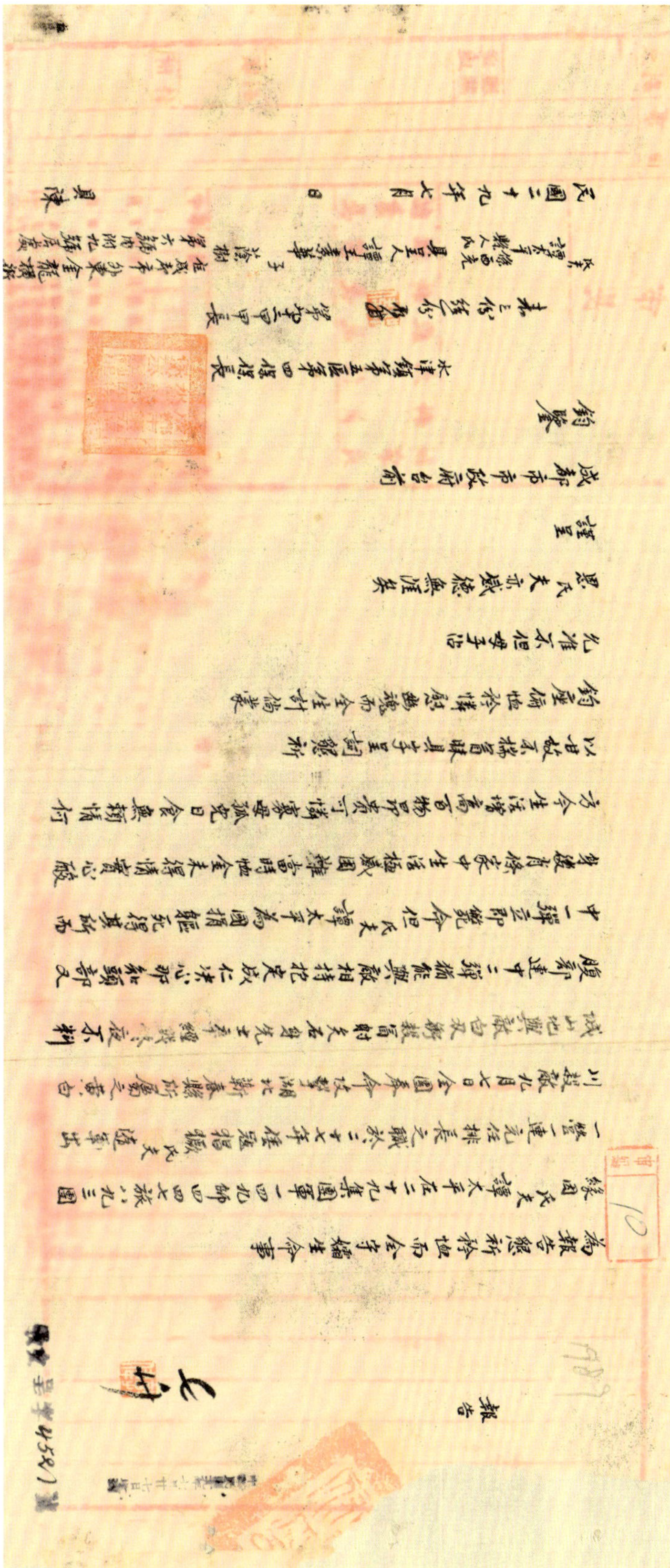

報告

為報告懇祈矜恤而全孀生命事

緣因氏夫譚太平在二十九集團軍一四九師四四七旅八九三團一營一連充任排長之職，於二十七年倭寇猖獗，氏夫隨軍出川殺敵，九月七日全團奉命攻擊湖北蘄春縣所屬之黃白城山地，與敵白刃衝殺，冒射矢石，身先士卒，經戰終夜，不料腹部連中二彈，猶能與敵相持，抱定成仁決心，那知頭部又中一彈，立即斃命。但氏夫譚太平為國捐軀，死得其所，而身後肖條，家中生活極感困難，當時恤金未得，情實心酸。方今生活增高，百物昂貴，可憐寡母孤兒，日食無賴，情何以甘，故不揣冒昧，具字呈詞，懇祈

鈞座俯恤矜憐，慰幽魂而全生計，倘蒙

允准，不但母子沾

恩，氏夫亦感德無涯矣。

謹呈

成都市市政府台前

鈞鑒

水津鎮第五區第四保保長 [illegible]

第十二甲甲長

具呈人譚王素華 子蔭樹 在成都市外東金龍橫街第六號內附九號居處

氏夫譚太平係西充縣人氏

民國二十九年七月　日　具陳

成都市第五区第四保保长、第九二甲甲长关于故员谭太平遗族情况的保结（一九四〇年七月）

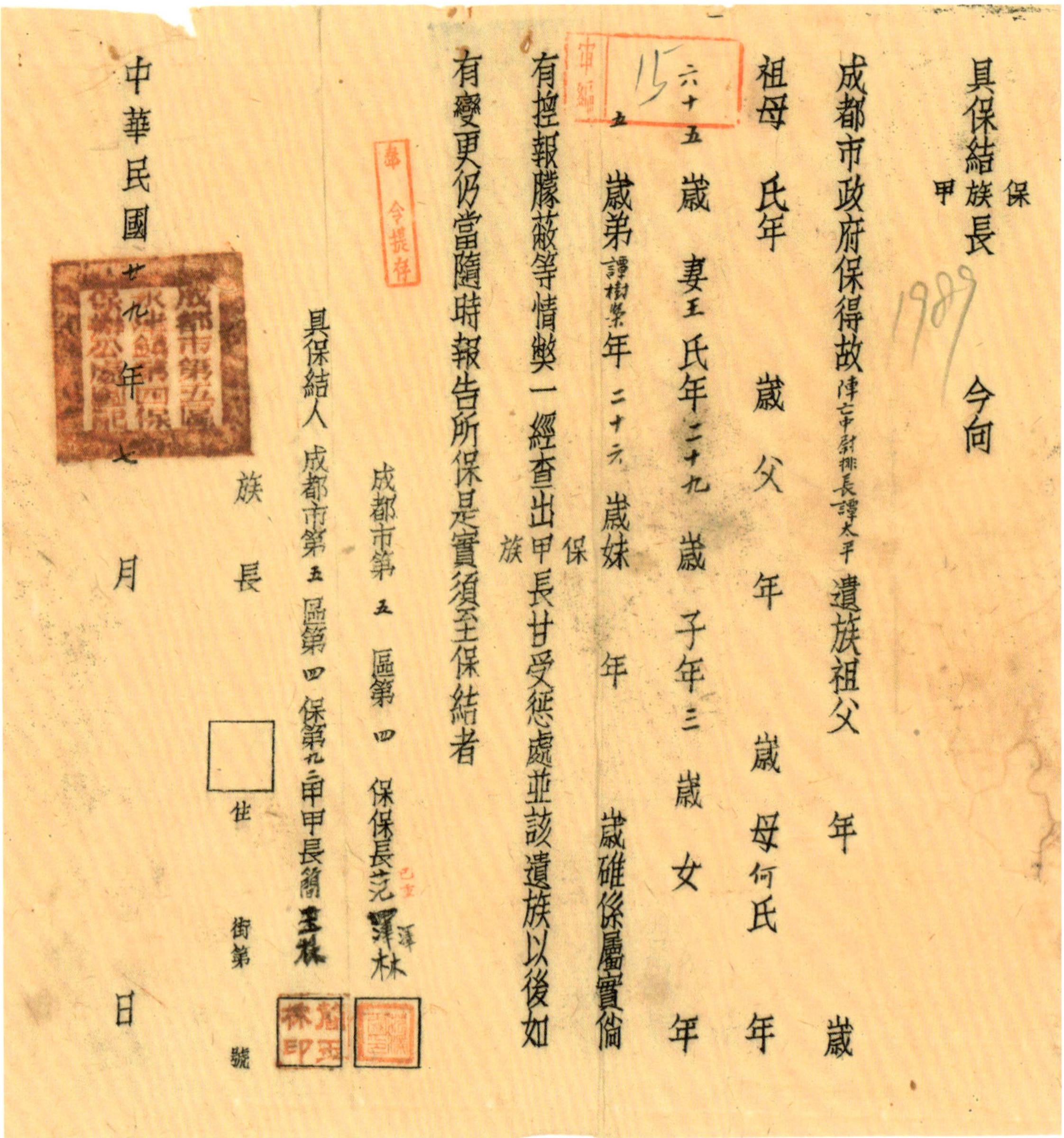
保甲具保結族長 今向
成都市政府保得故陣亡中尉排長譚太平遺族祖父 年 歲
祖母 氏年 歲 父 年 歲 母何氏 年
六十五歲 妻王氏年二十九歲 子年三歲 女 年
五歲 弟譚樹棠年二十六歲 妹 年 歲確係屬實倘
有捏報朦蔽等情弊一經查出甲長甘受懲處並該遺族以後如
有變更仍當隨時報告所保是實須至保結者
成都市第五區第四保保長范澤林
具保結人 成都市第五區第四保第九二甲甲長簡玉林
族長 住 街第 號
中華民國廿九年七月 日

故员谭太平的陆军战时死亡官佐乙种调查表（一九四〇年七月）

1989

14

陸軍戰時死亡官佐乙種調查表

隊號	二九集團軍一四九師四四七旅八九三團一營一連
階級	中尉
職務	排長
姓名	譚太平
籍貫	四川西充
年齡	三十歲
家族名號：祖父、祖母	成文 年八八歲 殁；邑氏 年八六歲 殁（存或殁）
家族名號：父、母	黄先 年六六歲 殁；何氏 年六五歲 存（存或殁）
家族名號：弟、妹	譚樹棠 年二六歲；米姑
家族名號：妻	王素華 年二九歲
家族名號：子、女	蔭樹 年三歲；春秀 年五歲
出身	行伍
履歷	
死亡事由	抗戰陣亡（黄白城戰役）
死亡年月日	廿七年十月十五日
死亡地點	湖北蘄春縣屬之黄白城
相貌或特徵	
遺族領卹人	妻
名號及住址	譚王素華住成都市外東金龍横街第六號附九號
備攷	

中華民國廿九年七月　日四川省成都市遺族領卹人譚王素華具

故员谭太平的陆军战时死亡官佐士兵乙种证明书（一九四〇年八月）

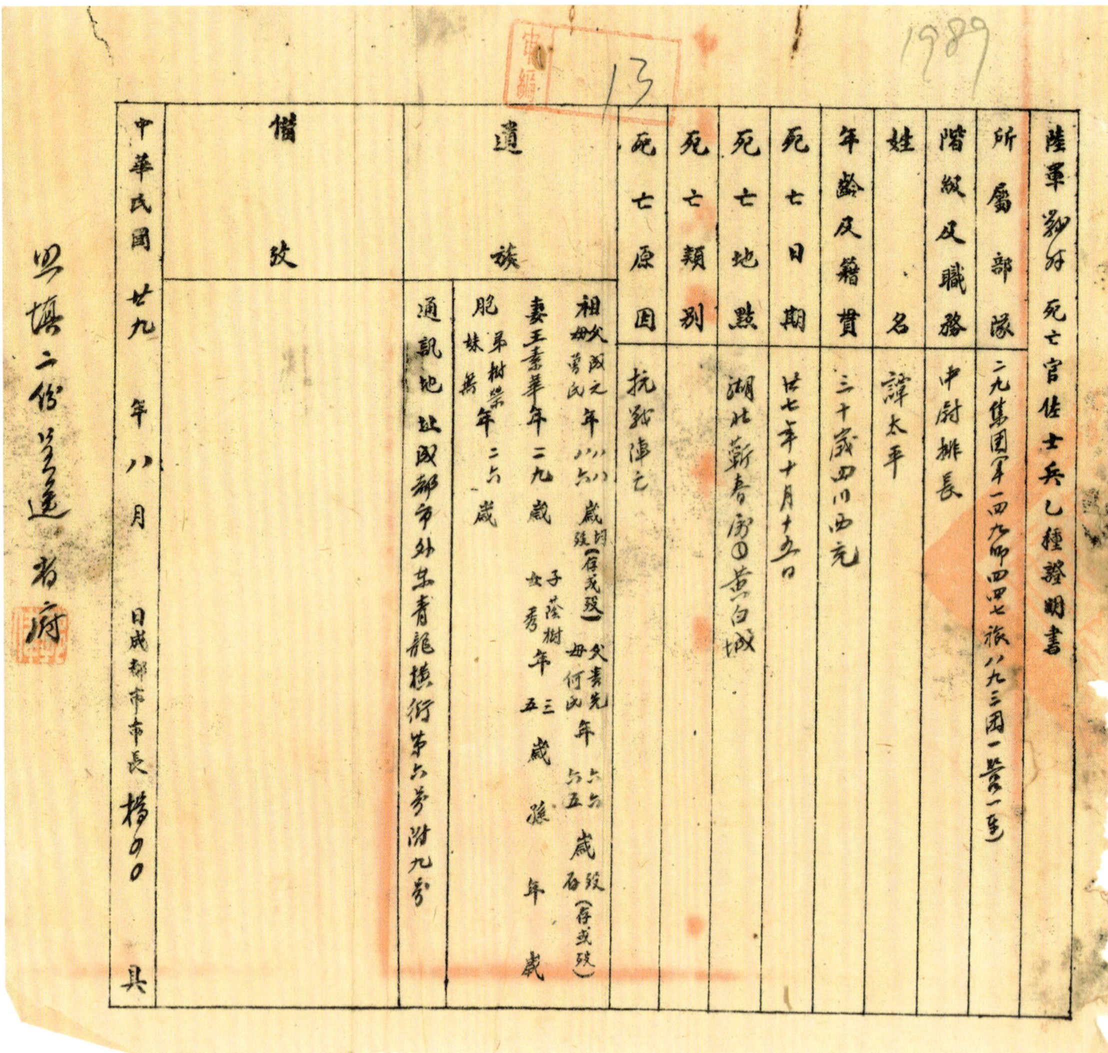

陸軍戰時死亡官佐士兵乙種證明書

所屬部隊	二九集团軍一四九師四四七旅八九三团一營一連
階級及職務	中尉排長
姓名	譚太平
年齡及籍貫	三十歲 四川西充
死亡日期	廿七年十月十五日
死亡地點	湖北蘄春廣國黃白城
死亡類別	
死亡原因	抗戰陣亡
遺族	祖父(存或歿)　年　歲　祖母曾氏(存或歿)　年　歲　歿均
	父書先　母何氏　年 六六 六五 歲　歿 石(存或歿)
	妻王素華 年二九歲　子蔭樹 年三歲　女秀 年五歲　孫　年　歲
	胞弟樹榮 年二六歲　胞妹無
	通訊地址 成都市外東青龍模街第六号附九号
備考	

中華民國廿九年八月 日 成都市市長 楊○○ 具

周懋□□送者府

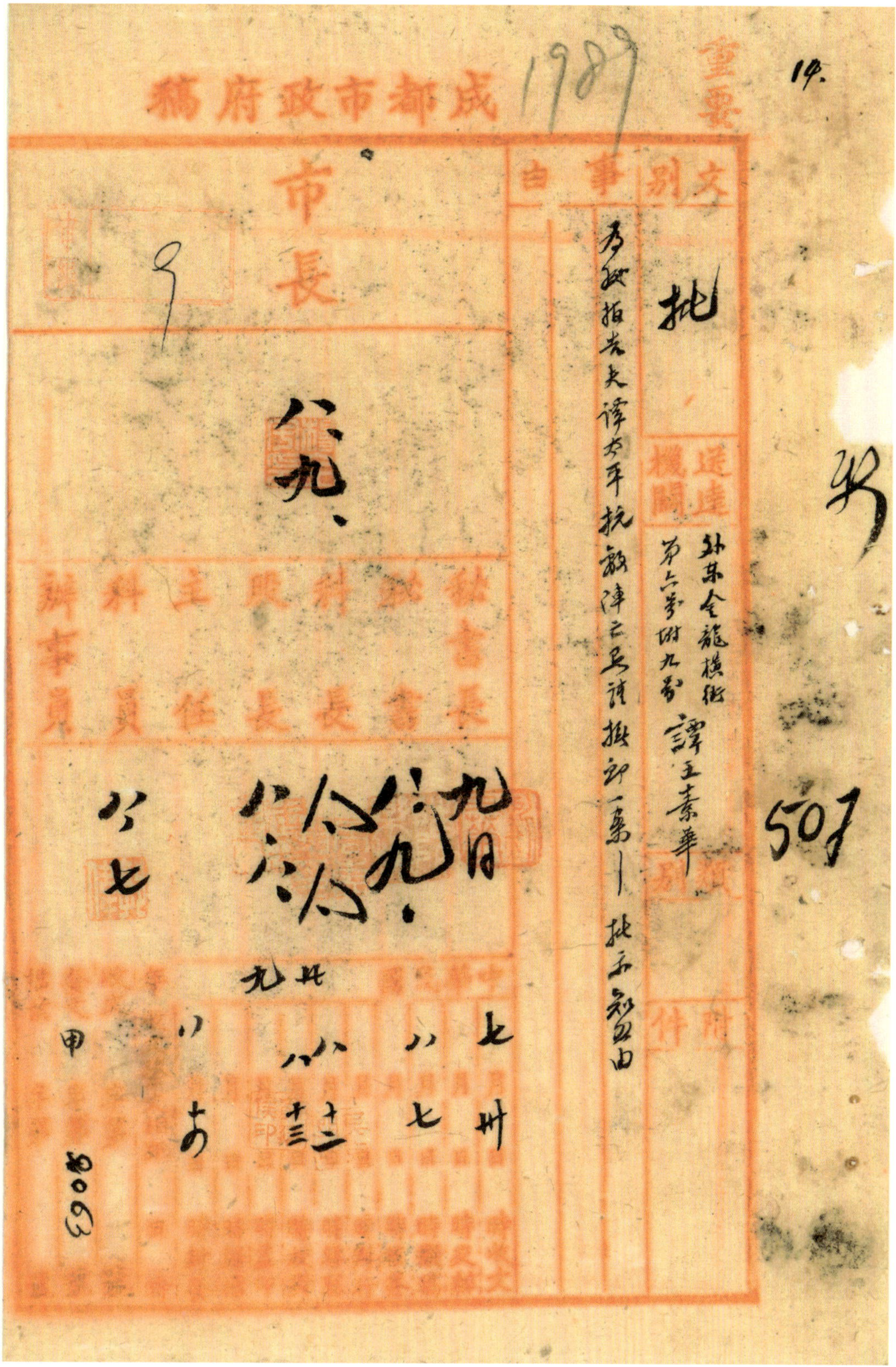

成都市政府稿

重要

文别：批

事由：为据报告夫谭太平抗敌阵亡呈请抚卹一案——批示知照由

送達機關：外东金龍橋街第六号附九号 谭王素華

市長

秘書長 秘書 科長 主任 科員 辦事員

成都市政府关于核发故员谭太平恤金致谭王素华的批（一九四〇年八月十四日）

全衔批　社字第　号

具报告人谭王素华

本年七月卅日报告係为夫谭太平抗敌阵亡呈请抚卹由

报告悉。（登表统四）候汇案请

四川省政府核办可也。此批。

中华民国廿九年八月　日

市长杨

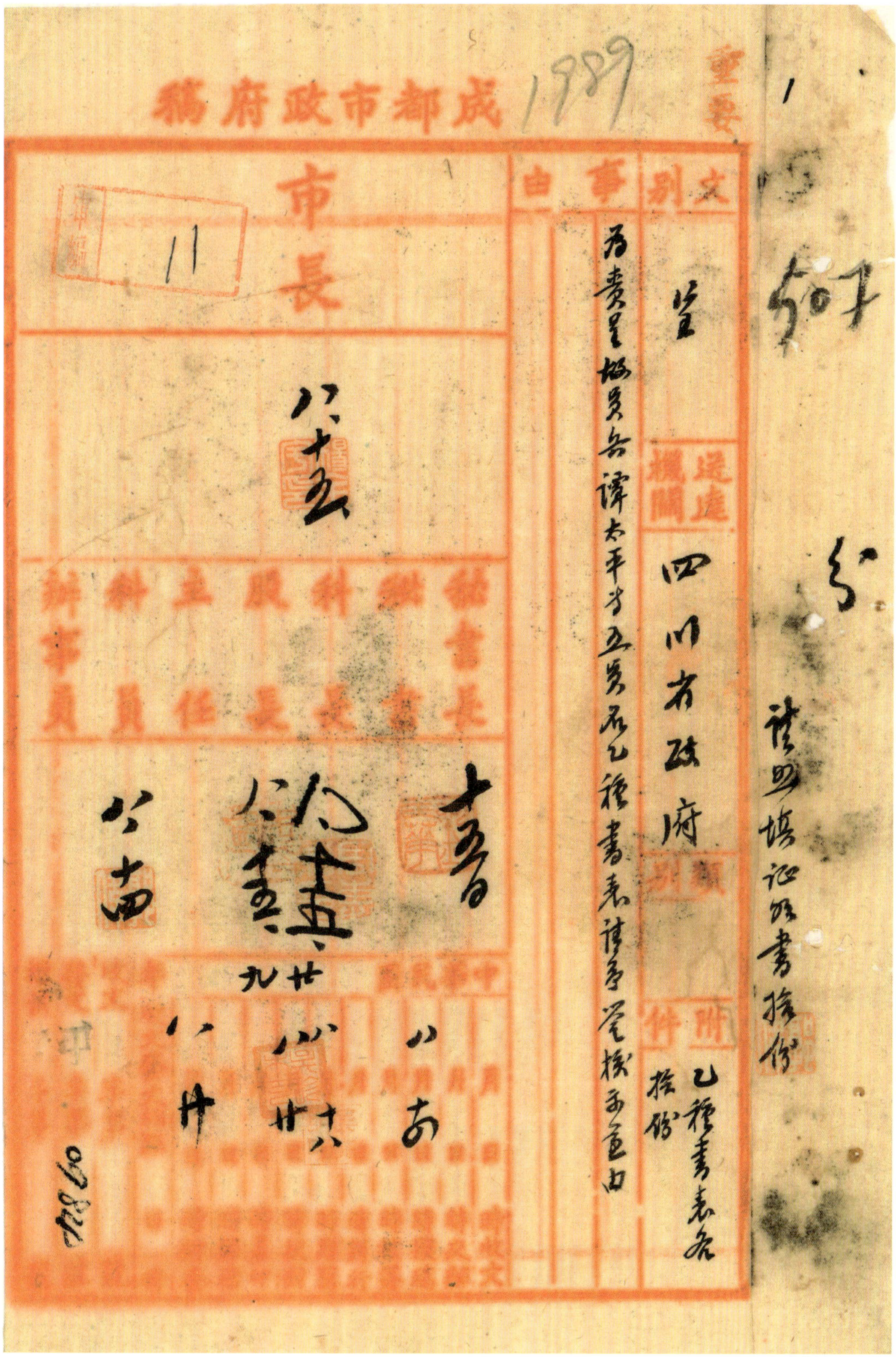

成都市政府关于检送故员兵谭太平等五人乙种书表致四川省政府的呈（一九四〇年八月二十日）

案據本市故兵譚太平、羅俊卿、何大宣、劉志華、
江慶雲等五名遺族檢呈乙種調查表及保甲長切結
五份請撫郵前來，查核尚無不合，除[illegible]外，理
合檢同故兵譚太平等五名乙種調查表連同本
府加具證明書各二份隨文賚呈
鈞府，俯賜查核，轉令飭遵！[illegible]
并保證書
令撫存，令[illegible]。
謹呈。二
四川省政府

計呈故員兵譚太平、羅俊明、何大宣、劉志華、江慶雲

等五員名乙種卹書表伍拾份

銜名

中華民國廿九年八月　日

审编 2 1989

呈為再懇轉請發給前方抗敵陣亡軍人撫卹金而全守孀生命事

緣氏夫譚太平於二十七年奉令出川殺敵全團攻擊湖北蘄春縣屬之黃白城與敵白刃衝殺冒躬矢石身先士卒抱定成功成仁之決心經戰終夜不幸氏夫腹部連中二彈立即斃命但氏夫太平為國犧牲死得其所死得其然惟氏家務蕭條生活困難於本年八月份已曾呈報在案沐批「報告暨表均悉，仰候彙請四川省政府核辦可也」迄今三月有餘不卜如何辦理家中數口嗷嗷均感枵腹近來百物昂貴懸釜待炊確有千鈞一髮之危特此再懇鈞府轉請照章撫卹以慰英魂而全闔家生命永不忘再造之德矣

謹呈

成都市市長余

一、三

具呈人 譚王素華

如蒙批示祈賜交本市龍王廟正街十七號

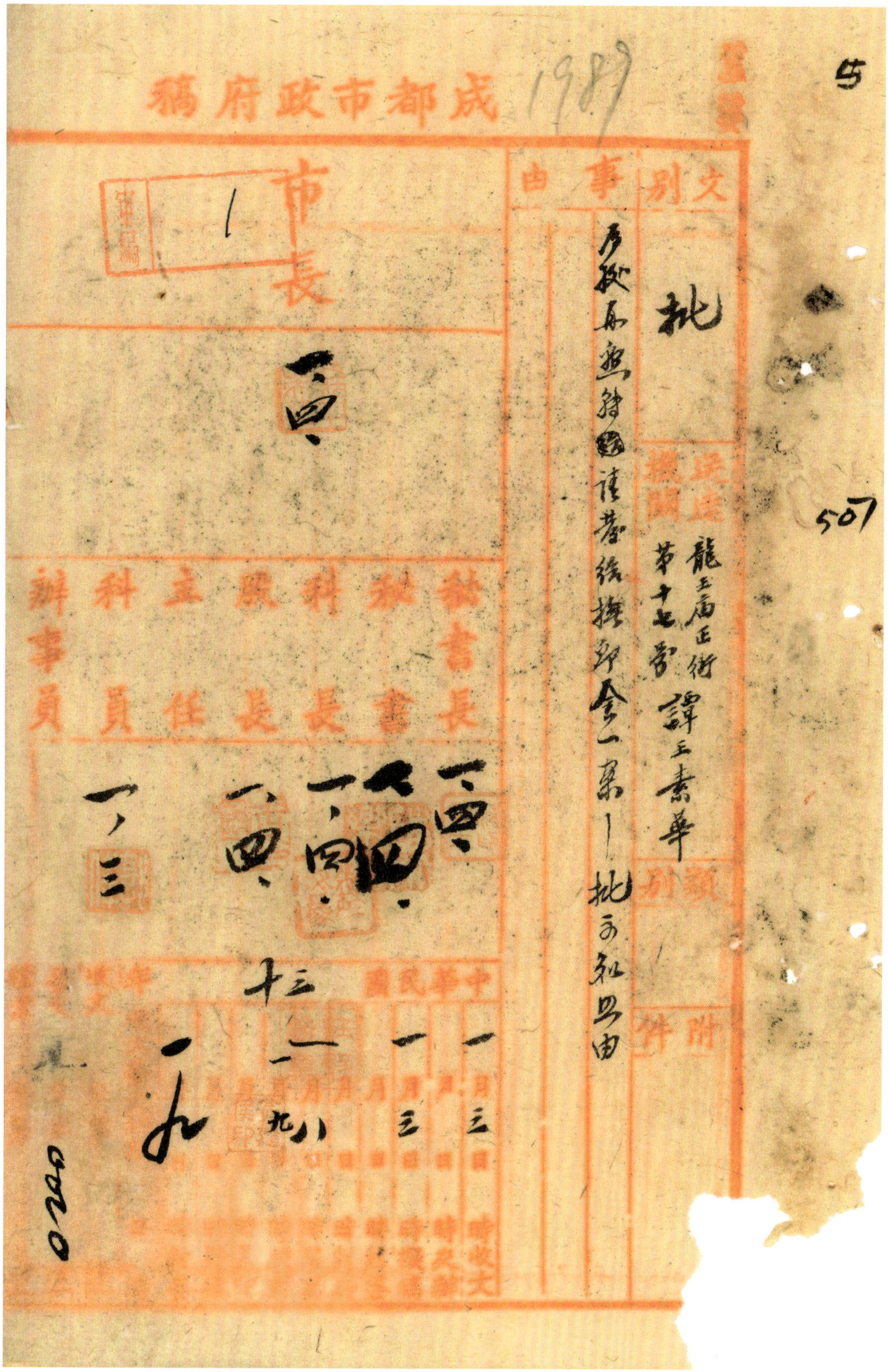
成都市政府稿

文别：批

事由：为故员谭太平请发给抚恤金一案批示知照由

受文机关：龙王庙正街第十七号 谭王素华

市长

秘书长

秘书

科长

主任

科员

办事员

成都市政府关于核办故员谭太平恤金手续致谭王素华的批（一九四一年一月九日）

令

衛批　社字第　號

具呈人譚王素華

三十年一月□呈一件為再函請補發撫卹令由

呈悉。查故員譚大平已填請卹書表，業由

本府轉呈

四川省政府核轉，茲奉批示：「呈悉。查此案，該譚叢

給卹令一案，應俟查到即令再予核發可

也」，仰即知照。此批。

中華民國三十年一月　日

市長余

谭王素华关于再次催发故员谭太平恤金致成都市政府的呈（一九四一年三月二十一日）

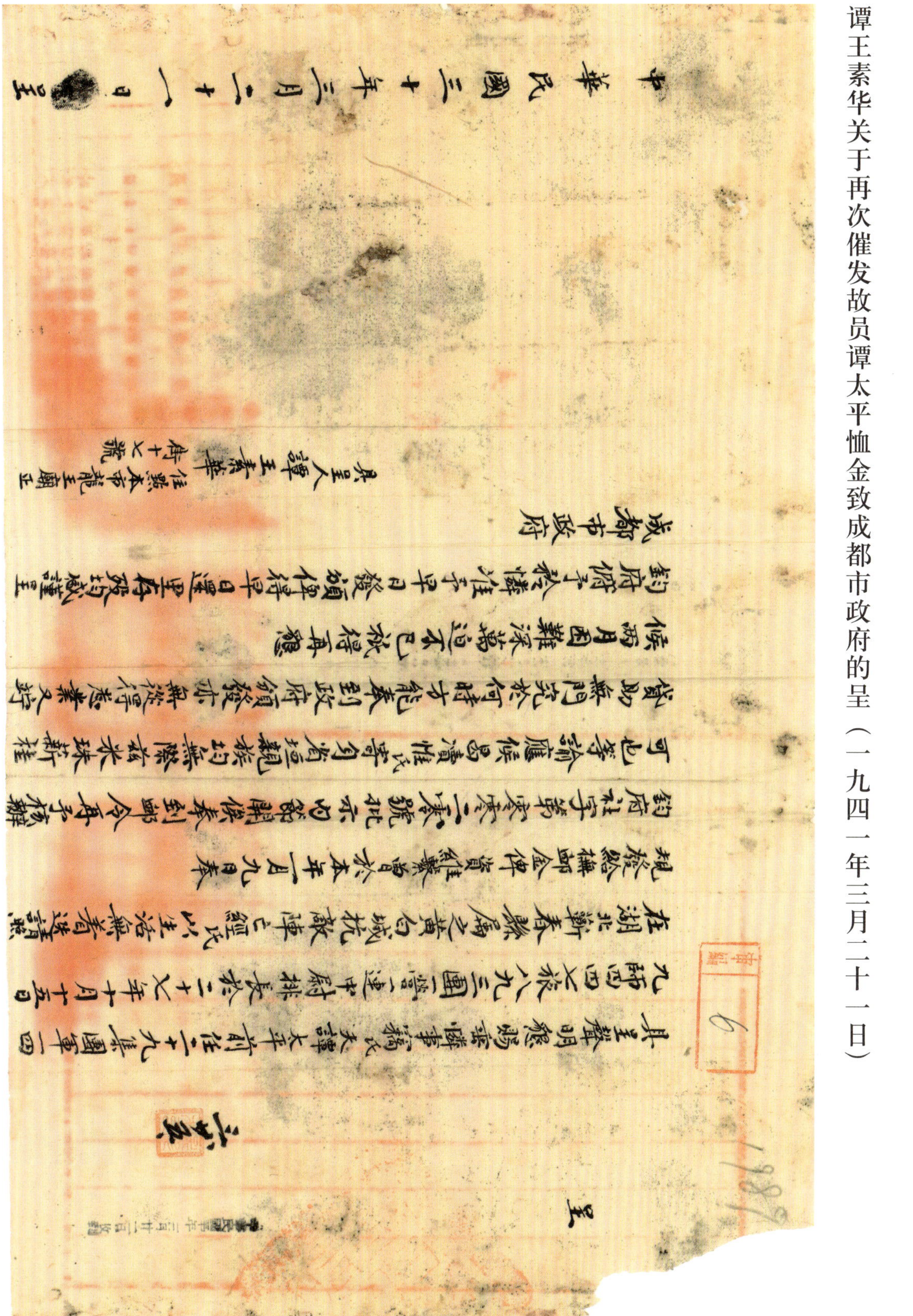

具呈聲明懇請事竊氏夫譚太平前任二十九集團軍一四
九師四七旅八九三團一營一連中尉排長於二十七年十月十五日
在湖北蘄春縣屬之黃白城抗敵陣亡經氏以生活無著迭請
規發給撫卹金俾資維繫曾於本年一月九日奉
鈞府社字第零三一號批示已飭將氏原呈轉呈令再予核辦
可也等諭應候惟氏寄身省垣親族均無際遇求珠薪桂
貸助無門究於何時方能奉到政府領發亦無從得悉業久
候兩月困難萬分迫不已祇得再懇
鈞府俯予矜憐准予早日發領俾得早日還里存歿均感謹呈
成都市政府
具呈人譚王素華 住縣本市龍王廟正街十七號
中華民國三十年三月二十一日 呈

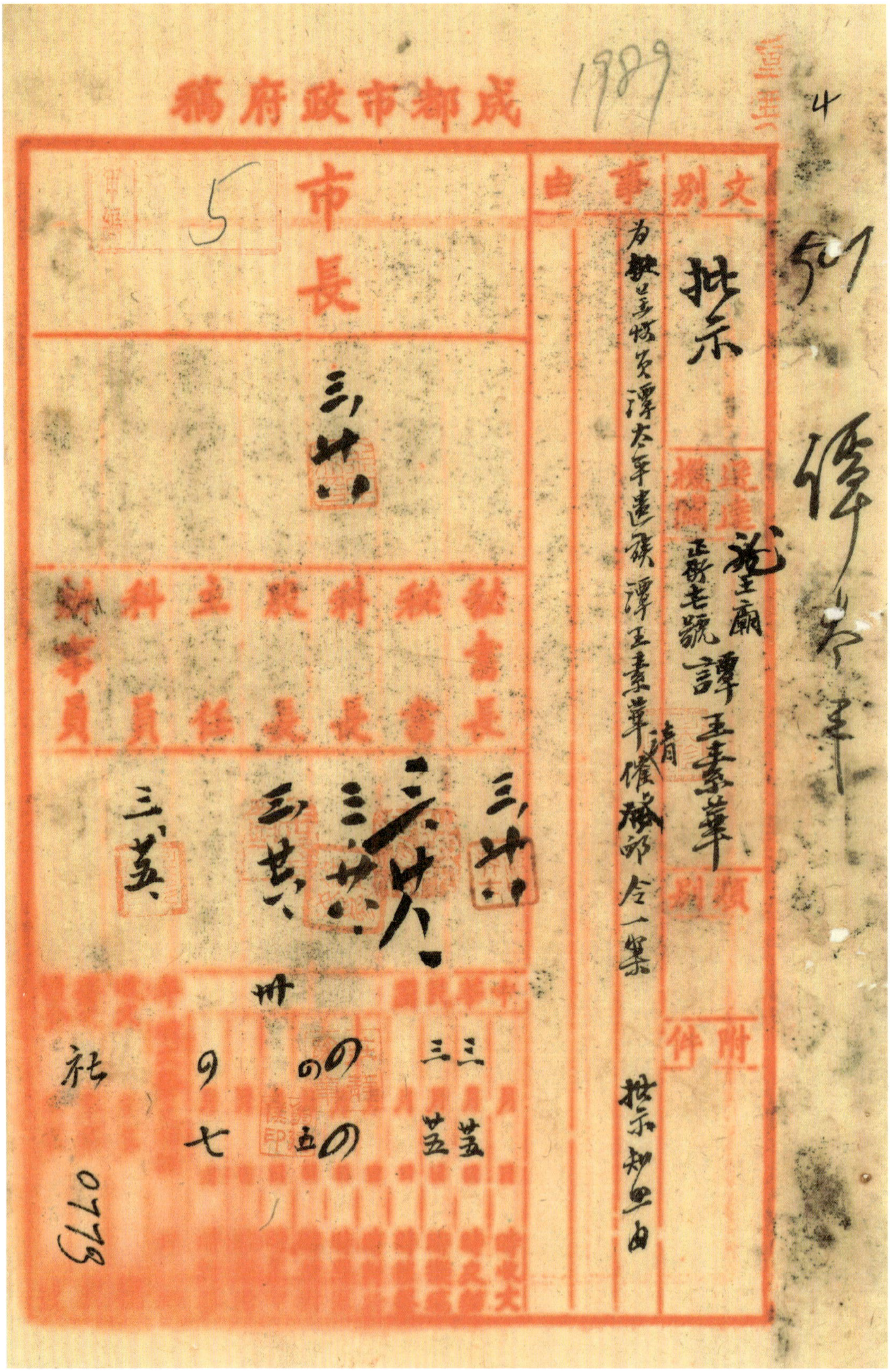
成都市政府稿
市長
秘書長
科長
主任
文別：批示
事由：为故员谭太平遗族谭王素华请偿恤令一案
受文機關：谭王素華
批示知照由

成都市政府关于故员谭太平恤令尚未颁发到府致谭王素华的批示（一九四一年四月七日）

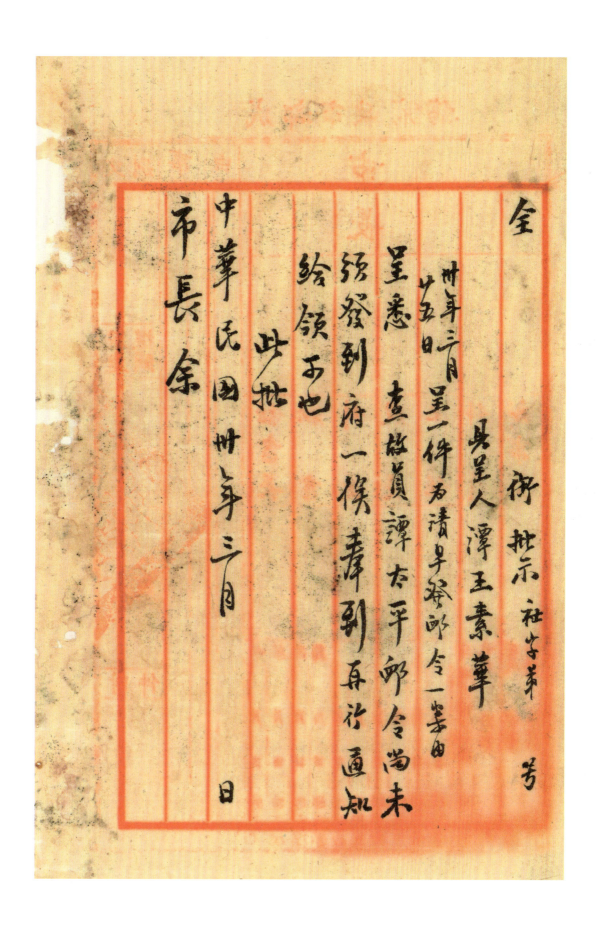

全　銜批示　社字第　號

具呈人譚王素華

卅年三月廿五日呈一件為請發郵令一案由

呈悉　查故員譚太平郵令尚未

頒發到府一俟奉到再行通知

給領可也

此批

中華民國卅年三月　日

市長余

谭王素华关于第三次催发故员谭太平恤金致成都市政府的呈（一九四一年六月二十日）

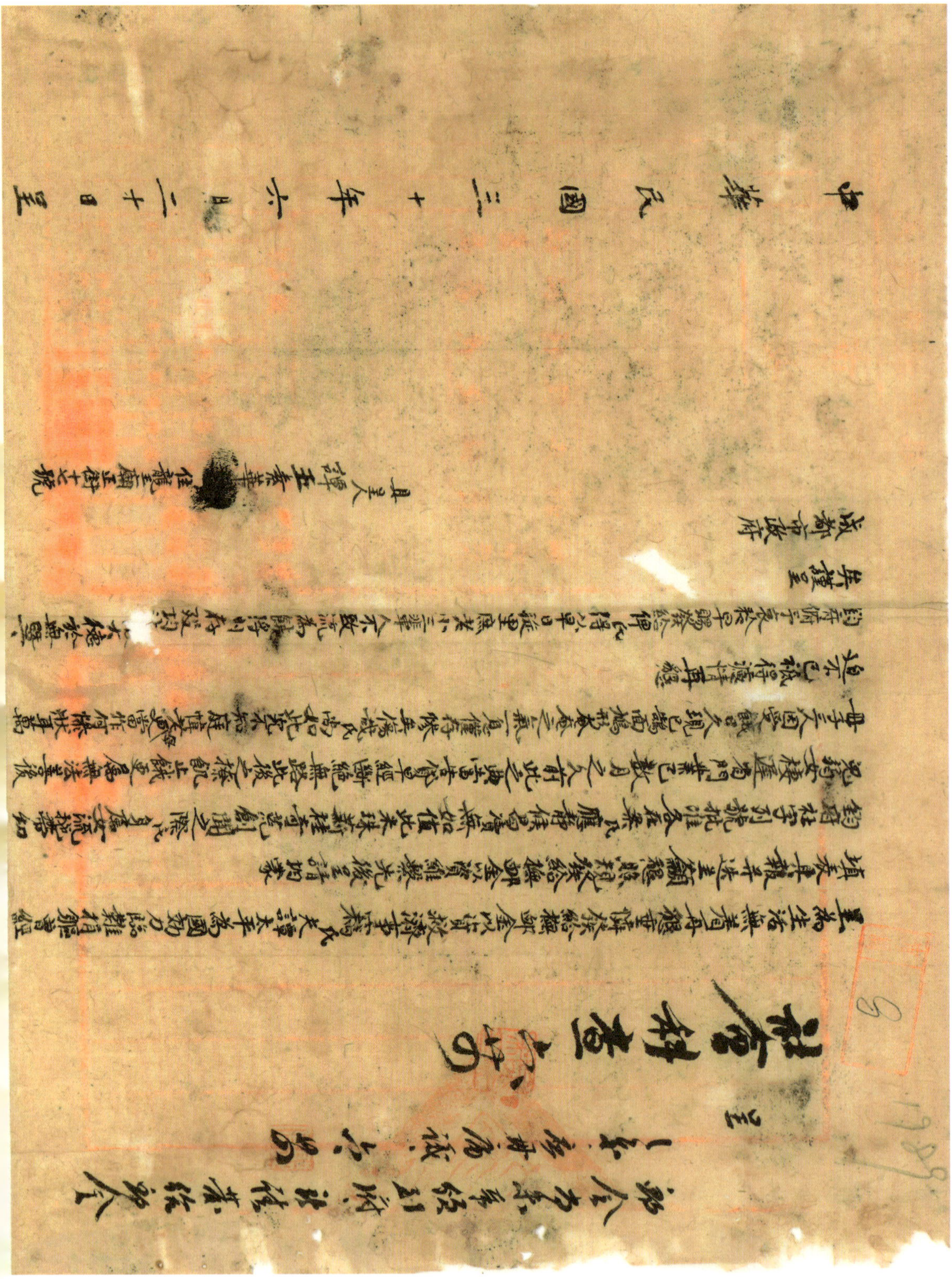
社會科查

呈

呈為生活無着再懇重憐發給撫卹金以資救濟事竊氏夫譚太平為國効力臨難捐軀曾經
填表具報并迭呈籲懇照規發給撫卹金以資維繫先後呈請均蒙
鈞府社字列號批准各在案氏應靜候[illegible]無如值此米珠薪桂奇荒創開之際氏自應女流挈帶幼
兒弱女棲遲省門業已數月之久前此之典當告貸早經斷絕無路此後之療飢止餓更屬無法善後
母子三人因受餓日久現已鵠面鳩形奄奄之氣一息僅存[illegible]氏尚如此究不知庭幃老幼當作何慘狀耳萬
迫不已祇得瀝情再懇
鈞府俯予哀矜早賜發給俾氏得以早日旋里庶老小三輩人不致流為餓殍則存歿均[illegible]大德於無暨
謹呈
成都市政府

具呈人譚王素華
住龍王廟正街十七號

中華民國三十年六月二十日呈

成都市政府关于故兵谭太平恤令仍未奉颁到府致谭王素华的批示（一九四一年七月八日）

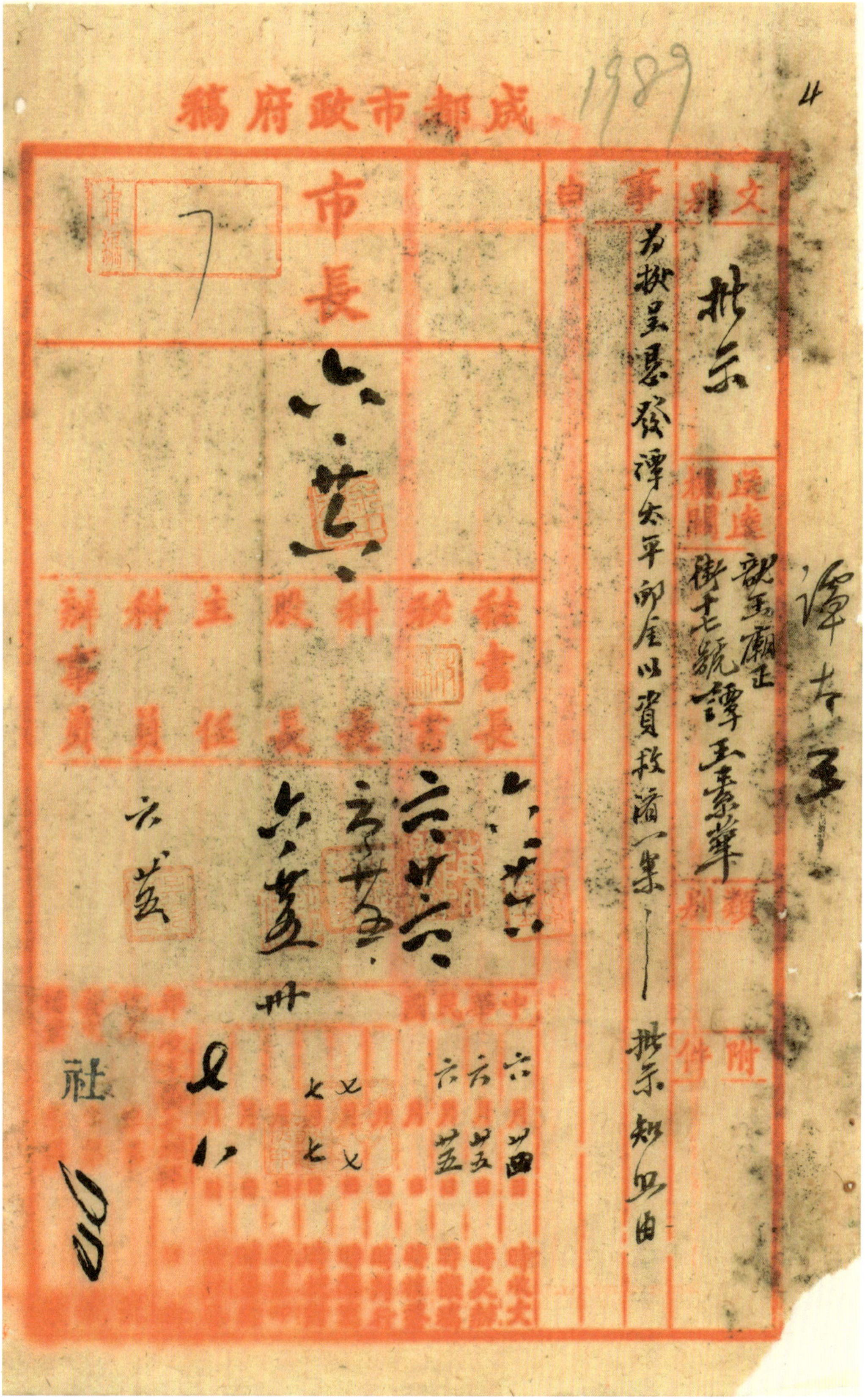

成都市政府稿

市長

文別：批示

事由：為據呈懇發譚太平卹金以資救濟一案

批示知照由

送達機關：鼓王廟正街十七號譚王素華

秘書長　秘書　科長　股長　主任　科員　辦事員

社字第　　号

全衔　批示

具呈人譚王素華

卅年六月廿五日呈一件為恳發卹金以資救濟由

呈悉。查該故員陳太平卹令尚未奉

頒到府，所請發給卹金之處

應毋庸議。

此批

中華民國卅年六月　　日

市長　余

故员谭太平的陆军死亡官佐士兵乙种请恤调查表（一九四一年）

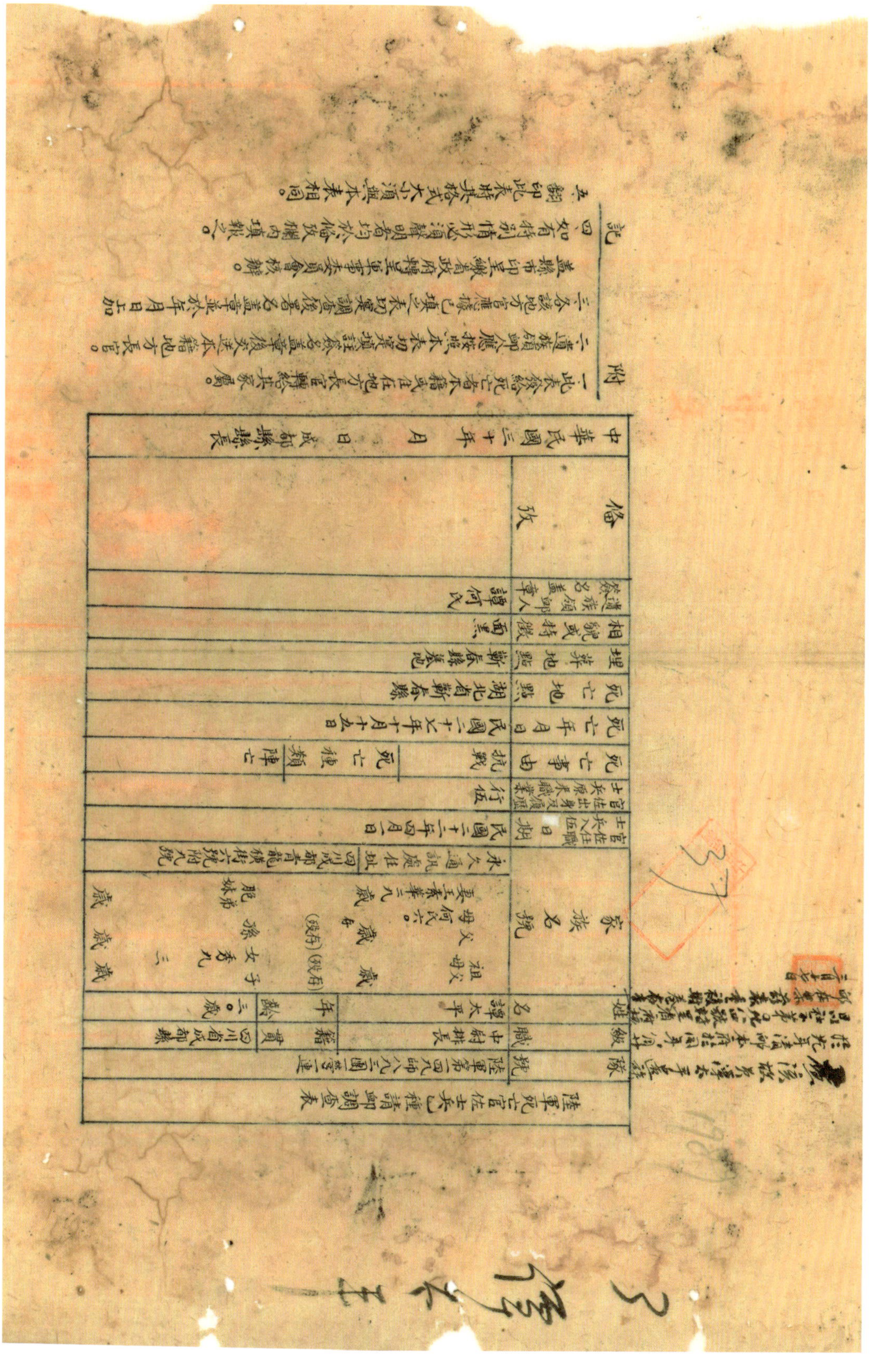

陸軍死亡官佐士兵乙種請卹調查表

部隊	陸軍第一四八師八八三團一營三連
級職	中尉排長
姓名	譚太平
年齡	三〇歲
籍貫	四川省成都縣
家族名稱	祖父（歿存） 祖母（歿存） 父 歲 母何氏六〇歲 妻王素華二八歲 子 女 孫秀凡三歲 兄弟 姊妹 歲 歲 歲
永久通訊處住址	四川成都青龍街六號附九號
官佐士兵入伍任職日期	民國二十二年四月一日
官佐士兵出身及原有職業履歷	行伍
死亡事由	抗戰
死亡種類	陣亡
死亡年月日	民國二十七年十月十五日
死亡地點	湖北省蘄春縣
埋葬地點	蘄春縣墓地
相貌或特徵	面黑
遺族領卹人姓名蓋章	譚何氏
備考	

中華民國三十年 月 日 成都縣縣長

附記

一、此表係給死亡者原籍或住在地方長官轉給其家屬。

二、遺族領卹人應按照本表切實填註，簽名蓋章後，交送原籍地方長官。

三、各該地方官應憑已填之表切實調查後，署名蓋章，並於年月日上加蓋縣市印，呈繳省政府轉呈軍事委員會核辦。

四、如有特別情形必須聲明者，均於備考欄內填報之。

五、翻印此表時，其格式大小須與本表相同。

成都市政府关于承领故兵谭太平恤令致谭王素华的通知（一九四二年九月二十一日）

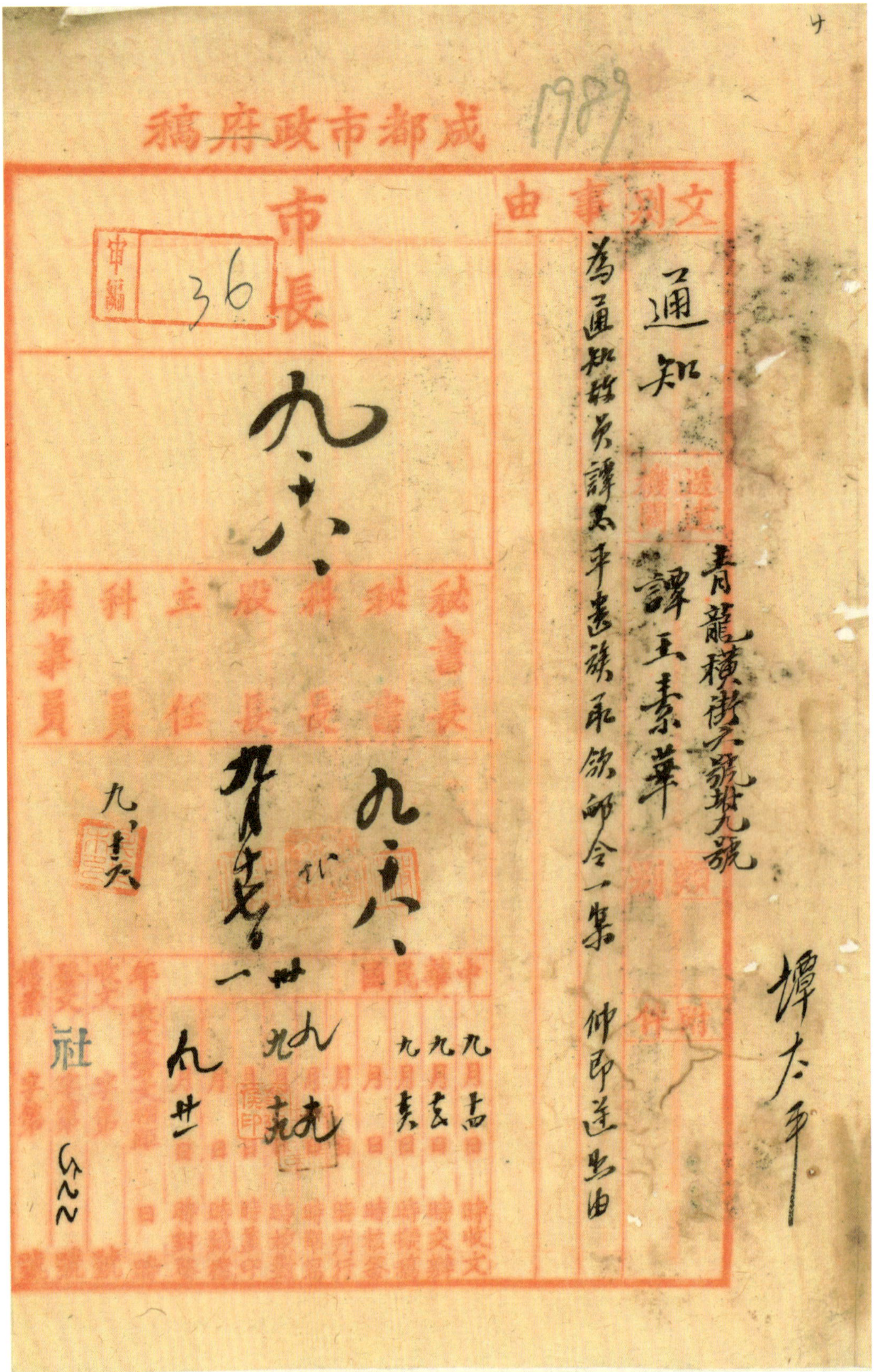
成都市政府稿

文别：通知

事由：為通知故兵譚太平遺族承領部令一案仰即遵照由

送達機關：譚王素華 青龍橫街六號附九號

附件

譚太平

市長

成都縣函在王劍容案內

全銜通知　社一字第　　號

案准

成都縣政府卅一年九月八日軍部子第一五〇號公函附送故員譚太平部令一件囑為查照辦理并由准此合行通知仰該遺族即便遵照剋日來望江樓本府臨時辦公處撫卹室承領部令為要

右通知故員譚太平遺族譚王素華准此

中華民國卅一年九月　　日

市長余

谭王素华关于承领成都市政府发下的故员谭太平抚恤令的收据（一九四二年九月二十三日）

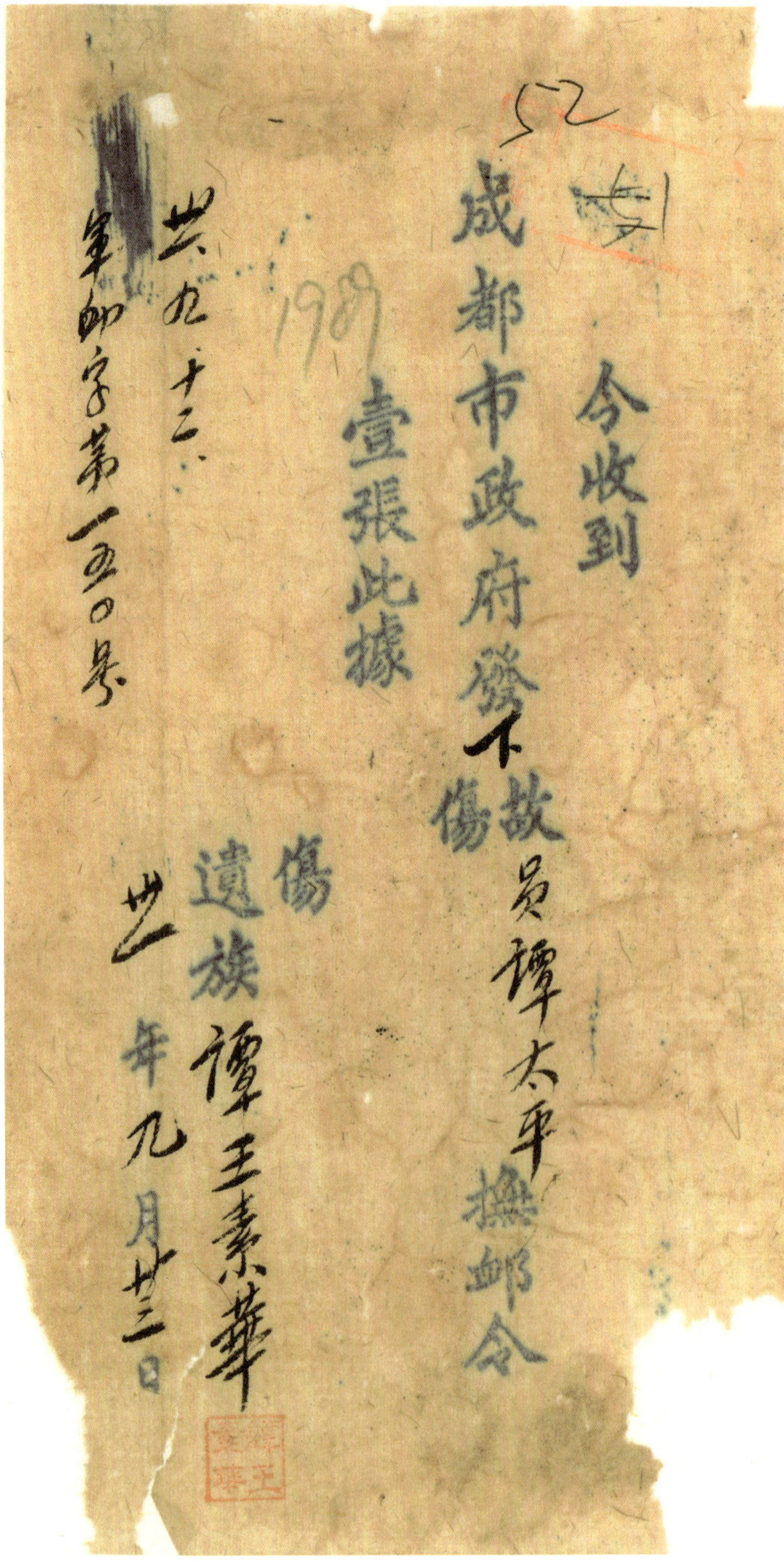
52
1989
今收到
成都市政府發下故員譚太平撫卹令
傷
壹張此據
傷
遺族譚王素華
卅一年九月廿三日
卅一九十二
軍卹字第一五四〇號

谭王素华关于申领故员谭太平一次恤金、第一年年恤金的领恤申请书（一九四二年九月二十六日收）

1989

~~40~~41

審編

擬並簽送核定如擬 九廿八

中華民國卅一年九月廿六日收

領卹申請書

傷故員兵姓名	籍貫	戰役	卹令字號	一次卹金或第幾年卹金	本年應領卹金數額	領卹人及其關係	備考
故員 譚太平	四川成都	湖北陣亡	會卹字第一二三一四九號	一次及第一年	共玖百弍拾元	妻 譚王素華	

上列應領卹金謹遵照轉發卹金辦法規定備具正副領據及保証書檢同卹金給與

令賫請

鑒察核發謹呈

成都市政府核轉

四川省政府

附呈卹金給與令一件卹金正領據一件

副領據二件保証書二件

請領卹金人譚王素華 署名蓋章（譚王素華）

詳細通信處　本市外東蓮花池普慈寺廟

中華民國三十一年九月　日

[illegible]字 7108

谭王素华关于承领恤金的领结（一九四二年九月）

具領結人譚王素華年三十歲四川成都人現住成都市

蓮花池普慈街[illegible]號實領得

鈞

發下故員譚太平撫卹令一張計應領一次卹

金陸百元年撫金叁百貳拾元除另具保結外中

間不虛具領結是實

中華民國三十一年九月　日

具領結人譚王素華（簽名蓋章）

赖星明等关于谭王素华承领恤金的保结（一九四二年九月）

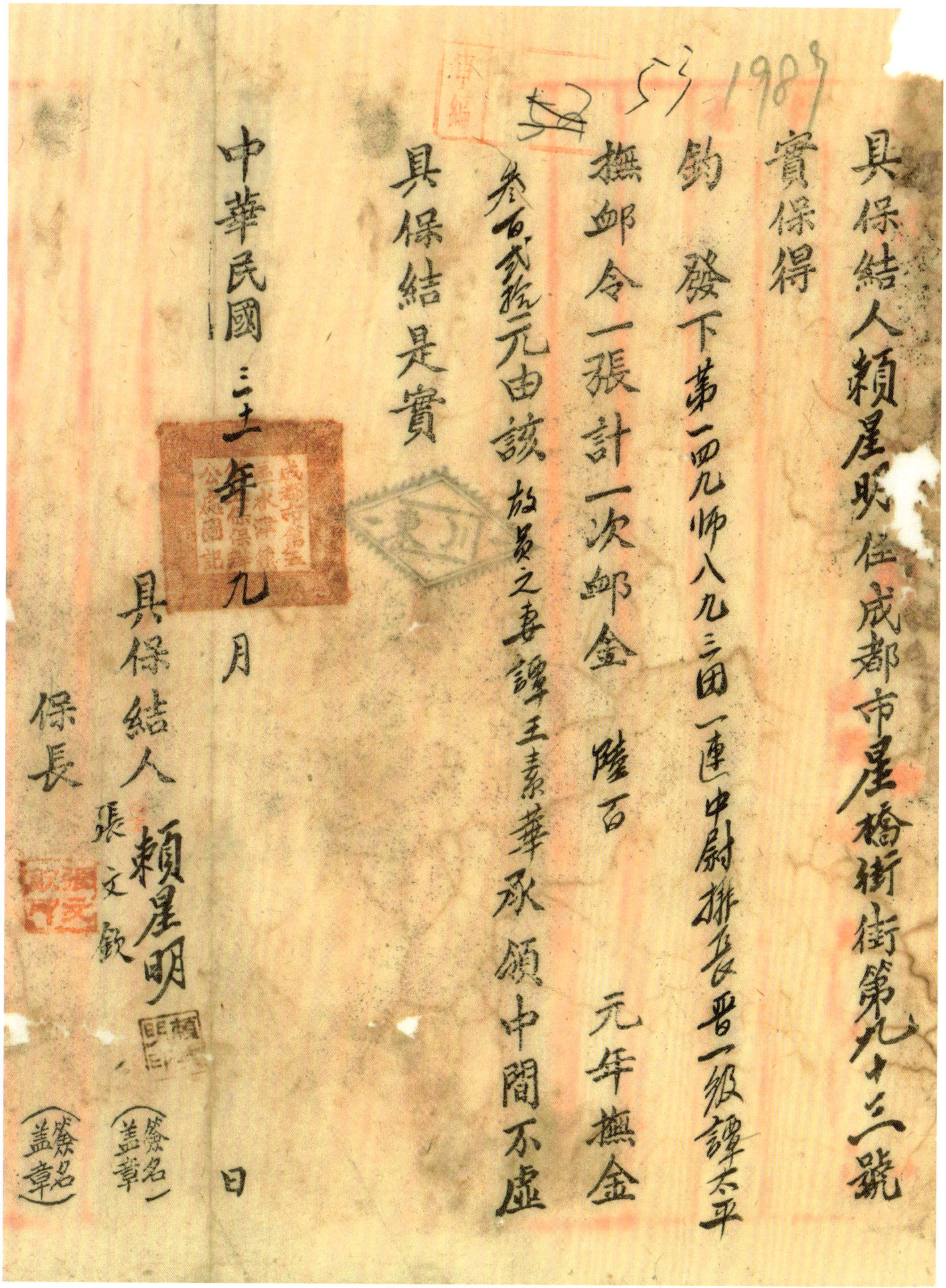

具保結人賴星明住成都市星橋街街第九十三號

實保得

鈞發下第一四九師八九三團一連中尉排長晋一級譚太平

撫卹令一張計一次卹金　陸百　元年撫金

叁百貳拾元由該故員之妻譚王素華承領中間不虛

具保結是實

中華民國三十一年九月　日

具保結人賴星明（簽名蓋章）

保長張文欽（簽名蓋章）

吴珍木关于调查故员谭太平户籍致成都市政府的签呈（一九四二年九月二十八日）

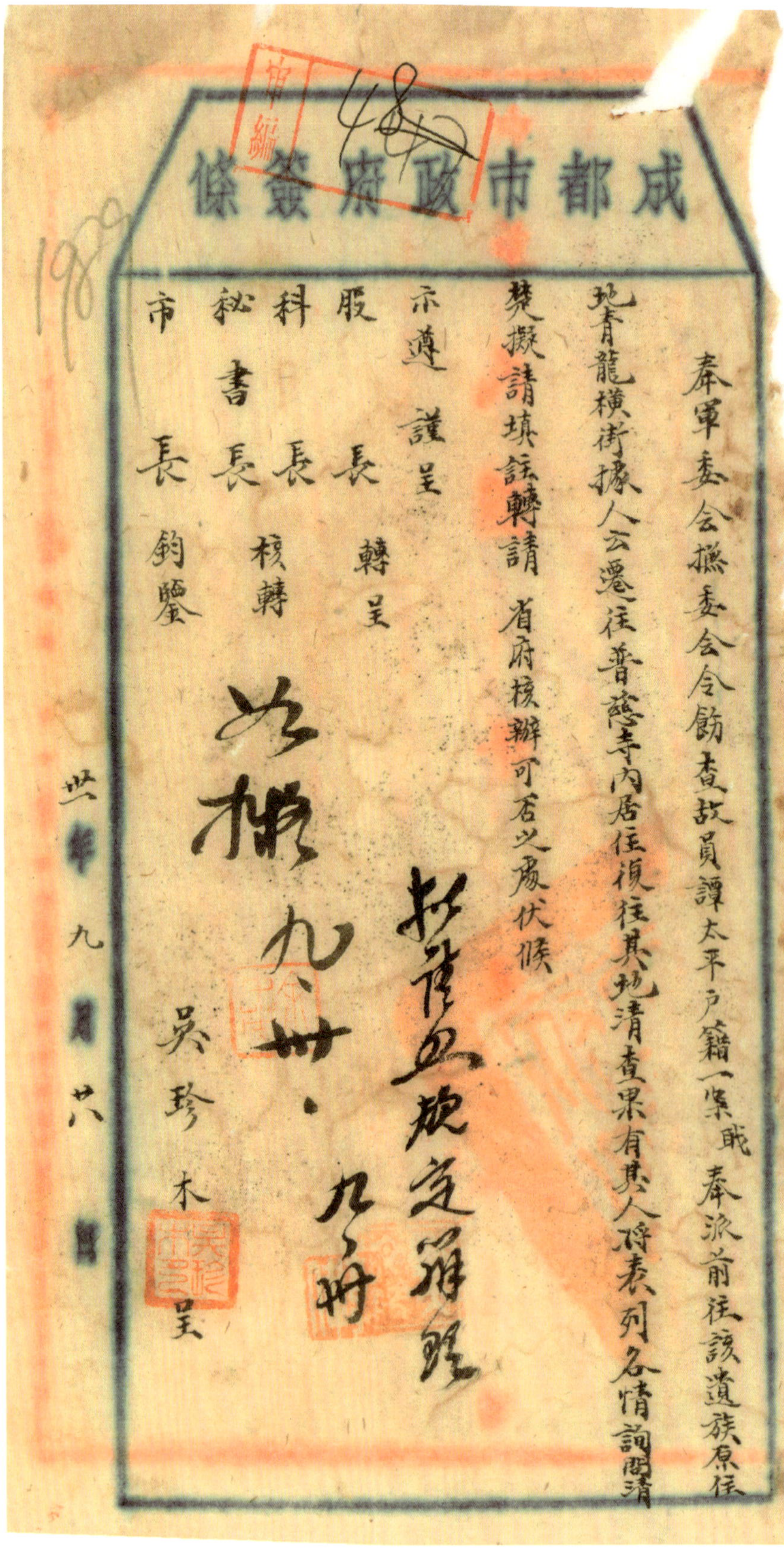

成都市政府簽條

奉軍委会撫委会令飭查故員譚太平户籍一案，職奉派前往該遺族原住地青龍横街，據人云遷往普慈寺内居住，復往其地清查，果有其人，將表列各情詢問清楚，擬請填註轉請省府核辦可否之處伏候示遵。謹呈

股長 轉呈

科長 核轉

秘書長

市長 鈞鑒

吳珍木 呈

卅一年九月廿八

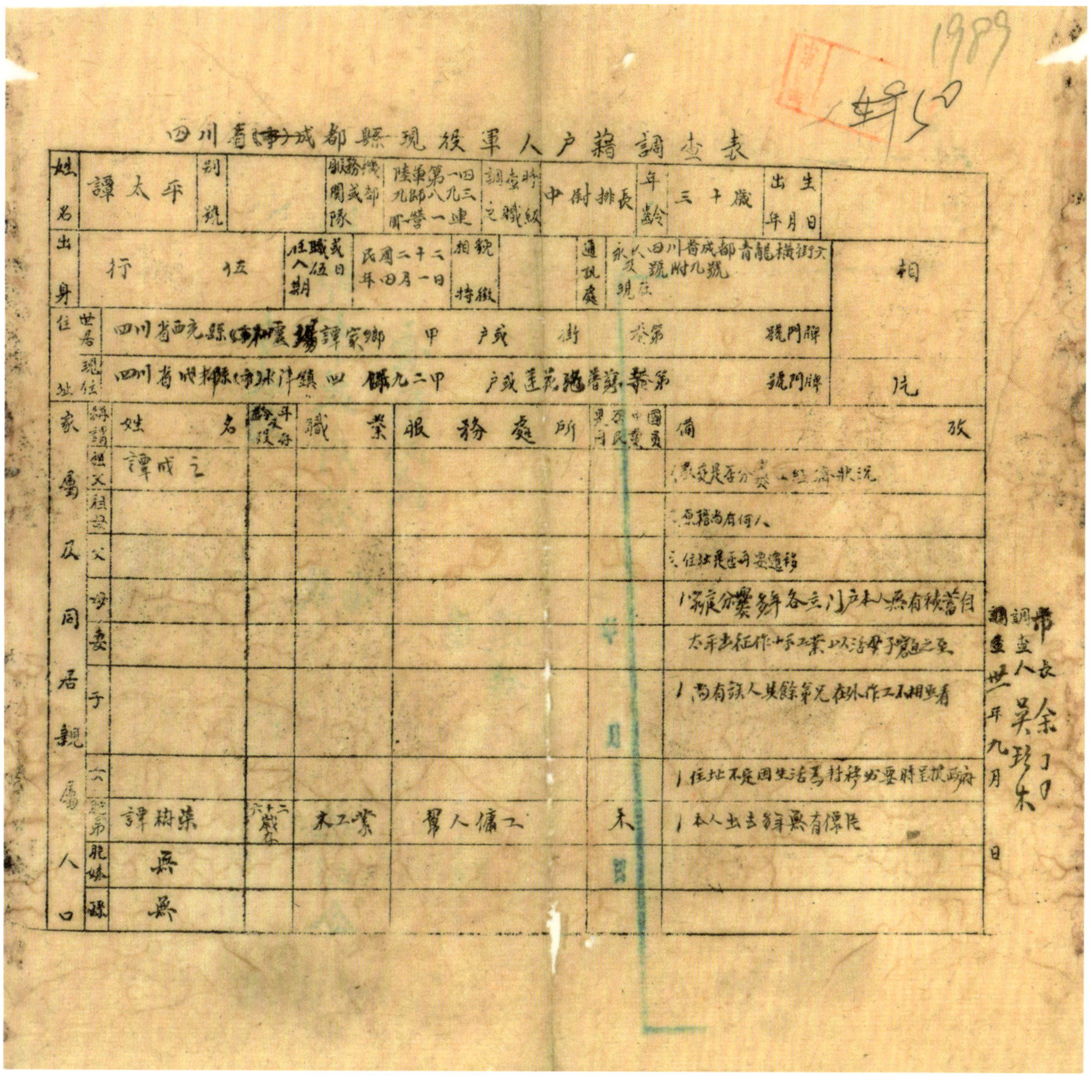

四川省（市）成都縣現役軍人户籍調查表

姓名	譚太平	别號		服務機關或部隊	陸軍第一四九師八九三團一營一連	調查時之職級	中尉排長	年齡	三十歲	出生年月日
出身	行伍	入伍或任職日期	民國二十六年四月一日	相貌特徵		通訊處	永久及現在：四川省成都青龍横街六號附九號		相片	
住址 世居	四川省西充縣（市）和慶場譚家鄉　甲　户或　街　巷第　號門牌									
住址 現住	四川省成都縣（市）水津鎮四保九二甲　户或蓮花池普賢巷第　號門牌									

家屬及同居親屬人口 稱謂	姓名	年齡及存殁	職業	服務處所	是否國民 / 中國黨員	備攷
祖父	譚成之					一、家庭是否分爨　二、經濟狀況
祖母						三、原籍尚有何人
父						三、住址是否有變遷
母						1 家庭分爨　無各立門户本人無有積蓄自
妻						太平出征作十手工業以及活母子寬之至
子						1 尚有該人兄餘第兄在外作工不相照看
女						1 住址不定因生活嬰特移必要時呈政府
兄弟	譚梓榮	六十二歲存	木工業	幫人傭工	木	1 本人出去無有保民
姊妹	無					
孫	無					

調查人　吳[illegible]
甲長　余[illegible]
調查日期　卅一年九月　日

故员谭太平的现役军人户籍调查表（一九四二年九月）

故员谭太平的死亡官兵现役军人户籍调查表清册（一九四二年九月）

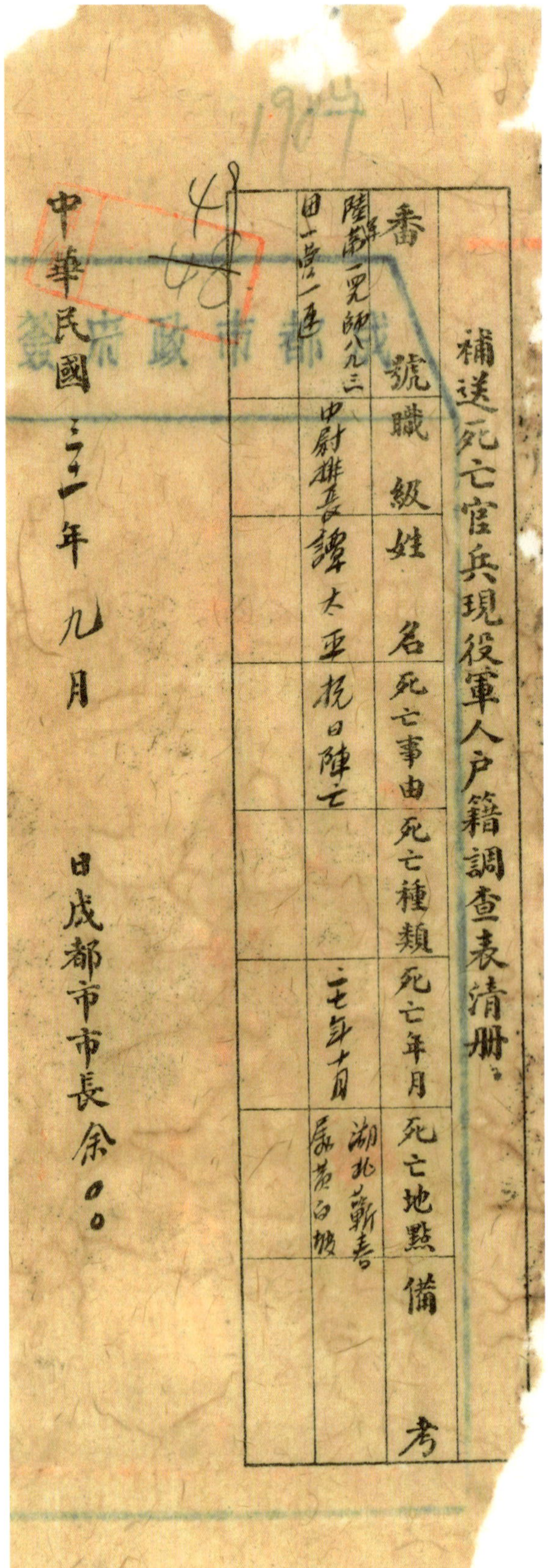

補送死亡官兵現役軍人戶籍調查表清冊

番號	職級	姓名	死亡事由	死亡種類	死亡年月	死亡地點	備考
陸軍第一四九師八九三團一營一連	中尉排長	譚太平	抗日陣亡		二十七年十月	湖北蘄春屬黃白城	

中華民國三十一年九月　日

成都市市長余〇〇

谭王素华关于补填故兵谭太平第一次恤金的领恤申请书（一九四二年十月）

領卹申請書

傷故員兵姓名	籍貫	戰役	卹令字號	一次卹金或第幾年卹金	本年應領卹金數額	領卹人及具關係	備考
故員譚太平	四川成都	湖北陣亡	令撫二字第三二四九六號	一次卹金	陸百元	妻譚素華	

上列應領卹金謹遵照轉發卹金辦法規定備具正副領據及保證書檢同卹金給與

令賫請

鑒察核發謹呈

成都市政府核轉

四川省政府

附呈卹金給與令一件卹金正領據一件

副領據二件保證書二件

請領卹金人譚王素華（印：譚王素華） 署名蓋章

詳細通信處外東蓮花池普慈寺廟內

中華民國三十一年十月　日

附：抚恤金领据、具领恤金保证书

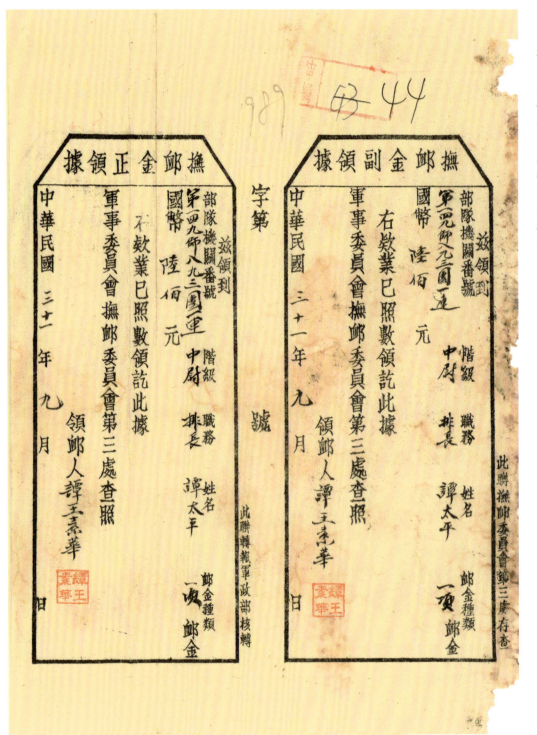

此聯撫卹委員會第三處存查

撫卹金副領據

茲領到

部隊機關番號 第四九師八九三團一連 階級 中尉 職務 排長 姓名 譚太平 卹金種類 一次卹金

國幣 陸佰元

右欵業已照數領訖此據

軍事委員會撫卹委員會第三處查照

領卹人譚王素華（印：譚王素華）

中華民國三十一年九月 日

字第 號

此聯轉報軍政部核轉

撫卹金正領據

茲領到

部隊機關番號 第四九師八九三團一連 階級 中尉 職務 排長 姓名 譚太平 卹金種類 一次卹金

國幣 陸佰元

右欵業已照數領訖此據

軍事委員會撫卹委員會第三處查照

領卹人譚王素華（印：譚王素華）

中華民國三十一年九月 日

具領卹金保證書

保證人賴星明　今保證領卹人譚王素華　確係已故

部隊機關番號　第四九師八九三團一連　階級　中尉　職務　排長　姓名　譚太平

之遺族茲遵照

國民政府軍事委員會會撫字第三三四九六號卹金給與令核准給與該

故員一項卹金國幣　陸佰　元整今由該遺族向

鈞會第三處如數領訖具領後如有發生爭議保証人願照

鈞會請領卹金須知第六條之規定負法律上一切責任此證

謹呈

國民政府軍事委員會撫卹委員會

保証人姓名　賴星明　蓋章

（店鋪書東）　籍貫　四川成都　住址　星橋街九六號　職務或職業　鞋店

（店鋪營業資本金額）　叁仟元

領卹人姓名　譚王素華　蓋章

籍貫　四川成都外東　住址　蓮花池普慈寺廟　與故員之關係　夫妻

其他遺族姓名及關係

子　譚蓀樹

女　譚秀九

成都市市長余中英

中華民國三十一年九月　日

谭王素华关于补填故员谭太平第一年年恤金及加倍恤金的领恤申请书（一九四二年十月）

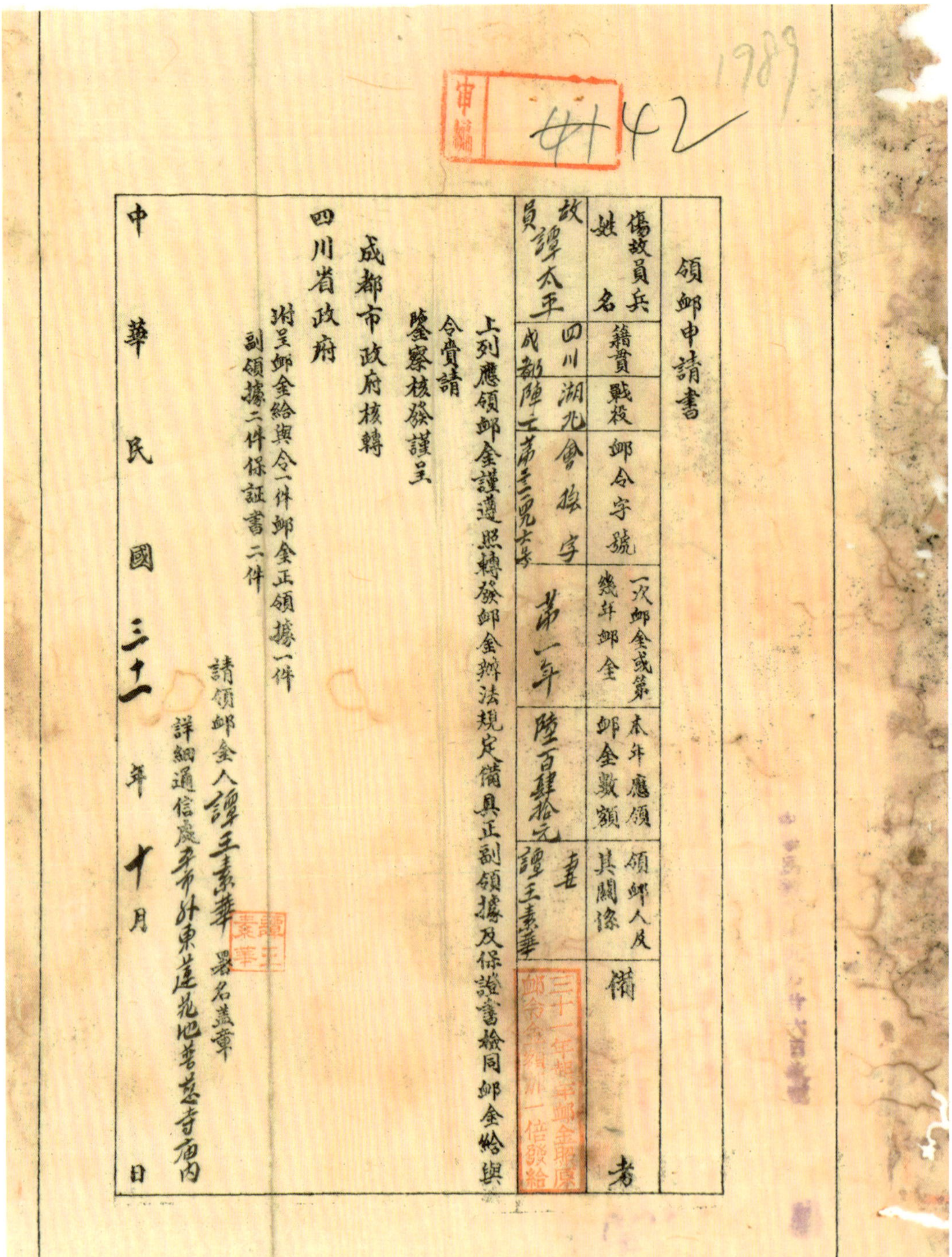
審編
4142
1989

領卹申請書

傷故員兵姓名	籍貫	戰役	卹令字號	一次卹金或第幾年卹金	本年應領卹金數額	領卹人及其關係	備考
故員譚太平	四川成都	湖北陣亡	會撫字第三二九七號	第一年	陸百肆拾元	妻 譚王素華	三十一年起卹金照原卹金額加一倍發給

上列應領卹金謹遵照轉發卹金辦法規定備具正副領據及保證書檢同卹金給與令賞請
鑒察核發謹呈
成都市政府核轉
四川省政府

附呈卹金給與令一件卹金正領據一件
副領據二件保証書二件

請領卹金人譚王素華署名蓋章（印：譚王素華）
詳細通信處本市外東蓮花池普慈寺廟內

中華民國三十一年十月　日

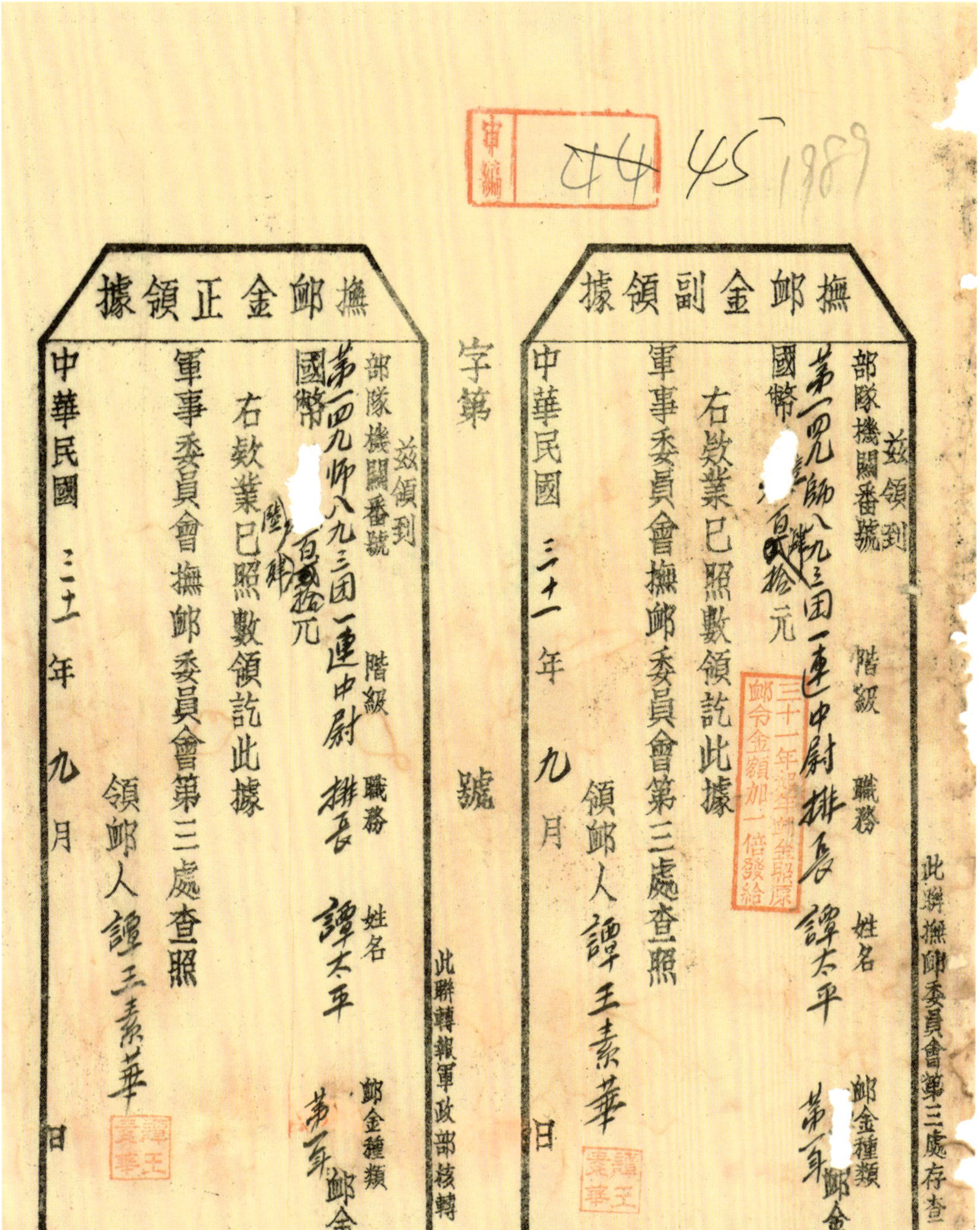
此聯撫卹委員會第三處存查
撫卹金副領據
茲領到
部隊機關番號 第一四九師八九三团一連 階級 中尉 職務 排長 姓名 譚太平
國幣 百 拾元
卹金種類 第 年 卹金
右款業已照數領訖此據
軍事委員會撫卹委員會第三處查照
三十一年遵奉卹金照原卹令金額加一倍發給
中華民國 三十一 年 九 月 日
領卹人 譚王素華
譚王素華
字第 號
此聯轉報軍政部核轉
撫卹金正領據
茲領到
部隊機關番號 第一四九师八九三团一連 階級 中尉 職務 排長 姓名 譚太平
國幣 百 拾元
卹金種類 第 年 卹金
右款業已照數領訖此據
軍事委員會撫卹委員會第三處查照
中華民國 三十一 年 九 月 日
領卹人 譚王素華
譚王素華

具領卹金保證書

保證人 [illegible] 明 今保證領卹人 譚王秀華 確係已故

部隊機關番號 第一四九師八九三團一連 階級 中尉 職務 排長 姓名 譚太平

之遺族茲遵照

國民政府軍事委員會會卹字第一三四六六號卹金給與令核准給與該

[illegible]卹金國幣[illegible]元整今由該遺族向

鈞會第三處如數領訖具領後如有發生爭議保證人願照

鈞會請領卹金須知第六條之規定負法律上一切責任此證

謹呈

國民政府軍事委員會撫卹委員會

保證人 姓名 [illegible] 蓋章 （店舖書柬） 籍貫 四川成都 住址 [illegible] 職務或職業 [illegible]

領卹人 姓名 譚王秀華 蓋章 （店舖資本金額營業） [illegible] 籍貫 四川成都 住址 [illegible] 與故員之關係 夫妻

其他遺族姓名及關係 子 譚[illegible] 九[illegible]

成都市市長 余中英

中華民國三十一年九月 日

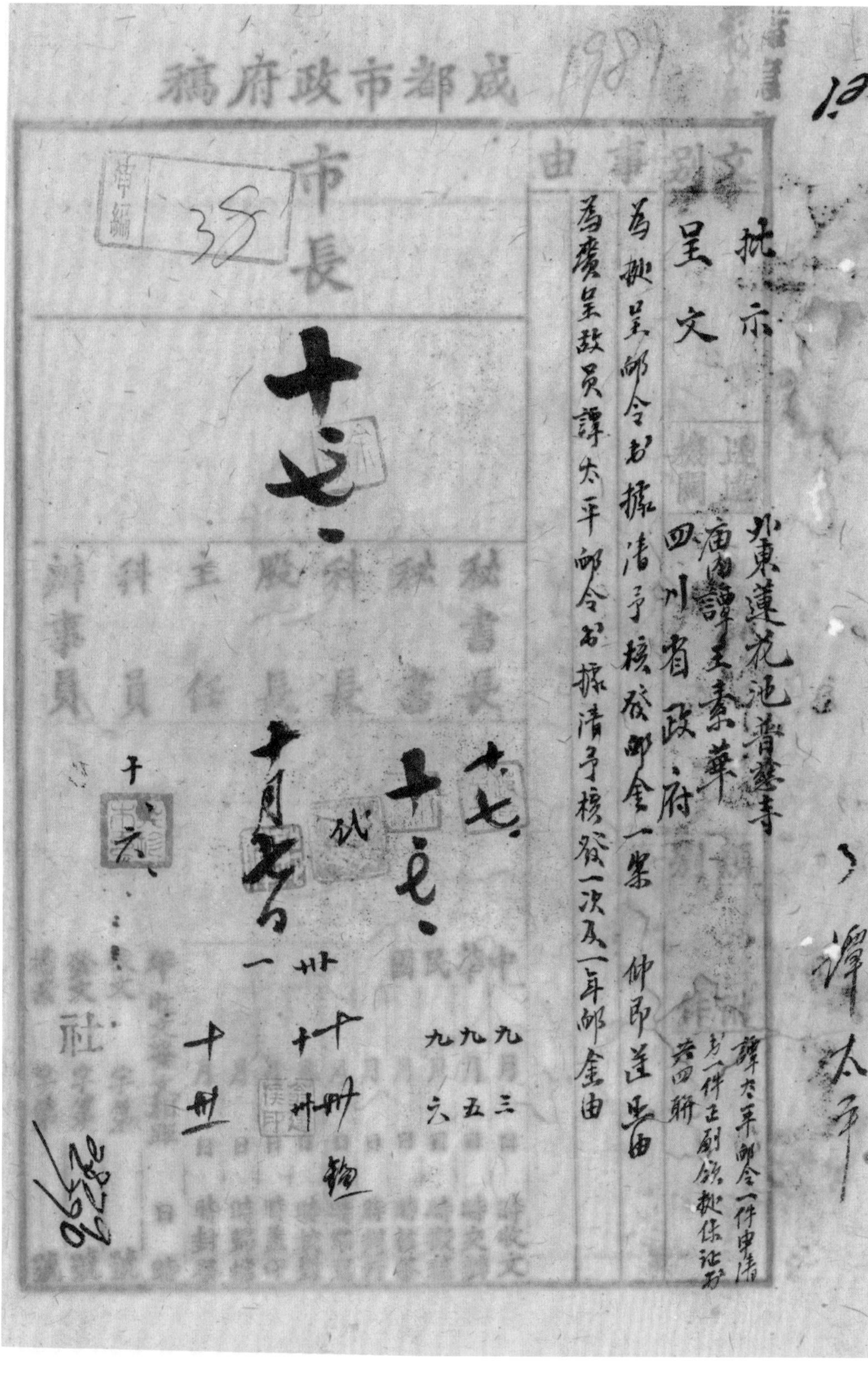
成都市政府稿

文别：批示　呈文

事由：為據呈郵令書據清予核發郵金一案仰即遵照由

為賡呈故員譚太平郵令書據清予核發一次及一年郵金由

外東蓮花池清遠寺廟内譚王素華

四川省政府

市長　十七

成都市政府关于核发故员谭太平一次恤金、第一年年恤金及加倍恤金致谭王素华的批示及致四川省政府的呈文（一九四二年十月三十一日）

全　衔　批示　社字第　号

具申请书人赵毕氏（素华）

卅一年十月六日申请书一件，为请予转请核发故员谭右一年一次及第一年卹金一案由

申请书暨附件均悉，仰候转请

四川省政府核发饬可也。附件分别存转。

此批

市长余

呈文稿

案准

39 1989

准部照卅二年九月八日第部字第一五〇號公函開

送故員譚太平卹令咨為查照辦理等由准此

當即通知該故員譚太平遺族承領卹令並

飭造具

鈞府卅一年九月日財民三字第三二九二五號養

代電核定分別辦理請卹者據去訖茲據該

遺族譚王素華檢具領保結請予發給卹

令查經核發後據該遺族檢呈卹令及申請

書正副領據保證書甘結懇予轉請核發一次及（從三十一年起加發給卹令）

第一年年卹金等情前來查核尚無不合除

送乞核定办理并批示外理合检同故员谭太平恤令一件一次恤金及年抚金申请书一件一次及年恤金正副领据保证书共四联一并随文赍呈

钧府核发给领指令祗遵

谨呈

四川省政府

计呈故员谭太平恤令及申请书各一件正副领据保证书共四联

衔名

中华民国卅一年十月 日

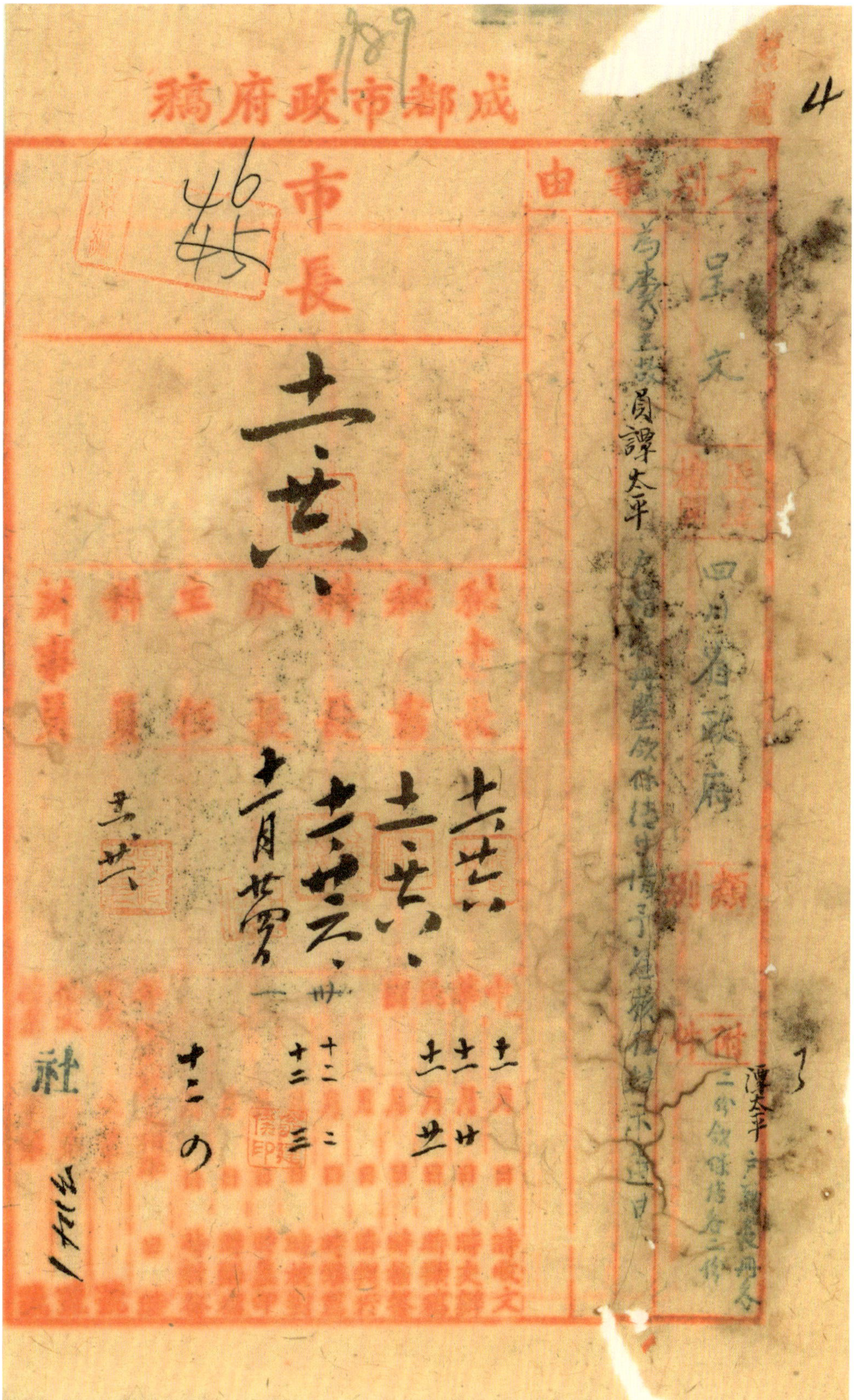
成都市政府稿

市長

文別 呈文

事由 為奉[illegible]員譚太平[illegible]

受文者 四川省政府

成都市政府关于转送故员谭太平户籍表册等致四川省政府的呈文（一九四二年十二月四日）

案准

成都縣政府卅一年九月日軍卹一字第一五號公函附送故員

譚太平卹令現役軍人户籍表廿張為查照辦理廿

由准此當即派員調查并通知該遺族遵照規定辦

理去訖茲據該遺族譚玉素草檢呈領保結現役軍人户籍

表及補送死亡官兵户籍調查表清冊廿請予核發卹令廿

情前來查核尚無不合除將卹令封發並將表冊加蓋

印信官章外理合檢同故員譚太平領保結各二份現

役軍人户籍調查表二份補送死亡官兵調查表清冊二份

一併隨文賫呈

鈞府查核存轉指令祇遵

謹呈

四川省政府

計呈故員譚太平領保結及户籍表冊甘各一份

銜名

中華民國卅二年十一月 日

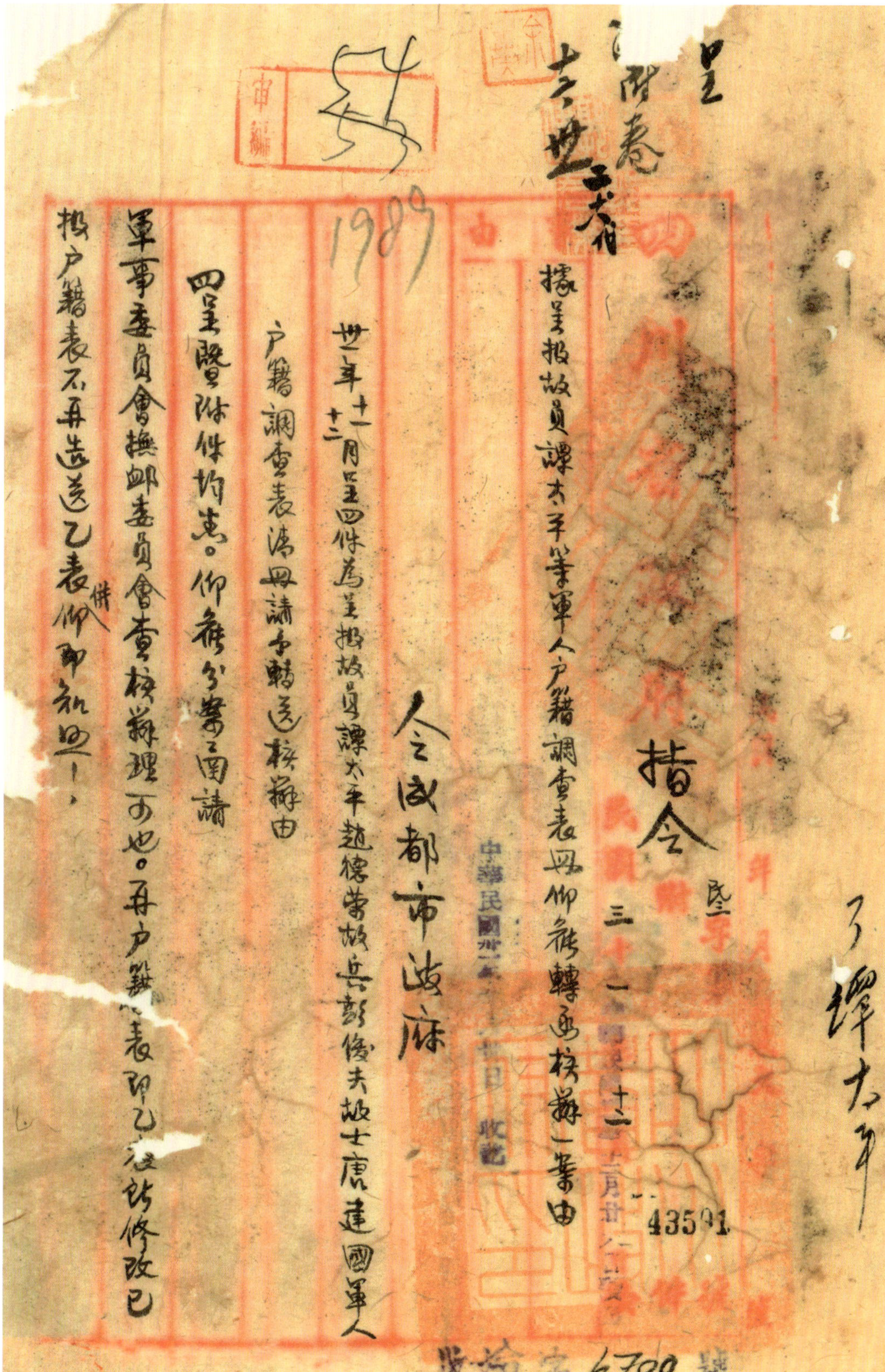
呈

指令

據呈報故員譚太平等軍人戶籍調查表冊仰核轉函核辦一案由

三十一年十二月廿八日

43591

令成都市政府

卅一年十二月呈四件為呈報故員譚太平趙德榮故兵彭俊夫故士唐建國軍人戶籍調查表冊請予轉送核辦由

四呈暨附件均悉。仰候分案函請軍事委員會撫卹委員會查核辦理可也。再戶籍表即乙表已修改，已併撥戶籍表不再造送乙表，仰即知照！

字6700號

四川省政府关于核办故员谭太平等户籍表册致成都市政府的指令（一九四二年十二月二十八日）

此令

二○三

附件存錄唐建國乙種調查表二份共函。

兼理主席 張羣

民政廳長 胡次威

四川省政府关于核发故员谭太平第一次恤金第一年年恤金及加倍恤金致成都市政府的指令（一九四三年一月十二日）

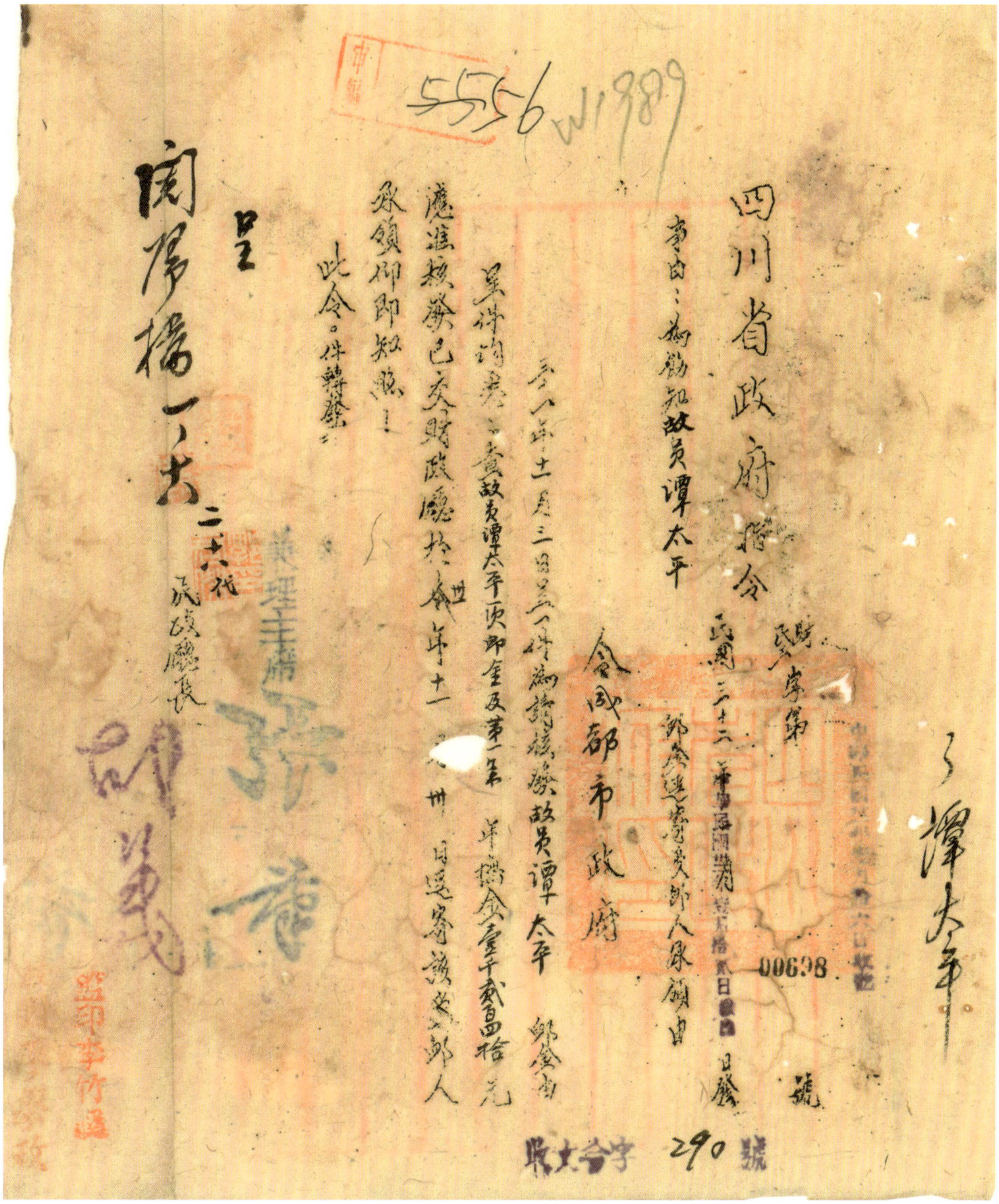
四川省政府指令

事由：為飭知故員譚太平鄒佘氏家屬承領由

民財一字第　號

民國三十二年壹月拾貳日發

令成都市政府

三十一年十二月三日呈一件，為請核發故員譚太平鄒佘氏
呈件均悉。查故員譚太平一次卹金及第一年年撫金壹千貳百四拾元
應准核發，已交財政廳於卅年十一月卅日送寄該家屬人
承領，仰即知照！
此令。件轉發。

兼理主席　張群

民政廳長　胡次威

呈

閬序楊一八六

監印　李竹逸

職太合字 290 號

00698

国民政府军委会抚恤委员会关于检发故员谭太平遗族名称校正表致成都市政府的代电（一九四三年三月十五日）

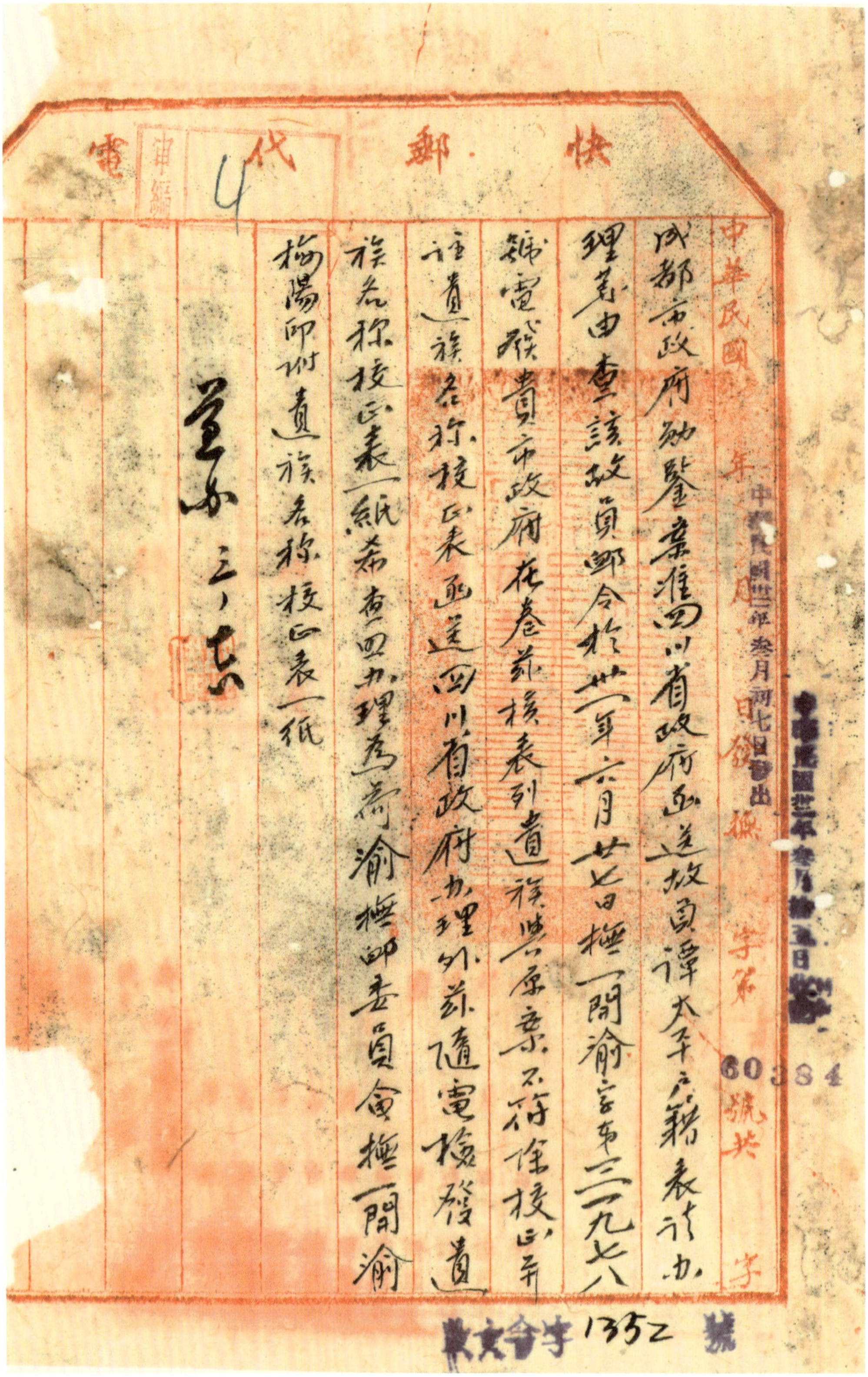
快邮代电

中华民国 年 月 日发 字第 号

成都市政府勋鉴：案准四川省政府函送故员谭太平户籍表请办理等由。查该故员业令於卅一年六月廿七日抚一关渝字第二一九七八号电饬贵市政府在卷。兹核表列遗族与原案不符，除校正并注遗族名称校正表函送四川省政府办理外，兹随电检发遗族名称校正表一纸，希查照办理为荷。渝抚恤委员会抚一关渝梅阳印。附遗族名称校正表一纸

三，十五

中华民国卅二年叁月廿七日到

60384

东文会字1352号

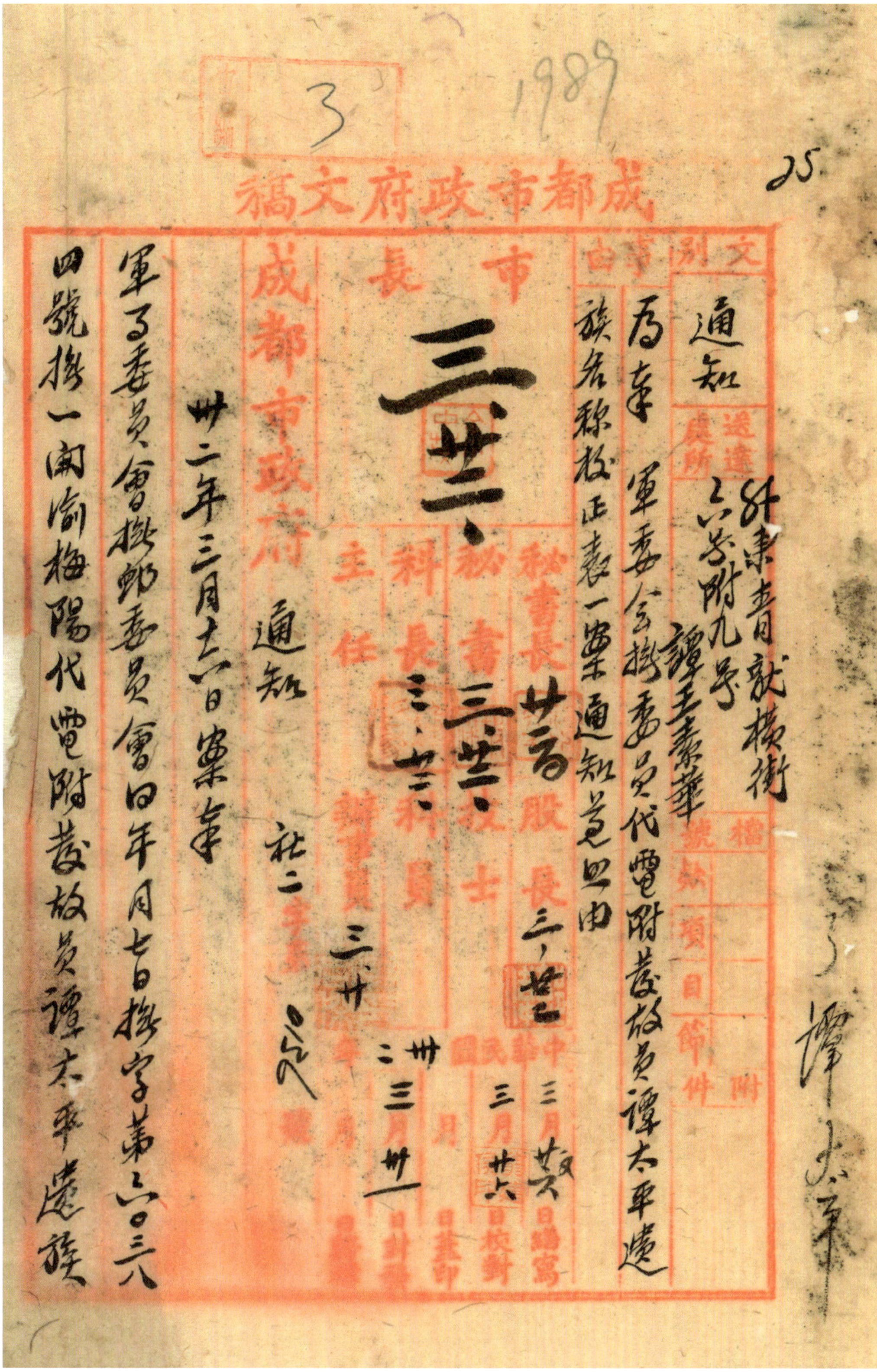
成都市政府文稿

文别：通知

送達處所：卅東青龍橫街二六八號附九號 譚王素華

事由：為奉軍委會撫委員代電附發故員譚太平遺族名稱校正表一案通知查照由

市長

秘書長

主任 科長 秘書 股長 技士 科員 辦事員

通知 社二字第 號

卅二年三月廿六日案奉

軍事委員會撫卹委員會 日年月七日撫字第二六〇三八四號撫一開渝梅陽代電附發故員譚太平遺族

成都市政府关于填具故员谭太平遗族名称校正表致谭王素华的通知（一九四三年三月三十一日）

名稱核正表希查照辦理等因；奉此，合行通知仰該遺族即便遵照，尅日將故員譚太平鮑全檢呈本府以憑粘貼核正表為要。

右通知故員譚太平遺族譚王素華准此

市長余

谭荫树关于申领故员谭太平第二年年恤金及加倍恤金的领恤申请书（一九四三年八月）

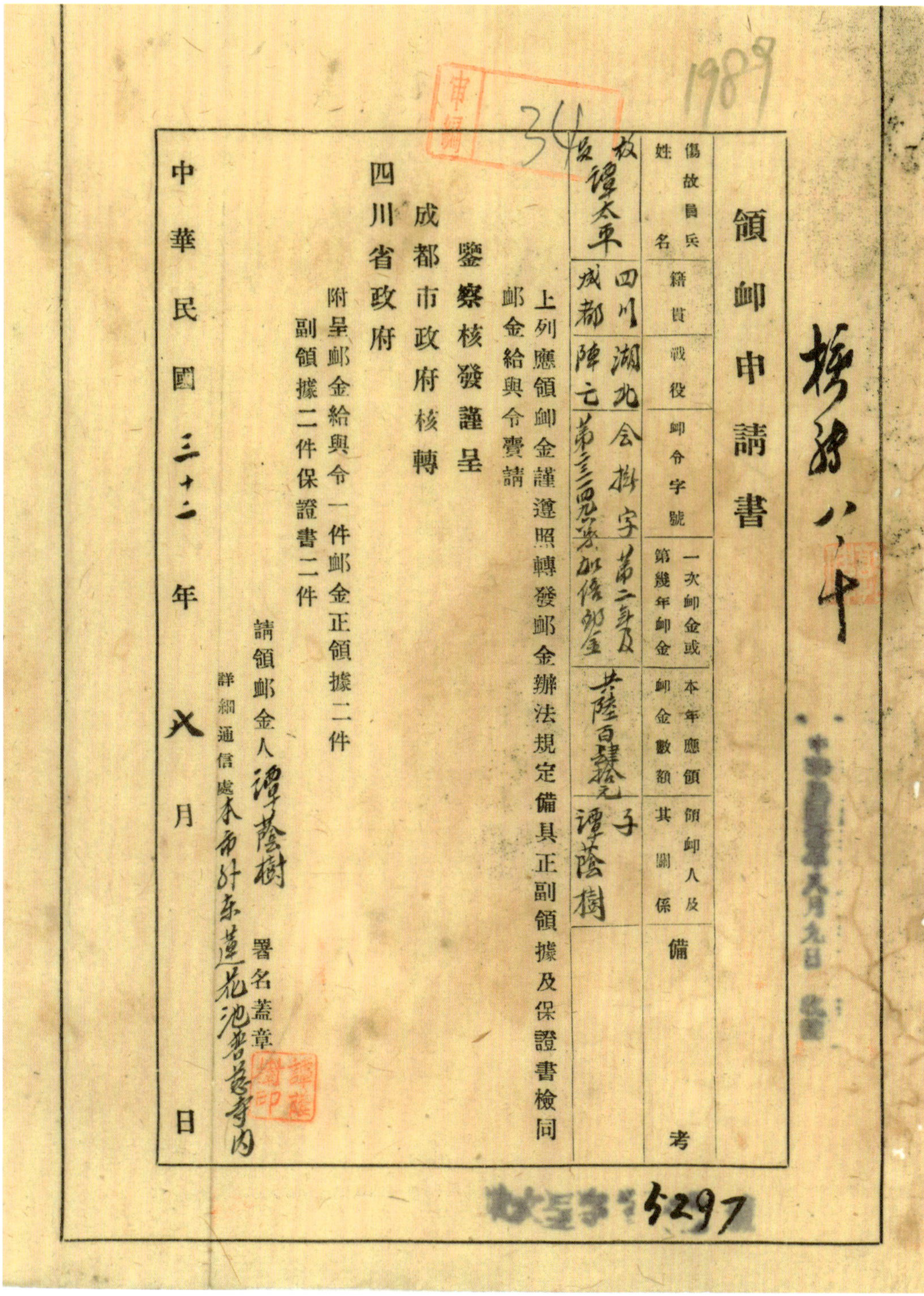

領卹申請書

傷故員兵姓名	籍貫	戰役	卹令字號	一次卹金或第幾年卹金	本年應領卹金數額	領卹人及其關係	備考
故兵譚太平	四川成都	湖北陣亡	会撫字第三四九六七號	第二年及加倍卹金	共陸百肆拾元	子 譚蔭樹	

上列應領卹金謹遵照轉發卹金辦法規定備具正副領據及保證書檢同卹金給與令賫請

鑒察核發謹呈

成都市政府核轉

四川省政府

附呈卹金給與令一件卹金正領據二件

副領據二件保證書二件

請領卹金人 譚蔭樹 署名蓋章

詳細通信處 本市外東蓮花池普慈寺内

中華民國三十二年八月　日

附：抚恤金领据及具领恤金保证书

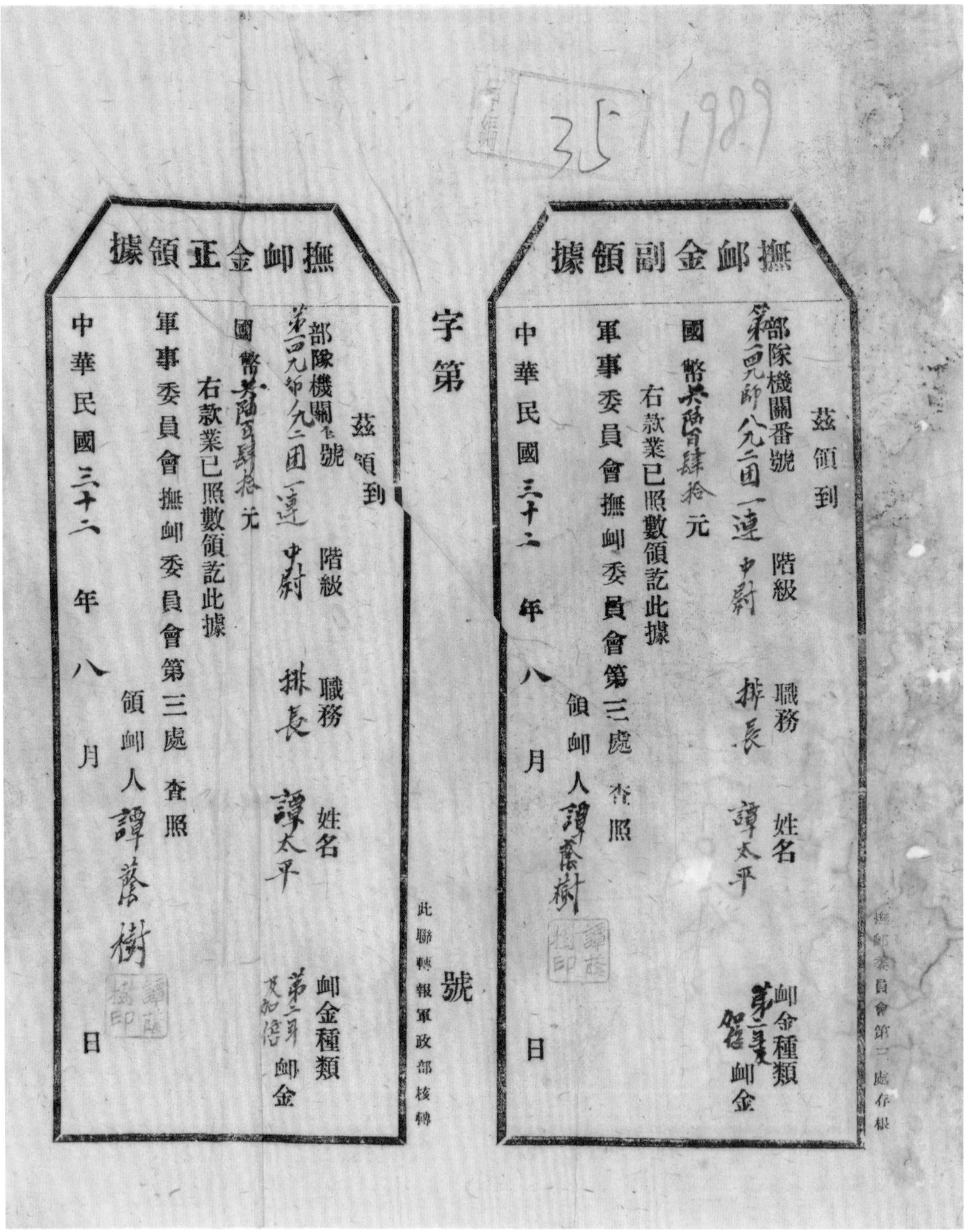

35 1989

撫卹金副領據

茲領到

部隊機關番號 第四九師八九二團一連 階級 中尉 職務 排長 姓名 譚太平 卹金種類 第二年加倍卹金

國幣六佰肆拾元

右款業已照數領訖此據

軍事委員會撫卹委員會第三處 查照

中華民國三十二年八月 日

領卹人 譚蔭樹 譚蔭樹印

撫卹委員會第三處存根

第 字 號

此聯轉報軍政部核轉

撫卹金正領據

茲領到

部隊機關番號 第四九師八九二團一連 階級 中尉 職務 排長 姓名 譚太平 卹金種類 第二年卹金及加倍

國幣六佰肆拾元

右款業已照數領訖此據

軍事委員會撫卹委員會第三處 查照

中華民國三十二年八月 日

領卹人 譚蔭樹 譚蔭樹印

具領卹金保證書

保證人　今保證領卹人 譚蔭樹 確係已故
部隊機關番號 第四九師八〇〇團一連 階級 中尉、 職務 排長 姓名 譚太平
之遺族 茲遵照
國民政府軍事委員會會撫字第二三一四九六 號卹金給與令核准給與該
數 金國幣共陸百肆拾 元整令由該 遺族 向
鈞會第三處如數領訖具領後如有發生爭議保證人願照
鈞會請領卹金須知第六條之規定負法律上一切責任此證

謹呈

國民政府軍事委員會撫卹委員會

保證人（店鋪書柬）姓名 [illegible] 蓋章　籍貫住址 [illegible]街　職業或職務 [illegible]　（店舖營業資本金額）[illegible]

領卹人 姓名 譚蔭樹 蓋章　籍貫住址 蓮花池 [illegible]　與故員之關係 父子

其他遺族姓名及關係

中華民國三十六年八月　日

成都市市長 余中英

成都市政府关于核发故员谭太平第二年恤金致谭荫树的批示及致四川省政府的呈文

（一九四三年八月十九日）

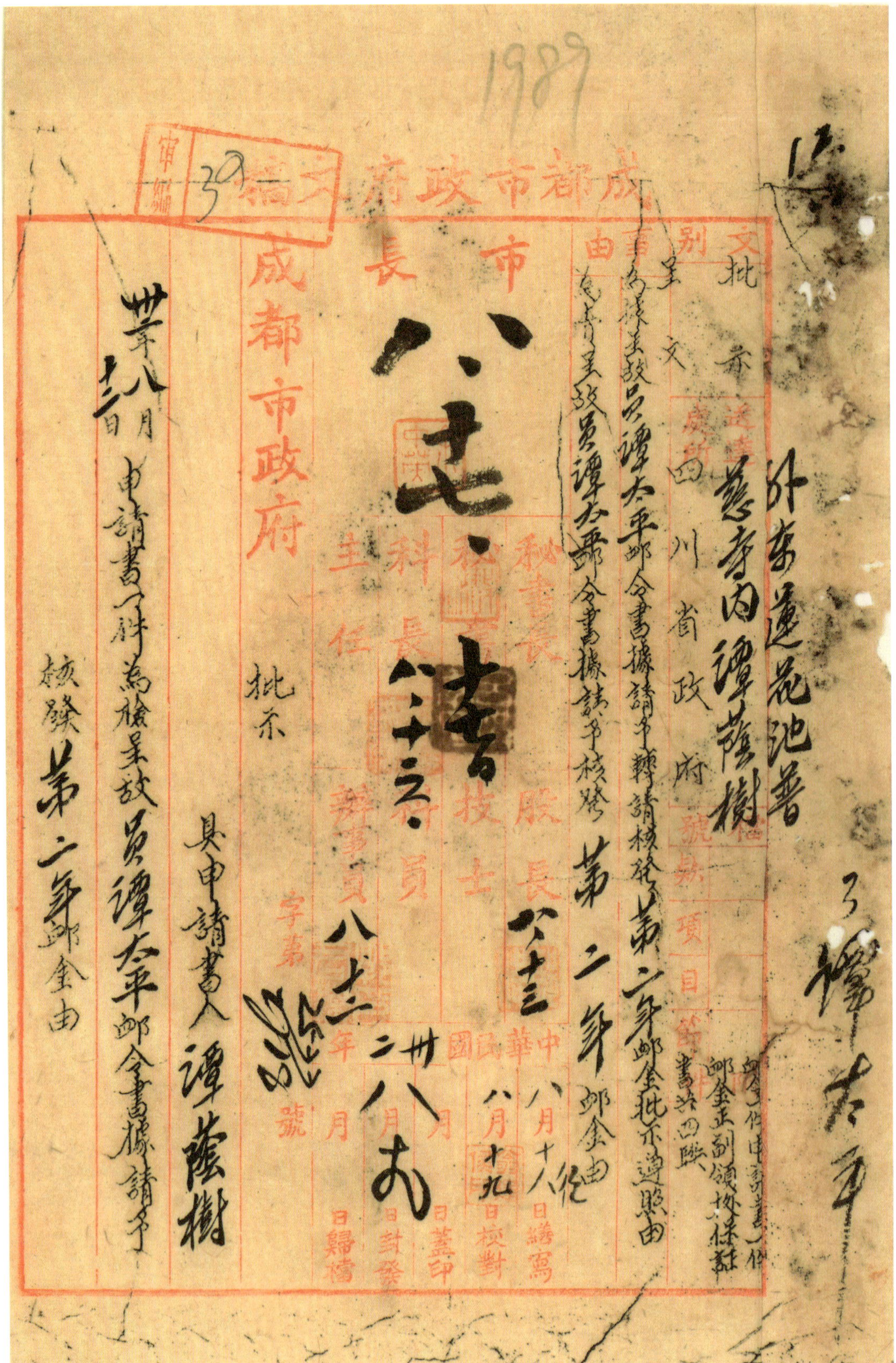

申请书暨附件均悉。仰候专案呈请
四川省政府核发给领可也！附件分别存转
此批。
中华民国卅二年八月日
市长余
主文稿
案据本市故员谭太平遗族谭荫树检呈邺令及申
请书、立副领据、保证书等恳予转请核发第二年
邺金等情，前来查核尚无不合，除批示外，理合遵照
钧府请领邺金各项办法之规定，检同故员谭太平

33

1289

卹令一件申請書一件卹金正副領據保証書共四聯一併隨文

賫呈

鈞府俯賜核發給領指令祗遵！

謹呈

四川省政府

計呈故員譚本華卹令一件申請書一件卹金正副領據保証書

共四聯

衔名

三十、缪昌富

成都市政府关于核发故员缪昌富第二年恤金致四川省政府的呈文、致缪二兴的批示（一九四二年八月二十九日）

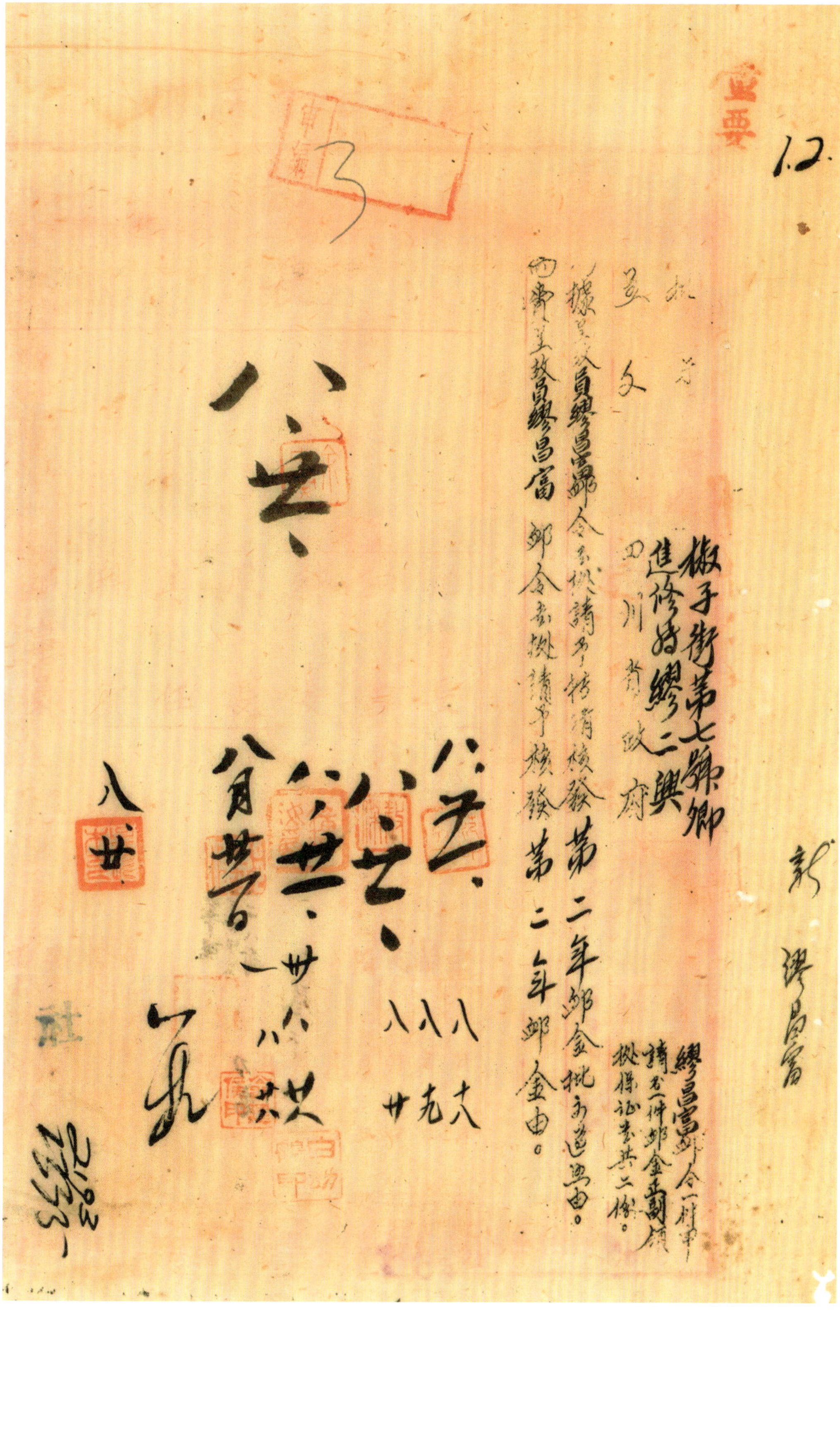

全

銜 批示　社字第　號

具申請書人繆二興

卅二年八月廿日申請書一件為檢呈故員繆昌興卹令書擬請

轉核發第二年卹金由。

申請書暨附件均悉。仰候專案呈請

四川省政府核發給領可也。附件分別存轉。

此批。

中華民國卅二年八月　日

市長 余

叢文 稿

案據本市故員繆昌富遺族繆二興檢呈卹令
乙申請書正副領執據証書等據此轉請核發第二年
卹金等情前來查核尚無不合除批示外理合遵照
鈞府請領卹金各項辦法之規定檢同故員繆昌富
卹令一件申請書一件卹金正副領執據証書共二聯
一併隨文賫呈
鈞府俯賜核發給領指令祗遵
謹呈
四川省政府
計呈故員繆昌富卹令一件申請書一件卹金正副領

據保證書共二紙。

銜名

三十一　八

附：缪二兴关于请予核发故员缪昌富第二年恤金致成都市政府的领恤申请书、抚恤金领据、具领恤金保证书（一九四二年八月）

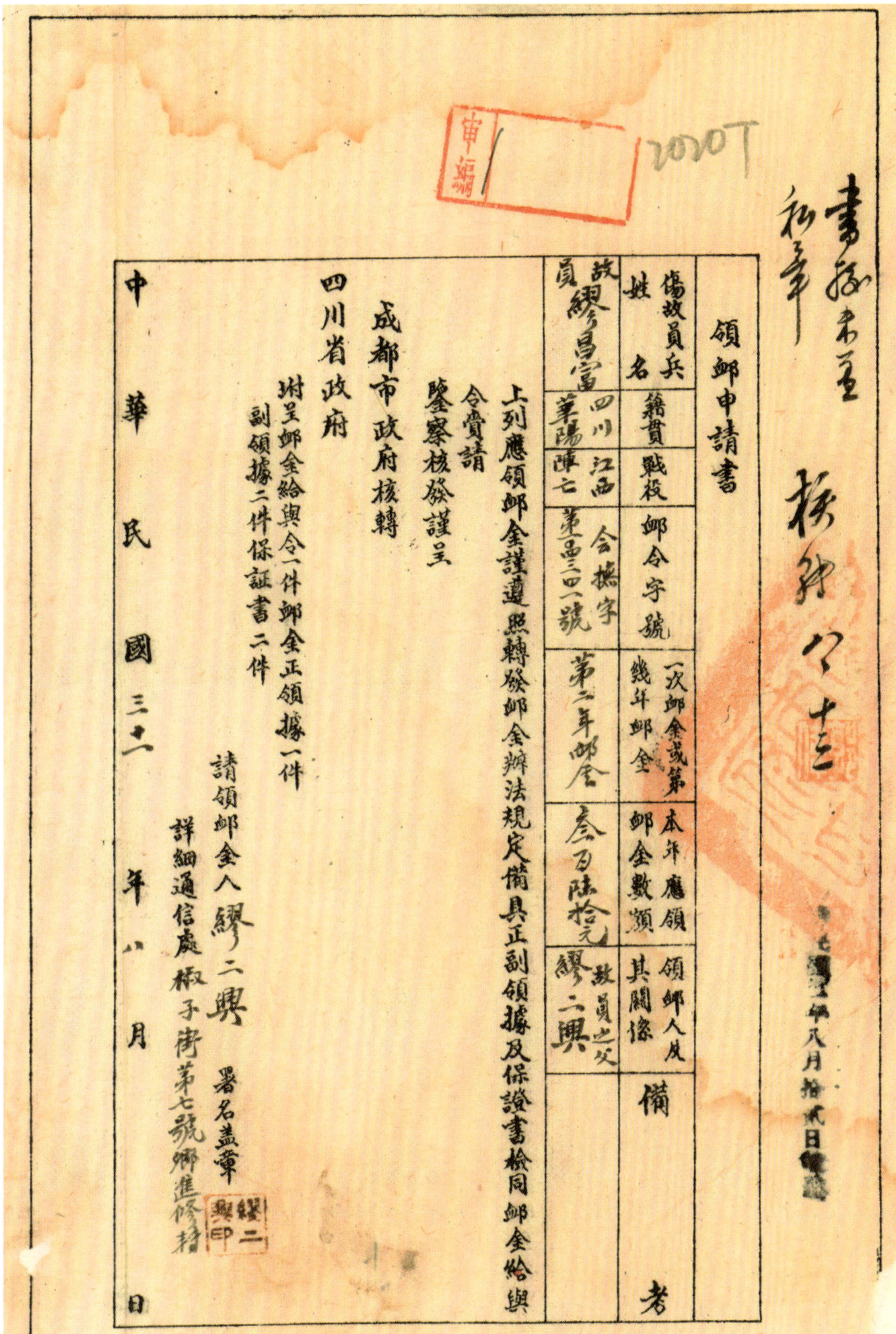

領卹申請書

傷故員兵姓名	籍貫	職役	卹令字號	一次卹金或第幾年卹金	本年應領卹金數額	領卹人及其關係	備考
故員繆昌富	四川華陽	江西陣亡	合撫字第一三四一號	第二年卹金	叁百陸拾元	故員之父繆二興	

上列應領卹金謹遵照轉發卹金辦法規定備具正副領據及保證書檢同卹金給與令賫請

鑒察核發謹呈

成都市政府核轉

四川省政府

附呈卹金給與令一件卹金正領據一件

副領據二件保證書二件

請領卹金人繆二興　署名蓋章

詳細通信處椒子街第七號鄉進修社

中華民國三十一年八月　日

收文呈字6160號

此聯撫郵委員會第三處存查

撫郵金副領據

茲領到

部隊機關番號：第五九師三五四團五連　階級：上尉　職務：連長　姓名：繆昌富　郵金種類：第二年郵金

國幣叁万陆拾元

右款業已照數領訖此據

軍事委員會撫郵委員會第三處查照

中華民國三十一年八月　日

領郵人　繆二興（印：繆二興印）

字第　　號

此聯轉報軍政部核轉

撫郵金正領據

茲領到

部隊機關番號：第五九師三五四團五連　階級：上尉　職務：連長　姓名：繆昌富　郵金種類：第二年郵金

國幣叁万陆拾元

右款業已照數領訖此據

軍事委員會撫郵委員會第三處查照

中華民國三十一年八月　日

領郵人　繆二興（印：繆二興印）

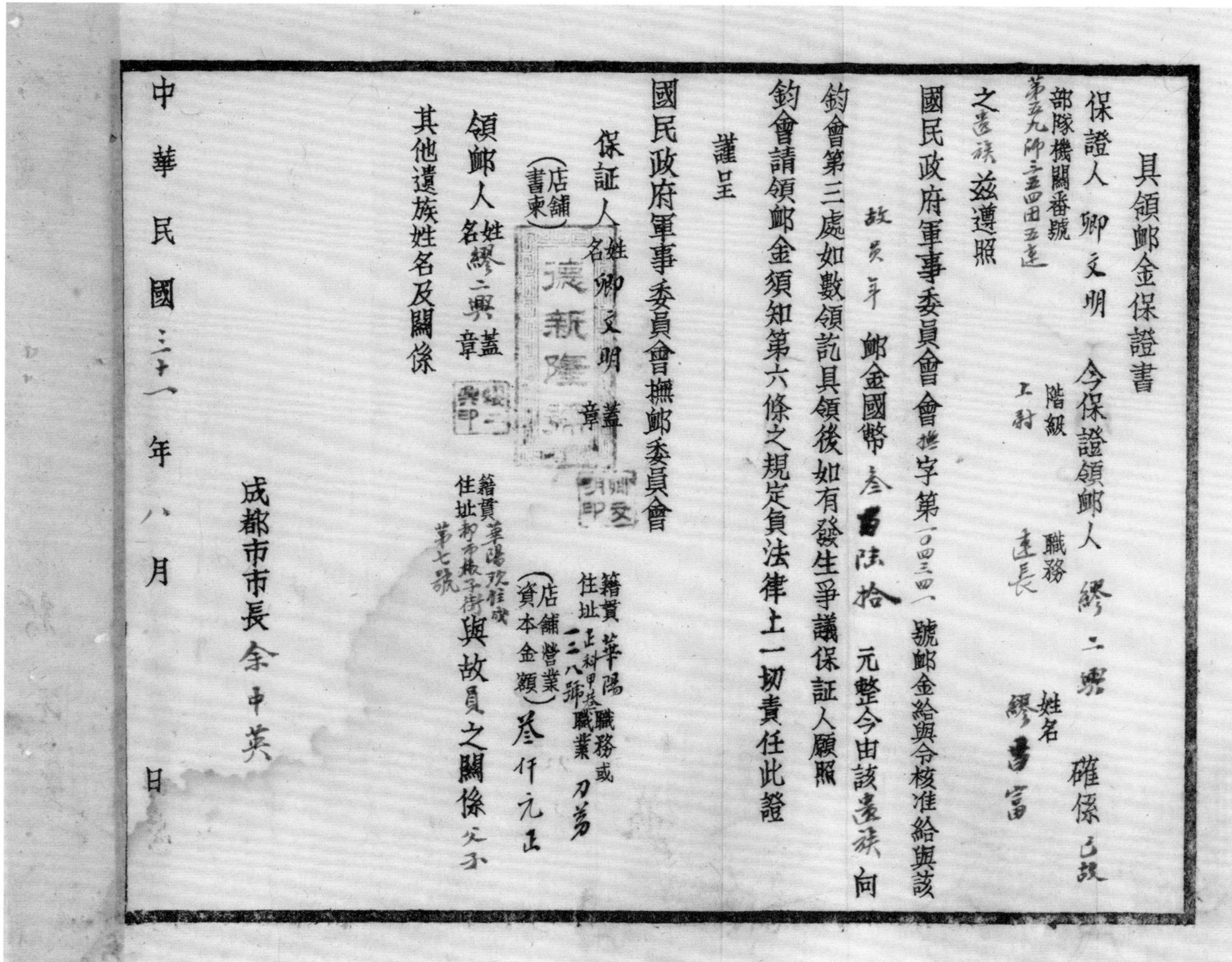

具領卹金保證書

保證人卿文明　今保證領卹人繆二興　確係已故

部隊機關番號　第五九師三五四團五連　階級　上尉　職務　連長　姓名　繆書富

之遺族　茲遵照

國民政府軍事委員會會撫字第一〇四三四一號卹金給與令核准給與該

故員年　卹金國幣叁百陸拾元整今由該遺族向

鈞會第三處如數領訖具領後如有發生爭議保証人願照

鈞會請領卹金須知第六條之規定負法律上一切責任此證

謹呈

國民政府軍事委員會撫卹委員會

保証人（店舖書柬）姓名　卿文明　章　蓋

籍貫　華陽　職務或職業　刀匠

住址　正科甲巷一二八號

（店舖營業資本金額）叁仟元正

領卹人姓名　繆二興　章　蓋

籍貫　華陽　職務或

住址　新市櫃子街第七號

與故員之關係　父子

其他遺族姓名及關係

中華民國三十一年八月　日

成都市市長余中英

四川省政府关于准予核发故员缪昌富第二年恤金致成都市政府的指令（一九四二年十二月十日）

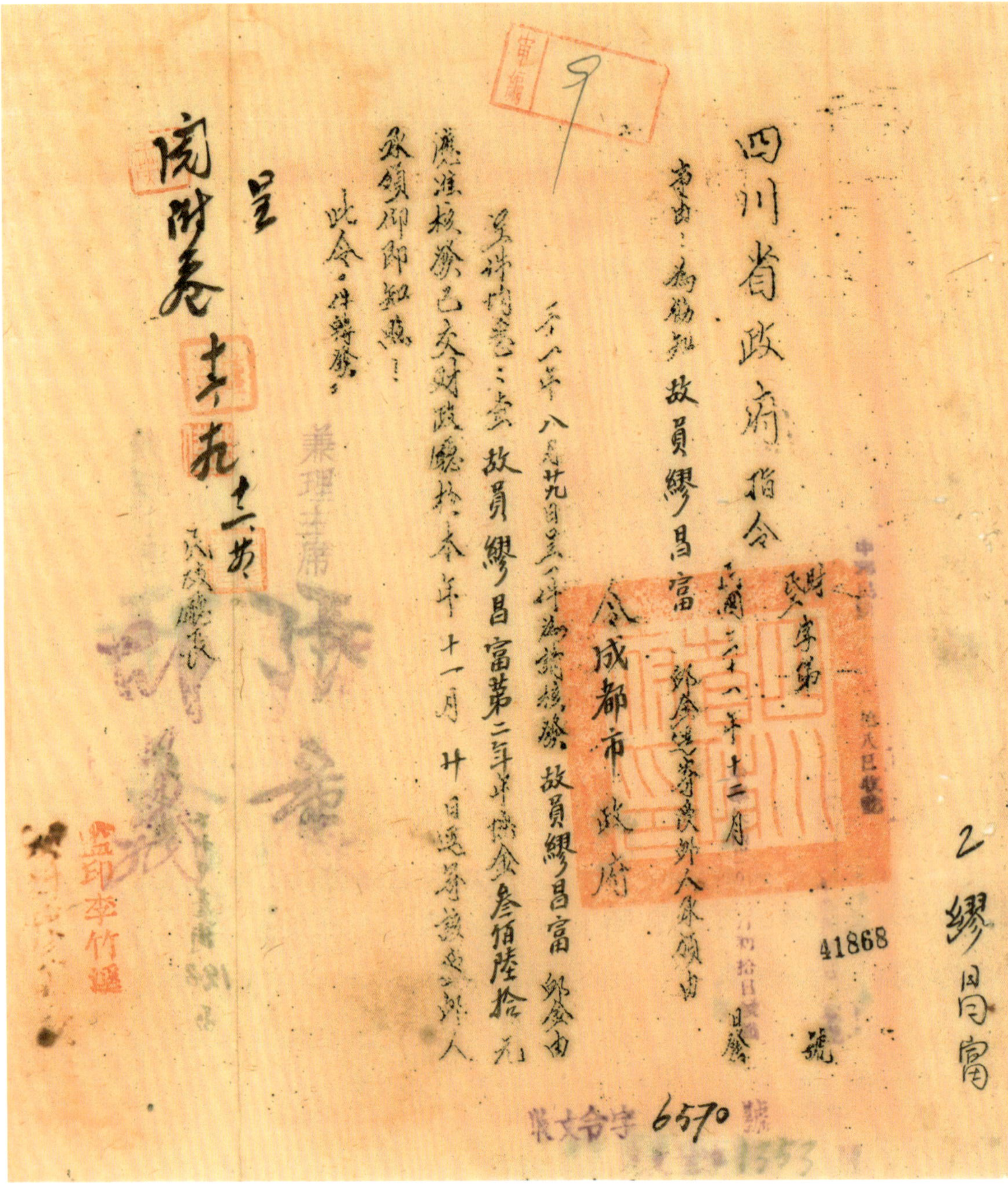
四川省政府指令

事由：為飭知故員繆昌富卹金送交受卹人承領由

財字第 號

民國三十一年十二月 日發

令成都市政府

三十一年八月廿九日呈一件為請核發故員繆昌富卹金由

呈件均悉。查故員繆昌富第二年卹金叁佰陸拾元，應准核發，已交財政廳於本年十一月廿日匯寄該府轉發受卹人承領，仰即知照。

此令。件發。

兼理主席 張群

監印李竹遜

成都市政府关于补发故员缪昌富恤令、民国三十一年加倍年抚金致四川省政府的呈文、致缪二兴的批示
（一九四二年十二月二十三日）

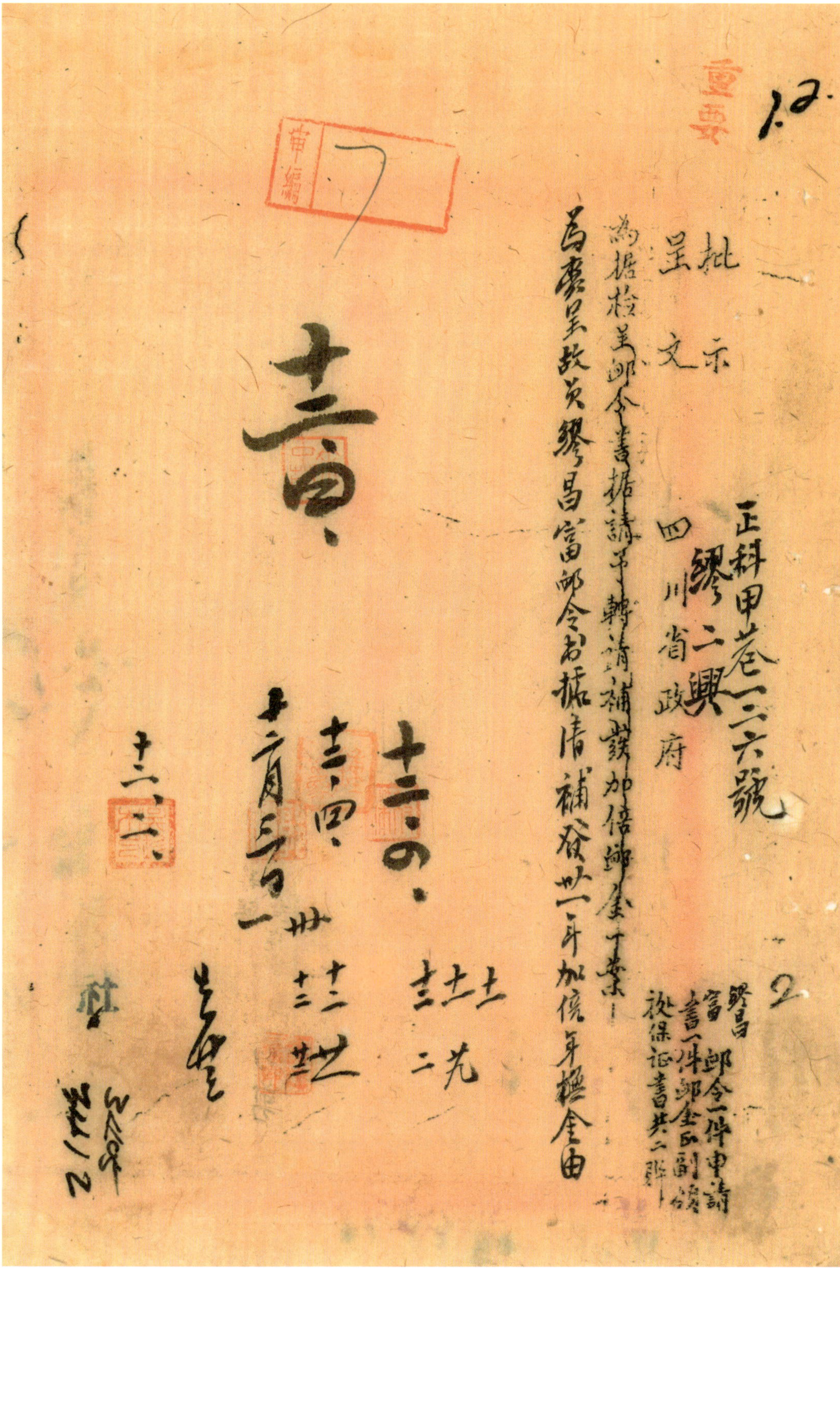
重要
正科甲巷一二六號
缪二興
批示
呈文
四川省政府
為據檢呈卹令壽據請予轉請補發加倍卹金一案
為呈故員缪昌富卹令請據情補發卅一年加倍年撫金由
缪昌富卹令一件申請書一件卹金正副領狀保証書共二張

銜批示社二字第　　號

具申請書人繆二興

爲檢呈故員繆二興卹令書據請予補發

三十一年度加一倍年卹金由。

仝

三十一年十二月二日申請書一件

申請書暨附件均悉。仰候專案呈請

四川省政府補發，逕寄該遺族承領。此令。附件分別存發

此批。

中華民國三十一年十二月　　日

市長余

审编

案据本市故员缪昌富遗族缪二兴检呈恤令及申请书正副领据保证书等，继申转请补发三十一年度加一倍年抚金等情。前来。查核尚无不合，除批示外，理合遵照钧府请领恤金先令各项办法之规定，检同故员缪昌富恤令一件、申请书一件、恤金正副领据保证书共六联，一并随文赍呈钧府，俯赐核发给领，指令祗遵！

谨呈

四川省政府

计呈故员缪昌富恤令一件、申请书一件、恤金正副领据保证书共六联

成都市市长余□□

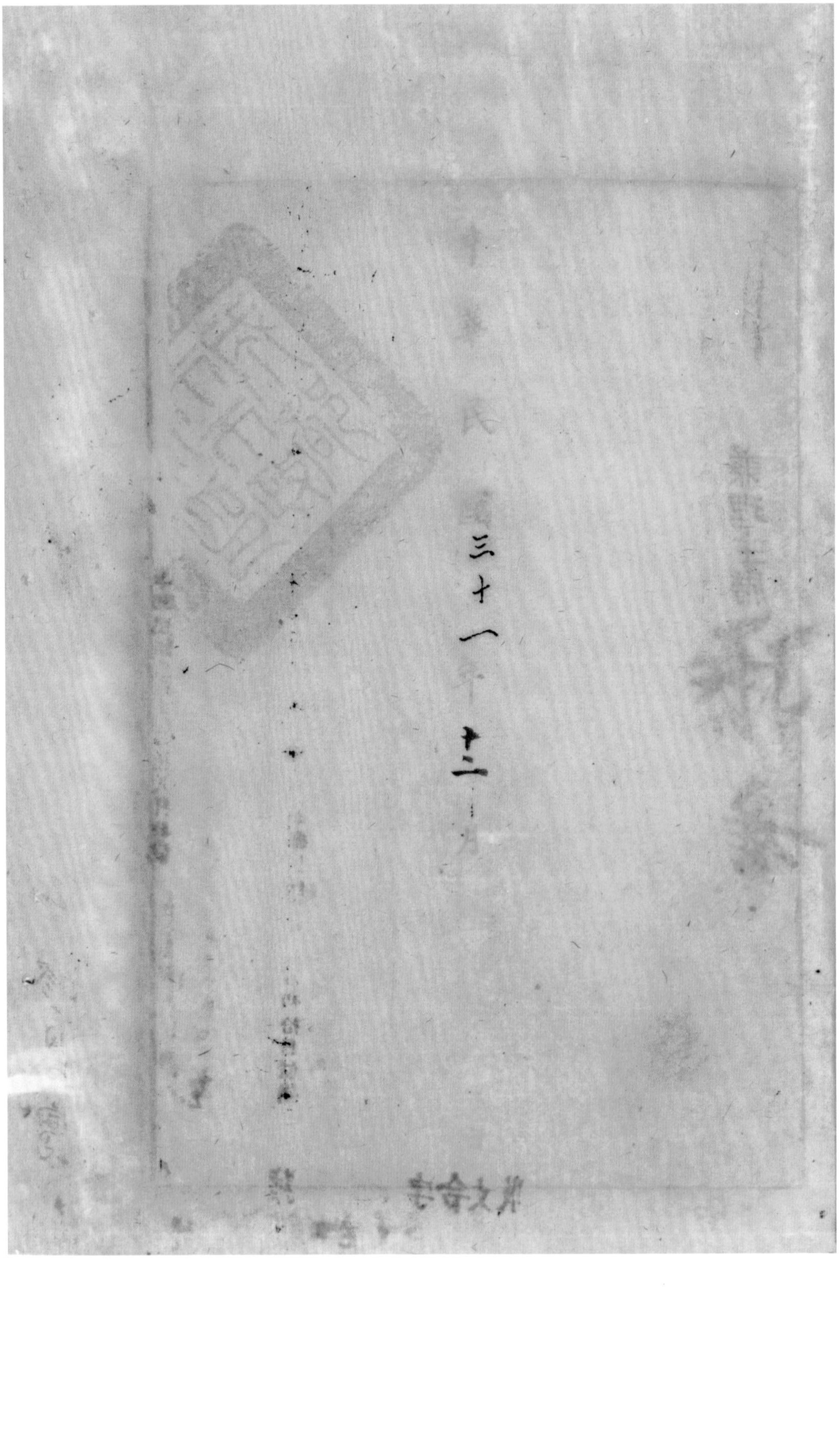

中華民國三十一年十二月

附：缪二兴关于补发故员缪昌富民国三十一年加倍年抚金致成都市政府的领恤申请书、抚恤金领据、具领恤金保证书（一九四二年十一月十四日收）

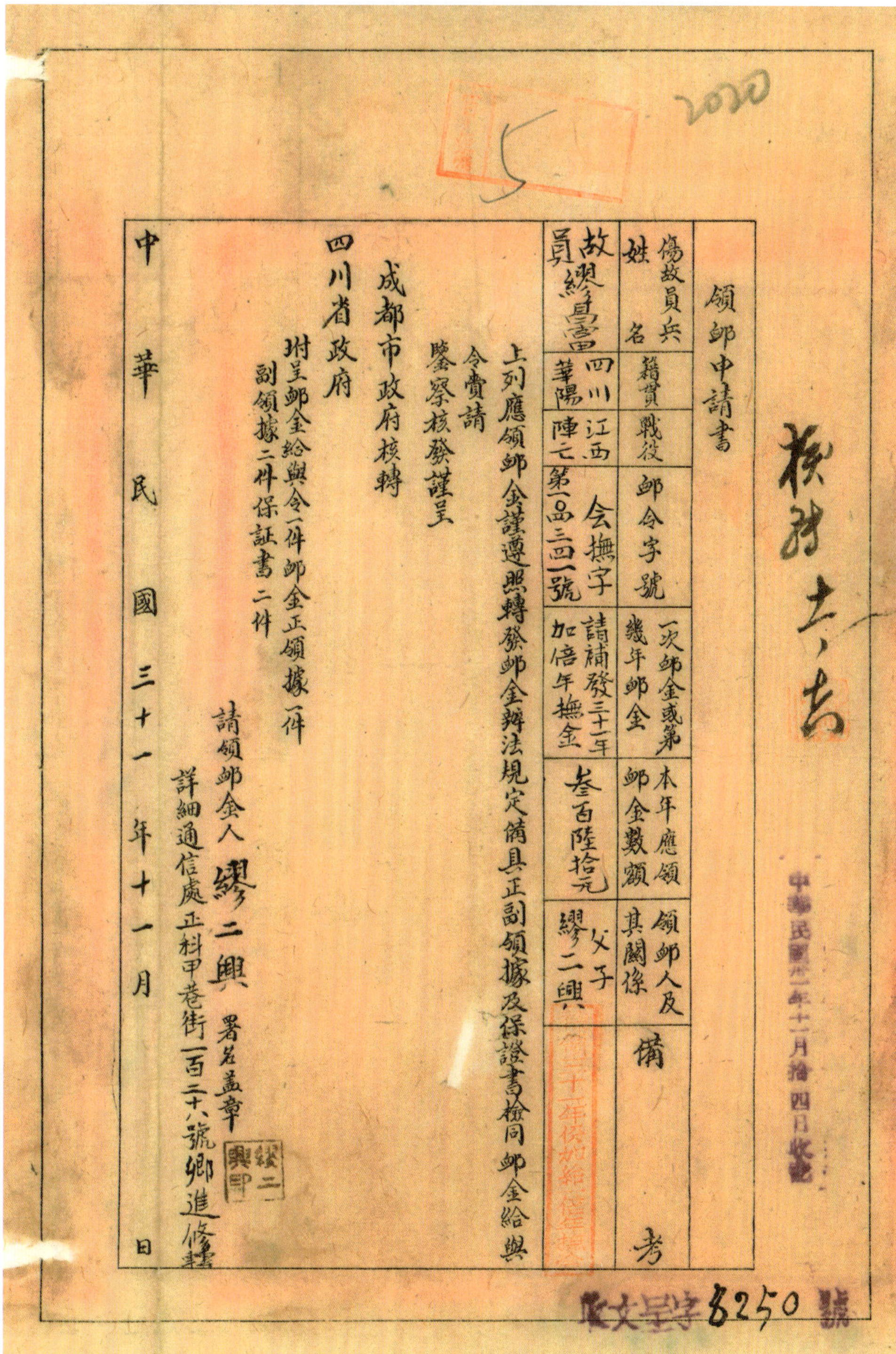
領卹申請書

傷故員兵姓名	籍貫	戰役	卹令字號	一次卹金或第幾年卹金	本年應領卹金數額	領卹人及其關係	備考
故員缪昌富	四川華陽	江西陣亡	会撫字第一品三四一號	請補發三十一年加倍年撫金	叁百陸拾元	父子 缪二興	三十一年份加給倍年撫金

上列應領卹金謹遵照轉發卹金辦法規定備具正副領據及保證書檢同卹金給與令賫請

鑒察核發謹呈

成都市政府核轉

四川省政府

附呈卹金給與令一件卹金正領據一件

副領據二件保証書二件

請領卹金人 缪二興 署名蓋章 缪二興印

詳細通信處 正科甲巷街一百二十八號缪進修轉

中華民國三十一年十一月 日

核對 十六

中華民國三十一年十一月拾四日收訖

收文呈字8250號

撫卹委員會第三處存根

撫卹金副領據

茲領到

部隊機關番號 第五九師三五四团五連

階級 上尉

職務 連長

姓名 繆昌富

卹金種類 補發三十年加倍年卹金

國幣 叁百陆拾元

右欵業已照數領訖此據

軍事委員會撫卹委員會第三處查照

領卹人 繆二興

中華民國 三十一年十一月 日

字第 號

此聯轉報軍政部核轉

撫卹金正領據

茲領到

部隊機關番號 第五九師三五四团五連

階級 上尉

職務 連長

姓名 繆昌富

卹金種類 補發三十年加倍年卹金

國幣 叁百陆拾元

右欵業已照數領訖此據

軍事委員會撫卹委員會第三處查照

領卹人 繆二興

中華民國 三十一年十一月 日

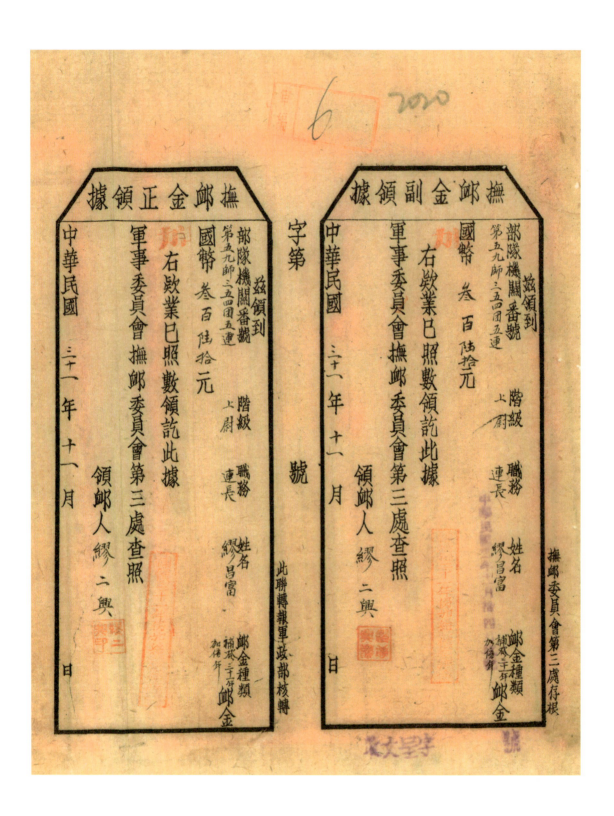

具領卹金保證書

保證人 雷德盛 今保證領卹人 繆二興 確係已故

部隊機關番號 第五九師三五四團五連 階級 上尉 職務 連長 姓名 繆昌富

之遺族茲遵照

國民政府軍事委員會會撫字第一四三四一號卹金給與令核准給與該

補發三十一年加倍年 卹金國幣 叁百陸拾元整今由該遺族向

鈞會第三處如數領訖具領後如有發生爭議保証人願照

鈞會請領卹金須知第六條之規定負法律上一切責任此證

謹呈

國民政府軍事委員會撫卹委員會

保証人姓名 雷德盛 蓋章 籍貫 華陽 住址 五科甲巷三十號 職務或職業 刀剪

（店鋪書號） （店舖營業資本金額） 二十元

領卹人姓名 繆二興 蓋章 籍貫 成都 住址 五科甲巷三八號 與故員之關係 父子

其他遺族姓名及關係 子 繆其湘 女 繆金蓮

成都市市長 余中英

中華民國三十一年十一月 日

成都市政府关于核发故员缪昌富第三年恤金致四川省政府的呈文、致缪二兴的批示（一九四三年四月十三日）

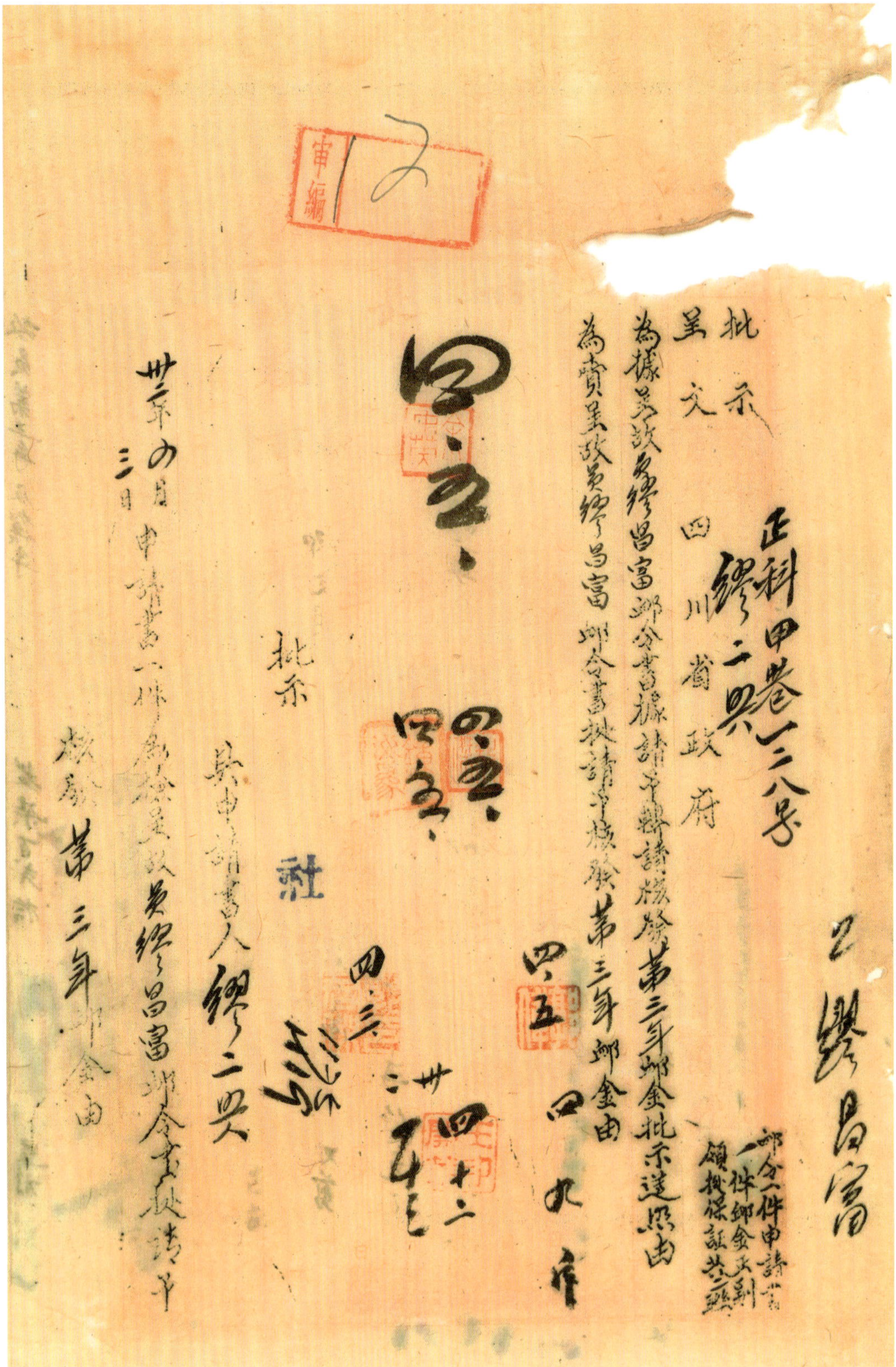
缪昌富

正科甲卷一二八号

繆二興

批示

呈文 四川省政府

為據呈故員繆昌富卹令書據請予轉請核發第三年卹金批示遵照由

卹令一件申請書一件卹金表副領據保証共

為賫呈故員繆昌富卹令書據請予核發第三年卹金由

批示

具申請書人繆二興

卅二年四月三日申請書一件為檢呈故員繆昌富卹令書據請予核發第三年卹金由

9.10

申請重發附件均悉。仰候分案呈請

四川省政府核發給領可也。附件分別存轉。

此批。

中華民國卅二年 月 日

市長余

吳文鏞

案據本市故員繆昌富遺族繆二興檢呈卹令及申

請書正副領據保證書等件懇予轉請核發第三年

卹金等情前來，查核尚無不合，除批示外，理合遵照

鈞府請領卹金各項手續之規定，檢同故員繆昌富

鄉公所申請書一件、卹金正副領據保證書共二聯一併隨文

賫呈

鈞府俯賜核發給領指令祗遵！

謹呈。

四川省政府

計呈故兵繆昌富鄉公所申請書一件、卹金正副領據

保證書共二聯

銜名

附：缪二兴关于请予核发故员缪昌富第三年恤金及加倍恤金致成都市政府的领恤申请书、抚恤金领据、具领恤金保证（一九四三年三月四日收）

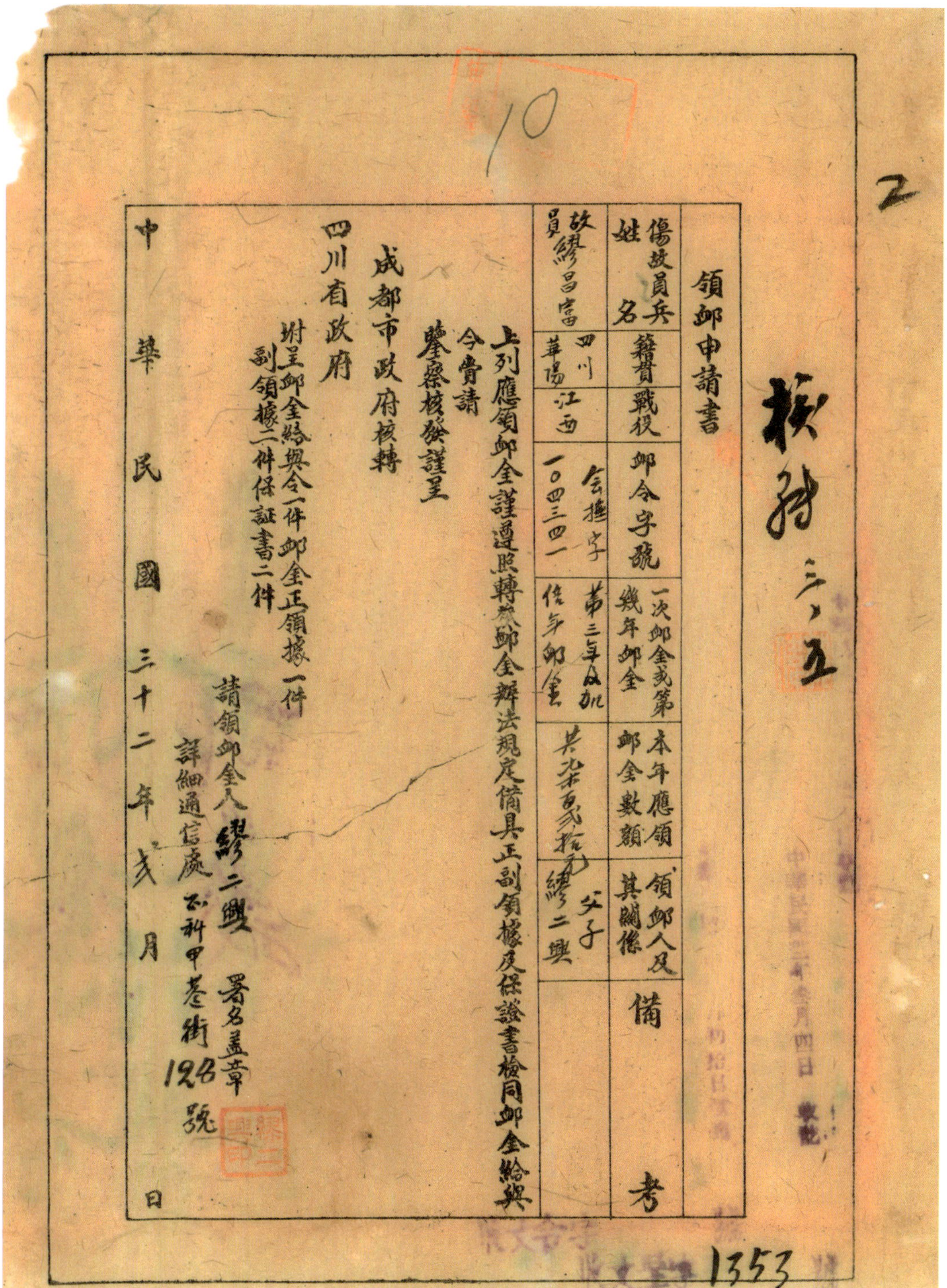

核轉 三、五

領卹申請書

傷故員兵姓名	籍貫	戰役	卹令字號	一次卹金或第幾年卹金	本年應領卹金數額	領卹人及其關係	備考
故員繆昌富	四川華陽	江西	会撫字一〇四三四一	第三年及加倍年卹金	共柒百貳拾元	繆二興 父子	

上列應領卹金謹遵照轉發卹金辦法規定備具正副領據及保證書檢同卹金給與令賫請

鑒察核發謹呈

成都市政府核轉

四川省政府

附呈卹金給與令一件卹金正領據一件

副領據一件保證書二件

請領卹金人繆二興 署名盖章

詳細通信處外科甲巷街128號

中華民國三十二年叁月 日

撫卹委員會第二處存根

撫卹金副領據

茲領到

部隊機關番號 第五九師三五四团五連

階級 上蔚

職務 連長

姓名 繆昌富

國幣 共柒百弍拾 元

右欵業已照數領訖此據

軍事委員會撫卹委員會第二處查照

領卹人 繆二興

繆二興印

中華民國 三十二 年 三 月 日

卹金種類 第三年度加給年 卹金

字第 號

此聯轉報軍政部核轉

撫卹金正領據

茲領到

部隊機關番號 第五九師三五四团五連

階級 上蔚

職務 連長

姓名 繆昌富

國幣 共柒百弍拾 元

右欵業已照數領訖此據

軍事委員會撫卹委員會第二處查照

領卹人 繆二興

繆二興印

中華民國 三十二 年 三 月 日

卹金種類 第三年度加給年 卹金

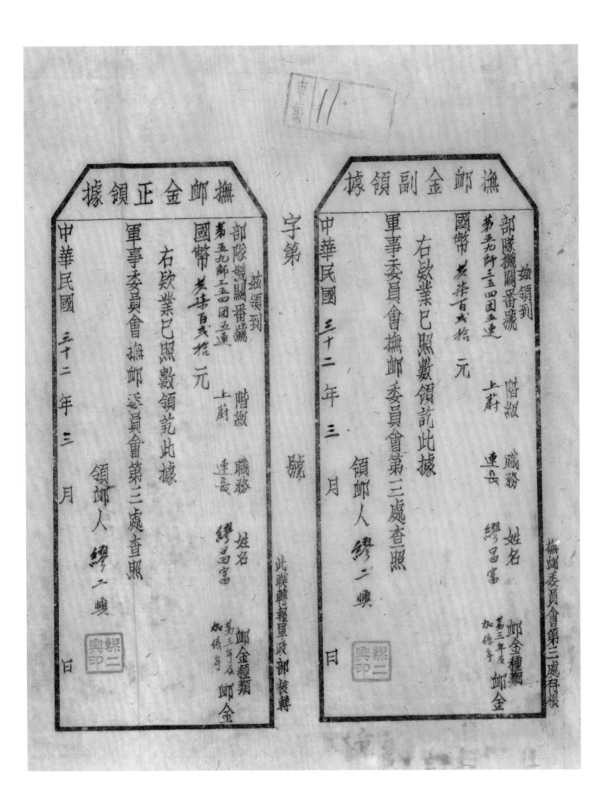

具領卹金保證書

保證人 鄒文明 今保證領卹人 繆二興 確係已故

部隊機關番號 第五九師三五四團五連 階級 上尉 職務 連長 姓名 繆國富

之 遺族 茲遵照

國民政府軍事委員會 會 字第一四三四一 號卹金給與令核准給與該

故員第三号年撫卹金國幣 壹仟零拾元 元整今由該遺族 向

鈞會冒領如數領訖具領後如有發生爭議保證人願負

鈞會請領卹金須知第六條之規定負法律上一切責任此證

謹呈

國民政府軍事委員會撫卹委員會

保證人姓名 鄒文明 蓋章 （鄒文明印）

籍貫 貴陽 職業 成 都

住址 成都 職業

（店鋪寶號） 資本金額 壹仟元正

領卹人姓名 繆二興 蓋章 （繆二興印）

籍貫 華陽

住址 198

與故 之關係 父子

其他遺族姓名及關係

成都市市長 余中英

中華民國三十二年貳月 日

四川省政府关于准予核发故员缪昌富第三年抚金致成都市政府的指令（一九四三年六月九日）

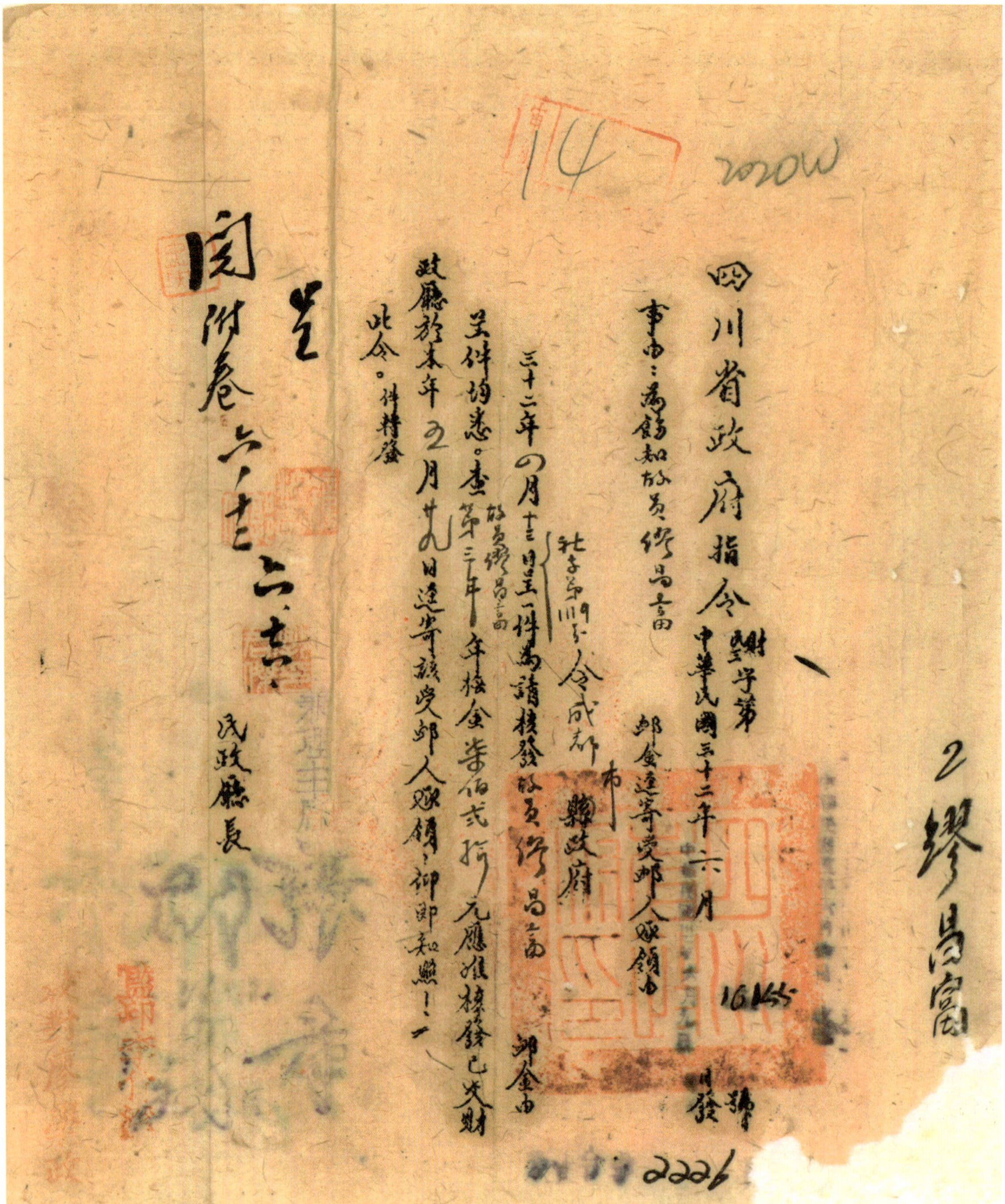

2 缪昌富

四川省政府指令 財字第 號

中華民國三十二年六月 日發

事由：為飭知故員缪昌富郵金逕寄受郵人照領由

令成都市政府

三十二年四月十三日呈一件為請核發故員缪昌富第三年郵金由

呈件均悉。查故員缪昌富第三年年撫金叁佰貳拾元應准核發，已交財政廳於本年五月廿九日逕寄該受郵人照領，仰即知照！

此令。件存發

民政廳長

閲

存

附卷 六、廿二

三十一、魏少云

四川省政府关于核发故员魏少云恤金致成都市政府的指令（一九四〇年五月二十九日）

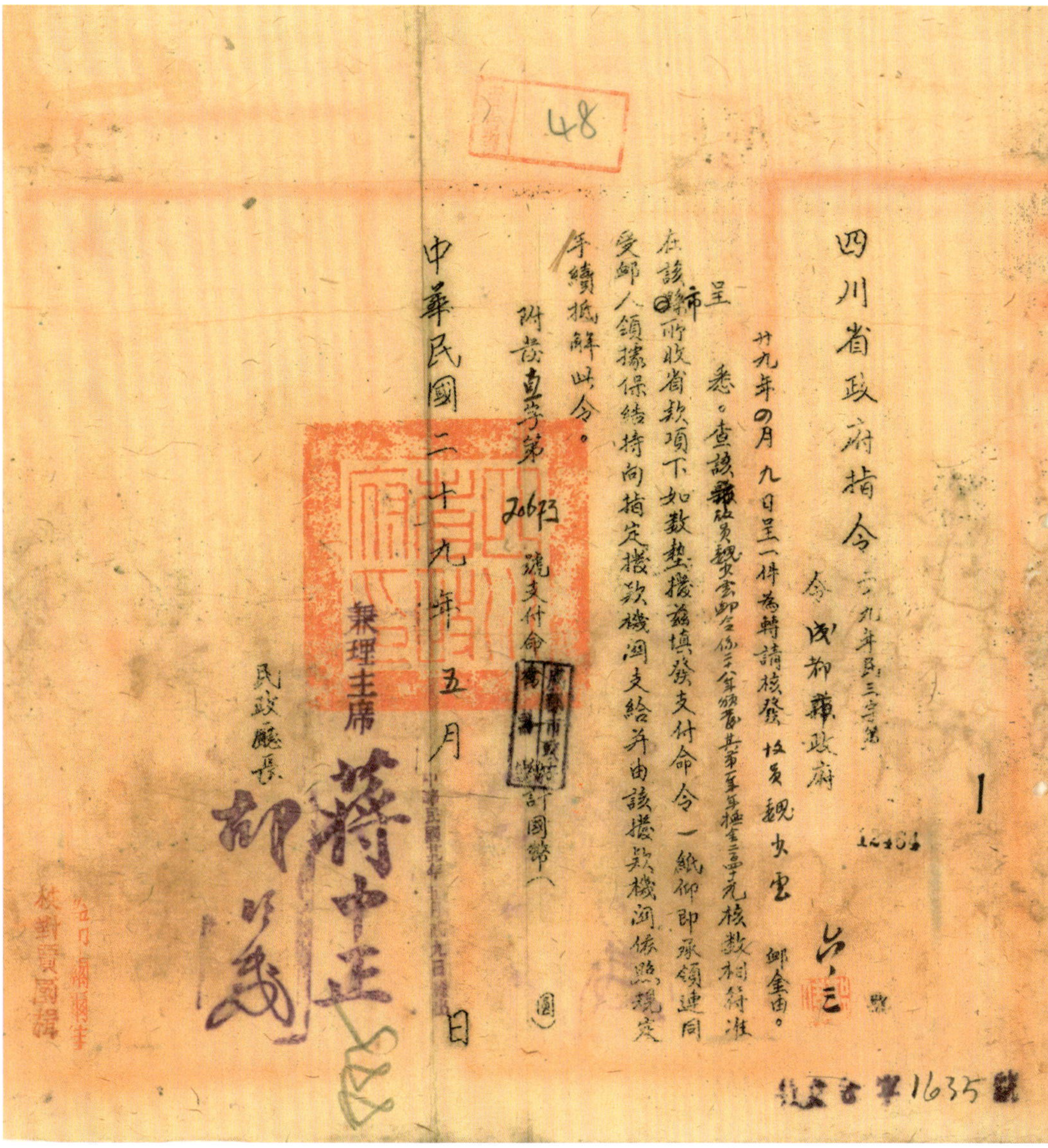

四川省政府指令　二九年民三字第12481號

令成都市政府

廿九年四月九日呈一件為轉請核發故員魏少雲卹金由。

呈悉。查該市故員魏少雲卹金係二十八年份發，其第一年撫金三百元核數相符，准在該市府所收省款項下如數墊撥，兹填發支付命令一紙，仰即承領，連同受卹人領據保結持向指定撥款機關支給，并由該撥款機關依照規定手續抵解。此令。

附發支字第20673號支付命令計國幣（一）圓

中華民國二十九年五月　日

兼理主席　蔣中正

民政廳長　胡次威

成都市第三区特编保保长杨仲渊关于魏少云遗族第一年年恤金领取属实的保结（一九四〇年六月十四日）

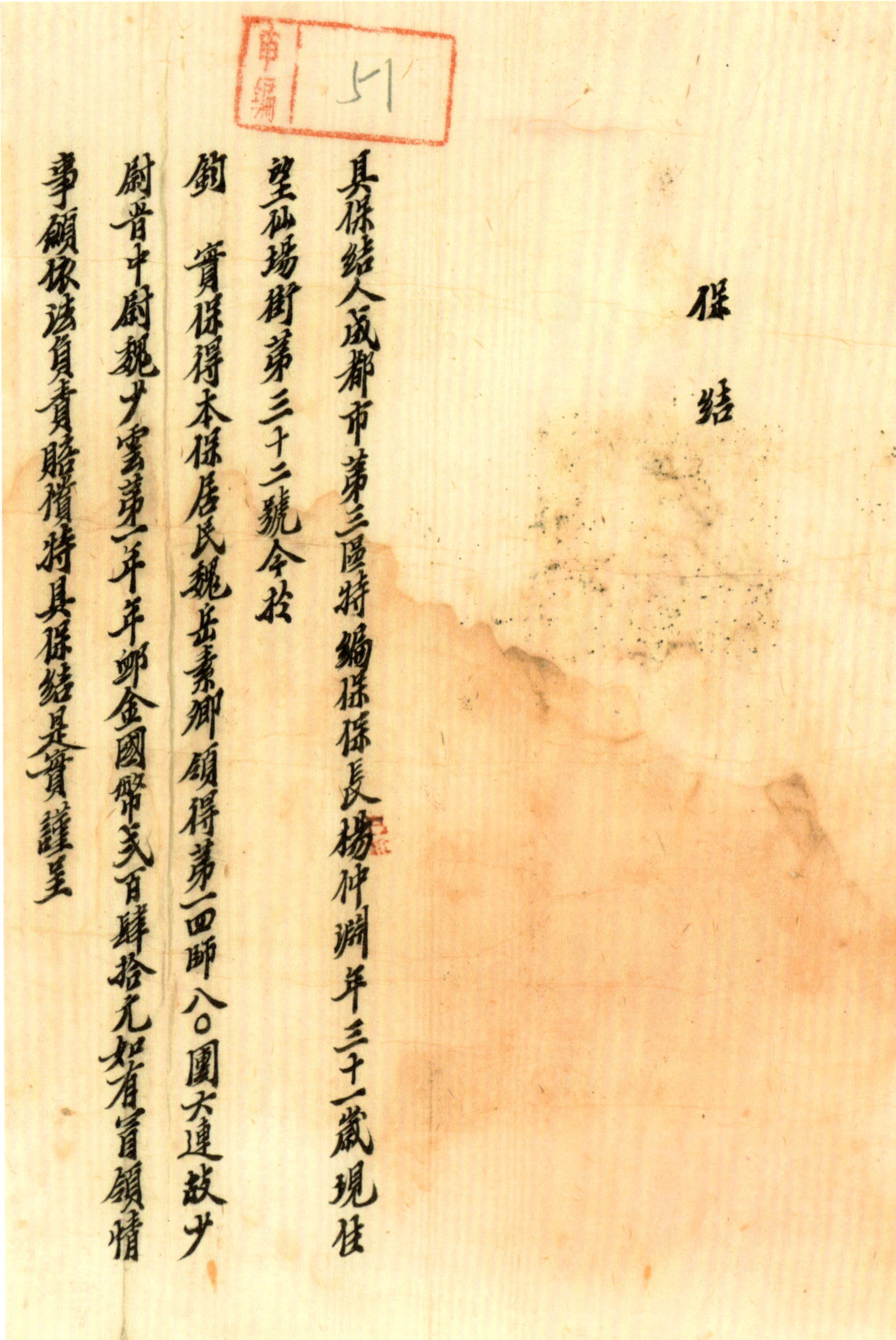

51

保結

具保結人成都市第三區特編保保長楊仲淵年三十一歲現住望仙場街第三十二號今於

鈞

實保得本保居民魏岳素卿領得第一四師八〇團大連故少尉晉中尉魏少雲第一年年卹金國幣叁百肆拾元如有冒領情事願依法負責賠償特具保結是實謹呈

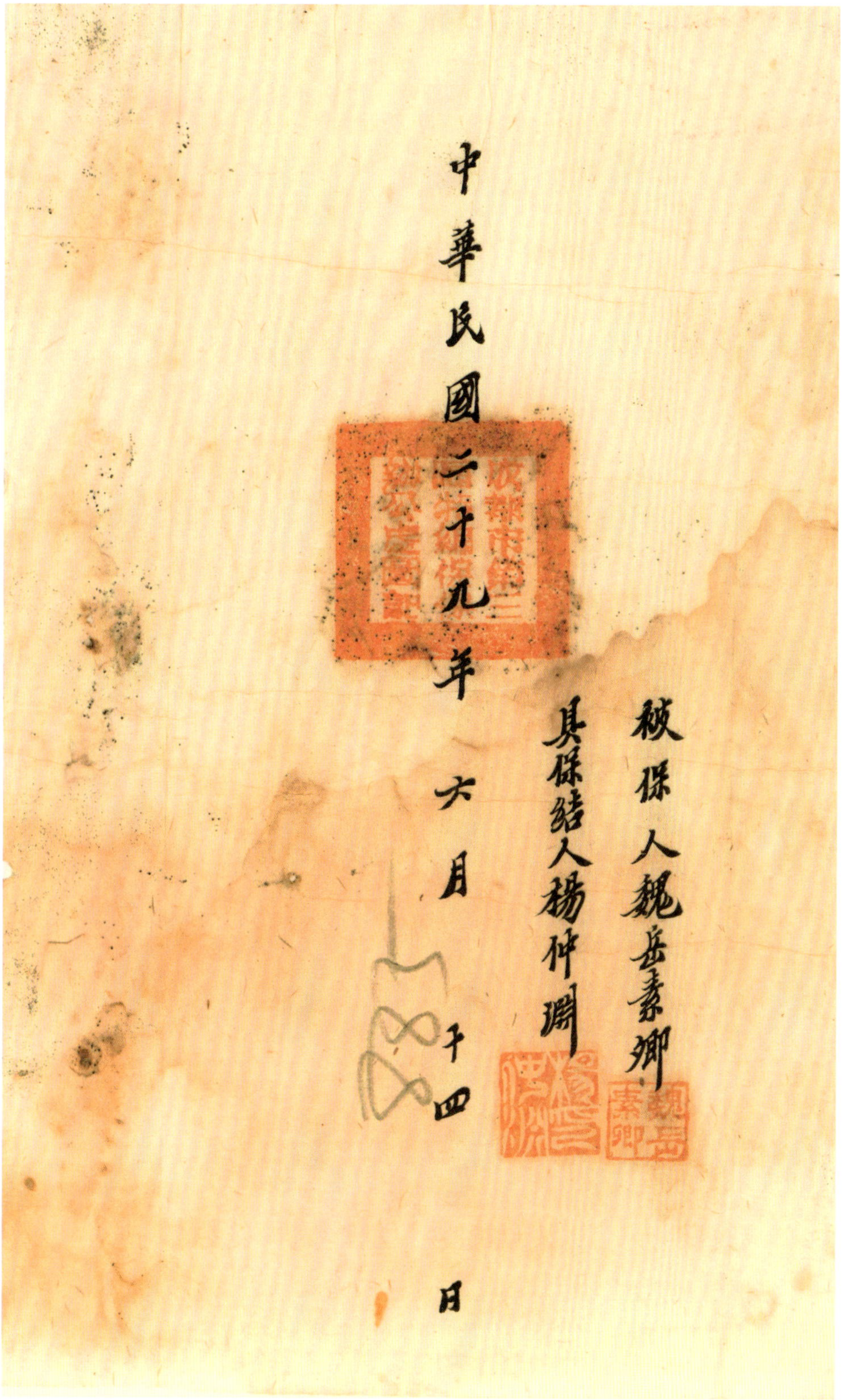
被保人魏岳素卿

具保結人楊仲瑚

中華民國二十九年六月十四日

魏岳素卿关于魏少云第一年年恤金的领结（一九四〇年六月十四日）

52

領結

具領結人魏岳素卿年四五歲富順人現住望仙場街第三八號今於
鈞 實領得第一四師八〇團大連故少尉排長晉中尉魏少雲第一年
年卹金國幣叁百肆拾元如有頂替冒領情事甘受嚴重法懲
特具領結是實謹呈

具領結人魏岳素卿

魏岳素卿

中華民國二十九年六月十四日

魏岳素卿关于成都市政府颁发故员魏少云抚恤令的收据（一九四〇年六月十七日）

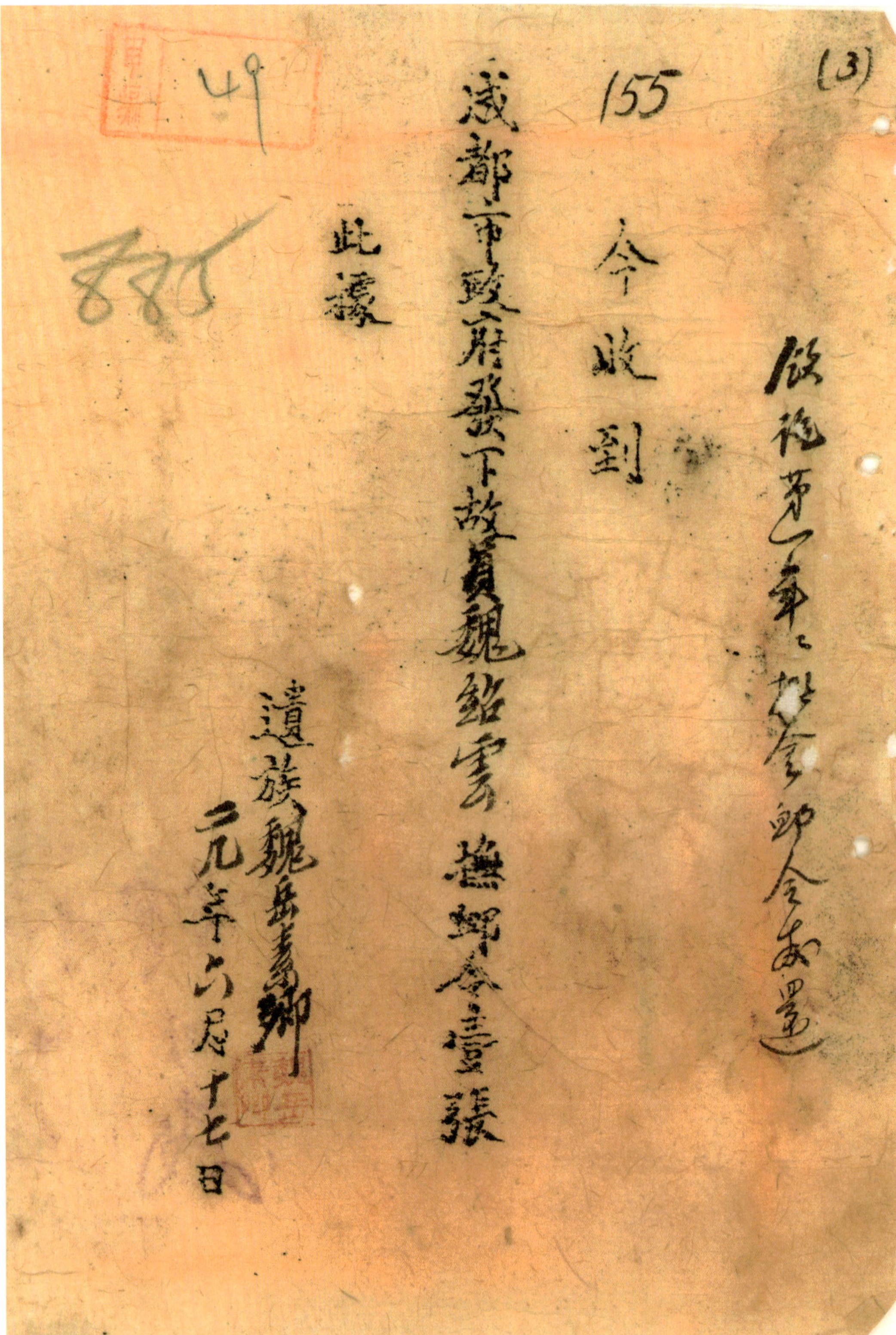
(3)

155

啟總第[illegible]

今收到

成都市政府發下故員魏紹雲撫卹令壹張

此據

遺族魏岳素卿

二九年六月十七日

魏岳素卿关于呈缴魏少云抚恤令以承领民国三十年度年恤金致成都市政府的报告（一九四一年三月三十一日）

7

报告

為呈請發給年撫卹金以維生活事

具報告人魏岳素卿年四十六歲現住本市[illegible]宮望仙場街第三十八號竊氏夫魏少雲曾在中央軍校成都分校第一期交通班修理隊畢業分撥陸軍十四師八十團二營六連充、

54

任少尉排長於民國二十六年八月在淞滬抗戰陣亡後曾蒙發給卹金及會撫字第貳四叁捌貳號卹令晉升中尉一件第一年年撫卹金業已領訖所有三十年度年撫卹尚未領取今檢同年撫卹令一件呈繳

鈞府鑒核發給承領以維生活

謹呈

成都市政府市長余

鈞鑒

附呈第二四三八二號會撫字卹令一件

成都市第三區特編保保辦公處圖記

保長 楊仲瀾

領卹人 魏岳素卿

中華民國三十年三月三十一日

三十二、魏宝康

魏锡三关于成都市政府颁发故士魏宝康抚恤令的收据（一九四三年一月二十一日）

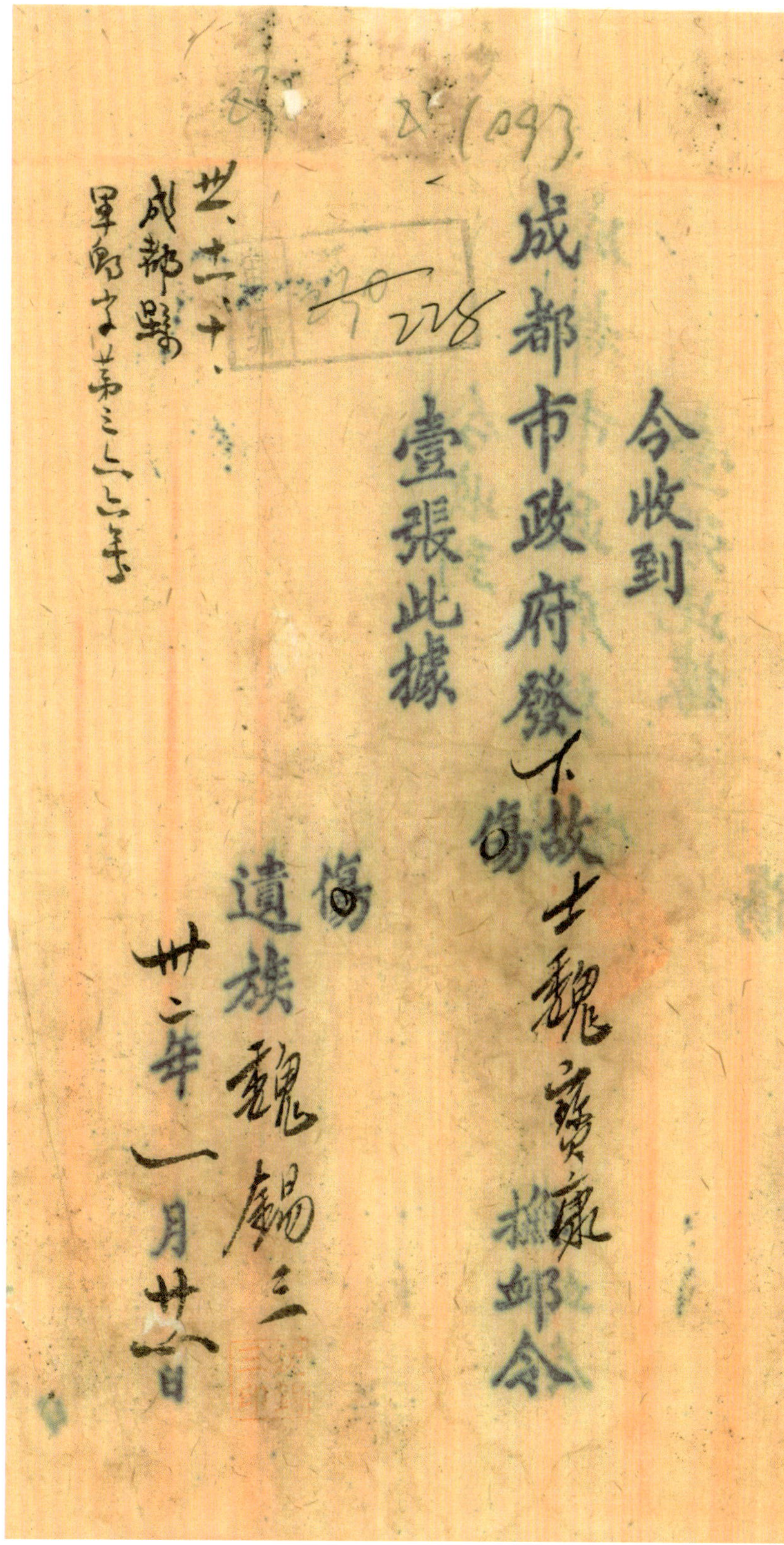
令收到
成都市政府發下故士魏寶康撫卹令
壹張此據
傷
遺族魏錫三
卅二年一月廿一日
成都縣

李云卿关于魏宝康遗族恤令领取属实的保结（一九四三年一月）

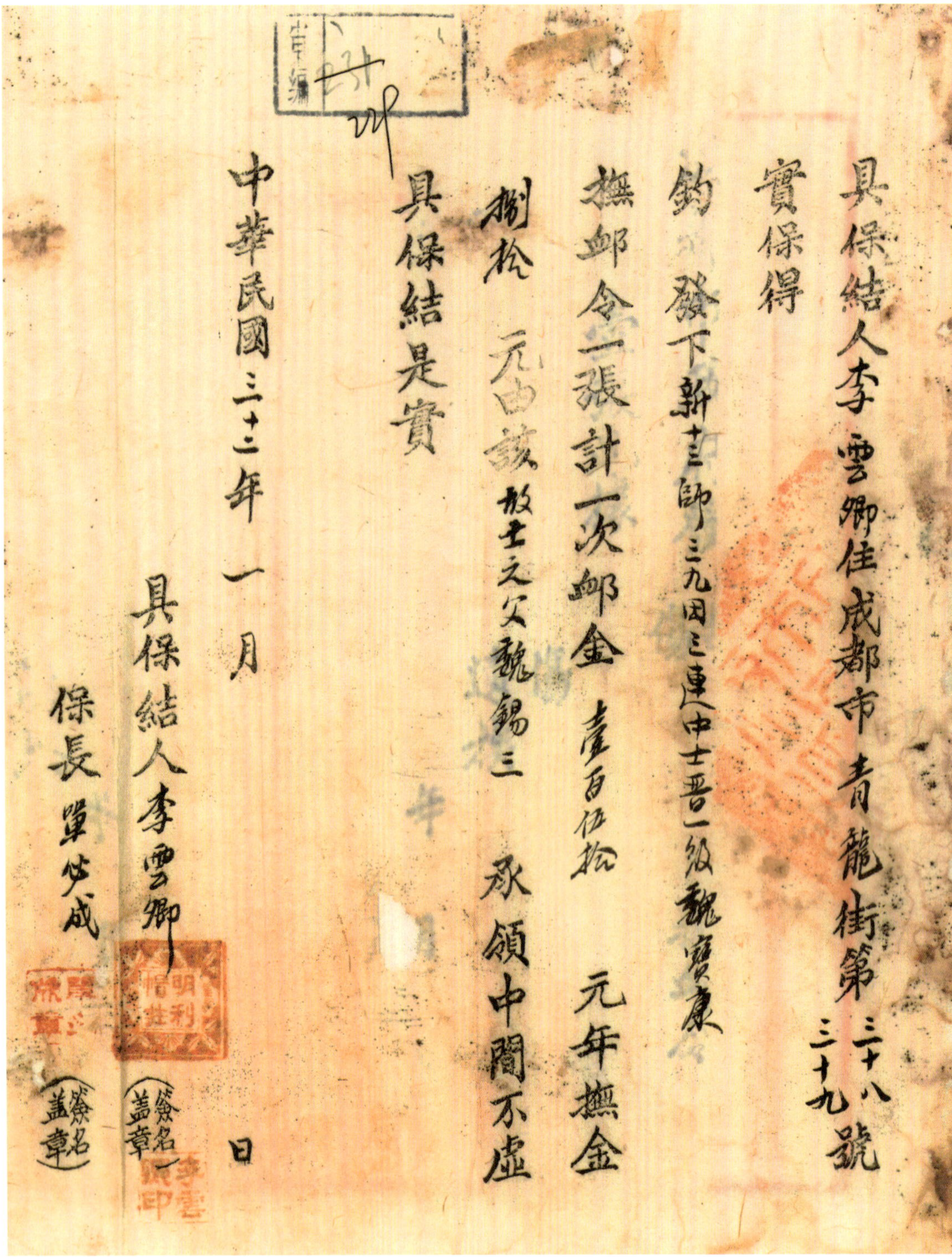
具保結人李雲卿住成都市青龍街第三十八/三十九號
實保得
鈞 發下新十三師三九團三連（中士晋一級）魏寶康
撫卹令一張計一次卹金壹百伍拾 元年撫金
捌拾 元由該 故士之父魏錫三 承領中間不虛
具保結是實
中華民國三十二年一月 日
具保結人李雲卿（簽名蓋章）
保長 單少成（簽名蓋章）

魏锡三关于魏宝康抚恤令的领结（一九四三年一月）

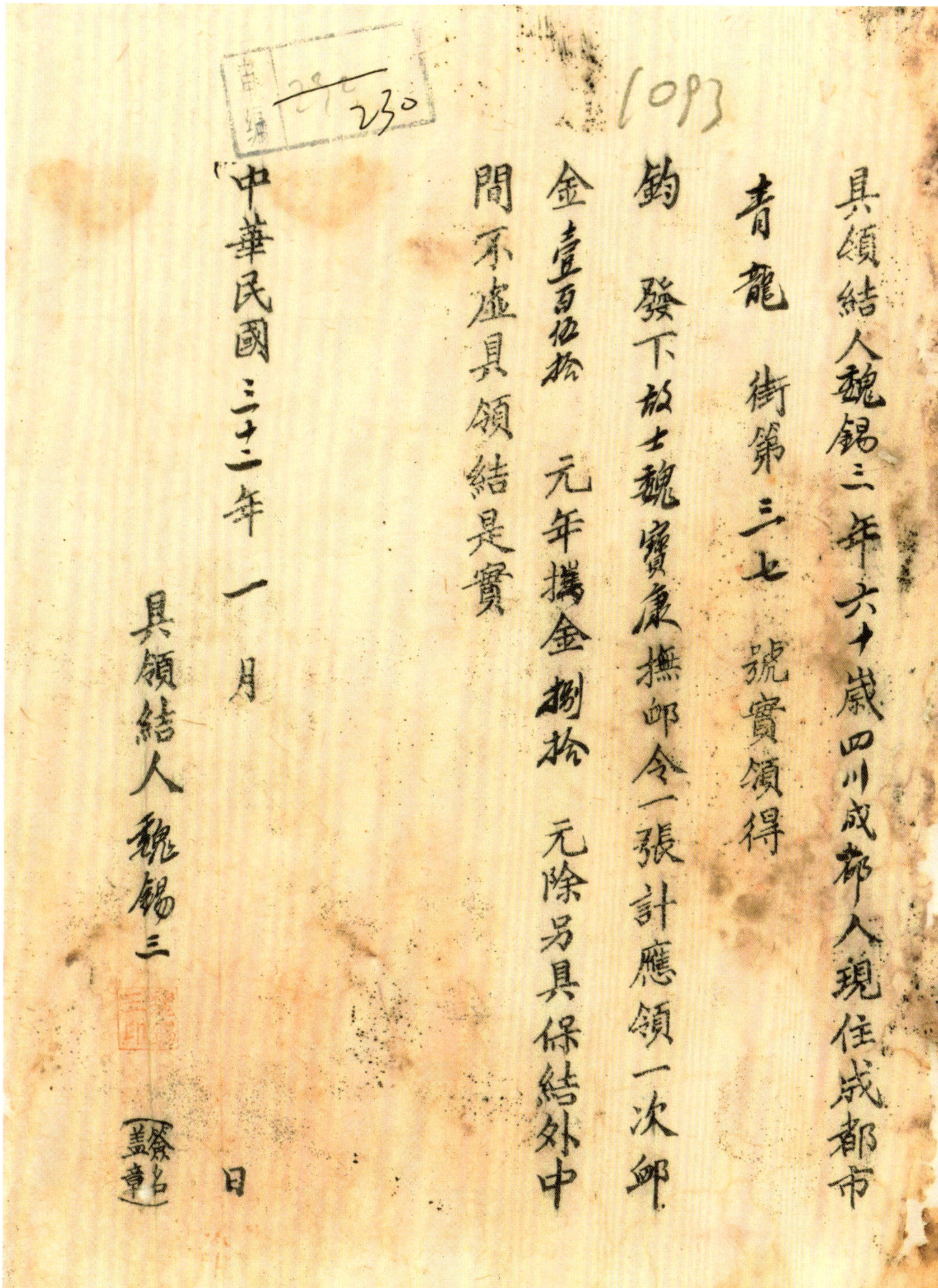

具領結人魏錫三年六十歲四川成都人現住成都市

青龍街第三七號實領得

鈞發下故士魏寶康撫卹令一張計應領一次卹

金壹百伍拾元年撫金捌拾元除另具保結外中

間不虛具領結是實

中華民國三十二年一月　日

具領結人魏錫三（簽名蓋章）

魏锡三关于请予核发故士魏宝康一次恤金及第一年、第二年恤金并加倍恤金致成都市政府的领恤申请书（一九四三年二月十二日收）

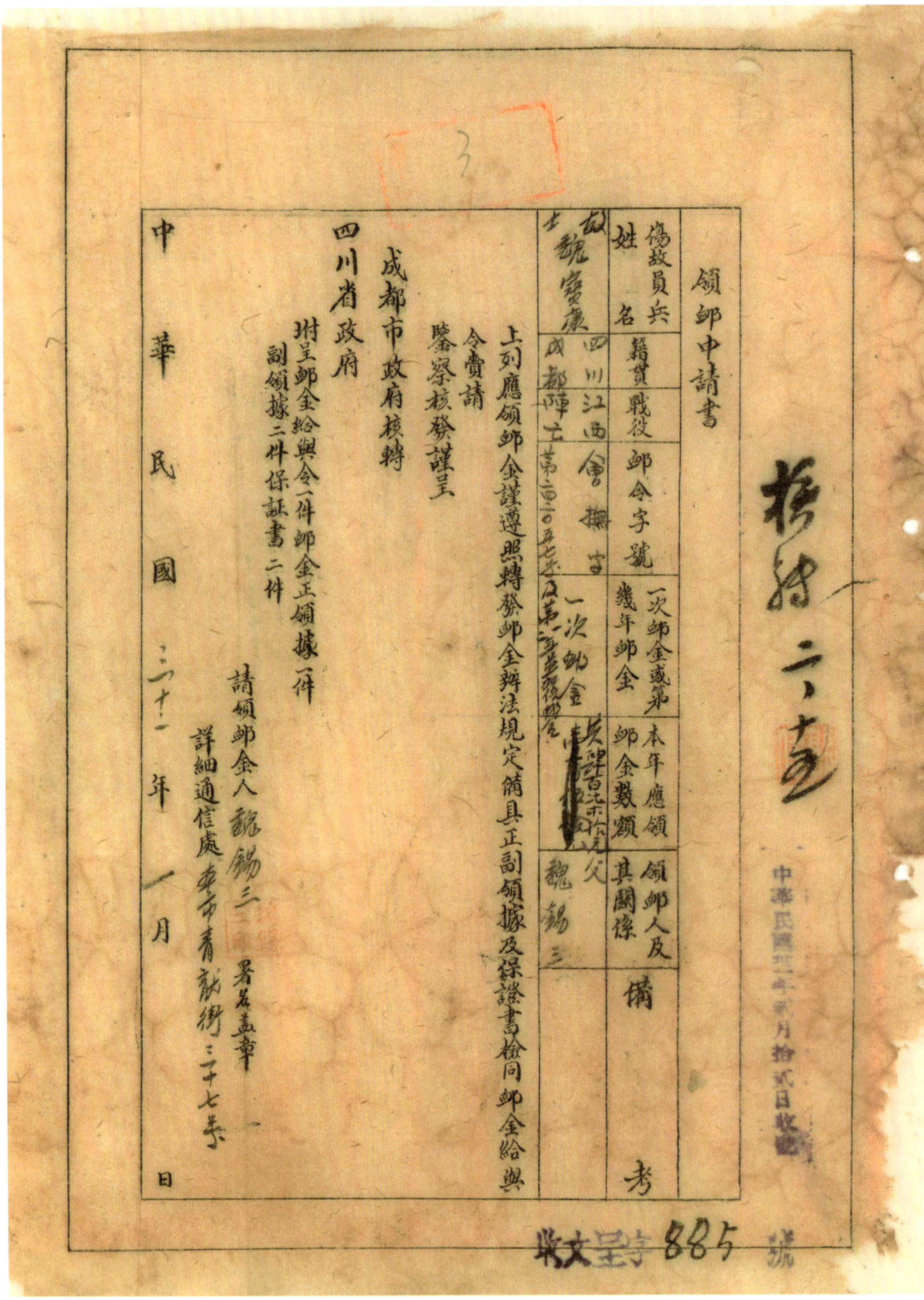
领卹申請書

傷故員兵姓名	籍貫	戰役	卹令字號	一次卹金或第幾年卹金	本年應領卹金數額	領卹人及其關係	備考
故士魏寶康	四川成都	江西會戰陣亡	撫字第一〇五七號	一次卹金及第一二年並加倍卹金	共肆百柒拾陆元	魏錫三 父	

上列應領卹金謹遵照轉發卹金辦法規定備具正副領據及保證書檢同卹金給與令賚請

鑒察核發謹呈

成都市政府核轉

四川省政府

附呈卹金給與令一件 卹金正領據一件

副領據二件 保証書二件

請領卹金人 魏錫三 署名蓋章

詳細通信處 本市青龍街三十七號

中華民國三十二年一月 日

核轉 二、十二

中華民國卅二年貳月拾貳日收訖

收文呈字885號

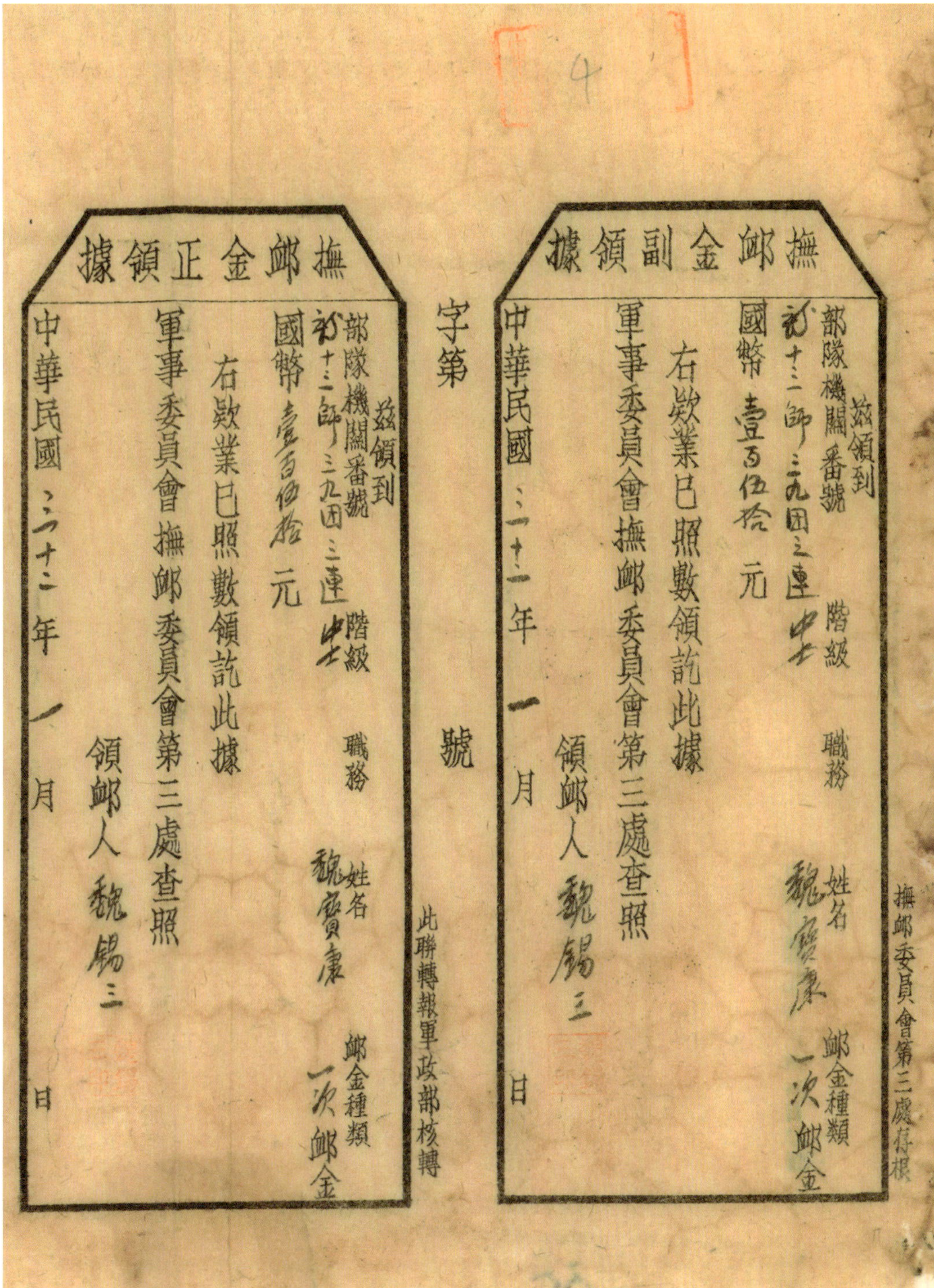

撫卹委員會第三處存根

撫卹金副領據

茲領到

部隊機關番號 新十三師三九団三連 階級 中士 職務 姓名 魏寶康 卹金種類 一次卹金

國幣 壹百伍拾 元

右款業已照數領訖此據

軍事委員會撫卹委員會第三處查照

領卹人 魏錫三

中華民國 三十二 年 一 月 日

字第 號

此聯轉報軍政部核轉

撫卹金正領據

茲領到

部隊機關番號 新十三師三九団三連 階級 中士 職務 姓名 魏寶康 卹金種類 一次卹金

國幣 壹百伍拾 元

右款業已照數領訖此據

軍事委員會撫卹委員會第三處查照

領卹人 魏錫三

中華民國 三十二 年 一 月 日

具領邺金保證書

保證人李雲卿今保證領邺人魏錫三確係已故

部隊機關番號 新十三師三九団三連 階級 中士 職務 姓名 魏寶康

之遺族茲遵照

國民政府軍事委員會會撫字第六〇五號邺金給與令核准給與該

故士一次 邺金國幣 壹百伍拾 元整今由該處發向

鈞會第三處如數領訖其領後如有發生爭議保証人願照

鈞會請領邺金須知第六條之規定負法律上一切責任此證

謹呈

國民政府軍事委員會撫邺委員會

保証人姓名李雲卿蓋章 籍貫四川成都 住址青龍街三九號 職業或職務 帽 （店鋪書柬）店鋪營業資本金額 弍仟元

領邺人姓名魏錫三蓋章 籍貫四川成都 住址青龍街三十七號 與故士之關係 父子

其他遺族姓名及關係 母魏蒲氏

中華民國三十二年一月 日

成都市市長 余中英

撫卹委員會第三處存根

撫卹金副領據

茲領到

部隊機關番號 新十三師三九四三連　階級 中士　職務　姓名 魏寶康　卹金種類 第壹次加倍年卹金

國幣共壹百陸拾元

右欵業已照數領訖此據

軍事委員會撫卹委員會第三處查照

領卹人 魏錫三

中華民國三十二年一月　日

字第　　號

此聯轉報軍政部核轉

撫卹金正領據

茲領到

部隊機關番號 新十三師三九四三連　階級 中士　職務　姓名 魏寶康　卹金種類 第壹次加倍年卹金

國幣共壹百陸拾元

右欵業已照數領訖此據

軍事委員會撫卹委員會第三處查照

領卹人 魏錫三

中華民國三十二年一月　日

具領卹金保證書

保證人李雪卿今保證領卹人魏錫三確係已故

部隊機關番號新十三師一五四三連 階級中士 職務 姓名魏廣康

之遺族茲遵照

國民政府軍事委員會會撫字第一四一〇七號卹金給與令核准給與該

故士第一年度 加給年 卹金國幣共壹百陸拾元整令由該遺族向

鈞會第三處如數領訖具領後如有發生爭議保証人願照

鈞會請領卹金須知第六條之規定負法律上一切責任此證

謹呈

國民政府軍事委員會撫卹委員會

保証人姓名李雪卿蓋章 籍貫四川成都 住址青龍街 職務或職業帽 （店舖書柬） （店舖營業資本金額）弍仟元

領卹人姓名魏錫三蓋章 籍貫四川成都 住址青龍街三十七號 與故士之關係父子

其他遺族姓名及關係 母魏蕭氏

中華民國三十三年一月 日

成都市市長 余中英

6

撫郵金副領據

茲領到

部隊機關番號 新十三師三九田三連 階級 中士 職務 姓名 魏寶康 郵金種類 第一次郵金 加倍年

國幣 共壹百陸拾元

右欵業已照數領訖此據

軍事委員會撫郵委員會第三處查照

領郵人 魏錫三

中華民國 三十二年 一 月 日

撫郵委員會第[illegible]

字第 號

此聯轉報軍政部核轉

撫郵金正領據

茲領到

部隊機關番號 新十三師三九田三連 階級 中士 職務 姓名 魏寶康 郵金種類 第一次郵金 加倍年

國幣 共壹百陸拾元

右欵業已照數領訖此據

軍事委員會撫郵委員會第三處查照

領郵人 魏錫三

中華民國 三十二年 一 月 日

具領卹金保證書

保證人李雲卿今保證領卹人魏錫三確係已故

部隊機關番號 新十三師三九團三連 階級 中士 職務 姓名 魏啟康

之直系遺屬照

國民政府軍事委員會會撫字第一四二〇七號卹金給與令核准給與該

故士兵第二六二三號加給卹令乙次卹金國幣 壹仟陸佰陸拾元整 今由該遺族向

鈞會第三處如數領訖具領後如有發生爭議保證人願照

鈞會請領卹金須知第十六條之規定負法律上一切責任此證

謹呈

國民政府軍事委員會撫卹委員會

保證人姓名李雲卿蓋章 籍貫四川成都 職業 商

（店舖書柬） 住址青龍街三十七號 （店舖營業資本金額） 貳仟元

領卹人姓名魏錫三蓋章 籍貫四川成都 住址青龍街三十七號 與故者之關係 父子

其他遺族姓名及關係 母魏林氏

成都市市長 余中英

中華民國三十二年一月 日

成都市政府关于核发故士魏宝康一次恤金及第一年、第二年恤金致四川省政府的呈、致魏锡三的批示（一九四三年三月十七日）

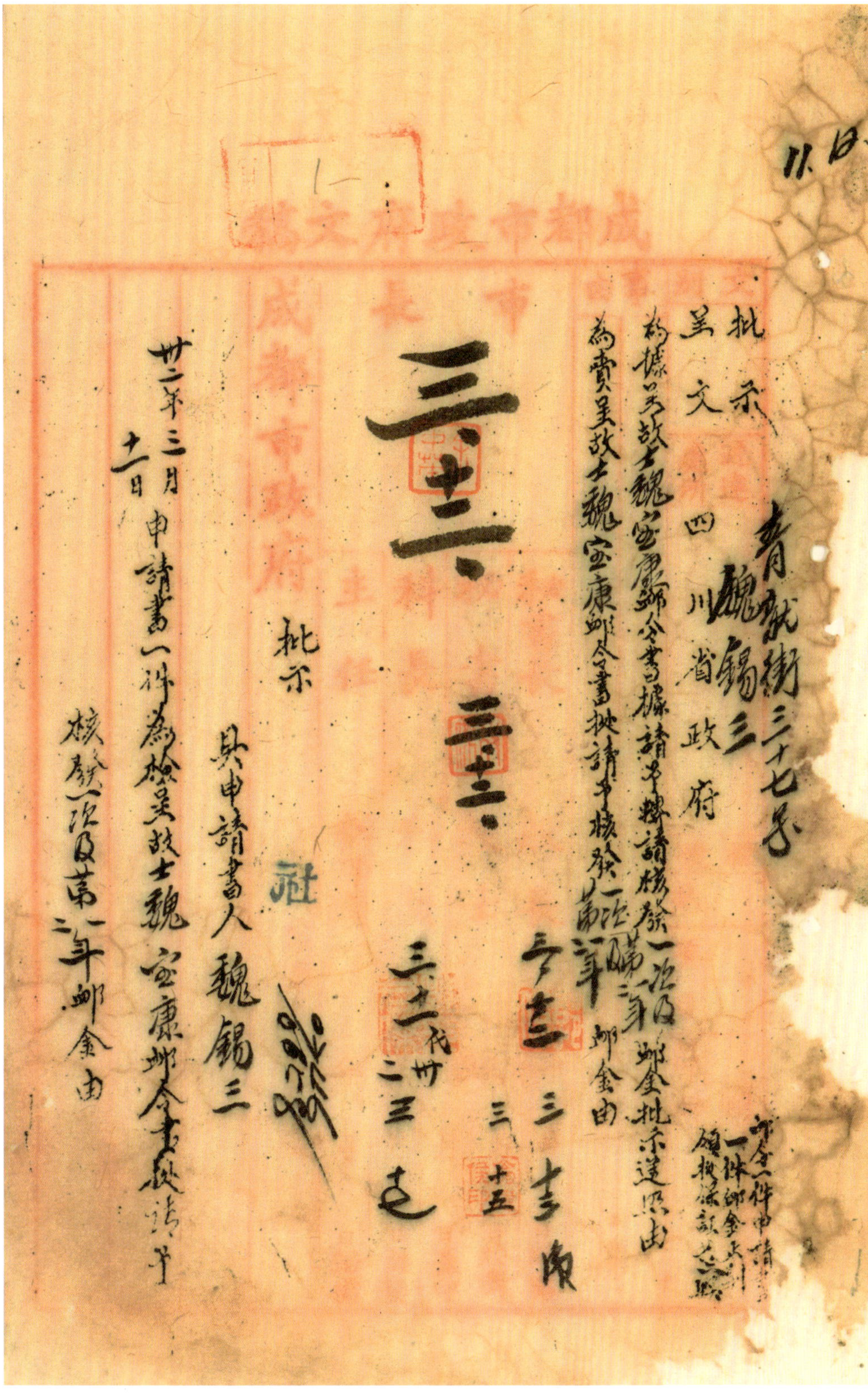

申請書暨附件均悉。仰候呈案轉請

四川省政府核發給領可也！附件分別存轉

此批。

中華民國卅二年三月　日

市長余

吳文稿

案據本市故士魏安康遺族魏錫三檢呈卹令及申

請書正副領據保証書等恳予轉請核發一次及第一年

卹金等情前來查核尚無不合除批示外理合遵照

鈞府請領卹金各項办法之規定檢同故士魏安康

鄉令一件申請書一件鄉金正副領據保証書共六聯一併隨文

齎呈

鈞府俯賜核發給領指令祇遵！

謹呈

四川省政府

計呈故士魏宏康鄉令一件申請書一件鄉金正副領據

保証書共六聯

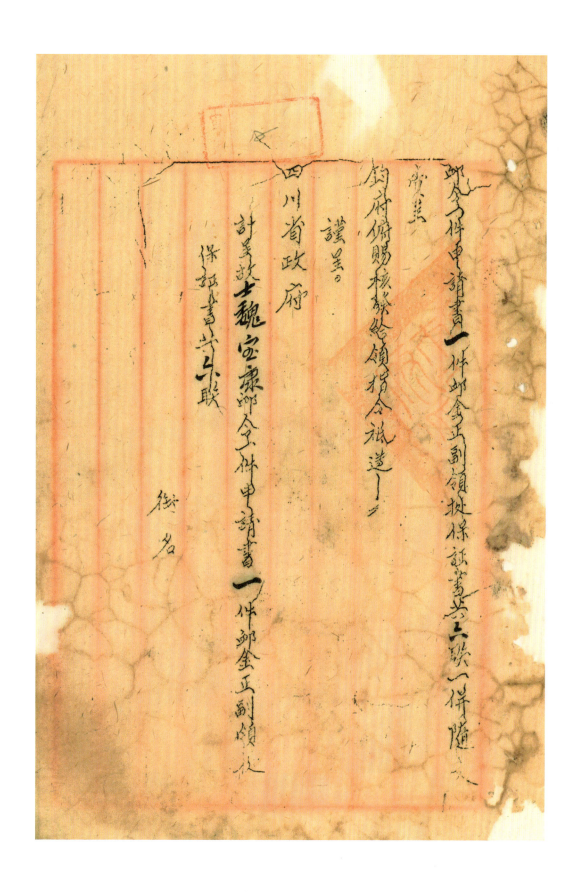

銜名

补送故士魏宝康死亡官兵现役军人户籍调查表清册、现役军人户籍调查表（一九四三年三月）

補送死亡官兵現役軍人户籍調查表清册

番號	職級	姓名	死亡事由	死亡種類	死亡年月	死亡地點	備考
新十三師三九團三連	中士	魏寶康	抗戰陣亡		三十年三月	江西	

中華民國三十二年三月　日

成都市市長余中英

省(市)縣現役軍人戶籍調查表

姓名	魏寶康	別號	無	服務機關或部隊	新十三师三九团一营三連	調查時之級職	中士	年齡	21	出生年月日	民九年三月十八日
出身	学徒	任職伍期入日	民二十一年一月入伍	特長技能		通訊處	永久及現在 四川成都青龍街 三十七號			相片	

住址	世居	四川 省 [illegible] 縣(市)鎮 鄉 保 甲 戶 街 巷 號門牌
	現住	四川 省 成都 縣(市) 蒲鎮 三保 三甲 十戶 青龍 街 巷 三七 號門牌

家屬及同居親屬人口	姓名	存歿及年齡	職業	服務處所	是否中國國民黨員	備考
祖父	魏興安	殁	商業			1.家庭是否分爨及經濟狀況。
祖母	魏王氏	殁	居家			2.原籍尚有何人。
父	魏錫三	五十六岁存	商			3.住址是否再要遷移
母	魏蒲氏	五十六岁存	居家			1.該士家庭只有雙老年兄弟姊妹皆
妻	無					係因甚經濟窘迫
子	無					2.原籍無人
女	無					3.住地並不再遷移
胞弟	無					
胞姊	無					
孫	無					

縣長 調查人(署名蓋章)

調查 年 月 日

四川省政府关于准予核发故士魏宝康一次恤金及第一年、第二年恤金致成都市政府的指令（一九四三年五月七日）

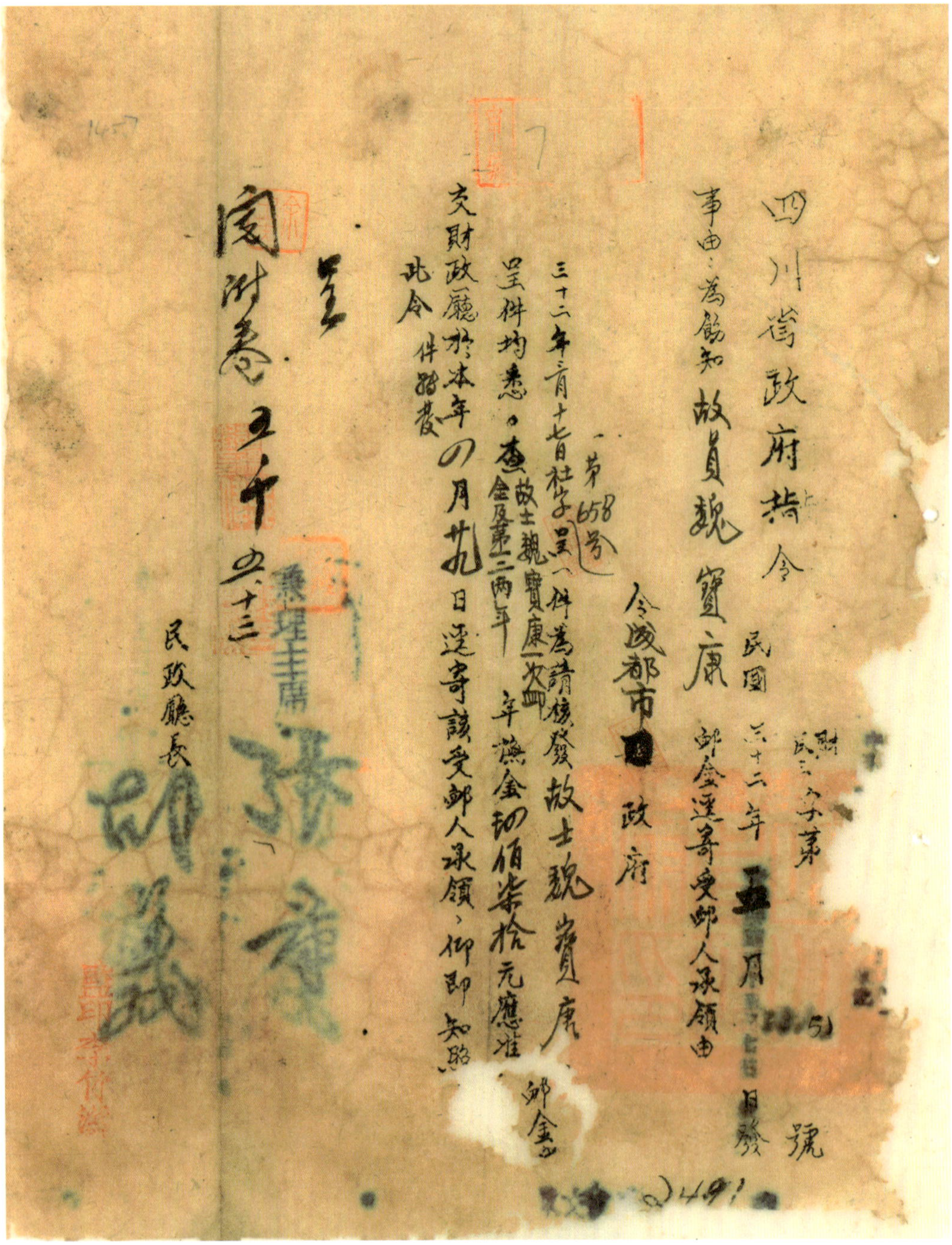
四川省政府指令
民國三十二年五月七日發 財民三八字第 號
事由：為飭知故員魏寶康郵金逕寄受郵人承領由
令成都市政府
三十二年四月十七日社字第658號呈一件，為請核發故士魏寶康一次恤金及第一二兩年年撫金捌佰柒拾元，應准
呈件均悉。查故士魏寶康一次恤金及第一二兩年
交財政廳於本年五月九日逕寄該受郵人承領，仰即知照。
此令。件存發
主席 張群
民政廳長 胡次威

成都市政府关于赍呈故士魏宝康军人户籍表册及领保结致四川省政府的呈（一九四三年七月九日）

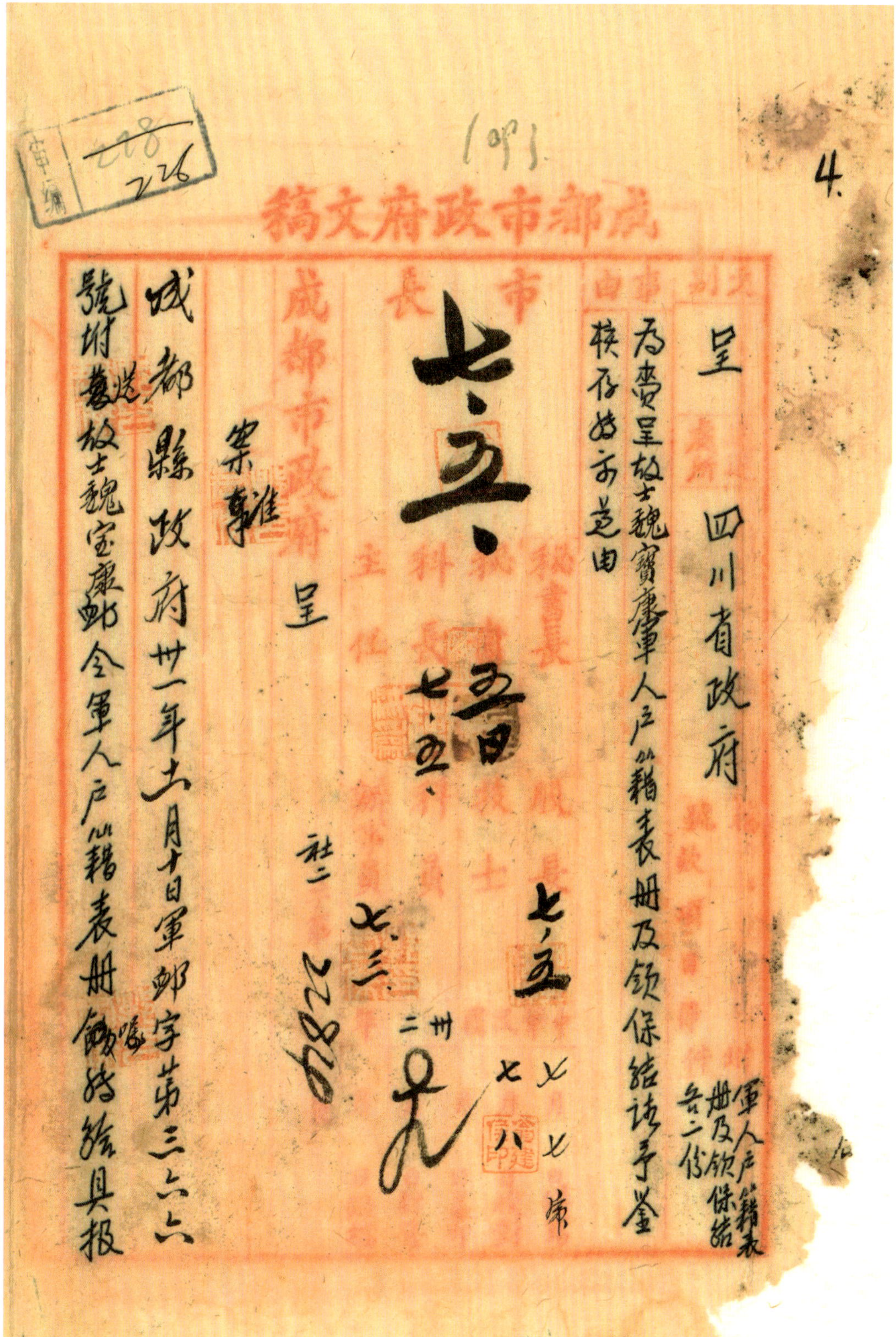

成都市政府文稿

呈

四川省政府

事由：為賫呈故士魏寶康軍人户籍表冊及領保結請予鑒核存查由

附件：軍人户籍表冊及領保結各二份

案准

成都縣政府卅一年十二月十日軍邮字第三六六號附送故士魏寶康郵令軍人户籍表冊領保結具報

呈

等因，準此，当即通知該遺族承領卹令，並派員調查户籍表，並茲據該員調查情形與遺族填註表列各欄相符，復據該遺族檢呈領據結請予核發卹令等情，前來，查核尚無不合，除將卹令轉發户籍表冊各加蓋印信官章外，理合檢同故士魏寶康抗役軍人户籍調查表清冊各二份，該故士遺族領據結各二份，一併隨文賫呈

鈞府備鑒核存轉，指令祗遵！

謹呈。

四川省政府

编 ~~229~~ 227

109

计呈故士魏金康年人三代籍表册及领保结

一件

衔名

附录一：人名对照表

人名对照表		
序号	常用姓名	其他姓名
1	陈允坤	陈永坤
2	张正寅	张瑞
3	毛发云	毛发荣
4	罗万慧琼	罗万氏
5	刘洪发	刘冲兴

序号	姓名	籍贯	部队番号	职级职务	阵亡时间	阵亡地点	阵亡时年龄	家庭住址	遗族
1	王铭章	四川成都	陆军第四十一军一二二师	师长	1938.3.17	山东滕县	45	新都市泰兴场	妻：周华裕、叶亚华 子：王道鸿 王道义 王道纲 女：王道洁
2	毛发云（毛发荣）	四川华阳	第一三三师三九九团八连	一等兵列兵	不详	湖北	不详	成都市外东青龙横街第六号附八号	父：毛青云 母：毛陈氏
3	冯云	四川仁寿	新编第一六师三团一连	中尉排长	不详	江西	不详	成都市西御街九十三号	妻;冯文蜀尧
4	刘志华	四川成都	陆军九零师三七零旅五四零团一营	中士	1939.8	河南	28岁	成都市白云寺街四十九号	父：刘洪发 母：刘吴氏（殁）
5	江庆云	四川成都	十三师独立第二连	一等兵	1938.6.10	湖北宜都	19岁	成都市外南柳荫街一二七号	父：江德明 母：江敖氏
6	许伯龄	四川成都	陆军第四一军一二三师三六七团一营二连	少尉排长	1940.1.25	湖北随县	25	成都市五岳宫三十三号	祖父：许玉书 祖母：许钟氏 父：许锡三 母：许崔氏 妻：许唐氏 子：许季君 弟：许仲英
7	许国璋	四川成都	陆军第一五零师	少将师长	1943.11.21	湖南	46岁	成都市西大街一五八号	父：许绍忠 母：许谢氏 妻：许周氏 子：许应康 女：许树贤
8	李青云	不详	成都防护团常备消防中队	炊事兵	1940.10.4（日军轰炸）	成都	不详	成都市福兴街第八十二号	妻：李赵氏
	曾安定	不详	成都防护团常备消防中队	不详	1940.10.4（日军轰炸）	成都	不详	不详	遗族：曾蒲氏

序号	姓名	籍贯	部队番号	职级职务	阵亡时间	阵亡地点	阵亡时年龄	家庭住址	遗族
9	李槐	合川	第八八师五二三团五连	中尉排长	1937.12	南京雨花台	28	成都市宁夏街一五〇号	妻：李周氏/李周树芬 子：李金生
10	何大宣	湖南湘乡	陆军一四九师四四五旅八九零团二部	上士	1938.9	湖北黄陂	42岁	成都市通惠门大街三十一号	父：何鹤皋 母：何刘氏（殁） 妻：何李氏 子：何金生 女：何玉芝
11	邹玉清	四川眉山	第一四五师八七零团一连	中尉排长	不详	安徽	不详	成都市簸箕上街城隍巷三十一号	父：邹世和
12	张子云	四川成都	第二师七团四连	上等兵	1937.9	湖南	不详	成都市城内西御河边街二十三号	父：张全兴
13	张达和	四川成都	陆军第一四四师四三二旅八六三团一营三连	少尉排长	1938.2.17	安徽南陵奎潭	23岁	成都县第二区五联保十五保二甲	父：张正寅 母：张戴氏 妻：张戴氏
	陈允坤（陈永坤）	四川成都	陆军第一四四师四三二旅八六三团三营九连	上等兵	1938.2.16	安徽芜湖竹丝港	26岁	成都市皮房街六七号	父：陈福泰 母：陈张（殁） 妻：陈王（殁） 子：陈光远
14	张志远	四川华阳	陆军第四十七军一零四师三一零旅六一几团一营一连	少尉排长	1939.4.11	山西夏县大吕村	26岁	华阳县君平街一二三号	父：张世（殁） 母：张黄氏 妻：张雷氏 女：张麦云
15	张海泉	四川潼南	陆军第四一军一二四师七三一团三营九连	上尉连长	1939.12.23	湖北随县	42	成都市北门外簸箕街文昌宫内	母：张夏氏 妻：张杨素华 子：张永福 弟：张海铭

序号	姓名	籍贯	部队番号	职级职务	阵亡时间	阵亡地点	阵亡时年龄	家庭住址	遗族
16	罗俊明	四川巴州	革命军第一军第一师一团二营四连	上尉连长	1937.11.14（古历）	江西浦镇	28岁	成都县署前街二十七号	父：罗树（殁） 母：罗冯（殁） 妻：罗万慧琼 子：罗鸿礼 　　罗鸿文 女：罗鸿英
17	郑楷	四川成都	第一二五师七五〇团二连	一等兵	1939.5.10	湖北枣阳双河镇	23	成都半边街二十五号	父：郑国元 母：郑蔡氏 妻：郑曾氏 弟：郑喜生 妹：郑福贞
18	赵双全	四川成都	军政部补训处二团二营六连	二等兵	1937.9.22	湖北	22	五福街三十三号	祖父：赵玉光 祖母：赵陈氏 父：赵海廷 母：赵王氏 弟：赵东儿 妹：赵五妹
19	赵兴诚	四川成都	陆军第一四九师八九三团一营一连	中士	1940.5.27	湖北省钟祥县	29	成都市小关庙街十四号附七号	祖父：赵正科 祖母：赵徐氏 父：赵天才 母：赵陈氏 妻：赵刘氏 子：赵信根
20	赵德荣	四川成都	陆军第一四九师八九三团一营一连	中尉排长	1940.5.28	湖北省钟祥县	39	成都市小关庙街十四号附七号	母：赵陈氏 妻：赵梁氏 子：赵茂生
21	黄万钧	四川安岳	陆军新编第十五师三团一营	上尉	1939.12.14	湖北龙岗	32岁	成都市东门红石桥横街十四号	母：黄王氏 妻：黄曾树钧 子：黄鹿麟
22	黄永明	四川成都	第五九军三十四师特务连	上等兵	1940.6.6	湖北宜城赤水坡	21岁	成都市外南浆洗下街九号	父：黄廷（殁） 母：黄唐氏 妻：黄万氏

序号	姓名	籍贯	部队番号	职级职务	阵亡时间	阵亡地点	阵亡时年龄	家庭住址	遗族
23	黄吉伊	四川成都	一二五师三七三旅七四六团二营	上尉副官	1938	山东滕县界河	32	成都市外东门祖庙街二十四号	母：黄静贤
24	黄学涵	四川成都	宪兵第三团第三营第九连	宪兵下士（追赠中士）	1939.5.25	重庆市长安寺山门左侧	19岁	成都市北门大街五十二号	父：黄伯楼 母：黄陈励勤
25	黄辉云	四川华阳	陆军一二七师三七九团一营一连	下士	1941.8	湖北随县	24	成都市外东青龙街栅子外对门	祖父：黄宇和 祖母：黄苏氏 父：黄玉兴 母：黄钟氏
26	蒋权	四川成都	陆军第四十一军一百二十四师三百七十二旅七百四十三团团本部	中尉副官	1938.9.20	河南省罗山任岗	29	成都市东打铜街七十三号	母：蒋魏氏 妻：蒋刘琼蓉 子：蒋应萱 蒋爱华 弟：蒋正豪 妹：蒋琼英 蒋琼贤 蒋琼玉
27	蒋惠畴	四川成都	第一二四师七四三团	三等军医	不详	江苏	不详	成都市东打铜街七十三号	母：蒋王氏 妻：蒋王媛瑶
28	曾海山	四川华阳	陆军四五军第一二五师七四五团三营八连	少尉排长	1938.2	山东	不详	成都市外东三官堂街四二号内附四号	妻：曾淑清
29	谭太平	四川西充	二九集团军一四九师四四七旅八九三团一营一连	中尉排长	1938.10.15	湖北蕲春	30岁	成都市外东青龙横街第六号附九号	父：谭贵（殁） 母：谭何氏 妻：谭王素华 子：谭荫树 女：谭秀
30	缪昌富	四川华阳	第三九师三五四团五连	上尉连长	不详	江西	不详	不详	父：缪二兴

序号	姓名	籍贯	部队番号	职级职务	阵亡时间	阵亡地点	阵亡时年龄	家庭住址	遗族
31	魏少云	不详	陆军第一四师八〇团二营六连	少尉排长（阵亡后追授为中尉）	1937.8	上海	不详	望仙场街第三十八号	妻：魏岳素卿
32	魏宝康	四川成都	新十三师三九团三连	中士	1941.3	江西	21	成都市青龙街第三十七号	组父：魏兴发 祖母：魏王氏 父：魏锡三 母：魏蒲氏

后记

一、本书编纂工作在《抗日战争档案汇编》编纂出版工作领导小组和编纂委员会的具体领导下进行。

二、本书编者主要来自成都市档案馆、四川大学公共管理学院。四川省档案局相关负责同志及专家审阅了书稿，提出了重要修改意见。

三、本书在编纂、修改过程中，诚邀四川大学乔健教授负责书稿编纂的咨询审议工作，四川大学学生栾雯琪、吴静、卢嘉慧同志参与了编纂服务工作，清华大学出版社对本书的编纂出版工作给予了鼎力支持，仅向上述同志和单位致以诚挚的感谢！

编　者

二〇二四年十一月